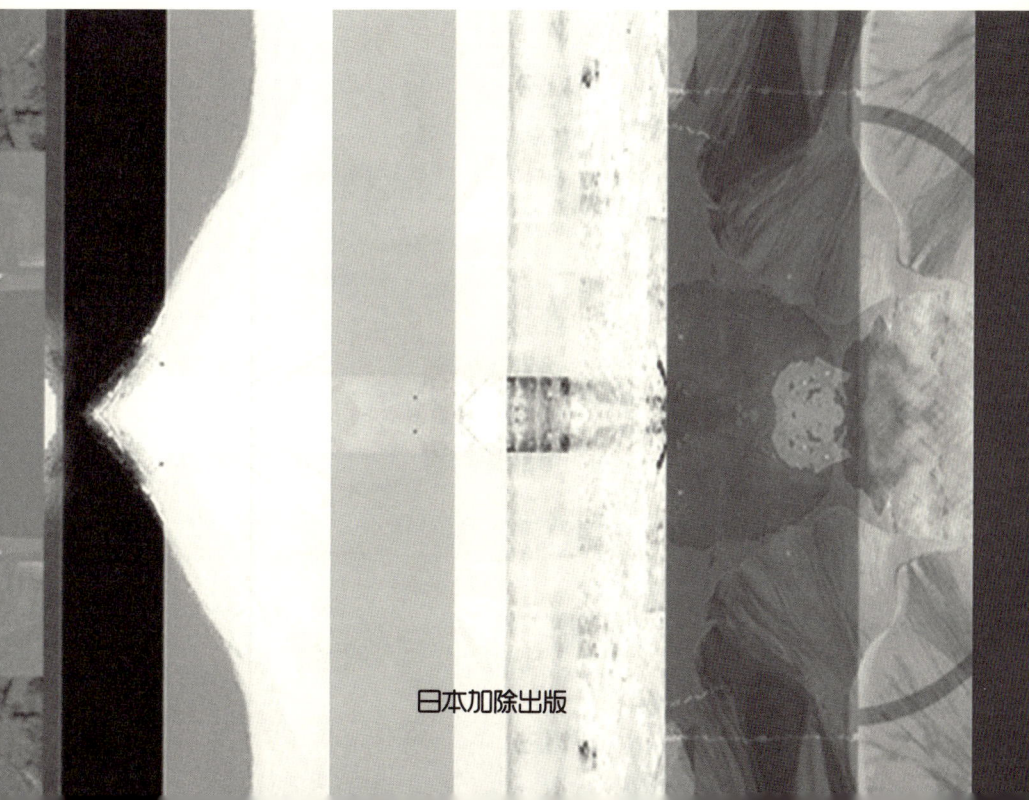

実例にみる
信託の法務・税務と契約書式

NPO法人 遺言・相続リーガルネットワーク●編
編集代表●弁護士 高垣勲／税理士 菅野真美
弁護士 舘 彰男／弁護士 佐藤修二／弁護士 戸田智彦／弁護士 岡本明子●著

日本加除出版

はしがき

1 はじめに

　大正11年に制定された信託法は，84年を経て平成18年に新信託法制定という形でリニューアルされました。
　信託制度は，自己の財産を第三者に移転し，その第三者が受益者のために管理・処分行為を行うという一見するとシンプルなものですが，大陸法を中心とした日本の私法体系の中では，水に浮いた油のような異質な存在であるといわれているように，その異質さゆえ，限られた分野でしか活用されてきませんでした。
　新信託法の制定は，このような状況を打破し，信託制度の活用を図るため，改正されました。特に，民事信託での活用も期待され，後継ぎ遺贈型受益者連続信託について規定されるなど，立法者の信託普及への強い思いがうかがわれます。
　しかしながら，平成19年に新信託法が施行された後においても，我々の周りで信託事例を頻繁に耳にすることはなく，未だ十分に活用されている状況とはいえません。これは，実際の使用事例が少なく，我々法律家にも馴染みのないものであることが原因の一つであると考えます。
　新信託法の制定以来，実に多くの信託法に関する解説書が刊行されておりますが，信託の実例を基礎とした解説書は多くありません。そこで，工夫を凝らして実際に活用されている事例について紹介し，解説を加えることで，法律論と実務を架橋することを試みました。
　また，信託制度は税制と切っても切れない関係にありますので，本書では，インターネット上で「信託大好きおばちゃん」というハンドルネームで有名な菅野真美税理士に編集の一翼を担っていただき，信託税制の概略と事例に関する税務面について解説いただいております。

2　本書の特色及び利用方法

　本書の利用方法ですが，2部構成となっていて，前半は信託法全体の解説となっておりますが，後半は事例をもとにして実務的利用方法を解説しているものとなっております。特に，後半は実際に信託の受託を業としております株式会社日本エスクロー信託と，不動産信託コンサルティングを実践する大阪不動産コンサルティング事業協同組合から事例の提供をいただき，また税理士法人UAPの関与事例のご協力を賜りまして，実際にできるだけ即した形で解説を加えております。

　ただし，解説の都合上，適宜エッセンスを抽出したものもございますことから，事例は完全に実例そのものではなく，法的解説も執筆担当者の意見であり，ご協力いただいた方々の見解でないことをご容赦願いたいと思います。また，契約書についても，事例をもとに，執筆者陣が個別に作成している契約書もございますことをご留意ください。

3　最後に

　本書を作成するに当たって，きりう不動産信託株式会社代表取締役の桐生幸之助様・顧問の米田淳様，大阪不動産コンサルティング事業協同組合専務理事の荻野信義様，株式会社日本エスクロー信託取締役の舩戸文英様，税理士法人UAPの平野和俊先生には本当に多くのご指導を受けることができました。誠にありがとうございました。

　最後になりましたが，日本加除出版の朝比奈耕平氏，牧陽子氏には，本当に大変お世話になりました。特に牧氏には，連日連夜，本書に取り組んでいただき，牧氏なくして本書は日の目を見ることはなかったと断言できます。この場を借りて厚く御礼申し上げます。

2011年5月

　　　　　特定非営利活動法人　遺言・相続リーガルネットワーク
　　　　　　　　　　　　　理事長　松　田　純　一

凡　例

1　法令名等略語

　本書において，原則として，2007年9月に施行された信託法（平成18年法律第108号）を単に「信託法」といい，例外として，旧信託法（大正11年法律第62号）と対比する場合には，「新信託法」という。

　法令名の表記については，原則として省略を避けたが，括弧内においては次のような略語を用いた。

・信託	→	信託法	・所令	→	所得税法施行令
		（平成18年法律第108号）	・消法	→	消費税法
・旧信託	→	改正前信託法	・消令	→	消費税法施行令
		（大正11年法律第62号）	・地法	→	地方税法
・信託令	→	信託法施行令	・地令	→	地方税法施行令
・信託規	→	信託法施行規則	・相法	→	相続税法
・信託業	→	信託業法	・相令	→	相続税法施行令
・信託業令	→	信託業法施行令	・措法	→	租税特別措置法
・信託業規	→	信託業法施行規則	・登録法	→	登録免許税法
・民	→	民法	・法基通	→	法人税法基本通達
・金商法	→	金融商品取引法	・所基通	→	所得税法基本通達
・金商法令	→	金融商品取引法施行令	・相基通	→	相続税法基本通達
・法法	→	法人税法	・措法通	→	租税特別措置法通達
・法令	→	法人税法施行令	・財基通	→	財産評価基本通達
・所法	→	所得税法			

❖ 凡　例

2　判例・出典略語

判例・出典につき，次のように略記した。

最高裁判所平成15年6月12日判決民集57巻6号563頁
　　　　　　　　　→最判平成15年6月12日民集57巻6号563頁

最高裁判所民事判例集	→	民集
最高裁判所裁判集民事	→	裁判集民
高等裁判所民事判例集	→	高民
下級裁判所民事裁判例集	→	下民
裁判所時報	→	裁時
判例時報	→	判時
判例タイムズ	→	判タ
法律新聞	→	新聞
金融・商事判例	→	金判
旬刊金融法務事情	→	金法
NBL	→	NBL
ジュリスト	→	ジュリ

3　文献略語

引用著書について，次の著書は多くの箇所で参照・参考として多用されているので，次のように略記した。

新井	新井誠『信託法』（有斐閣，第3版，2008年）
佐藤	佐藤哲治『よくわかる信託法』（ぎょうせい，2007年）
四宮	四宮和夫『信託法』（有斐閣，新版，1989年）
谷口・五十嵐編	谷口知平・五十嵐清編集『新版　注釈民法(13)債権(4)契約総則』（有斐閣，補訂版，2006年）
寺本	寺本昌広『逐条解説　新しい信託法』（商事法務，補訂版，2008年）

道垣内	道垣内弘人『信託法入門』（日本経済新聞社，2007年）
能見	能見善久『現代信託法』（有斐閣，2004年）
樋口	樋口範雄『入門　信託と信託法』（弘文堂，2007年）
法務省・補足説明	法務省民事局参事官室「信託法改正要綱試案　補足説明」（2005年）
三菱UFJ信託	三菱UFJ信託銀行『信託の法務と実務』（金融財政事情研究会，5訂版，2008年）
山田&パートナーズ他編	税理士法人山田&パートナーズ他編著『信託　実務のための法務と税務』（財経詳報社，2008年）

 CONTENTS

総論編

第1章 信託制度の概要

1　信託の基本構造 ─────────────────── 1
　(1)　信託の起源・沿革 ································· 1
　　ア　信託の起源 ······································ 1
　　イ　イギリス及びアメリカの信託制度 ················ 1
　　ウ　我が国の信託法制の沿革 ························ 2
　(2)　信託の意義 ·· 3
　(3)　信託の種類 ·· 4
　　ア　契約信託，遺言信託及び自己信託（設定方法による分類） ············ 4
　　イ　自益信託と他益信託 ···························· 5
　　ウ　公益信託と私益信託 ···························· 6
　　エ　営業信託（商事信託）と非営業信託（民事信託） ·········· 7
　　オ　集団信託と個別信託 ···························· 7
　　カ　受益者の定めのない信託（目的信託） ············ 8
　　キ　新信託法によって新たに認められた信託 ········ 8
2　信託制度の機能 ───────────────── 8
　(1)　財産管理機能 ······································ 9
　(2)　倒産隔離機能 ······································ 9
　(3)　転換機能 ·· 9
　　ア　財産の長期的管理機能 ·························· 10
　　イ　財産の集団的管理機能 ·························· 10
　　ウ　私益財産から公益財産への転換機能 ············ 11

3　信託法と民法・商法上の各制度との比較 ―――――― 11
　　(1)　信託と民法上の財産管理制度との比較 …………………… 11
　　(2)　信託と商法上の財産管理制度との比較 …………………… 13

第2章　信託行為

　1　信託行為の種類 ――――――――――――――― 15
　　(1)　概　説 ………………………………………………………… 15
　　(2)　信託契約（信託2条2項1号，3条1号）………………… 15
　　(3)　遺　言（信託2条2項2号，3条2号）………………… 16
　　(4)　自己信託（信託2条2項3号，3条3号）……………… 16
　　　ア　定義及び設定方法 …………………………………………… 16
　　　イ　自己信託の効果 ……………………………………………… 17
　　　ウ　信託業法の適用 ……………………………………………… 17
　2　信託の目的とその制限 ―――――――――――― 17
　　(1)　受託者の利益享受の禁止（信託8条）…………………… 17
　　　ア　趣　旨 ………………………………………………………… 17
　　　イ　信託と譲渡担保の区別 ……………………………………… 18
　　(2)　脱法信託の禁止（信託9条）……………………………… 18
　　(3)　訴訟信託の禁止（信託10条）……………………………… 19
　　(4)　詐害信託の取消し等（信託11条）………………………… 19
　3　信託行為の外延――信託意思の擬制 ――――――― 20
　　(1)　概　説 ………………………………………………………… 20
　　(2)　具体例 ………………………………………………………… 21
　　　ア　弁護士の預り金口座（最判平成15年6月12日民集57巻6号
　　　　563頁）………………………………………………………… 21
　　　イ　敷金返還請求権 ……………………………………………… 22
　　(3)　まとめ ………………………………………………………… 26

第3章　信託財産

　1　信託可能な財産 ―――――――――――――― 27
　　(1)　金銭への換算可能性 ………………………………………… 27

		(2)	積極財産性 ………………………………………………… *28*
			ア　信託法の立場 ……………………………………… *28*
			イ　信託財産責任負担債務（信託21条1項3号） …… *28*
			ウ　「事業信託」の許容 ………………………………… *28*
		(3)	移転乃至処分の可能性 …………………………………… *30*
		(4)	現存・特定性 ……………………………………………… *30*
		(5)	その他の法律による制限 ………………………………… *30*
		(6)	セキュリティ・トラスト ………………………………… *30*
			ア　意　義 ……………………………………………… *30*
			イ　セキュリティ・トラストの実益 ………………… *31*
			ウ　セキュリティ・トラストの方式 ………………… *31*
			エ　受託者による担保権の実行 ……………………… *33*
			オ　債権者の同意の要否等 …………………………… *33*
	2	信託財産の独立性 ……………………………………………… *34*
		(1)	信託財産は受託者の相続財産から除外されること（信託74条）……… *34*
		(2)	信託財産に属する財産は，破産財団に属しないこと（信託25条） …… *34*
		(3)	信託財産に属する財産に対する強制執行等の制限等（信託23条）…… *35*
		(4)	信託財産に属する債権等についての相殺の制限（信託22条）………… *35*
			ア　信託法22条1項本文の定める相殺禁止 ………… *35*
			イ　信託法22条3項本文の定める相殺禁止 ………… *36*
		(5)	信託財産に属する財産についての混同の特例（信託20条）………… *36*
		(6)	信託財産に属する財産の付合等（信託17条〜19条）………………… *36*
		(7)	信託財産に属する財産の占有の瑕疵の承継（信託15条）…………… *37*
		(8)	信託財産の物上代位性（信託16条）…………………………………… *37*
	3	信託財産の対抗要件 …………………………………………… *38*

第4章　委託者

1	委託者の地位及び権利 ………………………………………… *39*
2	委託者適格 ……………………………………………………… *40*
3	委託者の地位の移転 …………………………………………… *40*
4	委託者の地位の相続 …………………………………………… *41*

第5章 受託者

1 受託者の地位 ———————————————— 43
2 受託者適格 ———————————————— 43
　(1) 自然人の受託者 ································ 43
　(2) 法人受託者に対する信託業法の規制 ············ 44
3 受託者による取引のメカニズム ———————— 45
　(1) 信託財産のためにする意思 ······················ 45
　(2) 受託者の権限の範囲と権限外の行為の取扱い ···· 45
4 受託者の義務 ———————————————— 46
　(1) 善管注意義務 ·································· 46
　(2) 忠実義務 ······································ 47
　　ア　総　論 ···································· 47
　　イ　利益相反行為の制限 ························ 47
　　ウ　競合行為の禁止 ···························· 50
　(3) その他の義務 ·································· 51
　　ア　公平義務 ·································· 51
　　イ　分別管理義務 ······························ 52
　　ウ　報告義務・帳簿作成義務 ···················· 53
　(4) 自己執行義務の否定——第三者への委託に関する規律 ···· 53
5 受託者の責任 ———————————————— 54
　(1) 損失てん補責任・原状回復責任 ·················· 54
　(2) 忠実義務違反の場合の責任 ······················ 55
　(3) 受託者の違法行為等差止請求権 ·················· 55
6 受託者の費用・報酬等 ———————————— 55
7 受託者の任務終了 —————————————— 56
　(1) 受託者の死亡又は能力喪失（信託56条1項1〜4号） ···· 56
　(2) 受託者の辞任（信託56条1項5号） ·············· 57
　(3) 受託者の解任（信託56条1項6号） ·············· 57
　(4) 信託行為において定めた事由の発生（信託56条1項7号） ···· 57
8 複数受託者の場合の特例 ———————————— 57

(1)　受託者が複数の場合の管理権限 ································· 57
　(2)　受託者が複数の場合の信託財産の帰属 ························· 58

第 6 章　受益者等

1　はじめに ──────────────────────────── 59
2　受益者の定義と分類 ─────────────────────── 59
　(1)　受益者の定義（信託2条6項）································· 59
　(2)　受益者の分類 ··· 60
　　ア　「元本受益者」と「収益受益者」 ······························· 60
　　イ　「残余財産受益者」と「帰属権利者」 ·························· 61
3　受益者適格 ──────────────────────────── 61
　(1)　原　則 ··· 61
　(2)　例　外 ··· 62
4　受益権の取得及び行使（信託88条～92条）─────────── 62
　(1)　受益権の取得 ··· 62
　　ア　信託法88条の趣旨 ··· 62
　　イ　受託者の通知義務（信託88条2項）··························· 64
　(2)　受益者指定権等（信託89条）··································· 64
　　ア　信託法89条の趣旨 ··· 64
　　イ　受益者指定権等の行使等 ······································ 64
　(3)　遺言代用の信託（信託90条）··································· 65
　(4)　後継ぎ遺贈型の受益者連続の信託（信託91条）················ 67
　(5)　受益者の権利行使の制限の禁止（信託92条）·················· 69
5　受益権等（信託93条～104条）─────────────────── 70
　(1)　受益権（信託2条7号）··· 70
　(2)　受益権の法的性質（可分債権か不可分債権か）················ 70
　(3)　受益権の譲渡，対抗要件，受託者の抗弁（信託93条～95条）········· 72
　(4)　受益権の質入れ（信託96条）··································· 73
　(5)　受益権の放棄（信託99条）····································· 74
　(6)　受益債権の物的有限責任（信託100条）························· 75
　(7)　受益債権と信託債権の優劣（信託101条）······················· 75

- (8) 受益債権の消滅時効（信託102条） ･････････････････････････････ *76*
- (9) 受益権取得請求権（信託103条，104条）･･･････････････････････ *77*
- 6 複数受益者の意思決定の特例（信託105条〜122条）―――― *78*
- 7 信託管理人等（信託123条〜144条）――――――――――――― *80*
  - (1) 総　論 ･･･ *80*
  - (2) 信託管理人（信託123条〜130条）･････････････････････････････ *81*
  - (3) 信託監督人（信託131条〜137条）･････････････････････････････ *82*
  - (4) 受益者代理人（信託138条〜144条）･･･････････････････････････ *83*

第 7 章　指図者

- (1) 概　要 ･･･ *85*
- (2) 法的地位 ･･･ *86*

第 8 章　信託の変更，併合及び分割

- 1 信託の変更 ―――――――――――――――――――――――― *89*
  - (1) 委託者，受託者，受益者の合意による変更 ････････････････････ *89*
  - (2) 委託者等の合意を必要としない変更 ･･････････････････････････ *89*
  - (3) 信託行為の定めによる変更 ･･････････････････････････････････ *90*
  - (4) 裁判による信託の変更 ･･････････････････････････････････････ *90*
- 2 信託の併合 ―――――――――――――――――――――――― *90*
  - (1) 定　義 ･･･ *90*
  - (2) 手　続 ･･･ *91*
    - ア　信託当事者間での手続 ････････････････････････････････････ *91*
    - イ　債権者保護手続 ･･ *91*
  - (3) 効　果 ･･･ *92*
- 3 信託の分割 ―――――――――――――――――――――――― *92*
  - (1) 定　義 ･･･ *92*
  - (2) 手　続 ･･･ *93*
  - (3) 効　果 ･･･ *93*

第9章　信託の終了及び清算

1　総論 ―――――――――――――――――――――――― 95
2　信託の終了 ――――――――――――――――――――― 95
　ア　信託の目的を達成したとき，又は達成できなくなったとき（1号） ―――――――――――――――――――――― 95
　イ　受託者が受益権の全部を固有財産で有する状態が1年間継続したとき（2号） ―――――――――――――――――― 95
　ウ　受託者が欠けた場合であって，新受託者が就任しない状態が1年間継続したとき（3号） ―――――――――――――― 96
　エ　信託財産が費用等の償還等に不足している場合であるとして受託者が信託を終了させたとき（4号） ――――――――― 96
　オ　信託の併合がされたとき（5号） ―――――――――― 96
　カ　事後の特別の事情又は公益の確保のために信託の終了を命じる裁判があったとき（6号） ―――――――――――――― 96
　キ　信託財産について破産手続開始の決定があったとき（7号） ―― 97
　ク　委託者が破産手続開始の決定等を受けた場合において，破産法等の双方未履行双務契約解除の規定による信託契約の解除がされたとき（8号） ―――――――――――――――― 97
　ケ　信託行為において定めた事由が生じたとき（9号） ―――― 97
　コ　委託者及び受益者の合意等があったとき（信託164条1項） ―― 97
　(2)　信託の終了の効果 ――――――――――――――――― 97
3　信託の清算 ――――――――――――――――――――― 98
　(1)　清算の開始 ―――――――――――――――――――― 98
　(2)　清算受託者 ―――――――――――――――――――― 98
　(3)　残債務の弁済 ――――――――――――――――――― 98
　(4)　残余財産の帰属 ―――――――――――――――――― 98
　(5)　清算の結了 ―――――――――――――――――――― 99

第10章　信託の特例

1　受益証券発行信託 ―――――――――――――――――― 101

目 次

 (1) 総　論 …………………………………………………………… *101*
 (2) 受益権原簿 ………………………………………………………… *102*
  ア　作成及び管理 ………………………………………………… *102*
  イ　閲覧及び謄写等 ……………………………………………… *102*
  ウ　基準日の設定及び受益者への通知 ………………………… *103*
 (3) 受益証券発行信託の受益者の権利行使 ……………………… *103*
 (4) 受益証券発行信託における受益権の譲渡等 ………………… *103*
 (5) 受益証券 ………………………………………………………… *104*
  ア　発行主体 ……………………………………………………… *104*
  イ　記載内容 ……………………………………………………… *104*
  ウ　受益証券の不所持 …………………………………………… *105*
  エ　記名式と無記名式の間の転換 ……………………………… *105*
  オ　受益証券喪失の場合 ………………………………………… *105*
  カ　振替制度の適用 ……………………………………………… *105*
 (6) 関係当事者の権利義務等 ……………………………………… *106*
  ア　受託者の義務軽減の禁止 …………………………………… *106*
  イ　受益者の権利行使の制限 …………………………………… *106*
  ウ　多数受益者の場合の意思決定 ……………………………… *107*
  エ　委託者の権利の特例 ………………………………………… *107*
2　限定責任信託 ──────────────────── *108*
 (1) 総　論 …………………………………………………………… *108*
 (2) 定義及び要件 …………………………………………………… *108*
  ア　定　義 ………………………………………………………… *108*
  イ　要　件 ………………………………………………………… *109*
  ウ　名　称 ………………………………………………………… *109*
  エ　取引の相手方に対する明示義務 …………………………… *109*
  オ　登記の効力 …………………………………………………… *109*
 (3) 計算等の特例 …………………………………………………… *109*
 (4) 限定責任信託の効果 …………………………………………… *110*
  ア　固有財産に属する財産に対する強制執行等の制限 ……… *110*
  イ　第三者に対する責任 ………………………………………… *111*

ウ　受益者に対する給付の制限 ………………………………… *111*
　　　エ　清算の特則 …………………………………………………… *112*
　(5)　受益証券発行限定責任信託の特例 ……………………………… *112*
 3　目的信託 ─────────────────────── *113*
　(1)　総　論 ……………………………………………………………… *113*
　(2)　目的信託の成立要件 ……………………………………………… *113*
　(3)　信託管理人 ………………………………………………………… *114*
　(4)　存続期間 …………………………………………………………… *114*
　(5)　委託者の権利 ……………………………………………………… *115*
　(6)　目的信託に関する信託法の読替え ……………………………… *115*

第*11*章　信託の税制

 1　総　説 ──────────────────────── *117*
　(1)　受益者等課税信託 ………………………………………………… *117*
　(2)　法人課税信託 ……………………………………………………… *119*
　　　ア　受益者等がいない場合 ……………………………………… *119*
　　　イ　租税回避に利用される可能性が高い場合 ………………… *120*
　　　ウ　受益権が投資家の間を頻繁に流通する場合 ……………… *120*
　(3)　集団投資信託 ……………………………………………………… *122*
 2　受益者等課税信託の課税上の取扱い　基礎編 ─────── *123*
　(1)　信託設定時 ………………………………………………………… *124*
　(2)　信託期間 …………………………………………………………… *125*
　(3)　受益権譲渡時等 …………………………………………………… *128*
　(4)　信託終了時 ………………………………………………………… *129*
 3　受益者等課税信託の課税上の取扱い　応用編 ─────── *133*
　(1)　受益者・みなし受益者（特定委託者） ………………………… *133*
　(2)　受益権の複層化 …………………………………………………… *134*
　(3)　受益者連続型信託 ………………………………………………… *138*

目次

第12章 後継ぎ遺贈型受益者連続信託の遺留分減殺請求の対象となる受益権の評価

1 遺留分減殺請求の対象となる財産 — 143
2 評価の検討 — 144
 (1) 事 例 — 144
 (2) 評価方法の検討 — 145
 (3) DCF方式とは — 145
 (4) Bの受益権の評価 — 146
  ア 計算期間の設定 — 146
  イ FCFの見積り — 147
  ウ 割引率 — 149
 (5) Cの受益権の評価 — 151
3 結びとして — 153

事 例 編

事例1 高齢者の資金調達（信託を活用した不動産売却スキーム） — 155

1 事案の概要 — 155
2 スキーム図・スキーム詳細 — 156
3 信託方式を採用した理由やメリット — 158
4 解 説（法律面） — 159
5 解 説（税務面） — 162
 (1) 受益者等課税信託の所得税の取扱い — 162
 (2) 不動産取得税・登録免許税の取扱い — 162
 (3) 測量・境界確定の費用の取扱い — 163
6 苦労話 — 164

| 7 | 契約書式 ———————————————————— *165* |

事例2　古民家（町家）の保存・再生のための信託 ——— *176*

1	事案の概要 ———————————————————— *176*
2	スキーム図・スキーム詳細 ———————————————— *176*
3	信託方式を採用した理由やメリット ———————————— *177*
4	解　説（法律面） ——————————————————— *180*
5	解　説（税務面） ——————————————————— *182*
(1)	受益者等課税信託の所得税法上の取扱い ———————— *182*
(2)	前払い家賃 ———————————————————— *183*
(3)	減価償却の耐用年数 ————————————————— *184*
(4)	有限責任事業組合の出資者の処理 ——————————— *184*
(5)	不動産取得税・登録免許税の取扱い —————————— *184*
(6)	信託期間中に委託者兼受益者が死亡した場合の取扱い ——— *185*
6	苦労話 ——————————————————————— *186*
7	契約書式 —————————————————————— *186*

事例3　共有不動産の管理・承継を円滑にするための共有不動産管理信託 ——————————————————— *193*

1	事案の概要 ———————————————————— *193*
2	スキーム図・スキーム詳細 ———————————————— *194*
3	信託方式を採用した理由やメリット ———————————— *196*
4	解　説（法律面） ——————————————————— *198*
5	解　説（税務面） ——————————————————— *200*
(1)	信託設定時の所得税の取扱い ————————————— *200*
(2)	信託期間に生ずる所得の取扱い ————————————— *201*
(3)	母親やAの相続時の相続税の取扱い ——————————— *201*
(4)	不動産取得税・登録免許税の取扱い —————————— *202*
6	苦労話 ——————————————————————— *203*
7	契約書式 —————————————————————— *203*

目 次

事例4　親亡き後の財産管理のための親族間における限定責任信託 ─── 207

1　事案の概要 ─── 207
2　スキーム図・スキーム詳細 ─── 207
3　信託方式を採用した理由やメリット ─── 208
4　解　説（法律面） ─── 209
5　解　説（税務面） ─── 210
　(1)　受益者等課税信託と限定責任信託 ─── 210
　(2)　第1受益者の所得税の取扱い ─── 210
　(3)　第2受益者の相続税・所得税の取扱い ─── 210
　(4)　固定資産税の取扱い ─── 211
　(5)　不動産取得税・登録免許税の取扱い ─── 211
6　契約書式 ─── 212

事例5　自己信託を活用した不動産譲渡 ─── 213

1　事案の概要 ─── 213
2　スキーム図・スキーム詳細 ─── 213
3　信託方式を採用した理由やメリット ─── 214
4　解　説（法律面） ─── 215
5　解　説（税務面） ─── 217
　(1)　受益者等課税信託と法人課税信託 ─── 217
　(2)　信託設定時の取扱い ─── 217
　(3)　信託財産から生ずる所得・損失の取扱い ─── 217
　(4)　受益権を譲渡した場合の取扱い ─── 217
　(5)　法人課税信託 ─── 218
　　ア　事業の重要部分の信託で，委託者の株主等を受益者とするもの（法法2条29号の2ハ(1)） ─── 218
　　イ　自己信託等で存続期間が20年を超えるもの（法法2条29号の2ハ(2)） ─── 218
　　ウ　自己信託等で損益分配割合が変更可能なもの（法法2条29

　　　　号の２ハ(3)) ──────────────────── 219
　　(6)　不動産取得税・登録免許税の取扱い ──────── 219
　6　契約書式 ─────────────────────── 220

事例6　不動産流動化（GK－TKスキーム） ───────── 222

1　事案の概要 ────────────────────── 222
2　スキーム図・スキーム詳細 ───────────────── 222
3　信託方式を採用した理由やメリット ───────────── 223
4　解　説（法律面） ──────────────────── 224
　(1)　信託を利用する趣旨：資産（不動産）流動化 ─────── 224
　(2)　本スキームについて ────────────────── 226
　(3)　契約書作成時の留意点 ──────────────── 228
　　ア　倒産隔離の確保（真正売買） ─────────────── 228
　　イ　当初委託者による権利行使の制限 ─────────── 228
　　ウ　SPC自体の倒産リスクを極小にすること ─────── 229
　　エ　信託業法等で要求されている記載事項の網羅 ──── 229
5　解　説（税務面） ──────────────────── 229
　(1)　受益者等課税信託の所得税・法人税法・消費税法上の取扱い ─── 229
　(2)　印紙税の取扱い ─────────────────── 230
　(3)　不動産取得税の取扱い ──────────────── 230
　(4)　登録免許税の取扱い ────────────────── 230
　(5)　匿名組合の課税上の取扱い ─────────────── 231
6　契約書式 ─────────────────────── 232

事例7　海外投資管理信託 ──────────────────── 238

1　事案の概要 ────────────────────── 238
2　スキーム図・スキーム詳細 ───────────────── 239
3　信託方式を採用した理由やメリット ───────────── 239
4　解　説（法律面） ──────────────────── 240
5　解　説（税務面） ──────────────────── 241
　(1)　海外投資管理信託の税制上の取扱い ─────────── 241

(2)　信託設定時の取扱い ································· *241*
　(3)　外貨預金の課税上の取扱い ··························· *241*
　　ア　利子の取扱い ····································· *241*
　　イ　外貨預金を解約した場合の為替差益の取扱い ········· *242*
　(4)　外国公社債，外国公社債投資信託の課税上の取扱い ····· *242*
　　ア　利子，収益分配金の課税上の取扱い ················· *242*
　　イ　外国で徴収された外国税額と源泉徴収税額 ··········· *242*
　　ウ　公社債や公社債投資信託の受益権を譲渡した場合の取扱い
　　　　 ··· *243*
　(5)　外国株式，外国株式投資信託の課税上の取扱い ········· *243*
　　ア　配当，収益分配金の課税上の取扱い ················· *243*
　　イ　外国で徴収された外国税額の取扱い ················· *245*
　　ウ　外国株式や外国株式投資信託を売却した場合の取扱い ·· *245*
　　エ　配当控除の取扱い ································· *246*
6　契約書式 ─────────────────────── *247*

事例8　賃貸物件の家賃等管理信託 ─────────── *248*

1　事案の概要 ─────────────────────── *248*
2　スキーム図・スキーム詳細 ─────────────── *248*
3　信託方式を採用した理由やメリット ────────── *249*
4　解　説（法律面）──────────────────── *250*
5　解　説（税務面）──────────────────── *252*
6　苦労話 ───────────────────────── *252*
7　契約書式 ─────────────────────── *252*

事例9　タイムシェア型住宅の賃貸借契約にかかる賃料の
　　　　金銭信託 ──────────────────── *256*

1　事案の概要 ─────────────────────── *256*
2　スキーム図・スキーム詳細 ─────────────── *256*
3　信託方式を採用した理由やメリット ────────── *258*
4　解　説（法律面）──────────────────── *259*

5	解　説（税務面）	263
6	苦労話	263
7	契約書式	264

事例10　不動産決済に関する手付金保全信託（売主委託者の場合） 269

1	事案の概要	269
2	スキーム図・スキーム詳細	269
3	信託方式を採用した理由やメリット	270
4	解　説（法律面）	271
（1）	信託を利用する趣旨：倒産隔離機能	271
	ア　本スキームの目的	271
	イ　信託の倒産隔離機能が認められるための条件	272
	ウ　他の法制度との比較	273
	エ　管理型信託	274
（2）	本スキームの詳細について	275
5	解　説（税務面）	278
6	苦労話	278
7	契約書式	279

事例11　不動産瑕疵担保留保金信託（土壌汚染対応）（売主委託者） 283

1	事案の概要	283
2	スキーム図・スキーム詳細	283
3	信託方式を採用した理由やメリット	284
4	解　説（法律面）	285
（1）	本スキームの法的メリット	285
（2）	スキーム詳細の法的意味	287
（3）	各当事者の信託契約上の地位	287
（4）	処理費用について合意に至らない場合	288
5	解　説（税務面）	288

目　次

　6　苦労話 ──────────────────────── 289
　7　契約書式 ─────────────────────── 290

事例12　工事代金進捗管理分割支払信託 ──────── 295
　1　事案の概要 ────────────────────── 295
　2　スキーム図・スキーム詳細 ───────────── 295
　3　信託方式を採用した理由やメリット ───────── 297
　4　解　説（法律面）─────────────────── 298
　　(1)　本スキームの目的及び効果 ──────────── 298
　　(2)　スキーム詳細の法的意味 ─────────── 299
　　(3)　各当事者の信託契約法上の地位 ─────────── 300
　　(4)　注文者がローンによって工事代金を拠出する場合 ─────── 300
　5　解　説（税務面）─────────────────── 302
　6　苦労話 ──────────────────────── 302
　7　契約書式 ─────────────────────── 303

事例13　信託スキームを活用した後払い式出来高払い住宅完成保証 ─── 307
　1　事案の概要 ────────────────────── 307
　2　スキーム図・スキーム詳細 ───────────── 307
　3　信託方式を採用した理由やメリット ───────── 310
　4　解　説（法律面）─────────────────── 311
　5　解　説（税務面）─────────────────── 315
　6　苦労話 ──────────────────────── 315
　7　契約書式 ─────────────────────── 316

事例14　死後事務委任契約にかかる葬儀代金等金銭信託 ── 320
　1　事案の概要 ────────────────────── 320
　2　スキーム図・スキーム詳細 ───────────── 320
　3　信託方式を採用した理由やメリット ───────── 321
　　(1)　倒産隔離機能の活用 ─────────────── 321

(2)　意思凍結機能の活用 …………………………………… *322*
　(3)　簡易な信託手法の活用 …………………………………… *322*
4　解　説（法律面） ……………………………………………… *323*
　(1)　本スキームの目的及び効果 ……………………………… *323*
　(2)　スキーム詳細の法的意味 ………………………………… *323*
　　ア　死後事務委任契約 ……………………………………… *323*
　　イ　預り金信託契約 ………………………………………… *324*
　(3)　各当事者の信託契約法上の地位 ………………………… *324*
5　解　説（税務面） ……………………………………………… *325*
6　苦労話 …………………………………………………………… *326*
7　契約書式 ………………………………………………………… *326*

事例15　株式会社の減資に対する債権者異議申述に対応する信託 ―― *331*

1　事案の概要 ……………………………………………………… *331*
2　スキーム図・スキーム詳細 …………………………………… *331*
3　信託方式を採用した理由やメリット ………………………… *332*
4　解　説（法律面） ……………………………………………… *333*
5　解　説（税務面） ……………………………………………… *338*
6　苦労話 …………………………………………………………… *339*
7　契約書式 ………………………………………………………… *339*

事例16　弁護士預り金（株式売買代金）信託 ―― *343*

1　事案の概要 ……………………………………………………… *343*
2　スキーム図・スキーム詳細 …………………………………… *343*
3　信託方式を採用した理由やメリット ………………………… *344*
4　解　説（法律面） ……………………………………………… *344*
　(1)　信託を利用する趣旨 ……………………………………… *344*
　　ア　本スキームの目的 ……………………………………… *344*
　　イ　弁護士の預り金口座に関する最高裁判例（最判平成15年6月12日民集57巻6号563頁） ……………………………… *346*

(2) 本スキームの詳細について	347
5　解　説（税務面）	348
6　苦労話	348
7　契約書式	349

事例17　排出権の売買代金保全のための信託 ── 353

1　事案の概要	353
2　スキーム図・スキーム詳細	353
3　信託方式を採用した理由やメリット	354
4　解　説（法律面）	356
5　解　説（税務面）	357
6　契約書式	358

会社紹介

株式会社日本エスクロー信託	361
きりう不動産信託株式会社	362
大阪不動産コンサルティング事業協同組合	363
税理士法人UAP	364

事項索引 ── 365

総論編

第 1 章　信託制度の概要

第 2 章　信託行為

第 3 章　信託財産

第 4 章　委 託 者

第 5 章　受 託 者

第 6 章　受益者等

第 7 章　指 図 者

第 8 章　信託の変更，併合及び分割

第 9 章　信託の終了及び清算

第 10 章　信託の特例

第 11 章　信託の税制

第 12 章　後継ぎ遺贈型受益者連続信託の遺留分減殺請求の対象となる受益権の評価

第1章　信託制度の概要

1　信託の基本構造

(1)　信託の起源・沿革

ア　信託の起源

　信託の起源については学説上争いがあり，①紀元前のローマ法上の信託遺贈（fidei-commissum）とする説，②中世のイギリスのユース（use）とする説，③中古ゲルマン民族の遺言執行制度（ザールマン（Salmann））とする説などがある。これら諸説のうち，信託は，11～13世紀のイギリスにおいて，出征中の兵士の土地を妻子・兄弟のために管理するなどの目的で用いられたユースと呼ばれる仕組みを起源とするという上記②が有力説である[1]。

イ　イギリス及びアメリカの信託制度

　ユースを起源として派生したといわれるイギリスの信託制度は，1925年の受託者法（Trustee Act 1925）の制定を通じて体系的に整備され，さらに，商事信託にも配慮した2000年受託者法が制定された。

　イギリスで確立された信託制度は，イギリス法系であるアメリカにも継受された。アメリカにおける信託法制は各州に委ねられているが，各州の信託法の統一を求める試みとして，アメリカ法律協会による信託法リステイトメントの編纂がなされている（第1次リステイトメントは1935年に刊行され，その後も改訂作業が行われている）。また，統一州法委員全国会議（National Conference of Commissioners on Uniform State Laws）が，各州の信託法の統一を図ることを目的としたモデル法である2000年統一信託法典

---

1)　三菱UFJ信託12～16頁，新井3～16頁

■総論編

(Uniform Trust Code of 2000：2005年修正)を策定した。同法典の採択については、各州に委ねられており、一部の州が修正の上で採択している。この2000年統一信託法典は、全11編に及ぶ包括的・体系的な規律を定めた法典であり、2007年9月施行の新しい信託法の立法作業でも参考にされた[2]。

ウ　我が国の信託法制の沿革

　我が国の信託法制は、基本的に、アメリカの信託法制を継受したものであるといわれている。1900年の日本興業銀行法(明治33年法律第70号)において日本興業銀行の業務の一つとして「信託」の文言が用いられた後、1905年に担保付社債信託法(明治38年法律第52号)が制定され、受益者である社債権者のために、委託者である社債発行会社の指定する財産上に、受託者が担保権を設定して管理することとされた。

　その後、大正初期に、不動産仲介、高利貸、株式売買、訴訟代行などの様々な業務において、「信託」という名称が用いられ、「信託概念の濫用」ともいえる状況が発生した。そこで、1922年(大正11年)、不良業者の取締り及び信託業務の健全な育成のために、信託法(大正11年法律第62号)及び信託業法(大正11年法律第65号)が同時に公布され、1923年1月1日から施行された。

　これらの二法に加えて、1943年(昭和18年)には、「金融機関の信託業務の兼営等に関する法律」(制定当時は「普通銀行等ノ貯蓄銀行業務又ハ信託業務ノ兼営等ニ関スル法律」(昭和18年法律第43号)、以下「兼営法」という。)が制定された。これは、経営基盤の弱い信託会社を銀行と合併させて、その経営基盤を安定させることを目的とする法律である。第2次世界大戦後の激しいインフラによって経営の悪化した各信託会社は、同法に基づいて、信託銀行に吸収合併され、あるいは、信託銀行へと形態を転換することとなり、専業の信託会社はなくなった。その結果、2004年(平成16年)改正信託業法に基づく最初の信託会社が認可された2005年(平成17年)まで、

---

[2]　三菱UFJ信託12～16頁、新井3～16頁、大塚正民・樋口範雄編「現代アメリカ信託法」3～12頁(有信堂、2002)、寺本25～26頁

我が国の信託業務は，兼営法に基づいて免許を取得した信託銀行によって担われることとなった。

　1922年（大正11年）に制定された旧信託法は，不良業者の取締りを主な目的とした法律であったことから，強行法規的な規定が多く，柔軟で効率的な信託設計・信託運営ができる仕組みとはなっていなかった。旧信託法では，貸付信託，投資信託，企業年金信託，資産流動化信託，土地信託などは想定されておらず，商事信託の分野を中心に，現在及び将来の信託利用に柔軟かつ適切に対応できるようにするため，信託法制の改正を求める声が高まっていた。そこで，まず，受託可能財産の範囲の拡大（知的財産権を含む財産権一般を受託可能財産とした）及び信託業の担い手の拡大（金融機関以外の参入を可能にするとともに，受益者保護などのための規制を整備した）を内容とする信託業法が，2004年（平成16年）に成立した。さらに，2006年（平成18年）には，新信託法が制定されるとともに，信託業法も改正され，2007年（平成19年）9月30日に施行された[3]。

　2006年の信託法制定時には，衆議院法務委員会及び参議院法務委員会で，それぞれ，「高齢者や障害者の生活を支援する福祉型の信託」について，「幅広い観点から検討を行うこと」とする附帯決議がなされた（「信託法案及び信託法の施行に伴う関係法律の整備等に関する法律案に対する附帯決議」）。このように，2006年制定の新信託法は，商事信託だけでなく，福祉型の信託への活用も期待されている。

(2) **信託の意義**

　信託法2条1項では，信託とは，同法3条各号に掲げるいずれかの方法により，特定の者が，一定の目的（専らその者の利益を図る目的を除く。）に従い財産（信託財産）の管理又は処分及びその他の当該目的の達成のために必要な行為をすべきものとすることをいうと定義している。即ち，信託は，財産を有する者（委託者）が，自己又は他人（受益者）の利益のために，当該財産（信託財産）の管理・処分等を管理者（受託者）に委ねる制度である。

---

[3]　我が国の信託法制の沿革について，新井17～37頁，三菱UFJ信託26～27頁

◆総論編

その特徴は，以下の2点にある[4]。
① 委託者から受託者に，信託の目的となる財産（信託財産）が完全に移転すること（目的財産の完全移転性）
② 受託者に，信託財産を受益者のために管理・処分するという制約を課すこと（管理主体と受益主体の分離性と対象財産の目的拘束性）

(3) 信託の種類

信託は，様々な財産権について，様々な目的で設定することができるから，信託の種類・分類方法も多種多様である。例えば，ア 信託設定行為の態様によって契約信託，遺言信託と自己信託に，イ 受益者と委託者の関係によって自益信託と他益信託に，ウ 信託目的によって公益信託と私益信託に，エ 信託引受行為の営業性の有無によって営業信託（商事信託）と非営利信託（民事信託）に，オ 私益信託の中で，大衆から集めた財産を集合して運用するか否かによって集団信託と個別信託に分類される[5]。

また，2007年9月施行の信託法によって新たに認められた事業信託，受益証券発行信託（信託185条）及び限定責任信託（信託216条）もある。

ここでは，基本的な信託の種類・分類方法について説明する。

ア 契約信託，遺言信託及び自己信託（設定方法による分類）

上記のとおり，信託法2条1項の定める信託の定義では，「次条各号に掲げる方法のいずれかにより，」と定められ，同法3条各号において，以下の3つの設定方法が定めている。これらの信託の設定方法については，同法2条2項において，信託行為と定義されている。これらの設定方法により，信託は，契約信託，遺言信託及び自己信託に分類される。

1号 信託契約→契約信託：受託者と委託者の契約により設定される。
2号 遺言　　→遺言信託：委託者の遺言により設定される。
3号 自己信託→自己信託：委託者が自らを受託者として信託設定の意思表示を行う。

---

[4] 新井3頁，北浜法律事務所・外国法共同事業編「新信託法の理論・実務と書式」7頁（民事法研究会，2008）
[5] 四宮37～57頁

これらのうち，契約信託（1号）及び遺言信託（2号）は，2007年9月施行の信託法以前の旧法においても定められていたが，自己信託（信託宣言）（3号）については旧信託法に規定がなく，自己信託の効力を否定する見解が有力であった。

　2007年9月施行の信託法の立法過程においても，自己信託（信託宣言）を許容するか否かが問題点として検討され，債権者詐害の危険性を考慮し，自己信託に消極的な見解もあった。しかし，2007年9月施行の新しい信託法では，①自己信託の設定方式の厳格化（信託3条3号），②自己信託の効力発生時期の特則（信託4条3項），③信託の登記・登録制度の適用（信託14条）及び④委託者がその債権者を害することを知って自己信託を設定した場合における信託財産に対する強制執行の許容（信託23条2項）等の規定により，詐害行為の危険に対応することとされ，自己信託の規定が設けられた[6]。

イ　自益信託と他益信託

　信託の当事者には，委託者・受託者及び受益者の三者が存在する。このうち，委託者及び受益者間の関係により，信託は，受託者の行う財産の管理・処分等が，①委託者とは別の第三者である受益者のためになされる他益信託（委託者以外の者が受益者となる信託）と，②委託者本人（委託者兼受益者）のためになされる自益信託（委託者本人が受益者となる信託）とに分かれる。

【図表1－1】①他益信託

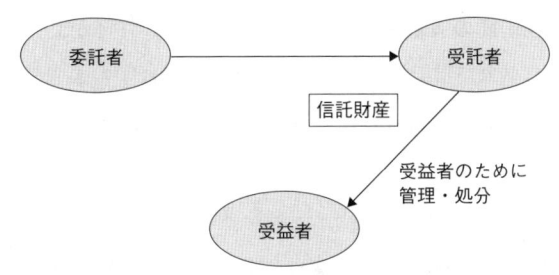

---

6)　寺本37～41頁，新井135～139頁

【図表1－2】②自益信託

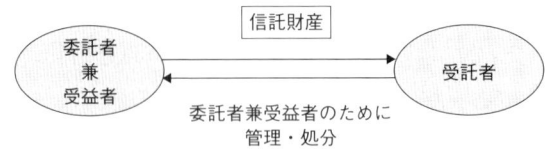

ウ　公益信託と私益信託

公益信託とは，学術，技芸，慈善，祭祀，宗教その他公益を目的とする信託をいう（公益信託法1条）。これに対し，公益信託以外の信託が，私益信託である。

2006年（平成18年）の信託法制定に当たって，公益信託に関する実質的な見直しは行われず，公益信託に関する規定は，新しい信託法の一部としてではなく，整備法において旧信託法の題名を「公益信託ニ関スル法律」（公益信託法）と改正した上で，独立の法律として定められた[7]。これは，公益信託制度との整合性を図る必要性のある公益法人制度について，平成18年に公益法人制度改革三法[8]が成立し，その後，その委任を受けた政省令が整備されることによって，新しい公益法人制度の内容が確定する予定となっていたためである。公益信託制度の見直しについては，今後，公益法人制度の内容を考慮しつつ，作業が進められる予定である。

公益信託は，「受益者ノ定ナキ信託」（公益信託法1条）と定められ，目的信託の一類型として位置付けられている。なお，目的信託についての詳細は，本編10章3で述べる。

また，公益信託の設定については，主務官庁の許可が効力発生の要件として定められ（公益信託法2条），設定後も主務官庁の監督を受ける（同法3条）などの点で，私益信託とは異なる。

---

[7]　新井415〜416頁
[8]　「一般社団法人及び一般財団法人に関する法律」，「公益社団法人及び公益財団法人の認定等に関する法律」及び「一般社団法人及び一般財団法人に関する法律及び公益社団法人及び公益財団法人の認定等に関する法律の施行に伴う関係法律の整備等に関する法律」の三法

エ　営業信託（商事信託）と非営業信託（民事信託）

　受託者がその営業として引き受ける信託は，営業信託（商事信託）と呼ばれる。営業信託（商事信託）と非営業信託（民事信託）という概念については，信託法には定められていないが，信託業を営む会社（信託会社）が受託者となる場合は信託業法の，銀行が信託業を兼営する場合は兼営法の適用を受ける。したがって，営業信託の受託者になるには，これらの法令に基づく免許・認可が必要である。

　これに対し，受託者がその営業として引き受けたものではない信託が非営業信託（民事信託）と呼ばれる。社会の高齢化や核家族化の進展により，高齢者・障害者の財産管理システムの必要性が増しており，非営業信託（民事信託）の活用が期待されている。例えば，高齢者・障害者の親族が委託者となり，契約又は遺言により高齢の配偶者や障害を持った子供などを受益者とする信託を設定し，委託者の生存中に財産の管理・承継を計ろうとする場合が想定される。

オ　集団信託と個別信託

　集団信託とは，大衆から信託目的を同じくする財産を集めて一つの集団として管理・運用し，運用によって得られたものを受託元本に応じて按分的に配分する信託形態をいう。集団信託は，貸付信託のように，不特定多数の委託者との定型的な約款により締結される。個別信託は，個々の委託者から受託した特定の財産を，個別的に管理・運用する一般の信託をいう[9]。

　原則として，受託者は，信託財産に属する財産と固有財産及び他の信託の信託財産に属する財産とを，財産の区分に応じ，信託法34条1項各号に定める方法（金銭信託についてはその計算を明らかにする方法。同条1項2号ロ）により，分別して管理しなければならない（信託34条1項本文）[10]。この

---

[9]　四宮49頁，三菱UFJ信託21～22頁
[10]　旧信託法28条では，新信託法34条1項2号ロと同様に，信託財産の分別管理義務を原則としつつ，但書で，「信託財産タル金銭ニ付テハ各別ニ其ノ計算ヲ明ニスルヲ以テ足ル」と規定していた。

規定に基づいて、信託業の実務では、合同運用型の金銭信託が営まれている。集団信託は、日本の信託実務の最大の特徴の一つであり、営業信託の実務における中心的な地位を占めている。

カ　受益者の定めのない信託（目的信託）

信託法258条1項は、受益者の定め（受益者を定める方法の定めを含む。）のない信託は、信託契約による方法（信託3条1号）又は遺言信託の方法（同条2号）によってすることができると規定している。受益者の定めのない信託を自己信託の方法によってなすことはできない（信託258条1項）。

受益者の定めのない信託（目的信託）についての詳細は、本編10章で述べるが、税法上の「受益者等が存しない信託」（法法2条29号の2・ロ）とは一致しないことに留意する必要がある。即ち、税法上の「受益者等が存しない信託」には、信託法上の受益者の定めのない信託のほかに、信託契約等において受益者の定め又は受益者を定める方法の定めはあるものの、現時点においては受益者が存在しない信託などが含まれるが、公益信託は除かれる[11]。

キ　新信託法によって新たに認められた信託

2007年9月施行の新信託法によって、受益証券発行信託（信託185条）及び限定責任信託（信託216条）及び自己信託（信託3条3号、上述ア）が創設された。また、いわゆる「事業信託」が認められたといわれていることも、新信託法の特徴の1つである。なお、受益証券発行信託及び限定責任信託についての詳細は本編10章1・2で、事業信託についての詳細は第3章で述べる。

2　信託制度の機能

信託の機能については様々な観点からの分析がなされているが、一般的に指摘されている信託の機能としては、以下の3点（財産管理機能、倒産隔離機

---

11)　山田＆パートナーズ他編100〜101頁、228頁

能及び転換機能）を挙げる。

(1) **財産管理機能**

　信託は，委託者が受託者に対し，一定の目的に従って財産の管理又は処分その他の当該目的の達成のために必要な行為をすべきものとする制度であり，財産管理制度の一形態である。受託者は，善管注意義務（信託29条2項）及び忠実義務（信託30条）に従って財産を管理する。

(2) **倒産隔離機能**

　信託が設定されると，信託財産は，法的に，委託者ではなく受託者に帰属する。もっとも，信託財産は法的には受託者に帰属するものの，受託者の固有財産とは分別して管理するものとされており（信託34条），独立して取り扱われる（信託財産の独立性）。受託者個人の債権者は信託財産に対して強制執行を行うことはできないし（信託23条1項），受託者が破産宣告を受けたとしても，信託財産は受託者の破産財産には帰属しない（信託25条1項）。

　もっとも，登記・登録しなければ権利の得喪及び変更を第三者に対抗することができない財産については（信託14条），登記・登録を得る必要があることに留意する必要がある。

(3) **転換機能**

　信託の転換機能とは，信託の独自的な機能，すなわち，民法上の財産管理制度では実現不可能な機能のことであり，新井誠教授は，転換機能を，以下のとおり，ア　財産の長期的管理機能，イ　財産の集団的管理機能，ウ　私益財産から公益財産への転換機能，エ　倒産隔離機能に4分類している（新井誠教授の分類では，上記(2)の倒産隔離機能は，転換機能の一つとして分類されている）。[12] 本書では，新井誠教授による転換機能の分類の概略を述べるにとどめる。なお，四宮和夫教授は，ａ 権利者についての転換（(a)権利者の属性の転換，及び(b)権利者の数の転換），及び，ｂ 財産権についての転換（(a)財産権享益の時間的転換，(b)財産権の性状の転換，及び(c)財産（権）の運用単位の

---

12)　新井85～103頁

転換）に転換機能を分類している[13]。

ア　財産の長期的管理機能

長期的管理機能とは，信託財産を長期間にわたって委託者の意思の下に拘束する機能である。この機能は，さらに以下のとおり4つに細分化される。

① 意思凍結機能（信託設定時における委託者の意思を，受託者の意思能力喪失や死亡という主観的事情（個人的事情）の変化に抗して，長期間にわたって維持する機能）

② 受益者連続機能（委託者によって設定された信託目的を長期間固定しつつ，その信託目的に則って，信託受益権を複数の受益者に連続して帰属させる機能）

③ 受託者裁量機能（受託者が幅広い裁量権を行使して，信託事務の処理を行う機能）

④ 利益分配機能（信託の長期的管理機能から帰結する3つの機能は，すべて終局的には，当該信託の元本並びに収益を受益者に対して帰属させることを目的としていること）

イ　財産の集団的管理機能

集団信託にみられる，複数委託者の信託財産に対する一括的な管理・運用という機能を集団的管理機能という。上述のとおり，集団信託は，日本の信託実務の最大の特徴の1つであり，貸付信託，金銭信託，個人年金信託等を含む合同運用指定金銭信託の形態で，営業信託の実務の中心を占めている。

合同運用指定金銭信託は，①対象となる財産が金銭に限られ，②経済的効率性が重視され，③リスク分散が可能となり，④委託者＝受益者と受託者との関係が希薄であるという特徴を有しており，実質的には，信託というよりも，定期預金に近いものといえる。

また，投資信託及び投資法人に関する法律に基づく集団投資スキームである投資信託（証券投資信託）も，合同運用指定金銭信託と並ぶ財産の集

---

[13]　四宮14～35頁

団的管理機能の表れの1つである。
　ウ　私益財産から公益財産への転換機能
　公益信託の設定を通じて，個人の私的な財産を広く公共の利益のために活用されるべき公益財産へと，その質を転換させる機能である。

3 信託法と民法・商法上の各制度との比較

　信託は財産管理の制度であるが，財産管理を目的とした，あるいは，財産管理を行うことのできる制度は，民法及び商法にも設けられている。民法における財産管理制度で，信託との比較が考えられるものは，代理，委任，寄託，組合，及び遺言執行の5つが挙げられる。また，商法における財産管理制度で，信託との比較が考えられるものとしては，匿名組合及び問屋の2つの制度が挙げられる。これらの各制度を対比すると，下表のとおりとなる。[14]

(1)　**信託と民法上の財産管理制度との比較**

【図表1-3】

	信託	代理	委任	寄託	組合	遺言執行
当事者	委託者・受託者・受益者の3者（自益信託では委託者＝受益者）	本人・代理人の2者	委任者・受任者の2者	寄託者・受寄者の2者	2名以上の組合員	相続人・被相続人・遺言執行者の3者
設定方法	当事者の意思（契約・遺言・公正証書等による意思表示）ただし公益信託については主務官庁の許可	任意代理は本人の意思，法定代理は法律の規定（民824条など）又は裁判所の選任（民843条など）	当事者の意思（契約）	当事者の意思（契約）	当事者の意思（契約）	原則：当事者の意思（民1006条1項）例外：家庭裁判所の選任（民1010条）

---

14)　新井106〜114頁，四宮7〜12頁

総論編

	信託	代理	委任	寄託	組合	遺言執行
対象財産	特定された財産（信託財産）	特定された財産に限られない	特定された財産に限られない	特定された財産	特定された財産に限られない	相続財産（民1012条）
財産の名義	信託財産の名義は受託者に移転	本人（移転しない）	委任者（移転しない）	原則として寄託者（移転しない）ただし消費寄託（民666条）の場合は，受寄者に移転	総組合員の共有（合有，民668条）	相続人の共有（民898条）
権限	原則として排他的な権限が受託者に帰属 受託者の行為の効果は直接的には受益者に及ばない	原則として，任意代理では本人と代理人の権限が競合，法定代理では代理人に権限が帰属。代理人の行為の効果は当然に本人に及ぶ	原則として本人と受任者の権限が競合（ただし不動産仲介の専任媒介のような場合は受任者に排他的に帰属することもあり得る）	原則として寄託者（民658条1項）ただし消費寄託（民666条）	原則として全組合員（民670条1項）業務執行組合員を定める場合は業務執行組合員（民670条2項）	遺言執行者（民1012条）
裁判所の関与	裁判所の関与が多い 例：信託の変更を命じる裁判（信託150条），受託者の解任（信託58条），信託財産管理者の選任（信託63条），新受託者の選任（信託62条）	任意代理では裁判所の関与なし 法定代理では裁判所の監督あり（民846条，863条など）	裁判所の関与なし	裁判所の関与なし	裁判所の関与なし	裁判所の関与が多い 例：遺言執行者の選任・解任・辞任の許可（民1010条，1019条）

(2) 信託と商法上の財産管理制度との比較

【図表１－４】

	信　託	匿名組合	問　屋
当事者	委託者・受託者・受益者の３者（自益信託では委託者＝受益者）	匿名組合員（出資者）と営業者の２者	内部関係： 　委託者・問屋の２者 外部関係： 　問屋・第三者の２者
設定方法	当事者の意思（契約・遺言・公正証書等による意思表示）ただし公益信託については主務官庁の許可	当事者の意思（契約）	当事者の意思（契約）
対象財産	特定された財産（信託財産）	特定された財産に限られない	特定された財産に限られない（ただし問屋に特定物の売却を依頼する場合などは特定財産）
財産の名義	信託財産の名義は受託者に移転	営業者に移転（商536条１項）	問屋に移転
権限	原則として排他的な権限が受託者に帰属	営業者に排他的な権限が帰属	問屋に排他的な権限が帰属
裁判所の関与	裁判所の関与が多い 例：信託の変更を命じる裁判（信託150条），受託者の解任（信託58条），信託財産管理者の選任（信託63条），新受託者の選任（信託62条）	裁判所の関与なし。ただし裁判所の許可を得た匿名組合員による営業者の業務及び財産の状況の検査（商539条２項）	裁判所の関与なし

第2章 信託行為

1 信託行為の種類

(1) 概　説

「信託行為」とは，信託を設定する行為をいい，信託行為には，①信託契約（信託2条2項1号），②遺言（同項2号），③自己信託（同項3号）の3種類がある。

(2) 信託契約（信託2条2項1号，3条1号）

「信託契約」とは，委託者が受託者との間で，受託者に対し財産の譲渡，担保権の設定その他の財産の処分をする旨並びに受託者が一定の目的に従い財産の管理又は処分及びその他の当該目的の達成のために必要な行為をすべき旨の契約をいう（信託3条1号）。

この信託契約について，旧信託法下では諾成契約か，要物契約かという点について争いがあった。すなわち，信託としての効果を認めるためには，実質的に財産権が移転する必要があるか否かについて，見解が分かれていた。しかし，信託法4条1項で「信託契約の締結によってその効力を生ずる。」と規定され，諾成契約であること，すなわち，契約の締結により信託の効力が生ずることが明文化された。

したがって，信託契約を締結すると，原則として信託財産の所有権は受託者に移り，受託者は信託財産の引渡しを請求する義務を負い，委託者は信託財産を引き渡す義務を負うことになる。ただし，信託契約において，停止条件又は始期を定めることにより，契約締結後，条件成就又は始期の到来によって，信託の効力を発生させることもできる（信託4条4項）。

なお，以上のとおり現行信託法においては，信託財産が引き渡されなくとも信託契約のみで信託の効力が発生することとなったが，信託財産が公示制

度のない財産である場合には，外部からは必ずしも信託の設定が分からないことがあり得るため，例えば破産寸前の者が第三者と共謀して信託契約時期をさかのぼらせることで，債権者を害するなどして信託制度を濫用する事例が増えるおそれが懸念される。

(3) 遺 言（信託2条2項2号，3条2号）

遺言による信託は，委託者が，遺言を通じて信託を設定する方法である。

委託者が受託者に対して，財産の譲渡，担保権の設定その他の財産を処分する旨と，受託者が一定の目的に従い財産の管理又は処分及びその他の当該目的の達成のために必要な行為をすべき旨を，単独行為である遺言によって設定する（信託3条2号）。

なお，信託銀行では，「遺言信託」という商品を販売しているが，これらの商品は遺言で信託を設定するわけではなく，信託銀行を「信」頼して，遺言を「託」するという商品にすぎない。今後，遺言の方式による信託の設定が増えた場合には，遺言の方法による信託と，遺言を預かる遺言信託とを混同しないような表記が必要となると思われる。

(4) 自己信託（信託2条2項3号，3条3号）

ア 定義及び設定方法

「自己信託」とは，委託者が，委託者自身を受託者として，自己の財産権を他人のために管理・処分する旨を宣言することによって，信託を設定することをいう。

自己信託では，委託者が，一定の信託目的で，委託者自らを受託者として財産の管理又は処分その他の当該目的の達成のために必要な行為を自らすべき旨の意思を公正証書その他の書面又は電磁的記録を用いて記載又は記録する方法で，信託を設定する（信託3条3号）。

自己信託の設定方法のうち，公正証書又は公証人の認証を受けた書面若しくは電磁的記録（以下「公正証書等」という。）を用いて行う場合には，その公正証書等の作成によって効力が生じる（信託4条3項1号）。

また，公正証書等以外の書面又は電磁的記録によって行う場合には，受益者となるべき者として指定された第三者（2人以上の場合にはその1人）

に対して，信託が設定された旨及びその内容について確定日付のある証書で通知をしたときに効力を発生する（信託4条3項2号）。
イ　自己信託の効果
　自己信託をすることによって，信託財産が独立した存在となり，委託者兼受託者の個人的な計算から分離される。
　例えば，子供の学費の財源を確保するため，一定の財産を信託として独立に管理するような場合が挙げられる。この場合，たとえ事業に失敗して大きな債務を負い財産を失う結果になったとしても，信託財産だけは独立に管理されているため，子供の学費だけは確保されることとなる。
ウ　信託業法の適用
　自己信託による信託の場合，信託受益権を50人以上の者が取得することができる場合には，受託者には信託業法の適用があり，信託業の登録を受ける必要がある（信託業50条の2，信託業令15条の2第2項各号）。
　自己信託会社の登録を受けるための要件として，①会社法上の会社であること，②最低資本金，純資産が3,000万円以上，営業保証金1,000万円以上を備えることなどが求められる（信託業50条の2，信託業令15条の4，9条3号）。

2　信託の目的とその制限

(1)　受託者の利益享受の禁止（信託8条）
ア　趣旨
　旧信託法9条では，受託者が共同受益者の1人である場合を除いて，受託者が，受益者として信託の利益を享受することを禁止していた。これは，信託制度の本質が他人のための財産管理制度であること，信託制度において受託者は受益者から監督を受けるという対立関係にあることから，受託者が受益者を兼任することを認めなかったものである。
　しかし，委託者が自らを受益者として自益信託を設定した後に，受託者に信託受益権を買い取ってもらえれば，委託者は資金調達のニーズを満足

させることができる。また，受託者も別の第三者に対して信託受益権を転売するという場合があり，受託者が受益者となる場合を許容する要請があった。

そこで，信託法8条においては，旧信託法のように共同受益者である場合に限らず，受託者が「受益者として信託の利益を享受する場合」に，受託者が信託の利益を享受できることなった。

ただし，受託者が1人で，受益権の全部を「固有財産」で有する状態が1年間以上継続したときには，信託の構造が維持されているとはいえないので，信託が終了することになる（信託163条2号）。

イ　信託と譲渡担保の区別
問題の所在
　譲渡担保は，財産名義の移転，管理処分権の移転，法律効果の帰属など信託に類似する性質が多く，譲渡担保も信託ではないのか，もし信託に該当するならば受託者と受益者の両者がどちらも譲渡担保権者ということになり，信託法8条（旧信託法9条）に違反するのではないかが問題となったが，この点，判例は大判昭和19年2月5日（民集23巻2号53頁）において，譲渡担保は譲渡担保権者が自己の債権担保のためになすものであるのに対して，信託では受託者が他人のために管理処分をなす点で譲渡担保と信託は異なる概念であると判示している。

(2)　**脱法信託の禁止**（信託9条）

法令によりある財産権を享有することができない者は，受益者としてその権利を有することと同一の利益を享受することができないと規定されている（信託9条）。

例えば，外国人は鉱業法17条本文で「日本国民又は日本国法人でなければ，鉱業権者となることができない。」と規定されているため，この規制を脱法するような信託は許されない。つまり，外国人が鉱業権を取得したことと実質的に同視できる受益権の取得は許されない。

ただし，特定の者が法令に違反して財産権を享有する行為をした場合において，当該行為の私法上の効力が否定されるものでないときは，当該財産権

を享有することと同一の利益を信託を通じて，享有することとなったとしても，当該信託の私法上の効力までもが否定されるものではないと解されている[1]。

(3) **訴訟信託の禁止（信託10条）**

訴訟行為をさせることを主たる目的として信託をすることは禁止されている（信託10条）。例えば，取立てを目的として，債権を信託譲渡することがこれに当たる。本規定に違反するとされた判例は意外に多く，約束手形について隠れた取立委任裏書を行った場合の事例が多数ある[2]。

この点，本規定の趣旨については，①弁護士代理の原則（民訴54条1項）の潜脱を防止すること，②三百代言の跳梁防止，③濫訴健訟の弊の防止，④第三者間の法的紛争に介入し，司法機関を利用しつつ不当な利益を追求することの防止など，いろいろな考え方がある。

しかし，債権者が訴訟を提起することは，裁判を受ける権利（憲法32条）により保障されているのであるから過度の規制は許されない。信託の「主たる目的」が訴訟の場合には訴訟信託としてこれが禁止される。

ここで，「主たる目的」に該当するかどうかの判断基準としては，①信託の契約の条項（すぐに訴訟を提起する義務を負うか），②受託者の職業（弁護士か否か），③委託者と受託者の関係（面識の有無），④対価の有無（対価がないことは本規定に違反するおそれがある。），⑤受託者が訴訟を提起するまでの間隔（短ければ違反するおそれがある。）や，⑥その他受託者から債権回収について自信がある旨の申出があったか否か等の事情を，総合的に勘案することになる[3]。

(4) **詐害信託の取消し等（信託11条）**

委託者がその債権者を害することを知って信託をした場合には，受託者が債権者を害することを知っていたか否かにかかわらず，債権者は，受託者を被告として，裁判所に詐害行為取消請求（民424条1項）をすることができる

---

1) 寺本54頁
2) 例えば，最判昭和44年3月27日民集23巻3号601頁
3) 四宮143頁

（信託11条1項）。

　また，委託者がその債権者を害することを知って信託をした場合において，受益者が受託者から信託財産に属する財産の給付を受けたときは，委託者の債権者は，受益者を被告として裁判所に詐害行為取消請求をすることができ（信託11条4項），又は受益者に対し受益権を委託者に譲渡することを訴えにより請求できる（同条5項）。

　さらに，受益者の指定又は受益権の譲渡に当たっては，詐害行為取消しの適用を不当に免れる目的で，債権者を害することを知らない者を無償又は無償と同視すべき有償で受益者として指定し，又は譲渡してはならないとされている（信託11条7項）。これに違反した場合，委託者の債権者は，当該行為やこれに基づく受益者の給付の取消し，又は受益権の委託者への譲渡を，裁判所に請求することができる（同条8項）。

3 信託行為の外延——信託意思の擬制

(1) 概　説

　当事者には信託を設定するつもりはなくとも，信託と同様の効果を発生する場合があり，これを「擬制信託」(constructive trust) と呼ばれることがある。これは，信託の効果意思がない場合に，信託の効果を擬制する場合をいう。我が国における信託では，当事者が信託を設定するという明示的文言（特に「信託」という文言）を使用しないだけで，「信託を設定する」という当事者の（黙示的）契約意思が存在した場合をいい，厳密な意味での擬制信託とは異なるが，本書ではこの主観的意図なき客観的信託を便宜的に「擬制信託」と呼ぶ。

　この擬制信託については，いくつかの判例によって言及されているので，以下紹介する。

(2) **具体例**
ア 弁護士の預り金口座（最判平成15年6月12日民集57巻6号563頁）
(ア) 事　例
　上告会社Ｓは，平成9年9月ころ，上告人である弁護士Ｔとの間において，上告会社Ｓの債務整理に関する事務処理を委任する旨の契約（以下「本件委任契約」という。）を締結した。弁護士Ｔは，同年10月8日，本件委任契約に基づきＳの債務整理の委任事務を遂行するため，Ｔ名義の預金口座を開設したが，本件口座の預金通帳及び届出印は，当初から弁護士Ｔが管理していた。弁護士Ｔは，同日預かった500万円を本件口座に入金し，預金の出し入れを行っていたところ，本件口座の預金債権はＳの財産であるとして，国及び地方公共団体が，Ｓの滞納した消費税及び地方消費税の徴収のために，本件預金債権を差し押さえたので，弁護士Ｔらが国及び地方自治体に対し本件差押えの取消しを求めた事案である。
(イ) 判　旨
　この事例において，最高裁は，弁護士Ｔが「Ｔ」名義の預金債権の権利者であると事実認定して，国がＴ名義の預金を差し押えることは違法と判断したが，補足意見において「弁護士は，交付を受けた金銭等を自己の固有財産と明確に区別して管理し，専ら委任事務処理のために使用しなければならないのであって，それを明確にしておくために，金銭を預金して管理する場合における預金名義も，そのことを示すのに適したものとすべき」であって，さらに，「会社の資産の全部又は一部を債務整理事務の処理に充てるために弁護士に移転し，弁護士の責任と判断においてその管理，処分をすることを依頼するような場合には，財産権の移転及び管理，処分の委託という面において，信託法の規定する信託契約の締結と解する余地もある」と述べている。
(ウ) 解　説
　この判例では，信託の主張立証がないことに加えて，預金権者の認定でも同様の目的を達することができるため，信託の検討は補足意見となっているが，仮に信託法の適用についての主張があった場合には，旧信託法の

趣旨の適用があったのではないかと考えられる。

　イ　敷金返還請求権

(ア)　事　案

　H社は，自らの建築した建物をパチンコ業者である法人Sに賃借させて，パチンコ店舗を営業させようと考えていたが，Sの信用力に不安があったこと等を補うため，Hはいったん，当該建物を建築したゼネコンであるTに対し賃貸し（賃貸借契約1），TからさらにSに転貸する（賃貸借契約2）形を取ることとした。

　SはTに対し，賃貸借契約2に基づき3回に分けて4億円の敷金を差し入れ，TはSらが受け取った敷金を自らの口座で受けてから，これを原資として賃貸借契約1に基づき，約2か月後に2回に分けてHに対して敷金4億円を差し入れた。

　その後，Tの事業が低迷し，Tについて民事再生手続の開始決定がなされた。

　このような事案において，SはTに対して，TのHへの敷金返還請求権がSに帰属するものであることを確認する訴訟を提起し，その訴訟の中でSを委託者兼受益者とし，Tを受託者とする信託契約が成立しているか否かが争われた。

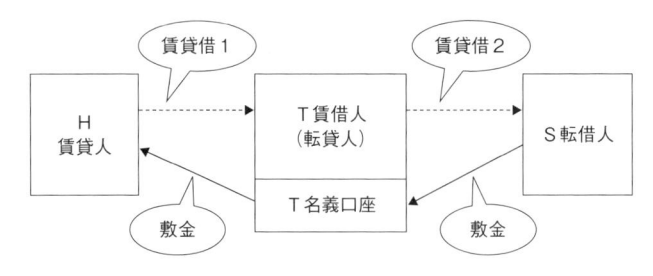

(イ)　大阪地判平成19年8月31日判時2078号50頁

　本件について，大阪地方裁判所は下記のとおりの判決を示して，信託契約の成立を肯定した。

①　（旧）信託法1条によれば，「財産権ノ移転其ノ他ノ処分ヲ為シ」，「他人ヲシテ一定ノ目的ニ従ヒ財産ノ管理又ハ処分ヲ為サシムル」こ

とによって，信託契約が成立する。

② 本件賃貸借契約1と本件賃貸借契約2との契約条件を一致させるというのは，Hの意向であり，Tは従うほかなく，本件賃貸借関係は，一般の転貸借関係とは異なる。

　本件賃貸借契約1と本件賃貸借契約2の内容は，契約当事者を変更しただけで，その内容はほぼ完全に同一である。このことは，偶然や便宜ではなく，上記のとおり，当事者間で意図的になされたことである。本件賃貸借契約1と本件賃貸借契約2との契約条件が同一（すなわち，敷金や賃料（使用料）が同一）であることから，本件賃貸借関係においてTには，賃料差益が存在しない。

③ 本件賃貸借契約1において，Tは，原告から事務経費月額30万円を取得できることになっているが，これは，Tが事務履行義務（原告から受領した賃料（使用料）をHに交付すること）をSに対して負担していることを意味している。

④ 本件賃貸借関係においては，本件賃借部分をパチンコ店として使用収益しているのは，Sであり，Tは，固有の収益を上げていないものであるから，Sがその賃料を被告に支払わないという場合に，TがHに賃料を支払っていくべき固有の利益は観念できない。

⑤ 本件賃借部分について，Tに独自設備や造作資産はない。そして，「B工事」についての費用負担者は，Sであり，「C工事」についてHに原状回復義務を負担しているのはSである。契約締結の経緯，当事者の意思，契約実態からみて，実質的な賃貸人は，Hであり，実質的な賃借人はSである。

〈分別管理についての判断〉

　信託財産として保護を受けるためには，「債権者から差押え等を受けた財産が信託財産であることが証明できなければならない。そこで，信託財産が受託者の固有の財産から分別管理されていると，この信託財産の特定が容易であるが，分別管理されていない場合には，その証明ができないと，受益者が自己の利益を守ることができないという事態が生じることになる。

そこで，(旧)信託法28条は，このような事態を防ぎ，信託財産の『特定性』を確保することで，受益者の保護を実効あらしめるいわば手続的な義務を定めたものであると解するのが相当である（また，そのようなことから，(旧)信託法28条の分別管理義務を当事者の合意によって排除することも可能であると解される。）。

したがって，信託財産について，分別管理がなされていることは，信託の成立要件であるとはいえないと解される（ただし，その結果，信託財産であることの特定ができないために，受益者が不利益を被ることは別問題である。）。」と，分別管理義務は信託の成立要件ではなく，本地裁判例は特定性の問題との判断をしている。

そして，地裁判例ではかかる判断を前提に，「分別管理の状態をみてみるに，SがTに交付した本件敷金4億円については，一時，Tの一般財産に混入したことは事実であるが，その後にTがHに対して本件敷金4億円を交付したことによって，Tは，本件敷金返還請求権として，本件敷金4億円を分別管理しているといえるものであって，この点においても，分別管理がなされていないことをもって，本件敷金返還請求権の信託財産性を否定するに足りるものではない。」と判示し，緩やかに分別管理を認めた上で信託財産であることを肯定した。

(ウ) 大阪高判平成20年9月24日判タ1290号284頁

Tが控訴したところ，大阪高裁は本件を「転貸借関係が存在し，原賃貸借，転貸借の両方について敷金が交付された場合に，当事者が信託という法律構成を選択した認識やそれを示す表示が存しないときであっても，原賃貸借関係における本件敷金返還請求権を，転借人を委託者かつ受益者とし，原賃貸借人兼転貸人を受託者とする信託財産であると認定できるような特段の事情があるかどうか，ということに帰着する。」と整理し，「我が国の法制度上擬制信託（当該事案の妥当な解決を目的として，当事者の明示的ないし黙示的な意思と無関係に信託の成立を擬制すること）を認めることはできない」と述べ，黙示的にせよ当事者に信託設定の効果意思が認められることが必要であるとした。

その上で，信託の成立要件は，①財産権の処分，②他人をして一定の目的に従いその財産を管理又は処分をさせることであるとし，②について，当事者が信託を設定するに当たっては一般財産からの独立性に基づく倒産隔離の効果が重要であることから，当事者に信託設定の効果意思が認められるためには，信託財産の分別管理が不可欠であるとした。

本件においては，TがSから敷金を受領してからHに自ら差し入れるまでにタイムラグが生じ，その間Tの一般財産の中で特定性を維持せずに保管されたこと，Tが当該敷金を自己資産として計上していたこと，などを指摘し，「Tの一般財産との区分が意識されていた事跡はまったく見当たらない。」として，当事者間に信託の効果意思があったと認めることはできないと判断している。

㈣　小　括

この高裁判決は上告受理申立てがなされたが，不受理決定がなされている。原審と高裁判例にこのような違いがでたのは，SがTから受領した敷金を原資にHへ敷金を差し入れ，現金から敷金返還請求権に変化した段階で，財産の分別管理があったかどうかについて裁判官の認識に差があったのではないかと思われる。

また，信託財産として受益者が保護されるには，財産の分別管理を要するとした枠組みは同じであったが，地裁判例は信託契約の成立要件としない一方で，高裁判決は信託の成立要件とするという厳格な姿勢が事実認定にも現れたのではないかと思われる。

なお，高裁判例では，「我が国の法制度上擬制信託（当該事案の妥当な解決を目的として，当事者の明示的ないし黙示的な意思と無関係に信託の成立を擬制すること）を認めることはできない」と述べており，当事者が『信託』という表現を用いているかどうかは決定的意味を持たず，信託財産の処分と，①委託者は受託者に対して一定の目的に従い財産の管理又は処分をさせることを委託し，②所有権を移転させる意思の合致があれば信託契約が成立しているという従来の通説的見解[4]とは異なる考え方を採用しているようにも見えるが，この点についても，上記判断に引き続き「黙

示的にせよ当事者に信託設定の効果意思が認められることが必要」と判示されているように，黙示的な効果意思でも足りることが示唆されていて，結局，信託成立のための明示的意思が不要な点では従来の議論と異なるものではないと思われる。

(3) まとめ

　以上のように，現状においては，明示的に信託契約を結んでいない場合にも，当事者の意思解釈を行い実質的に信託の成立を認め得る場合とそうでないとする判例が散見される。擬制信託が成立する場合について一義的に判断することは難しいが，大枠としては，①財産の名義人が実質的には経済的利益を受けておらず，第三者のための管理者的立場にすぎないこと，②本来経済的利益が帰属すべき者が，外形的な法律関係を前提にすると妥当な解決が確保できないこと，について個別事情に即して判断することが必要であることは各事例において共通する。そして，信託財産がどのように分別管理されているかどうかという裁判官の価値観の違いが，地裁判例と高裁判例の結論の差となったように思われる。

　しかしながら，信託財産（と主張されるものが）分別管理されているかどうかについても重要な判断要素となることを，この敷金事例においては明らかにしているが，分別管理については，信託の成立要件として，信託法上明文化されていない以上，高裁判決のように要件とすることについては疑問が残るところである。

　上記のように，これまでは信託法の活用がさほど多くなかったので，訴訟において信託法の適用はあまり主張されてこなかった。しかし，今後は，信託法理を主張できる場合もあるので，積極的に主張していくことが必要と思われる。

---

4) 大村敦志「遺言の解釈と信託—信託法2条の適用をめぐって—」財団法人トラスト60『実定信託法研究ノート』37頁（平成8年）

第3章 信託財産

　信託法2条3項は，信託財産とは，「受託者に属する財産であって，信託により管理又は処分をすべき一切の財産をいう。」と定義している。信託の設定により，委託者から受託者に財産の譲渡，担保権の設定その他の処分がなされるが（信託3条），このときの譲渡等の目的となる財産が，信託財産である。これに対し，「受託者に属する財産であって，信託財産に属する財産でない一切の財産」を固有財産という（信託2条8項）。

1 信託可能な財産

　旧信託法1条では，信託の目的となる信託財産について「財産権」と規定していたが，新信託法では，単に「財産」と規定した。これは，信託財産は具体的な名称で呼ばれるほどに成熟した権利である必要はなく，金銭的価値に見積もることができる積極財産であり，かつ，委託者の財産から分離できるものであればよいという趣旨を明らかにしたものである。

　信託可能な財産，すなわち，信託財産の条件として，①金銭への換算可能性，②積極財産性，③移転乃至処分の可能性，④現存・特定性の4つが挙げられている。

(1) 金銭への換算可能性

　信託財産は，その価値を，金銭に見積もることのできるものであることを要すると解されている。著作権・特許権などの知的財産権も金銭への換算可能性はあるから，信託財産に含まれ得る。身分権，人格権等は金銭への換算可能性がないことから信託財産にすることはできない。

　株式とは切り離した議決権については，独立した金銭的価値がないことから，信託財産になることができない。議決権のみの信託については，下記(3)

の移転乃至処分の可能性が認められないという点からも否定される。もっとも，議決権行使を目的とする株式の信託的譲渡（議決権信託）は有効と考えられている[1]。

(2) 積極財産性

ア　信託法の立場

新信託法は，旧信託法と同じように，信託の対象となる財産は積極財産に限られ，消極財産（債務）自体が信託財産に含まれるものではないとの立場をとっている[2][3]。

イ　信託財産責任負担債務（信託21条1項3号）

新信託法21条1項3号は，「信託前に生じた委託者に対する債権であって，当該債権に係る債務を信託財産責任負担債務とする旨の信託行為の定めがあるもの」については，信託財産責任負担債務とすることができるものとした。

旧信託法では，委託者の負担する債務について，受託者が，信託設定後に信託事務の処理の一環として，民法の一般原則に従って債務引受けをすることにより，当該債務を信託財産責任負担債務とすることは可能であると解されていたが，信託の設定当初から信託行為の定めにより債務引受けをすることができるか否については疑義があった。新信託法は，債務引受けの時期が信託設定時とするか設定後であるかによってその可否を区別するべき合理的理由はないことから，信託の設定行為により信託財産責任負担債務とできることを明らかにした。

ウ　「事業信託」の許容

信託法21条1項3号の規定により，委託者の属する積極財産と消極財産（債務）の集合体である特定の事業につき，信託行為の定めにより，積極財産の信託と合わせて債務引受けをすることによって，実質的に，当該事

---

1) 新井324頁，三菱UFJ信託46～47頁，四宮111頁，137～138頁
2) 寺本415～418頁
3) 旧信託法の下でも，財産それ自体に固定資産税等の公租公課の負担がある場合や，財産に抵当権等の担保権が設定されている場合であっても，当該財産について信託を設定することは可能とされていた。

業自体を信託したものと同様の状態を作り出すことが可能になった。[4]新信託法には,「事業信託」について明記する規定は存在しないにもかかわらず,新信託法によって事業信託が可能になった,との説明がなされているのは,このように,信託行為により実質的に事業信託と同様の状態を作り出せるようになったことを捉えてのことである。[5][6]

　もっとも,この場合にも,債権者の保護の必要性から,信託設定のみによって委託者の負担する債務が移転するものではなく,民法の一般原則に従った債務引受けの手続をとることを要する。すなわち,委託者が負担する債務について,受託者が信託財産を責任財産とする免責的債務引受けを行うためには,債権者の同意が必要である。債権者の同意が得られなければ,重畳的債務引受けとなる。

　また,株式会社が上記の「事業信託」を行う場合,すなわち,第三者に特定の事業を信託する場合には,①当該事業が「事業の全部」(会社法467条1項1号)又は「事業の重要な一部」(同項2号)に該当するならば,株主総会の特別決議(同法309条2項11号)を経なければならず,②当該事業が「重要な財産」(同法362条4項1号)に該当するならば,取締役会決議を経なければならない。

　なお,このような「事業信託」と,実務上行われている土地信託に代表される「事業型信託」(信託財産による事業)とは区別される。「事業型信託」とは,信託財産の管理・処分の結果として事業が行われるものである。土地信託には様々なバリエーションがあり得るが,例えば,土地所有者が,信託会社などの受託者に土地を信託し,受託者は信託契約に従って商業用施設や分譲マンションなの建物を建設し,建物の売却益を信託配当として土地所有者(委託者兼受益者)に交付する。

　上述のように消極財産(債務)を信託財産とすることはできないと解さ

---

[4]　法務省・補足説明4頁
[5]　寺本88頁
[6]　もっとも,債務引受けという法律行為が信託行為にあわせて別途必要となるため,旧信託法と実質的に大きな違いはないのではないか,との指摘もある(北浜法律事務所・外国法共同事業編「新信託法の理論・実務と書式」15頁(民事法研究会,2008))。

◀総論編

れているが，土地信託のような事業型信託では，信託財産である土地に当然に付随している固定資産税などの支払債務があることをもって，消極財産（債務）の信託であるとはされていない。受託者は，債務が付随した信託財産である土地等の管理・処分によって事業を営む。このような事業型信託は，旧信託法の下でも認められていた。

(3) 移転乃至処分の可能性

信託財産は移転又は地上権・賃借権の設定などの処分を通じて，委託者の財産権から分離可能なものでなければならない。例えば，譲渡が禁止されている財産は，移転乃至処分の可能性が認められず，信託財産とすることはできない。また，賃借権の譲渡における賃貸人の承諾（民612条参照）のように，財産の譲渡に一定の条件を要する場合には，かかる条件を満たさなければ，移転乃至処分の可能性が認められない[7]。

(4) 現存・特定性

信託財産は，信託行為により委託者から受託者に移転されるものであるから，信託行為時に現存し，特定され，委託者の所有に属するものでなければならない。もっとも，信託契約は諾成契約であり（信託4条1項），信託財産の現存・特定性は，信託行為の有効要件ではなく，処分の効果が信託財産に帰属するための要件に過ぎないと解釈されている[8]。

(5) その他の法律による制限

信託法以外の法律により，信託の設定が規制されている場合がある。例えば，農地の信託には，原則として農地法の許可が要件とされており，株式の信託については独占禁止法の規制対象となる。

また，遺留分（民1028条）を侵害して設定された信託については，遺留分減殺請求権（民1031条）の対象となる。

(6) セキュリティ・トラスト

ア 意 義

旧信託法では，担保物権を被担保債権から分離して信託することが認め

---

7) 新井326頁，三菱UFJ信託48頁，四宮137〜138頁
8) 四宮111頁，138頁

られるかが明らかではなかった。被担保債権と担保権とが異なる者に帰属すること（被担保債権は受益者に，担保物権は受託者に帰属する。）が，担保付社債信託法で認められている場合の他にも認められるのかが，担保物権の附従性との関係で問題となるからである。[9]信託の方法について定める新信託法3条1号及び2号は，「担保権の設定」と規定し，被担保債権から切り離して設定的移転により担保権を信託財産にできることを明らかにした。かかる担保権の信託は，セキュリティ・トラストと呼ばれている。

　セキュリティ・トラストにおいて信託財産となる担保権としては，抵当権，根抵当権，質権，譲渡担保権などがある。

　なお，セキュリティ・トラストは，委託者（債務者）が受益者（債権者）のために，物の所有権を受託者に移転する場合のように，担保権を被担保債権と切り離して信託財産にするのではなく，債権者に対する優先弁済権を確保するためのスキームとして信託を用いる「担保としての信託」とは異なる。

イ　セキュリティ・トラストの実益

　セキュリティ・トラストを行うことの主な実益は，①シンジケートローンなどの債権者多数の場合において，担保権者を1人にして担保権の管理及び行使の集中化が可能になることと，②債権譲渡時のコスト低減（抵当権移転登記などの担保権移転手続の簡易化）にある。

ウ　セキュリティ・トラストの方式

　セキュリティ・トラストには，直接設定方式と二段階設定方式がある。

　直接設定方式とは，債務者又は第三者（委託者）が当初から債権者を受益者と指定し，債権者とは別の第三者に担保権を信託設定する場合である。例えば，債務者Aを委託者，債権者Bを受益者とし，第三者Cを受託者として信託契約を締結し，A（債務者・委託者）が所有する物に，AB間の債権を被担保債権とする担保権をC（受託者）のために設定して信託財産とし，信託の目的を，担保権を管理し担保権を実行することにより被担保

9）能見善久「特集　新信託法とその利用－担保的利用を中心に　1　総論」金法1811号8頁

債権の満足を図ることとするものである（他益信託）。

　二段階設定方式とは、いったん債務者又は物上保証人が債権者に対して担保権を設定した上で、この債権者が担保権を被担保債権と切り離して第三者に信託譲渡する場合である。例えば、債権者Bと債務者Aとの間で、A（債務者）が所有する物に、被担保債権をAB間の債権とするBのための担保権を設定し、その後、Bを委託者兼受益者とし、第三者Cを受託者とする信託契約を締結し、担保権をBからCに移転して信託財産とし、信託の目的を、担保権を管理し担保権を実行することにより被担保債権の満

【図表3-1】　直接設定方式

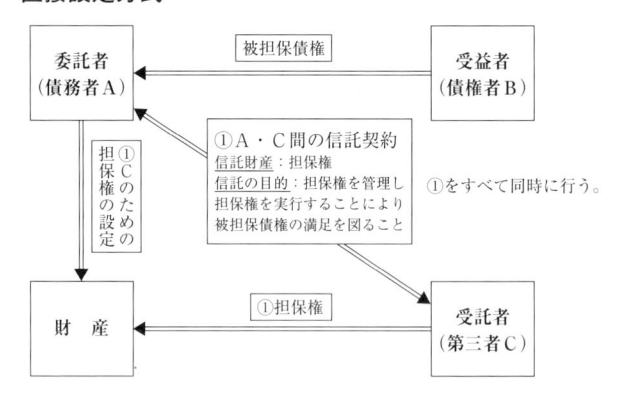

委託者（債務者A）　←被担保債権—　受益者（債権者B）
①Cのための担保権の設定
①A・C間の信託契約
信託財産：担保権
信託の目的：担保権を管理し担保権を実行することにより被担保債権の満足を図ること
①をすべて同時に行う。
財産　←①担保権—　受託者（第三者C）

【図表3-2】　二段階設定方式

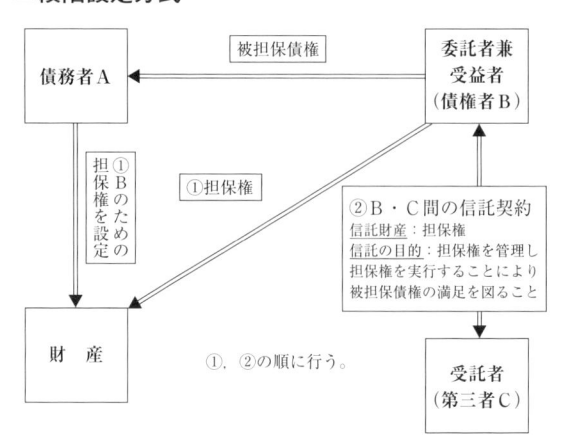

債務者A　←被担保債権—　委託者兼受益者（債権者B）
①Bのための担保権を設定
①担保権
②B・C間の信託契約
信託財産：担保権
信託の目的：担保権を管理し担保権を実行することにより被担保債権の満足を図ること
①、②の順に行う。
財産　　受託者（第三者C）

足を図ることとするものである（自益信託）。
　エ　受託者による担保権の実行
　セキュリティ・トラストでは，担保権の帰属者（受託者）と被担保債権の帰属者（受益者）とが分離することから，民事執行法上，被担保債権の債権者ではない担保権者（受託者）が担保権の実行の申立てをして，売却代金の配当等を受けることができるのかについて疑義が生じる。そこで，信託法55条で，受託者が，受益者のための信託事務として，担保権を実行できることが規定された。
　オ　債権者の同意の要否等
　信託法におけるセキュリティ・トラストに関する規定は，上記信託法3条1号・2号及び55条の2か条しかない。それゆえ，セキュリティ・トラストについては，解釈に委ねられている部分が多い。例えば，セキュリティ・トラストの成立要件について，セキュリティ・トラストが有効に成立するためには，担保権設定者（委託者）と担保権者になる者（受託者）のみの合意で足りるのか，債権者（受益者）の同意も必要かという問題がある。
　この点について，債権者（受益者）の同意が必要であるとする見解は，債権者たる受益者の知らないうちに担保権が実行され債権が消滅することに対する懸念などを理由とする。[10]　不要説は，信託法上，他益信託において受益者の同意を要しないとされており，このことは，セキュリティ・トラストの場合も同様であることなどを理由としている。[11]
　また，受託者によって担保権が実行された場合の被担保債権の消滅時期についても明文の規定はない。この点については，受託者が競売の配当を受領した時に被担保債権が消滅するという見解と，受益者が受託者から競売配当相当額を受領した時に被担保債権が消滅すると解する見解がある。[12]

---

[10]　山田誠一「特集　新信託法とその利用―担保的利用を中心に　セキュリティ・トラスト」金法1811号16〜25頁，新井153頁
[11]　前掲山田・金法1811号16〜25頁，新井153頁
[12]　前掲山田・金法1811号16〜25頁，新井154〜155頁

2　信託財産の独立性

　信託財産については，形式的には受託者が名義人となっているが，受託者は，財産管理制度としての信託制度の本質から，信託財産の管理のために名義人となっているにすぎない。受託者は，固有財産と信託財産とを分別して管理することが義務付けられ（信託34条），固有財産と信託財産とは別個独立のものとして取り扱われている。これを，信託財産の独立性と呼んでいる。

　信託法は，信託財産の独立性を保障するために，以下の規定を設けている。

① 　信託財産は受託者の相続財産から除外されること（信託74条）
② 　受託者破産の場合でも信託財産に属する財産は破産財団に属しないこと（信託25条）
③ 　信託財産に属する財産に対する強制執行等の制限等（信託23条）
④ 　信託財産に属する債権等についての相殺の制限（信託22条）
⑤ 　信託財産に属する財産についての混同の特例（信託20条）

　また，信託法では，信託財産の独立性に関連して，⑥　信託財産に属する財産の付合等（信託17条～19条），⑦　信託財産に属する財産の占有の瑕疵の承継（信託15条），⑧　信託財産の物上代位性（信託16条）の各規定が設けられている。

(1) 信託財産は受託者の相続財産から除外されること（信託74条）

　信託法74条1項は，受託者である個人の死亡によりその任務が終了した場合（信託56条1項1号），信託財産を法人とすると規定している。したがって，信託財産は，受託者の相続財産から除外される。

　受託者が死亡し信託財産が法人とされた後に，新受託者が就任したときは，信託財産を法人とする理由がなくなるから，信託財産法人ははじめから成立しなかったものとみなされる（信託74条4項）。

(2) 信託財産に属する財産は，破産財団に属しないこと（信託25条）

　受託者が破産開始決定を受けた場合でも，信託財産に属する財産は，破産財団に属しない（信託25条1項）。旧信託法にはこの点についての明文規定は設けられていなかったが，信託財産の独立性及び倒産隔離機能にかんがみ，

受託者が破産しても信託財産に属する財産は破産財団に属しないと解されていた。新信託法では，この点について明文の規定が新設された。

同様の趣旨から，受託者が再生手続開始の決定を受けた場合であっても，信託財産に属する財産は，再生債務者財産に属しない（同条4項）。

(3) **信託財産に属する財産に対する強制執行等の制限等**（信託23条）

信託財産責任負担債務に係る債権（信託財産に属する財産について生じた権利を含む。）を除き，信託財産に属する財産に対しては，強制執行，仮差押え，仮処分若しくは担保権の実行若しくは競売，国税滞納処分をすることはできない（信託23条1項）。この規定に違反して強制執行等がなされた場合には，受託者又は受益者は，異議を主張することができる（同条5項・6項）。

(4) **信託財産に属する債権等についての相殺の制限**（信託22条）

ア　信託法22条1項本文の定める相殺禁止

受託者が固有財産又は他の信託の信託財産に属する財産のみをもって履行する責任を負う債務に係る債権を有する者は，当該債権をもって信託財産に属する債権に係る債務と相殺することはできない（信託22条1項本文）。ただし，債権の準占有者に対する弁済の場合と同様に，善意・無過失の第三者を保護するため，①相殺を主張する第三者が，受働債権が固有財産又は他の信託の信託財産に属する財産に属するものでないことについて善意・無過失である場合，又は②相殺を主張する第三者が，自働債権が信託財産責任負担債務に係る債権でないことについて善意・無過失である場合には，相殺は有効になるという例外規定が設けられている（信託22条1項ただし書）。また，利益相反行為の禁止の例外（信託31条2項各号）に該当する事情がある場合には，受託者は信託法22条1項本文の定める相殺を承認することができる（同条2項）。

【図表3－3】信託法22条1項本文の定める相殺禁止

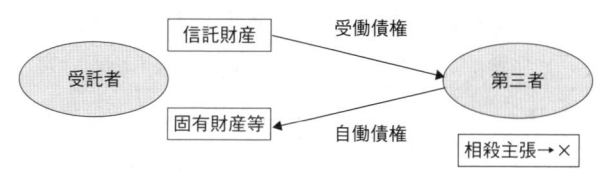

イ 信託法22条3項本文の定める相殺禁止

　受託者が信託財産責任負担債務のうち信託財産に属する財産のみをもってその履行の責任を負うものに係る債権を有する第三者は、かかる債権と固有財産に属する債権に係る債務とを相殺できない（信託22条3項本文）。このような相殺が認められると、信託財産責任負担債務のうち信託財産に属する財産のみをもってその履行の責任を負うものについて受託者が責任を負わないとした趣旨に反するからである。ただし、信託法22条1項の場合と同様に、善意・無過失の第三者を保護する規定が設けられている（同条3項ただし書）。また、3項の相殺禁止は、受託者の利益を保護するためのものであるから、受託者の承認によって、かかる相殺を有効とすることができる（同条4項）。

【図表3－4】信託法22条3項本文の定める相殺禁止

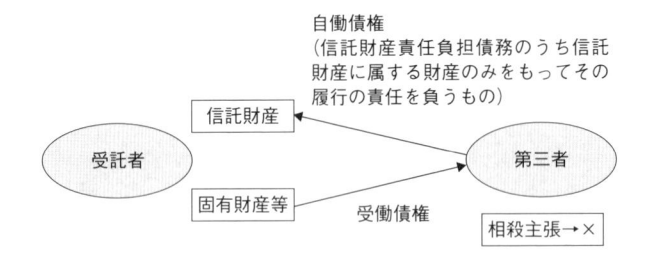

```
                       自働債権
                       （信託財産責任負担債務のうち信託
                       財産に属する財産のみをもってその
                       履行の責任を負うもの）
          ┌信託財産┐
  ┌────┐           ┌────┐
  │受託者│           │第三者│
  └────┘           └────┘
          └固有財産等┘ 受働債権
                       ┌相殺主張→×┐
```

(5) 信託財産に属する財産についての混同の特例（信託20条）

　信託財産に属する財産と固有財産に属する財産又は他の信託の信託財産に属する財産との間では、民法179条1項本文、同条2項前段及び同法520条本文の規定にかかわらず、混同による権利の消滅は生じない（信託20条）。

(6) 信託財産に属する財産の付合等（信託17条～19条）

　信託財産に属する財産と、固有財産若しくは他の信託の信託財産に属する財産との付合若しくは混和又はこれらの財産を材料とする加工があった場合には、各信託の信託財産及び固有財産に属する財産は各別の所有者に属するものとみなして、添付に関する民法の規定（民242条～248条）を適用する（信託17条）。これは、信託財産に属する財産と固有財産又は他の信託の信託財産に属する財産は、いずれも受託者の所有に属する財産であるため、民法の

添付に関する規定を直接適用することはできないが，実質的には，その経済的利益はそれぞれ受益者・受託者に属するものであるため，各財産が各別の所有者に属するものとみなした上で民法の添付に関する規定を適用することとしたものである[13]。

信託財産に属する財産と，固有財産若しくは他の信託財産に属する財産とを識別できなくなった場合（信託法17条の場合を除く。）には，各財産の共有持分が信託財産と固有財産とに属するものとみなされる（信託18条1項前段）。この場合の共有持分の割合は，その識別することができなくなった当時における各財産の価格の割合に応じる（同項後段）。もっとも，各財産の価格の割合を立証することは困難であるから，共有持分の割合を均等とする推定規定が設けられている（同条2項）。

信託財産に属する財産の付合等により共有となった場合（信託17条，18条）における共有物の分割方法について，民法の共有の規定（民256条～258条）の特則が設けられている（信託19条）。

(7) 信託財産に属する財産の占有の瑕疵の承継（信託15条）

受託者は，信託財産に属する財産の占有について，委託者の占有の瑕疵を承継する（信託15条）。これは，例えば，悪意の占有者である委託者が，善意の受託者に当該財産を移転して信託を設定し，受託者の占有により10年の取得時効を完成させるといった，信託の濫用を防止するための規定である。

(8) 信託財産の物上代位性（信託16条）

信託財産に属する財産の管理，処分，滅失，損傷その他の事由により受託者が得た財産は，信託財産に属する（信託16条1号）。これを，信託財産の物上代位性という。信託財産の物上代位性は，民法上の担保物権について定められている物上代位性（民304条，350条，372条）よりも範囲が広い。これは，民法の物上代位では，代位物の範囲は対象財産の価値変形物に限られるが，信託法上の物上代位では，信託財産の管理・処分によって得られるすべての財産が対象となるからである[14]。

---

13) 寺本77頁
14) 新井354～355頁

◀総論編

3 信託財産の対抗要件

　登記又は登録をしなければ権利の得喪及び変更を第三者に対抗することができない財産については，信託の登記又は登録をしなければ，当該財産が信託財産に属することを第三者に対抗することができない（信託14条）。信託財産の公示においては，①信託の設定に伴う委託者から受託者への財産権の移転又はその他の処分に関する一般的な物権変動についての公示だけではなく，②当該財産が信託財産を構成するものであるという信託財産の公示が必要である。信託財産であることを第三者に対抗するために登記が必要な財産の典型例は不動産であり（民177条，不動産登記法97条～104条の2），登録を要する財産の例として特許権が挙げられる（特許法98条1項1号，27条1項1号）。

　信託法14条の定める公示方法の適用のない財産としては，現金，一般の動産，一般債権がある。信託財産としての公示が不要な財産については，何ら公示がなくても，当該財産が信託財産であることを第三者に対抗することができるとするのが通説である。[15] 受託者破産の場合において，別口で管理された受託者名義の預金口座の預金は信託財産であることを第三者に対抗することができるとした最高裁判例もある（最判平成14年1月17日民集56巻1号20頁）。もっとも，この点については，受託者は「それぞれの受益者のために保管している財産権を受益者の表示等により特定する」ことで固有財産との区別がなされているときに，はじめて，信託財産としての第三者への対抗が可能になるとする新井誠教授の見解もある。[16]

---

15)　三菱UFJ信託66頁，北浜法律事務所・外国法共同事業編「新信託法の理論・実務と書式」50頁（民事法研究会，2008）
16)　新井358頁

第4章 委託者

1 委託者の地位及び権利

　委託者とは，信託契約，遺言又は自己信託の方法により，信託をする者をいう（信託2条4項，3条）。

　委託者は，信託を設定する段階では必須の存在であるが，いったん信託が成立してしまえば，不可欠の存在ではない。むしろ，信託の母法国である英米では，信託とは，委託者自身ではできない財産管理・運用を受託者に委ねるための制度であるから，委託者が，設定された信託について口出しすることは好ましくないし，特に権利を留保しない限りは，口出しをする権利を有しない（「金は出すが，口は出さない」）ものと考えられてきたと言われる[1]。

　委託者の上記のような地位にもかかわらず，旧信託法は，委託者に，信託に係る比較的広汎な権能を認めていた。しかし，そのような取扱いによると，信託をめぐる法律関係が複雑化し，信託事務の処理方針や受託者の監督の在り方等を巡って，委託者と受益者の間に意見の対立が生じることにより，受託者がいずれの意見を尊重すべきか迷い，その結果，信託事務の円滑な処理に支障を来すこととなるおそれもある。そこで，新信託法は，委託者が有する権利の内容を，旧信託法に比べて限定的な範囲のものに止めることとしている[2]。

　信託法が明示する委託者の権利には，受託者の解任権（信託58条1項・4項），信託事務の処理の状況についての報告請求権（信託36条）などがある。もっとも，委託者自身が，かかる権利が不要であるという意思を有するなら

---

1) 能見210頁，新井195頁
2) 寺本325頁

◀総論編

ば，それを妨げる理由はない。そこで，信託行為において，委託者は，信託法の認める各種権利の全部又は一部を有しない旨を定めることができる（信託145条1項）。

　他方で，信託法が原則的に認める権利以外に，委託者に，一定の口出しをする権利を認めた方がよい場合もあり得る。そこで，信託法が原則的に委託者に認める権利以外のいくつかの権利について，信託行為において，委託者がこれを有する旨を定めることができる（信託145条2項各号）。例えば，信託財産への違法な強制執行等に対する異議権（信託145条2項1号，23条5項・6項），書類閲覧等請求権（信託145条2項5号，38条1項），受託者に対する損失てん補等請求権（信託145条2項7号，40条）等である[3]。

2 委託者適格

　委託者適格，すなわち，委託者となり得る資格について，信託法には特段の規定がない。そこで，民法の一般原則に従うことになる[4]。

　まず，自然人については，信託行為が法律行為の一種として理解されていることから，民法総則編の行為能力の制限に関する規定が適用される。その結果，制限行為能力者による信託行為は，取り消し得るものとなる。

　また，遺言信託については，遺言能力に関する規定（民961条以下）が適用される。

3 委託者の地位の移転

　旧信託法では，委託者の地位の移転に関する規定がなく，これが可能であるかが明らかではなかった。しかし，実務上は，資産流動化目的の信託において委託者である資金調達者を法律関係から切り離したいという場合など，

---

3) 寺本331〜332頁
4) 新井196〜197頁

委託者の地位を移転させたいというニーズがあったと言われる[5]。そこで，新信託法は，受託者及び受益者の同意を得るか，又は信託行為によって定めた方法に従い，委託者の地位を第三者に移転することができる旨を明らかにしている（信託146条1項）。

4　委託者の地位の相続

　遺言によって設定された信託においては，委託者の地位は，原則として相続されないものとされている（信託147条本文）。これは，①遺言信託は，法定相続分と異なる財産承継を信託をもって実現しようとするものであるから，委託者の相続人と受益者とは，類型的に利害が対立する関係にあるといえ，②したがって，委託者の相続人に委託者の権利の適切な行使を期待することも類型的に困難であるから，相続人は委託者の権利義務を有しないものとすることが遺言信託を設定した委託者の通常の意思であると見るのが合理的であるということによる[6]。

　もっとも，上記ルールは，委託者の通常の合理的意思を推測したものに止まるから，委託者が信託行為において別段の定めをすれば，この定めが優先する（信託147条ただし書）[7]。

　他方で，信託法147条の反対解釈により，遺言信託以外の信託に関しては，委託者の相続人は，委託者の地位を相続により承継するものと解されている[8]。もっとも，遺言信託以外の信託についても，信託行為で「委託者の死亡により，委託者の権利は消滅するものとする。」というように，委託者の権利に期限を付すことによって，実質的に，委託者の地位を相続により承継させないのと同様の効果を発生させることもできる[9]。

---

5)　道垣内66頁
6)　寺本336頁
7)　寺本336頁
8)　新井199頁，寺本335頁
9)　寺本335～336頁

第5章 受託者

1 受託者の地位

　受託者とは，信託行為の定めに従い，信託財産に属する財産の管理又は処分及びその他の信託の目的の達成のために必要な行為をすべき義務を負う者をいう（信託2条5項）。

　信託における受託者の重要性については，新信託法制定を審議した法制審議会信託法部会の部会長であった能見教授により，委託者や受益者と対比して，次のように説明されている。「受託者は，信託関係の要である。委託者も信託設定に際しては必要だが，いったん信託が設定されれば，その後はいなくても信託は存続していく。受益者は，その者のために信託が設定されているのであるから，その意味では必須であるが，信託設定の段階では受益者が具体的に確定していなくともよい。……以上に対して，受託者は信託にとって終始欠くことができない必須の要素であるだけでなく，信託財産の管理・運用は受託者あってはじめて可能になるという意味で，受託者こそが信託にとって不可欠の要素なのである」。[1]

2 受託者適格

(1) 自然人の受託者

　受託者は，信託において，受益者のために，信託財産の管理・運用を的確に実行しなければならない立場にあり，また，信認関係を基礎に置く信託にあっては，受託者は，委託者ないし受益者の信頼に足る能力を備えている必

---

1) 能見66頁

◀総論編

要がある[2]。そこで，受託者となるための資格については，信託法に特に規定が置かれている。

すなわち，未成年者，成年被後見人及び被保佐人は，受託者となることができない（信託7条）。その趣旨は，判断能力や財産管理能力が不十分なために，本来，受託者としての適性を欠く者が受託者に就任することによって，信託が適正に運営されなくなってしまうことを防ぐ点にあるとされる[3]。

旧信託法は，上記に加えて破産者についても，受託者適格を有しないものとしていた。しかし，破産者は，破産したことによって財産管理処分権を一般的に失うものではなく，破産財団に属する財産に対する管理処分権を失うにすぎないし，破産したことのみをもって信頼に足りないとすることは，懲戒主義的に失するとも考えられた[4]。

以上のような考慮から，新信託法は，破産者については，受託者適格を否定しないこととした。なお，平成17年に制定された会社法は，破産者について取締役となる資格を否定しておらず（会社法331条1項参照），また，平成18年に制定された「一般社団法人及び一般財団法人に関する法律」に基づく一般社団法人及び一般財団法人の役員，理事等についても，破産者であることは不適格事由となっていない（一般社団法人及び一般財団法人に関する法律65条1項，173条1項及び177条参照）[5]。上記の新信託法の規律は，このような近時の立法の流れに沿うものと考えられる。

(2) 法人受託者に対する信託業法の規制

上記の信託法7条の規律は，その内容から明らかなとおり，自然人を念頭に置いたものであり，法人には適用がない[6]。法人受託者については，むしろ，信託業法の規制に留意が必要である[7]。すなわち，営業信託については，資本金が1億円以上であること（信託業5条2項2号，信託業令3条）その他の要

---

2) 新井199頁
3) 新井200頁
4) 寺本50～51頁
5) 寺本51頁・注1
6) 新井201頁
7) 江頭憲治郎『商取引法』（弘文堂，第6版，2010）533～534頁

件を満たし，内閣総理大臣から信託業の免許を受けた株式会社のみが受託者となり得る（信託業3条～5条）。ただし，管理型信託業[8]（信託業2条3項）と呼ばれる受託者の権限が狭いタイプの信託業のみを営む場合には，資本金の額は5,000万円以上であれば足りる（信託業10条1項2号，信託業令8条）など要件は相対的に緩やかなものとなり，また，内閣総理大臣の「登録」を受けることで足りる（信託業7条）。

3 受託者による取引のメカニズム[9]

(1) 信託財産のためにする意思[10]

信託において，信託財産に法的効果の帰属する行為は，受託者によって行われる。ただし，信託財産自体に独立の法人格はなく，受託者は「法人の代表者」ではないから，受託者が信託財産に法的効果の帰属する行為を行ったとしても，法人格という意味での法的効果の帰属主体は，あくまで受託者であって，「信託財産」が法的効果の帰属主体となるわけではないという点で，法人の場合とは異なる。

また，受託者の行う行為のうちには，受託者自身の固有財産に効果の帰属する行為と，信託財産に効果が帰属する行為とがある。両者を区別するメルクマールは，受託者が，信託財産のためにする意思を有して行ったか否か，という点にある。ここで，信託財産の「ために」とは，「信託財産に利益・不利益といった効果を帰属させる意思を有して」という意味である。[11]

(2) 受託者の権限の範囲と権限外の行為の取扱い

受託者は，信託財産に属する財産の管理又は処分及びその他の信託の目的

---

8) 管理型信託業とは，①委託者又は委託者から指図の権限の委託を受けた者のみの指図により信託財産の管理又は処分が行われる信託，及び②信託財産につき保存行為又は財産の性質を変えない範囲内の利用行為若しくは改良行為のみが行われる信託のみの引受けを行う営業をいう（信託業2条3項）。
9) 道垣内103頁以下
10) 道垣内104～107頁
11) 道垣内106頁

◀総論編

の達成に必要な行為をする権限を有するが，信託行為によりその権限に制限を加えることを妨げないものとされる（信託26条）。すなわち，受託者の権限は，「信託の目的の達成に必要な行為」の範囲に限定されており，更に信託行為によって制限を加えることも可能とされているわけである。

ここで，受託者が，その権限外の行為を，信託財産のためにする意思で行った場合の規律が問題となる。この点については，取引の相手方の信頼保護の観点から，以下のような規律がなされている。

まず，受託者が信託財産のためにした行為がその権限に属しない場合において，当該行為の相手方が，当該行為の当時，当該行為が信託財産のためにされたものであることを知っており，かつ，当該行為が受託者の権限に属しないことにつき悪意又は重過失であったときは，受益者は，当該行為を取り消すことができる（信託27条1項1号・2号）。

また，上記に対する特則として，信託法14条所定の信託の登記又は登録をすることができる財産につき，受託者がその権限に違反して権利を設定又は移転する行為をした場合には，当該財産につき信託の登記又は登録がされており，かつ，当該行為が受託者の権限に属しないことにつき相手方が悪意又は重過失であった場合に限り，受益者は，当該行為を取り消すことができるものとされる（信託27条2項1号・2号）。

4 受託者の義務

受託者は，信託の本旨に従い，信託事務を処理しなければならない（信託事務遂行義務。信託29条1項）。かかる信託事務遂行義務を履行するに当たり，受託者には，各種の義務が課せられている。以下，各別に述べる。

(1) **善管注意義務**

受託者は，信託事務を処理するに当たっては，善良な管理者の注意をもって，これをしなければならない（信託29条2項本文）。これを，善管注意義務という。

「善良な管理者の注意」とは，行為者の属する職業や社会的地位に応じて，

通常期待される程度の注意をいい，客観的な基準であって，「自分なりに一生懸命にやる」といった主観的基準ではない。[12] したがって，信託会社が受託者となる場合には，一般の私人以上の専門的かつ高度な注意義務が課せられているものと考えられる。[13]

ただし，信託法上，善管注意義務は，特約によって軽減できるものとされている（信託29条2項ただし書）。なお，信託業法においても，同様の善管注意義務が規定されているところ（信託業28条2項），信託業法に基づく善管注意義務については，特約によって軽減できるとの規定振りとはなっておらず，かかる特約はできないものとの理解が一般的と見られる。[14]

(2) **忠実義務**

ア　総　論

受託者は，受益者のために忠実に信託事務の処理その他の行為をしなければならない（信託30条）。これを忠実義務といい，受託者はもっぱら受益者の利益を図らなければならず，信託事務の執行において，自己の利益を図ってはならない，というものである。[15] かかる忠実義務は，信託業法においても規定されている（信託業28条1項）。

忠実義務に関する一般規定である信託法30条の内容は抽象的なものであるが，信託法は，忠実義務をより具体化したものとして，利益相反行為の制限（信託31条），競合行為の禁止（信託32条）を規定している。以下，各別に説明する。

イ　利益相反行為の制限

(ア)　利益相反行為の原則的禁止（信託31条1項）

受託者は，受託者による利益相反行為として，次の①～④の行為を原則として禁止されている（信託31条1項各号）

---

12)　道垣内134～135頁
13)　新井244頁
14)　新井247頁，道垣内135～136頁（もっとも，道垣内教授自身は，信託業法との関係でも一定範囲で善管注意義務軽減の特約が有効であり得るとの見解を示唆する）。金融審議会金融分科会第二部会「信託法改正に伴う信託業法の見直しについて」も参照。
15)　道垣内149頁

① 自己取引（1号）

　自己取引とは、信託財産に属する財産を受託者の固有財産に帰属させ、又は受託者の固有財産に属する財産を信託財産に帰属させることをいう。例えば、信託財産に属する資産を受託者自らが購入するような場合であり、この場合で言えば受託者が購入価格を安く設定する懸念があるというように、受益者と受託者の利益が対立するため、かかる取引が禁止される。

② 信託財産間取引（2号）

　信託財産間取引とは、信託財産に属する財産を、他の信託の信託財産に帰属させることをいう。かかる行為が禁止されるのは、民法上禁じられる双方代理（民108条）と同様の性質を有するためである。

③ 双方代理的行為（3号）

　第三者との間において、信託財産のためにする行為であって、受託者がその第三者の代理人となって法律行為を行うことをいう。②と同様、双方代理の性質を有するために禁止される。

④ 間接取引（4号）

　間接取引とは、受託者が、自己の債務の履行を保証するために、信託財産に属する財産に担保権を設定する行為など、第三者との間において信託財産のためにする行為であって、受託者又はその利害関係人と受益者との利益が相反することになるものをいう。

(イ) 利益相反行為の例外的許容

　利益相反行為を行うについて特段の弊害がない場合には、これを禁止する必要はない。そこで、以下の各場合には、利益相反行為を行うことが、例外的に許容されている（信託31条2項各号）。

① 信託行為に当該行為を許容する旨の定めがあるとき（1号）。
② 受託者が当該行為について重要な事実を開示して受益者の承認を得たとき（2号）。ただし、かかる場合であっても例外とすることは許さない旨の特約がある場合には、そちらが優先する（信託31条2項ただし書）。

③　相続その他の包括承継により信託財産に属する財産に係る権利が受託者の固有財産に帰属したとき（3号）。
④　受託者が当該行為をすることが信託の目的の達成のために合理的に必要と認められる場合であって，受益者の利益を害しないことが明らかであるとき，又は当該行為の信託財産に与える影響，当該行為の目的及び態様，受託者の受益者との実質的な利害関係の状況その他の事情に照らして正当な理由があるとき（4号）。

　以上の例外的許容規定に従う場合であると否とを問わず，受託者が利益相反行為を行った場合には，当該行為についての重要な事実を受益者に通知しなければならない（ただし，信託行為に別段の定めがあれば，その定めるところによる。信託31条3項）。

　なお，信託業法も利益相反行為の禁止を定めているところ（信託業29条2項），その例外的許容要件については，信託法と異なる規律を採用していることに留意が必要である。すなわち，信託業法上，利益相反行為の禁止は，信託行為にその取引を行う旨及び当該取引の概要について定めがあり，又は当該取引に関する重要な事実を開示して受益者の書面による承諾を得た場合であって，かつ，受益者の保護に欠けることがないものとして内閣府令（信託業規41条3項）の定める一定の類型に該当する場合に限り，許容されることとなっている（信託業29条2項）。[16]

(ｳ)　利益相反行為が行われた場合の効果

　禁止される利益相反行為が行われてしまった場合の効果については，第三者が関係するか否かにより，次のとおり効果が分かれる。[17]

　まず，上記の①自己取引と，②信託財産間取引については，元々の取引自体には第三者が関係せず，その保護につき考慮する必要がないので，単純に無効となる（信託31条4項。ただし，受益者は追認することができる。同条5項）。しかし，その後の取引によって，第三者が関係してくる場合は

---

16)　江頭・前掲7）547〜548頁
17)　道垣内158〜159頁

あり得るので，その場合には第三者の保護が必要となる。そこで，自己取引又は信託財産間取引によって取得された財産につき第三者に処分等がなされた場合，その処分行為は一応有効とされ，当該第三者が，その財産について禁止される利益相反行為がなされたことにつき悪意又は重過失の場合に限り，受益者に，第三者への処分行為についての取消権が付与される（同条6項）。

　これに対し，当初の取引自体が，上記の③双方代理的行為，又は④間接取引という，第三者が関係する取引である場合，上記①自己取引や②信託財産間取引の場合とは異なり，取引が無効となるのではなく，当該第三者が，当該取引が禁止される利益相反行為であることにつき悪意又は重過失の場合に限り，受益者に取消権が付与される（信託31条7項）。

ウ　競合行為の禁止

　受託者は，受託者として有する権限に基づいて信託事務の処理としてすることができる行為であって，これをしないことが受益者の利益に反する場合，受託者の固有財産や受託者の利害関係人の計算で行ってはならないものとされる（信託32条1項）。

　例えば，信託の事務処理として，土地を購入する必要のある受託者Tが，手頃な土地を探していたところ掘り出し物があり，信託財産のためではなく，自己のためにする意思で購入した場合，受益者は，Tが信託事務をきちんと遂行してくれていれば得られたはずの利益を，Tに横取りされてしまうことになる。[18] 競合行為とは，ここでのTの行為のようなものを指す。

　ただし，受託者自身の立場を全く制約することもできないので，信託行為に許容する旨の定めがある場合（信託32条2項1号）と，受託者が当該行為を固有財産又は受託者の利害関係人の計算ですることについて重要な事実を開示して受益者の承認を得たとき（同項2号。ただし，かかる場合でもなお例外とすることを禁ずる信託行為の定めがある場合を除く。信託32条2項柱書ただし書）は，競合行為も例外として許容される。

18）道垣内115～116頁所掲の例である。

規定違反の競合行為が行われた場合，受益者は，当該行為を信託財産のためにされたものとみなすことができる（信託32条4項）。ただし，第三者の権利を害することはできず（同項ただし書），また，かかる権利は1年で消滅する（同条5項）。

(3) その他の義務

　ア　公平義務

　受益者が2人以上ある信託においては，受託者は，受益者のために公平にその職務を行わなければならない（信託33条）。これを，公平義務という。

　公平義務の意味するところは，同等のものは同等に扱わなければならない，ということであり[19]，比較的単純なように見える。しかし，複数の受益者が性質の異なる受益権を有する場合はどうか。民事信託の領域で言えば，収益受益権と，元本受益権とを別々の受益者に分属させた場合が想定される。例えば，金銭を信託財産とし，配偶者Aに，その生存中，収益受益権を与え，Aの死後，元本受益権を子Bに与える，といった事例を考える[20]。ここで，当初は，信託財産の20％を株式で，80％を債券で運用していたとして，仮に株式投資分の20％について，別の株式（元々の運用対象と比べて，目先の配当は少ないが，将来の成長可能性が大きく信託財産全体の増加に資すると考えられるもの）に入れ替えるとする。かかる投資対象の変更は，収益受益者であるAにとっては，目先の短期間に期待できる収益分配が少なくなると見込まれる点で，好ましくない。他方，元本受益者であるBにとっては，長期的に見て信託財産全体が増加する見込みが大きいという点で，好ましい。このように，収益受益者と元本受益者の利害が対立する。

　我が国では，これまで，受益者が単数であるか，複数であっても受益権の内容が同一である信託が通常であったために，公平義務の問題が顕在化していなかったとされ，上記のように異種の受益権を有する受益者間において利益が対立する場合における公平義務の履行の在り方については，学

---

[19]　道垣内142頁
[20]　能見92頁所掲の例を参考とした。

説等においても未だ定まった理解はないようである[21]。

イ　分別管理義務

　信託財産は，受託者に帰属する財産ではあるが，受託者の固有財産や，他の信託の信託財産とは区別されるものである。そこで，受託者は，信託財産を，自己の固有財産及び他の信託の信託財産と区分して管理する義務を負う。これを分別管理義務という（信託34条）。

　具体的には，以下のような管理方法による必要がある[22]。

① 　不動産等の信託の登記又は登録（信託14条）をすることができる財産については，登記又は登録をする方法による（信託34条1項1号）。これは，強行規定である（同条2項）。

② 　それ以外の財産については，当事者が自由に定めることができるが（信託34条1項ただし書），特に定めがない場合の任意規定として，(i) 一般の動産は，信託財産に属する財産と固有財産及び他の信託の信託財産に属する財産とを，外形上区別できる状態で保管する方法により（同項2号イ），(ii) 金銭等[23]については，その計算を明らかにする方法により（同項2号ロ），(iii) 第三者対抗要件が信託法以外の法律によって定められている財産については，法令の規定に従い信託財産に属する旨の記載又は記録をするとともに，その計算を明らかにする方法によるものとされる（同項3号，信託規4条1項・2項）。

　なお，信託会社は，信託業法に基づき，信託法34条所定の分別管理義務を履行するための体制その他信託財産に損害を生じさせ，又は信託業の信用を失墜させることのない体制を整備する義務を負う（信託業28条3項）。

---

[21] 　樋口205頁は，英米におけるように，収益受益者と元本受益者が分かれるタイプの民事信託が我が国でも一般的となれば，公平義務の問題が顕在化する可能性があると指摘する。

[22] 　樋口199〜201頁，道垣内143〜147頁

[23] 　「金銭等」のうち，金銭以外のものとしては，預金債権，コール・ローン等の金銭債権など，物理的管理を観念できない金融資産が典型として想定されている（寺本139頁・注5）。

ウ　報告義務・帳簿作成義務[24]

　受託者は，委託者の依頼により，受益者のために信託財産を管理している。そこで，委託者又は受益者は，受託者に，信託事務の処理状況について報告を求めることができる（信託36条）。また，受託者は，帳簿等の書類を作成しておかなければならず（信託37条），受益者及び利害関係人は，書類の閲覧や謄写を請求できる（信託38条1項・6項）。ただし，閲覧等の請求者が，受託者の競争事業者である場合など，一定の場合は，受託者は，閲覧等を拒否できる（信託38条2項）。

(4)　自己執行義務の否定──第三者への委託に関する規律

　受託者は，委託者から信頼されて，信託に関する事務処理を任された者であることからすると，自己においてすべて受託者の義務を遂行すべきとも考えられる。実際に，旧信託法は，かかる考え方（受託者の自己執行義務）を採用していた。

　しかし，専門分化の進んだ現代社会においては，一人の受託者が信託事務のすべてを自身で遂行するよりも，個々の事項の専門家に委ねた方が適切な場合も多いと考えられる。そこで，新信託法は，受託者の「自己執行義務」を否定し，一定の規律の下に，信託事務を第三者に委託することを認めている（信託28条）。具体的には，以下のとおりである。

　まず，信託行為に，第三者に信託事務の処理を委託する旨又は委託することができる旨の定めがある場合は，当該定めに従う（信託28条1号）。

　次に，上記のような信託行為の定めがない場合であっても，第三者への委託が信託の目的に照らして相当であると認められる場合には第三者への委託が認められる（信託28条2号）。

　さらに，信託行為において第三者への委託ができないものとされている場合であっても，信託の目的に照らしてやむを得ない事由があると認められる場合については，第三者への委託が認められる（信託28条3号）。

　以上のようにして受託者が第三者に信託事務を委託するに当たっては，信

---

24)　道垣内147〜149頁

託の目的に照らして適切な者を選任し，必要かつ適切な監督を行うことが要求される（信託35条）。

なお，信託業法においては，第三者への委託について，より厳しい規制がなされている。すなわち，①信託業務の一部を委託すること及びその信託業務の委託先（委託先が確定していない場合は，委託先の選定に係る基準及び手続）が信託行為において明らかにされていること（信託業22条1項1号），②委託先が委託された信託業務を的確に遂行できる者であること（同条2号），という要件を満たす必要がある。ただし，信託財産の保存行為に係る業務，信託財産の性質を変えない範囲内において，その利用又は改良を目的とする業務その他内閣府令（信託業規29条）で定める業務（単純な事務処理等）については，上記①の要件は適用されない（信託業22条3項。ただし，この場合でも上記②の要件は適用される。）。

また，委託先も，受託者と同様，善管注意義務，忠実義務，利益相反行為の制限等の規制に服することに留意が必要である（信託業22条2項）。[25]

さらに，上記要件を満たした場合でも，信託会社は，委託先が委託を受けて行う業務につき受益者に加えた損害を賠償する責任を負う（委託先の選任につき相当の注意をし，かつ，当該受益者の損害の防止に努めた場合を除く。信託業23条1項）。

5　受託者の責任

(1) 損失てん補責任・原状回復責任

受託者が，以上に述べたような義務に違反し，これによって信託財産に損失が生じたときは，受託者は，当該損失をてん補する責任を負う（信託40条1項1号）。また，義務違反によって信託財産に変更が生じたときは，原状を回復する責任を負う（同項2号）。

---

[25]　本文記載の信託業法の規制につき，道垣内139～141頁，江頭・前掲（注7）548～549頁。また，金融庁「信託会社等に関する総合的な監督指針」3－4－5も参照。

(2) 忠実義務違反の場合の責任

忠実義務違反の場合の受託者の責任については，特則が設けられている。すなわち，受託者が忠実義務に違反する行為を行った場合，受託者は，当該行為によって受託者又はその利害関係人が得た利益の額と同額の損失を信託財産に生じさせたものと推定される（信託40条3項）。

英米の信託法においては，忠実義務違反の場合，これによって得た利得をそのまま信託財産に返還する「利益吐き出し」（disgorgement of profits）の責任が存在すると言われる。我が国の新信託法の立案過程においても，かかる責任を導入するか否かが議論されたが，我が国の私法体系においては損害賠償が中心的な救済であり，「利益吐き出し」というような救済は認めるべきでないといった反対論もあったようである。最終的には，上記のように，責任の法的性質は「損害賠償責任」であるとしつつ，「受託者等が得た利益の額＝信託財産の損失額」と推定するものとされた。効果の面から見れば，実質的に「利益吐き出し」と同様の結果をもたらすものとも考えられる[26]。

(3) 受託者の違法行為等差止請求権

受託者が法令若しくは信託行為の定めに違反する行為をし，又はこれらの行為をするおそれがある場合において，当該行為によって信託財産に著しい損害が生ずるおそれがあるときは，受益者は，かかる行為の差止めを請求することができる（信託44条1項）。

6 受託者の費用・報酬等

受託者は，信託事務を処理するのに必要と認められる費用については，信託財産から費用の償還や前払いを受けることができる（信託48条1項・2項）。

受託者の報酬については，委任における受任者と同様，原則として無報酬であるが，信託の引受けについて商法512条の適用がある場合（商人がその営

---

[26] 立案過程における議論につき，寺本130～134頁。また，法制審議会信託法部会委員でもあった英米法学者の樋口範雄教授による，英米の制度を踏まえた説明として，樋口148～149頁

業の範囲内において他人のために信託を引き受ける場合）か，信託行為において信託報酬について規定がある場合，信託財産から信託報酬を受けることができる（信託54条1項）。その際の報酬額は，信託行為に定めがあるときはこれに従い，信託行為に定めがないときは，相当額とされる（同条2項）。実務上は，信託会社が受託者となる場合，信託契約において具体的な報酬額を定めることが通常であろう。

7 受託者の任務終了[27]

受託者の任務は，信託法56条1項各号所定の事由が生じた場合，終了する。以下，各々の終了事由について述べる。

(1) 受託者の死亡又は能力喪失（信託56条1項1～4号）

受託者である個人が死亡した場合が任務終了事由となることはもちろん（信託56条1項1号），受託者につき後見や保佐が開始された場合も，受託者の任務は終了する（同項2号）。これは，受託者が財産を処分しても，成年後見人や保佐人によって取り消される可能性が生じ，信託事務の処理に不都合であること，また，成年被後見人，被保佐人は，財産管理能力が不十分であることによるものであり（これらの者は受託者としての資格を有していない。信託7条），一定の信託目的のために財産管理を委ねられる者としては不適切であること，といった理由による。

受託者について破産手続が開始したときも同様に受託者としての任務は終了するが（信託56条1項3号），破産者は，受託者の資格を有しないものとはされておらず（信託7条。本章2(1)参照），財産管理能力が不十分であるというわけではないので，特約により，受託者としての任務が終了しないものとすることができる（信託56条1項ただし書）。

受託者としての法人が合併以外の理由により解散した場合は，その存在が消滅するから，受託者としての任務も終了するが（信託56条1項4号），受託

---

[27] 道垣内204～213頁

者が合併における消滅会社となる場合には，受託者の地位は，合併後の会社に引き継がれる（同条2項）。

(2) **受託者の辞任（信託56条1項5号）**

　受託者は，委託者及び受益者の同意を得たとき，また，信託行為に辞任に関する定めがあるときはその定めに従うことにより，辞任することができる（信託57条1項）。また，これ以外に，やむを得ない事由があるときは，裁判所の許可を得て辞任することができる（同条2項）。

(3) **受託者の解任（信託56条1項6号）**

　委託者と受益者は，その合意によって，いつでも受託者を解任することができる（信託58条1項）。ただし，受託者に不利な時期に解任したときは，受託者の損害を賠償しなければならない（同条2項）。

　以上の規律は，受託者は，信託の利益を享受できないとされていることから（信託8条），受託者報酬を失うなどの不利益さえ補償されれば，受託者にはその地位にとどまっておく利益はないはずだ，という考え方に基づくものとされる[28]。

(4) **信託行為において定めた事由の発生（信託56条1項7号）**

　信託行為において受託者の任期に期限が定められていたり，差押えなどの一定の事由が発生した場合は受託者の任務が終了するものと定められている場合，かかる信託行為の定めに基づき，受託者の任務は終了する。

8 複数受託者の場合の特例

(1) **受託者が複数の場合の管理権限**

　受託者が複数の場合，信託事務の処理は受託者の過半数で決することが原則であるが（信託80条1項），決定された事務処理の執行は，各受託者が単独で行うことができ（同条3項），保存行為も各受託者が単独で行うことができる（同条2項）。また，信託行為に職務分掌の定めがある場合，その定め

---

[28]　道垣内206頁

に従い，各受託者が単独で信託事務を行うことができる（同条4項）。

(2) **受託者が複数の場合の信託財産の帰属**

　受託者が複数の場合，信託財産は，受託者らの合有とされる（信託79条）。「合有」とは，①共同受託者は，信託財産に対して，固有の利益を持たず，潜在的にすら持分を有しないこと，②共同受託者は，それぞれ信託財産の分割を請求したり，持分があるとしてこれを譲渡したりすることができないこと，③共同受託者の一部が欠けた場合，信託財産は，残りの受託者に当然に帰属することとなること，等の意味を含むものとされる[29]。

---

29) 寺本233頁

第6章 受益者等

1 はじめに

　信託法は，2条6項にて「受益者」，同条7項にて「受益権」の定義付けを行い，88条～144条までを「第4章　受益者等」として，受益者や受益権等にかかる規定を置いている。

　同章の構成は，以下のとおりである。

「第1節　受益者の権利の取得及び行使」（88条～92条）

「第2節　受益権等」（93条～104条）

「第3節　2人以上の受益者による意思決定の方法の特例」（105条～122条）

「第4節　信託管理人等」（123条～144条）

　以下，解説する。

2 受益者の定義と分類

(1) 受益者の定義（信託2条6項）

　受益者は，信託から生ずる経済的利益を直接的に享受する主体である。

　信託法上の受益者の定義は「受益権を有する者」である（信託2条6項）。

　そして，「受益権」の定義は，「受益債権及びこれを確保するために……受託者その他の者に対し一定の行為を求めることができる権利」である（信託2条7項）。

　学説上，受益者とは「委託者が信託の利益を与えようと意図した人たち，または，かれらの権利を承継した人たち」と定義付けられることもある[1]。

1）　新井214頁

◀総論編

(2) **受益者の分類**

ア 「元本受益者」と「収益受益者」

受益者が,「元本受益者」と「収益受益者」に分類されることがある。

これらは,実務上用いられる用語であるが,信託法上は定義がなされておらず,課税の必要上これらが厳密に区分されている米国と異なり,我が国においては,やや曖昧な使い方がなされている。

仮に定義付けるならば「元本受益者」とは,「信託利益として元本(信託財産又はその代替物)を受領する権利を有する受益者」と考える。

信託期間中に元本の一部処分等をしてその売却代金を受領することなどもあるから,「元本受益者」は,信託終了時に限らず,信託期間中において元本又はその代替物を受領する権利を有する受益者も含み,後述イの「残余財産受益者」は「元本受益者」の一態様としてこれに含まれるものと考える。

「元本受益者」は,例えば,信託財産が株式の場合,当該株式自体,又はその処分がなされた場合の売却代金を受け取る権利を有する受益者などである。

「収益受益者」を定義するならば,「信託利益として収益(信託財産から生ずる利益)を受領する権利を有する受益者」と考える。

例えば,信託財産が賃貸マンションである場合に,そこから得られる賃料収入を受領することが受益権の内容として定められている受益者や,信託財産が株式である場合に,その株式に対する配当を受領することが受益権の内容として定められている受益者などである。

「元本受益者」と「収益受益者」が同一人の場合も当然ある。

なお,我が国の法文上は,これらの用語の規定はないが,相続税基本通達9-13では,「元本受益者」,「収益受益者」の定義付けがなされている。

同通達においては,「元本受益者」は「信託に関する権利のうち信託財産自体を受ける権利を有する者」,「収益受益者」は「信託に関する権利のうち信託財産の管理及び運用によって生ずる利益を受ける権利を有する者」とされている。

イ 「残余財産受益者」と「帰属権利者」

「残余財産受益者」とは,「信託行為において残余財産の給付を内容とする受益債権に係る受益者」(信託182条1項1号)である。

「帰属権利者」とは,「信託行為において残余財産の帰属すべき者」(同項2号)である。

信託終了時以後,清算受託者は,①現務の結了,②信託財産に属する債権の取立て及び信託債権に係る債務の弁済,③受益債権(残余財産の給付を内容とするものを除く。)に係る債務の弁済,及び④残余財産の給付を行う(信託177条1号〜4号)。

そして,残余財産の帰属主体は,信託行為の定め方によって,信託の終了事由の発生前から受益者としての権利を有する者(残余財産受益者)と,終了後に受益者としての権利を有する者(帰属権利者)の2類型がある。

残余財産受益者は,信託の終了前から受益者としての権利を有しており,受益債権の内容が残余財産の給付であること以外には,通常の受益者と異ならない。

それに対し,帰属権利者は,「信託の清算中は,受益者とみなす」とされ(信託183条6項),信託の終了後,清算中においてのみ受益者としての権利を有する。

帰属権利者に関する規定は,受益者との類似性から,受益権及び受益債権の規定に準じて整備されている(信託183条1項〜5項)。

3 受益者適格

(1) 原 則

信託法上,受益者となり得る資格(受益者適格)について,特段の制限はなされていない。

そのため,原則として,受益者には誰でもなり得る。

胎児を受益者とする信託も可能であり,遺言信託の場合,相続に関する胎児の権利能力についての民法965条,886条が類推適用される。

◀ 総論編

また，権利能力なき社団を受益者とする信託も可能である[2]。

(2) **例 外**

例外的に，信託法9条により，受益者となれない場合がある。

すなわち，同条は，「法令によりある財産権を享有することができない者は，その権利を有するのと同一の利益を受益者として享受することができない。」と定める。

これは，法令（強行規定）によって，信託財産を直接享有し得る権利能力（「特別権利能力」という。）を有しないとされている者が，信託を利用して受益者となることにより規制を回避する，「脱法信託」を禁止するものである。

例えば，特許法25条は，一定の事由に該当する場合を除き，外国人の特許権取得を認めていない。また，鉱業法17条も，条約に別段の定めがある場合を除き，外国人が鉱業権者となることを禁じている。

そのため，このような場合に該当するときは，その外国人は，特許権や鉱業権を信託財産とする信託の受益者になることはできない。

ただし，信託法9条により受益者になることが禁止されるか否かは，形式的に判断するのではなく，財産権の享有を禁止した法令の趣旨，信託の目的，受益権の内容等を総合的に考慮して決すべきという見解がある[3]。

4 受益権の取得及び行使（信託88条～92条）

(1) **受益権の取得**

ア　信託法88条の趣旨

第三者のためにする契約についての民法537条2項は，「第三者の権利は，その第三者が債務者に対して同項の契約の利益を享受する意思を表示した時に発生する。」として，第三者が受益の意思表示をしたときに権利を取得する旨定めており，一般に，「契約によって当事者以外の者に利益も不

---

2) 経済法令研究会編「信託の基礎」26頁（経済法令研究会，2005）
3) 寺本53頁

利益も与えることはできない」と解されている[4]。

　しかし，信託法88条は，「信託行為の定めにより受益者となるべき者として指定された者（次条第１項に規定する受益者指定権等の行使により受益者又は変更後の受益者として指定された者を含む。）は，当然に受益権を取得する。ただし，信託行為に別段の定めがあるときは，その定めるところによる。」として，受益者として指定された者は，受益者の意思表示を待たずに受益権を取得する旨定める。

　信託（特に他益信託）の法的性質は，本質的には第三者のためにする契約であると解されるところ[5]，信託法88条は，民法537条２項の一般原則に対する例外である。

　信託法88条の趣旨は，「受益者として指定された者が当然に受益権を取得するとすることにより，その後は，委託者と受託者との合意のみによって受益権の内容を変更することはできず，受託者に対して各種の義務が課されることになる等の効果を直ちに導くことができるのであって，受益者の利益となり，その合理的意思にも合致するからである。」と説明される[6]。

　信託法88条本文は，受益権の取得に関する一般原則である。

　ただし，受益者は，信託の利益の享受を強制されるわけではなく，受益権を放棄すれば，遡及的に受益権を有していなかったものとされる（信託99条）。

　また，信託行為に別段の定めがあれば，受益権の取得時期はその定めに従うことになる。

　例えば，信託法88条本文にかかわらず，受益権の取得に受益の意思表示が必要であるとすること，取得に条件や期限を付することも可能である。

　また，委託者が，受益者を変更する権利（受益者変更権）を有する定め（信託89条１項）をすれば，信託法88条ただし書の「別段の定め」となる。

---

[4] 法務省・補足説明110頁，寺本251頁，新井215頁
[5] 谷口・五十嵐700頁
[6] 寺本252頁，法務省・補足説明110頁，新井215頁参照

イ　受託者の通知義務（信託88条2項）

さらに，信託法88条2項は，受益者の権利行使の機会の確保のため，受託者に対し，受益者として指定された者に対する通知義務を課している。

ただし，委託者が，受益権取得の事実を受益者に通知したくないと考える場合には，通知を要しないと定めることもできる（信託88条2項ただし書）。

例えば，親が子を受益者として指定するが，子が受益権取得の事実を知ったことにより努力を怠るのを防止したいようなときなどが挙げられる[7]。

(2)　受益者指定権等（信託89条）

ア　信託法89条の趣旨

信託法88条は，受益者として指定された者が当然に受益権を取得するとしており，その後は，原則として，委託者等が受益者を変更することはできない。

他方で，同条は，「別段の定め」をすることを許容しており，信託行為で受益者を指定し，又はこれを変更する権利を自己又は第三者に与えているときは，受益者の受益権を失わせることができる。

信託法89条は，このような「別段の定め」によって，受益者を指定し，又は受益者を変更する権利（受益者指定権と受益者変更権を併せて「受益者指定権等」という。）を自己又は第三者に留保する信託について定めており，受益者指定権等の行使による法律関係について明確化している。

イ　受益者指定権等の行使等

受益者指定権等は，受託者以外の者が権利者であるときは，受託者に対する意思表示によって行使され（信託89条1項），受託者が権利者であるときは，受益者となるべき者に対する意思表示によって行使される（同条6項）。

また，受益者指定権等は，遺言によって行使することができる（信託89

---

[7]　寺本253頁・注4

条2項)。

　遺言は，相手方のない単独の意思表示であるため，遺言による受益者指定権等の行使の場合，受託者が，受益者指定権等の行使がなされたことを知らずに，旧受益者に信託から生じた利益を給付することもあり得る。

　そこで，信託法89条3項は，受託者が不測の損害（新受益者に対する二重払い等）を被ることを防止するため，遺言によって受益者指定権等が行使されたことを知らない受託者には，これにより受益者となったことをもって対抗できない旨を定めた。

　また，旧受益者において不測の損害を被ることを防止するため，受託者には，旧受益者に対し，受益権喪失の事実を通知する義務が課せられた（信託89条4項）。

　そして，信託法89条5項は，受益者指定権等は，別段の定めのある場合を除き，相続によって承継されない旨を定めている。この趣旨は，信託行為で受益者指定権者等を指名した委託者の合理的な意思としては，受益者指定権者等が死亡した場合において，その相続人に受益者指定権等を行使させる意図までは有していないと考えられたからと説明される[8]。

　よって，受益者指定権者等が，受益者を指定しないうちに死亡したときは，受益者が指定されないことが確定するから，当該信託は，原則として，「信託の目的を達成することができなくなったとき」（信託163条1号）に該当し終了する。

　他方，受益者変更権者が，受益者を変更しないまま死亡したときは，原則として，その時の受益者に受益権が確定的に帰属し，そのまま信託が継続する。

(3) 遺言代用の信託（信託90条）

　信託法90条は，「次の各号に掲げる信託においては，当該各号の委託者は，受益者を変更する権利を有する。ただし，信託行為に別段の定めがあるときは，その定めるところによる。」として，「委託者の死亡の時に受益者となる

---

[8] 寺本255頁参照

べき者として指定された者が受益権を取得する旨の定めのある信託」（同条1項1号）及び「委託者の死亡の時以後に受益者が信託財産に係る給付を受ける旨の定めのある信託」（同項2号）を規定する。

　本条は、委託者の死亡時に、受益者が受益権等を取得する旨の定めのある信託について規定するものであり、このような信託を、一般に「遺言代用の信託」という。

　遺言信託（信託3条2号）は、「遺言」方式であるため、厳格な方式を経なければならず（民法960条以下）、また、信託財産が委託者の死亡後に受託者に移転するので（信託4条2項）、遺言執行手続に関して利害関係人による紛争が起こり得るという不都合性がある。

　このような遺言信託の不都合性を回避し、委託者の生前意思を確実に財産承継に反映させるため、委託者の生前に「契約」方式によって信託財産を受託者に移転する類型として、「遺言代用の信託」が新信託法において創設された。

　信託法90条は、委託者の死亡前に既に効力が生じている信託契約を対象としているものであり、委託者の死亡時にはじめて効力を生ずることとされた信託契約には適用がない。生前契約ではあるが効力の発生時期が委託者の死亡時である信託契約については、死因贈与に関する規定（民554条）が類推適用される[9]。

　遺言代用の信託は、例えば、認知症が進行している妻のために、夫が、自分の生存中は自らを受益者とし、死亡後は妻を受益者と指定する信託（「伴侶亡き後問題に備える信託」）や、障害のある子の親が、親自身の生存中は自らを受益者とし、死亡後はその子を受益者と指定する信託（「親亡き後問題に備える信託」）など、いわゆる「福祉型の信託」において活用が期待されている[10]。

　そして、死因贈与については、贈与者はいつでも贈与を撤回することがで

---

[9]　法務省・補足説明169頁
[10]　寺本256頁、新井482頁参照

きるが（民1022条）。遺言代用の信託においても，委託者は，自己の死亡後の受益者をいつでも自由に変更することができるとの意思を有するのが通常と考えられるので，信託法90条1項は，委託者が，別段の定めをしない限り，受益者変更権を有する旨を定めている。

また，信託法90条2項は，同条1項2号の「委託者の死亡の時以後に受益者が信託財産に係る給付を受ける旨の定めのある信託」について，「受益者は，委託者が死亡するまでは，受益者としての権利を有しない。」と定める。

信託法88条の一般原則によると，受益者は，受益の意思表示なしに当然に受益権を取得するので，「委託者の死亡の時以後に受益者が信託財産に係る給付を受ける旨の定めのある信託」についても，受益者が，信託財産に係る給付を受ける権利（受益債権）を除いて，当然に受益権（信託2条7号参照）を取得してしまうことになる。

そうすると，委託者が信託を変更したり終了させる場合には，受益者の同意を得る必要があるが（信託149条，164条），これは，委託者の意思に反するものと考えられるので，信託法90条2項は，別段の定めがない限り，受益者は，委託者の死亡時まで，受益者としての権利を有しない旨を規定した[11]。

なお，遺言代用信託も遺留分減殺請求（民1031条）の対象となる。委託者死亡時に受益者となるべき者及び委託者死亡時以後に信託財産にかかる給付を受ける受益者が，委託者死亡時に始期付で存続期間不確定な権利を取得したものとして遺留分の計算がなされる[12]。

(4) 後継ぎ遺贈型の受益者連続の信託（信託91条）

信託法91条は，「受益者の死亡により，当該受益者の有する受益権が消滅し，他の者が新たな受益権を取得する旨の定め（受益者の死亡により順次他の者が受益権を取得する旨の定めを含む。）のある信託は，当該信託がされた時から30年を経過した時以後に現に存する受益者が当該定めにより受益権を取得した場合であって当該受益者が死亡するまで又は当該受益権が消滅するま

---

11) 法務省・補足説明169頁
12) 新井485頁

での間，その効力を有する。」と定める。

　これは，受益者の死亡により他の者が新たに受益権を取得する旨の定めのある信託の特例（「後継ぎ遺贈型の受益者連続の信託」）である。

　受益者連続の信託については，個人企業経営，農業経営における有能な後継者の確保や，生存配偶者の生活保障等の必要から，共同均分相続とは異なる財産承継を可能にする手段としてのニーズが考えられ，当該ニーズに対しては，専門家（＝受託者）の長期安定的な活用という観点からも信託の機能に合致するといわれている。[13]

　例えば，委託者である夫が，所有する賃貸建物を信託財産として，賃料を受益者に給付することを目的とする信託を設定し，自己の生存中は夫が受益者（第1次受益者），自己の死亡により妻を受益者（第2次受益者），妻の死亡により子を受益者（第3次受益者）とする信託が考えられる。

　また，中小企業の経営者が，委託者となって自社の株式を信託財産とし，経営権を実質的に委ねたい者を順次受益者として指定し，受益者には，信託財産の自社株式の議決権行使に係る受託者に対する指図権を付与するという信託（信託を利用した事業承継）も考えられる。[14]

　ただし，信託法91条は，後継ぎ遺贈型の受益者連続型信託につき，当該信託がされた時から30年を経過した時に現に存する受益者に限って受益権を取得することができるとして，受益権の取得期間を制限している。

　受益権が連続して複数の者に取得される信託は，基本的に問題なく有効であるが，「後継ぎ遺贈型の受益者連続型信託」の場合，新受益者が，旧受益者の死亡によって受益権を取得する。

　そうすると，民法の定める共同均分相続（民898条，899条）と異なった財産承継を創出することが可能になる。

　これは，「後継ぎ遺贈」（第1次受遺者の受ける財産上の利益が，ある条件の成就や期限の到来した時から第2次受遺者に移転する遺贈）は民法上無効である

13）　法務省・補足説明170頁
14）　寺本260頁

という見解が有力であることとの関係で，有効と解してよいかが問題となる。

　信託法は，後継ぎ遺贈型の受益者連続型信託のニーズの存在と，かかる法的問題点との均衡を図り，一定の合理的な期間制限に関する規定を設けて後継ぎ遺贈型の受益者連続型信託を認めるととし，30年の期間制限がなされた上で，かかる類型の信託の規定が創設されたものである[15]。

　なお，遺言代用信託と同様に，後継ぎ遺贈型の受益者連続型信託によっても，各相続人の遺留分（民1028条以下）は侵害できず，相続開始（委託者の死亡）時を基準として遺留分減殺請求（民1031条）ができる。すなわち，第1受益者による受益権の取得の段階でのみ遺留分侵害を考えるべきとされている[16]。

(5) **受益者の権利行使の制限の禁止（信託92条）**

　信託法92条は，「受益者による次に掲げる権利の行使は，信託行為の定めにより制限することができない。」として，1号から26号までの受益者の権利を掲げている。

　信託に関する受益者の権利は，受託者に対する監督に係る権利と，信託に係る意思決定権に分けることができる。本条に掲げられる信託行為によって制限できない受益者の権利は，受託者に対する監督に係る権利である[17]。

　これは，信託法が，信託を受益者のための制度と位置付け，受益者の監督を主に受益者に委ねていることの表れと説明されている[18]。

　本条に反した信託行為の定めは無効であり，各受益者は，いつでも単独で本条規定の権利を行使することができる（単独受益者権）。

　本条に定められる権利は多数であるが，主なものとしては，裁判所に対する申立権（1号），信託財産への強制執行等に対する異議申立権等（3号，4号），受託者等の制限違反行為の取消権（5号），受託者の利益相反行為に関する取消権（6号），信託事務の処理の状況についての報告請求権（7号），

---

15) 法務省・補足説明170〜171頁，新井218頁，寺本259頁
16) 新井487頁
17) 法務省・補足説明115〜118頁，寺本264頁
18) 新井220頁

受託者等の任務違反行為等に対する損失てん補等請求権（9号，10号），受託者の信託違反行為の差止請求権等（11号，12号），受益権を放棄する権利（17号），受益権取得請求権（18号），限定責任信託における金銭のてん補等請求権（24号，25号）などがある。

5 受益権等（信託93条～104条）

(1) 受益権（信託2条7号）

　受益権とは，信託行為に基づいて受託者が受益者に対し負う債務であって信託財産に属する財産の引渡しその他の信託財産に係る給付をすべきものに係る債権（「受益債権」）及びこれを確保するために信託法の規定に基づいて受託者その他の者に対し一定の行為を求めることができる権利である（信託2条7号）。

　すなわち，受益権は，受益債権を最も基本的な権利とし，これを確保するための受託者に対する各請求権を併せた権利の総体あるいは包括的な地位である。[19]

　なお，信託法は，受益権は受益者の権利の総体であって，受益者の義務（信託48条5項の補償義務）はその構成要素ではないという立場に立っている。[20]

(2) 受益権の法的性質（可分債権か不可分債権か）

　受益権の法的性質が，可分債権か不可分債権かについては争いがあり，特に相続の場面において問題となる。

　すなわち，被相続人が，投資信託など，信託契約（自益信託）をなしていた場合，受益権が遺産となる。

　そして，当該受益権が可分債権であるとすれば，相続人は，当然に分割された受益権を取得し，他の相続人との協議なしに，単独で，受託者に対し，解約請求や買戻請求等をすることができる。

---

19) 法務省・補足説明126頁，寺本274頁
20) 寺本271頁

他方で，受益権が不可分債権であるとすれば，相続人は，他の共同相続人と受益権を準共有することになるので，投資信託等の解約請求や買戻請求が共有物の「変更」や解除に該当するとすれば，他の共有者の同意を得ないと行うことはできない（民法264条，251条，544条）。

この点については，裁判例も判断が分かれている。

福岡高裁平成22年２月17日判決（金法1903号89頁）は，相続人が原告となり，受託者である証券会社を被告として，被相続人が有していた投資信託について，解約金等の支払請求を求めたという事案において，投資信託の受益権は，「単に解約請求権又は買戻請求権にとどまらず，議決権，分配金請求権等を含み，性質上明らかに不可分債権であって単純な金銭債権ではないから，相続人ら……各人が相続開始と同時に当然に相続分に応じて分割単独債権として取得するということはできない。」，「そして，……約款上も，他の受益者と協議せずに単独で受益証券の返還を請求できる等，単独での解約請求又は買戻請求を求める旨の規定が存在しない。」旨述べて，相続人が別個独立に解約請求や買戻請求はできない旨を判示した[21]。

他方，大阪地裁平成18年７月21日判決（金法1792号58頁）は，同様の事案において，投資信託の累積投資取引契約である「本件契約に基づきＡ（被相続人）が有する権利（受益証券返還請求権並びに受益証券上の権利である収益分配金請求権，償還金請求権，一部解約実行請求権，一部解約金償還請求権など）は，いずれも，給付を分割することについての障害が本件取引約款及び本件信託約款によって除去されているものであって，可分債権であると解するのが相当である。」として，各相続人は，相続分に応じて当然に分割された権利を承継する旨を判示し，相続人単独での権利行使を認めた[22]。

---

21) 第一審の熊本地裁平成21年７月28日判決（金法1903号97頁）は，受益権の法的性質を不可分債権と解しつつ，解約請求等を共有物の資産管理であるとして，支払請求を認めたが，控訴審は，投資信託の解約請求等は，受益権が消滅することになるから，受益権処分にほかならず，共有物の変更に当たるものであり，単に受益権の管理に関する事項にとどまらないとして，上記判示をした。
22) 福岡高判，大阪地判ともに，約款の検討を行った上での判示である。約款の内容いかんによっては，相続人が単独で受益権の内容たる各種請求権を行使し得るかは結論が分かれ得るであろう。

◀総論編

(3) 受益権の譲渡，対抗要件，受託者の抗弁（信託93条～95条）

　信託法93条は，「受益者は，その有する受益権を譲り渡すことができる。ただし，その性質がこれを許さないときは，この限りでない。」（1項）とし，「前項の規定は，信託行為に別段の定めがあるときは，適用しない。ただし，その定めは，善意の第三者に対抗することができない」（2項）と定める。

　また，同法94条は，受益権の譲渡の対抗要件について「受益権の譲渡は，譲渡人が受託者に通知をし，又は受託者が承諾をしなければ，受託者その他の第三者に対抗することができない。」（1項）とし，「前項の通知及び承諾は，確定日付のある証書によってしなければ，受託者以外の第三者に対抗することができない。」（2項）とする。

　これらの規定は，受益権の性質について，指名債権又はそれに類するものとした上で，原則として譲渡性を承認し，対抗要件等も指名債権に準ずるものとする学説上の見解を踏まえて定められたものである（民466条1項，467条参照）。

　そのため，民法上の指名債権譲渡と同様に，受益権の性質上，譲渡が許されないときは譲渡できないものとされ（信託93条1項，民466条1項ただし書参照），また，信託行為によって譲渡を禁止することも可能であるが，この定めは，善意の第三者に対抗できないとされる（同条2項）。

　受益者は，受益権の譲渡につき，受託者の承諾を得る必要はない。

　これは，受益権は，受益者の有する権利の総体であり，義務の要素を含まないこと，受託者の保護は，受益権の譲渡における受託者の抗弁（信託95条）によってなされることを理由とする。[23]

　ただし，受益権は，単なる指名債権としての受益債権のみの譲渡ではなく，権利の総体としての受益者の地位の包括的な移転であるから，受託者による異議をとどめない承諾に抗弁切断の効力（民468条1項参照）はない。[24]

　なお，一般の受益権の譲渡の場合と異なり，受益証券発行信託の受益権は，

---

23) 寺本267～268頁
24) 法務省・補足説明128頁，寺本269頁，新井222頁

有価証券化されているため，特例が設けられている（信託194条～196条）。

受益証券の法的性質は，株券と同じく，有因証券であり，また，講学上の無記名証券であるとされる[25]。

そのため，受益証券発行信託の受益権の場合は，受益証券の交付がなければ譲渡の効力が発生せず（信託194条），受益証券の占有者は受益権を適法に有するものと推定される（信託196条1項，資格授与的効力）。また，受益証券についての善意取得も認められる（同条2項）。

受託者に対する対抗要件は，記名式の受益証券が発行されている場合，受益者の氏名等を受益権原簿に記載又は記録することで具備される（信託195条1項）。第三者対抗要件は，有価証券法理に従い，受益証券の占有である。

受益証券発行信託であるが受益証券を発行しない旨の定め（信託185条2項）のある受益権の譲渡については，受益権原簿への記載・記録が受託者その他の第三者に対する対抗要件となる（信託195条2項）。

無記名式の受益証券が発行されている場合，受益権原簿に受益者の氏名等は記載・記録されないから，有価証券法理に従い，受益証券の占有が受託者その他の第三者に対する対抗要件となる（信託195条3項）。

(4) 受益権の質入れ（信託96条）

信託法96条から98条は，受益権の質入れ及びその効果について規定する。

すなわち，受益者は，受益権に質権設定をすることができるが，その性質がこれを許さないときはできない（信託93条1項）。また，信託行為により質権設定の禁止を定めることができるが，それを善意の第三者に対抗することはできない（同条2項）。

受益権を目的とする質権は，当該受益者が受託者から信託財産に係る給付として受けた金銭等（金銭その他の財産），受益権取得請求（信託103条6項）によって受益者が受ける金銭等などについて効果が及び（信託97条1号～5号），受益権の質権者は，金銭等（金銭に限る。）を受領し，優先弁済を受ける権利がある（信託98条）。

---

25) 寺本396頁

質権設定の対抗要件の規定はないが，受託者に対する通知又は承諾を要すると解される[26]。

なお，受益権の譲渡の場合と同様，質入れの場合も，受益証券発行信託については，受益権が有価証券化していることによる特則が設けられている（信託199条～205条）。

(5) **受益権の放棄**（信託99条）

信託法88条は，受益者として指定された者は当然に受益権を取得すると規定する（趣旨は前述4(1)）。

しかし，受益者は，信託の利益の享受を強制されるわけではなく，受益権を放棄することができ（信託99条1項本文），また，受益権の放棄の意思表示には遡及効がある（同条2項本文）。

例外的に，受益者が信託行為の当事者である場合は放棄ができない（信託99条1項ただし書）。

ここにいう「信託行為の当事者」とは，委託者及び受託者を指すが，委託者又は受託者は，信託の設定若しくはその引受け，又は受益権の譲受を通じて，自らの意思で受益者となって受益権を取得するので，受益権の放棄を認める合理性がないから（信託行為の当事者が受益権を享受したくないならば，信託行為を行わなければよい。）と説明されている[27]。

また，受益権の放棄により受益権は遡及的に消滅するが，受益権の放棄は第三者の権利を害することはできない旨が定められ（信託99条2項ただし書），信託の変更が事後的に受益者の同意を欠くとされたり，受益権の質権者の利益を害することなどがないようにされている。

受益権を放棄した受益者は，既に受けた給付について，不当利得として信託財産に返還する義務を負う。

当該信託は，他に受益者がいる場合を除き，当初から受益者がいないことに確定し，目的不達成により終了する（信託163条1号）。

---

26) 新井222頁
27) 寺本272頁，新井223頁

(6) **受益債権の物的有限責任（信託100条）**

　受益債権に係る債務については，受託者は，信託財産に属する財産のみをもってこれを履行する責任を負う（信託100条）。

　信託法100条は，受託者は，受益債権に係る債務につき，受託者の固有財産（信託2条8号）について責任を負う必要はなく，信託財産に属する財産のみが責任財産となること（物的有限責任）を明らかにしたものである。

　旧信託法19条は「信託財産ノ限度ニ於テノミ」と規定しており，「信託財産の金額の限度においてであれば，受託者の固有財産にも執行できる」という誤解を生みかねない文言であったため，趣旨を明確化したものである。[28]

(7) **受益債権と信託債権の優劣（信託101条）**

　信託法101条は，「受益債権は，信託債権に後れる。」と規定し，受益債権は，実体法上，信託債権に劣後することを定めている。

　信託債権とは，信託財産責任負担債務（受託者が信託財産に属する財産をもって履行する責任を負う債務。信託2条9号）に係る債権であって，受益債権でないものをいう（信託21条2項2号〜4号）。

　信託債権は，信託法21条1項各号の権利（信託財産に属する財産について信託前の原因によって生じた権利，信託財産のためにした行為であって受託者の権限に属するものによって生じた権利等）に係る債務のうち，受託者が，信託財産のみをもって責任を負うものである（固有財産に責任を負わない。）。

　信託法101条に定める優先劣後関係が問題になるのは，信託の清算（信託177条）及び信託の破産（破産法244条の7第2項）の場面である。

　信託法101条の趣旨は，受益債権も信託債権もともに受託者に対する債権という点では異ならないが，受益債権は信託財産から給付を受けることを内容とするものであることに対し，信託債権は，受託者の信託事務の処理に基づいて生じる権利であり，基本的に信託財産の価値の維持・増加等を目的として行った行為の中で生じたものであることにかんがみれば，受益債権が信

---

28) 法務省・補足説明132頁

託債権に劣後することは公平に適うからなどと説明される[29]。

(8) **受益債権の消滅時効（信託102条）**

　実務上，受託者が，受益者の所在不明等のため，信託財産に係る給付を長期にわたって行うことができない場合などがある。

　そこで，信託法102条は，受益債権（「受益権」ではない。）の消滅時効は，債権の消滅時効の例によると定めている（信託102条1項）。

　これにより，民事信託であれば，受益債権の消滅時効は通常は10年となり[30]（民167条1項。定期金の給付を内容とする信託の場合は，民法168条1項前段や同法169条の適用が，受益債権につき確定判決を得た場合は，同法174条の2の適用があると考えられる。），商行為とされる営業信託から生じる受益債権については商法522条により5年となる。

　ただし，受益債権の消滅時効は，受益者が受益者として指定されたことを知った後でなければ進行しない（信託102条2項）。信託法88条1項により，受益者は，受益の意思表示を要せず当然に受益者となるから，受益者となった時点から消滅時効が進行するとしてしまうと，受益者が，受益債権を行使できることを知らない間に時効が進行することもあり得るので，受益者に酷だからである。

　また，受託者が消滅時効を援用することは，受益者に対する忠実義務（信託30条）に反する面があるので，一定の手続を踏むことが要請され，時効期間の経過後，遅滞なく，受益者に対し受益債権の存在及びその内容を相当期間を定めて通知し，かつ，受益者からその期間内に履行の請求を受けなかったことが必要である（信託102条3項1号。ただし，同項2号により，受益者の所在不明等の正当理由があるときはこの通知は不要）。

　さらに，信託法102条4項は，受益債権について，行使可能時（「信託行為時」ではない。）から20年を経過したときは消滅するとして，除斥期間の定めをしている。

---

29) 法務省・補足説明133頁，寺本275頁，新井226頁
30) 新井227頁

これは，消滅時効の起算点が，受益者が，受益者としての指定を受けたことを知ったときからであるため（信託102条2項），受益者がこのことを知るまで時効が進行せず，長期にわたり受託者を拘束する可能性があるので，別途，除斥期間を設けたものである。

なお，信託法は，受益権の消滅時効について規定していない。しかし，受託者が受益債権の消滅時効を援用すると，受益債権をもっとも基本的な構成要素とする受益権も消滅すると解される[31]。

(9) **受益権取得請求権（信託103条，104条）**

受益権取得請求権とは，一定の「重要な信託の変更」がされる場合，又は信託の併合若しくは分割がされる場合に，これにより損害を受けるおそれのある受益者が，受託者に対し，自己の有する受益権を「公正な価格」で取得することを請求することができる権利である（信託103条，104条）。

旧信託法においては，信託の変更は，委託者，受託者及び受益者（受益者が複数の場合には受益者全員）の合意によってなされることを前提としていたので，各受益者の意思に反して信託が変更される事態は想定されていなかった。

しかし，新信託法は，複数受益者が多数決によって意思決定をすることも認められており（信託105条1項ただし書，同条2項），また，信託行為の定めによって信託の変更等の権限を特定の者に委任することもできる（信託149条4項，151条3項，155条3項，159条3項）。

そのため，受益者が，自己の意思に反して信託の変更等がなされることがあり得る。

よって，受益者の保護のため，受益権の譲渡（信託93条）のほか，受益権につき合理的な対価を得て受託者に取得させ，当該信託から離脱する機会を与えるため，会社法116条（反対株主の株式買取請求）等の規定を参考に，受益権取得請求権が規定された[32]。

---

31) 法務省・補足説明135頁，寺本278頁，最判平成7年9月5日民集49巻8号2733頁参照
32) 法務省・補足説明119頁，前掲寺本283～289頁，新井229頁

「重要な信託の変更」とは，信託の目的の変更（信託103条1項1号），受益権の譲渡の制限（同項2号），受託者の義務の全部又は一部の減免（同項3号），受益債権の内容の変更（同項4号），信託行為において定めた事項（同項5号）の各事項に係る信託の変更である。

上記のうち，「信託の目的の変更」と「受益権の譲渡の制限」については，受益者が損害を受けるおそれのあることは要件ではない（信託103条1項ただし書）。「信託の目的の変更」については，信託の目的が福祉から営利に変更された場合などについて，当該信託から離脱したいという受益者の意思は，損害を受けるおそれの有無にかかわらず尊重されるべきであり，また，「受益権の譲渡の制限」については，損害を受けるおそれが定型的に予想されるからである[33]。

ただし，信託の変更等に対し，賛成の意思表示をした受益者は，保護を図る理由がないので，受益権取得請求はできない（信託103条3項）。

そして，信託法103条4項から8項までは，反対株主の株式買取請求に係る会社法116条3項から7項までを参考に，受益権取得請求に係る一連の手続を規定している。

受益権の取得価格は「公正な価格」であるが，具体的な価格の決定は，まずは，私的自治の観点から，受託者と受益者との協議により（信託104条1項），協議不調のときは，受託者又は受益者は，裁判所に対し，価格決定の申立てをすることができる（同条2項）。

受益権取得請求によって，受託者が受益権を取得したときは，別段の定めがない限り，受益権は消滅する（信託104条12項）。

6 複数受益者の意思決定の特例（信託105条〜122条）

信託法105条は，複数受益者の意思決定の方法に関する特例を定める。

旧信託法においては，受益者が複数の場合の意思決定方法の規定は存在し

---

[33] 寺本284頁

なかった。

　しかし，実務上，受益者が複数の信託は少なくない。そこで，受益者が複数の信託においても機動的な意思決定ができるように合理的なルールが整備される必要があるという指摘を受けて，かかる特例が定められた。[34]

　受益者が 2 人以上ある信託における受益者の意思決定は，信託法92条各号に掲げる単独受益者権（受益者が各自単独で行使できる権利）を除き，すべての受益者の一致によってこれを決する。ただし，信託行為に別段の定めがあるときは，その定めるところによる（信託105条 1 項）。

　「別段の定め」の典型例は，受益者集会（信託106条～122条）における多数決による旨の定めである。

　しかし，信託の柔軟性の確保という観点から，意思決定方法は受益者集会に限定されておらず，信託行為で自由に定めることができる。例えば，信託の変更につき，各受益者に対し，一定期間内に反対の意思表示がなければ賛成したものとみなす旨の通知を送付し，その結果によって意思決定することも可能である。[35]

　このように，複数受益者による意思決定方法は信託行為により自由に設計できるが，受益者集会については，信託法106条から122条までが，会社法上の株主総会や社債権者集会の規定を参考に，標準的な枠組みとしての集会の手続や決議要件等を定めている（信託105条 2 項）。

　受益者集会にかかる規定は，あくまでもデフォルト・ルール（標準的枠組み）であり，[36] 任意規定であって，信託行為に別段の定めがあるときは，その定めるところによる（信託105条 2 項ただし書）。

　なお，複数受益者による意思決定方法については，受託者や法人受託者の理事等の責任免除（信託42条）に関する例外規定がある。

　すなわち，受託者の損失てん補責任（信託40条）の一部免除で，かつ，受託者に軽過失があるにすぎないときには，信託行為に別段の定めをおくこと

---

34)　寺本292頁
35)　寺本292頁，新井231頁
36)　法務省・補足説明123頁

で，受益者集会の多数決によって免除することができる（信託105条3項）。

他方，これらの損失てん補責任の全部免除や，一部免除でも，受託者に悪意又は重過失があるときの受託者のてん補責任，受託法人の理事等のてん補責任については，受益者の全員一致がなければ免除されない（信託105条4項1号～3号）。

7 信託管理人等（信託123条～144条）

(1) 総　論

信託法は，受益者の利益を保護し，受託者の信託事務の処理を監督すべき地位にある者として，①信託管理人（信託123条～130条），②信託監督人（信託131条～137条），③受益者代理人（信託138条～144条）の3類型を定めている[37]。

① 信託管理人は，受益者が現に存しない信託（将来生まれる子を受益者と指定する信託，受益者指定権が行使されていない信託（信託89条），受益者の定めのない信託（信託258条）等）において，信託行為の定め又は裁判所の決定によって選任される者であり，受益者のために，自己の名をもって，原則として，受益者が有する信託法上の一切の権利を行使する権限を有する者である（信託123条1項・4項，125条1項）。

② 信託監督人は，受益者が現に存する信託において，受益者が高齢者や年少者など，受益者本人が受託者を監視・監督することが困難な場合において，信託行為の定め又は裁判所の決定によって選任される者であり，受益者のために，自己の名をもって，原則として，信託法92条各号に掲げる権利（受託者の信託事務処理の監督のための権利）を行使する権限を有する者である（信託131条1項・4項，132条1項）。

③ 受益者代理人は，受益者が現に存する信託において，受益者が頻繁に変動したり（年金信託等），不特定多数である場合（受益証券発行信託において無記名式の受益証券が発行されて転々流通するとき等）など，受益者

---

37) 寺本306頁以下

が信託の利益を享受すること以外には関心がなく，受益者としての権利を積極的に行使することが期待できない事情があるときなどに，信託行為の定めによって選任され，受益者の全部又は一部のために，その代理人として，原則として，受益者が有する信託法上の一切の権利を行使する権限を有する者である（信託138条1項，139条1項）。

これらの制度を活用する場面としては，例えば，以下のようなことが考えられる。[38]

① 委託者が，自らの意思を信託に反映するため，委託者が信頼し，また，受益者のことについて，よく知っている人を信託監督人とする。受益者が将来生まれる子である場合などは，委託者の希望をよく理解する人を信託管理人とする。

② 専門家を活用するため，弁護士や税理士など，信託財産の運用や税務等に詳しい専門家を，信託管理人，信託監督人，受益者代理人とする。

③ 民事信託につき，受託者が，信託業法の適用を受けない一般人であるときに，受益者の立場から受託者に対し第三者的な監督を行うため，弁護士等の専門家や公的機関，NPOなどを信託監督人等とする。

④ 商事信託につき，受益者多数の信託における意思決定の効率化のため，受益者代理人を置く。

以下，それぞれについて説明する。

(2) **信託管理人**（信託123条～130条）

信託管理人は，受益者が現に存しない場合に選任される（信託123条1項・4項）。このような場合は，受益者として権利行使できる者がいないため，受益者に代わり，信託に関する受益者の権利を行使する者が必要なときがあるからである。

信託管理人は，信託行為又は裁判所の決定によって選任されるが，職務の重要性に照らし，欠格事由として未成年者又は成年被後見人若しくは被保佐

---

[38] ①～④の活用事例の分類は，岡田健二「受益者代理制度について」（「信託法研究」第32号3頁，信託法学会，2007）を参考にした。

人は信託管理人となることができない旨を定めている（信託124条1号）。

また，信託管理人は，受託者に対する監視・監督を行う立場であるから，受託者も信託管理人になることはできない（信託124条2号）。

信託管理人は，信託行為に別段の定めがない限り，受益者のために自己の名をもって受益者の権利に関する一切の裁判上又は裁判外の行為をする権限を有する（信託125条1項）。受益者に対してすべき通知は，信託管理人があるときは，信託管理人に対してしなければならない（同条3項）。

信託管理人は，その権限行使にあたり，善管注意義務及び誠実公平義務を負う（信託126条）。

信託管理人は，受託者に対し，費用を請求することができ（信託127条1項），また，商法512条の規定の適用がある場合のほか，信託行為に定めがあれば，報酬を請求することができる（同条3項）。

裁判所は，信託管理人を選任したときは，報酬決定をすることができる（信託127条6項）。

受益者が存するに至ったときは，信託管理人の事務は当然に終了する（信託130条1項1号）。

(3) **信託監督人**（信託131条〜137条）

信託監督人は，受益者が現に存する場合に選任される（信託131条1項・4項）。

信託監督人は，年少者，高齢者あるいは知的障害者等を受益者として財産の管理や生活の支援等を目的とする福祉型の信託の利用の促進を図る等の観点から，受益者のために受託者を監視・監督する制度として設けられたものである[39]。

信託監督人は，信託管理人と同様，信託行為又は裁判所の決定によって選任され，また，欠格事由として，未成年者又は成年被後見人若しくは被保佐人は信託監督人になれない旨が定められ，また，受託者も信託管理人になることはできない（信託137条，124条）。

---

39) 寺本316頁，新井237頁

信託監督人は，信託行為に別段の定めがない限り，受益者のために自己の名をもって，信託法92条各号に掲げる権利に関する一切の裁判上又は裁判外の行為をする権限を有する（信託132条1項）。

　信託法92条各号に掲げる権利とは，受益者の受託者に対する監督に係る権利である。同条各号に掲げる権利のうち，受益者の個人的な利益を目的としている権利（17号，18号，21号及び23号）は，受託者を監督すべき地位にある信託監督人にはそぐわないものであるため，信託監督人の権限からは除外されている。

　なお，信託監督人が選任されていても，受益者自身の権利行使を妨げない[40]。

　信託監督人も，信託管理人と同様，権限行使にあたり善管注意義務及び誠実公平義務を負う（信託133条）。

　信託監督人の費用及び報酬については，信託管理人の規定が準用されている（信託137条，127条）。

(4)　**受益者代理人**（信託138条～144条）

　受益者代理人は，受益者が現に存する場合に，信託行為の定めによってのみ選任される（信託138条1項）。

　受益者代理人について裁判所による選任が認められていないのは，受益者代理人が選任されると，信託法139条4項により，受益者代理人に代理される受益者は，原則として信託に関する意思決定に係る権利を行使することができなくなるから，裁判所の決定によって選任できるとすると受益者の利益を著しく害することになりかねず，また，信託設定時に受益者代理人を選任しなかった委託者の合理的な意思に反することになると考えられたためである[41]。

　欠格事由として，未成年者又は成年被後見人若しくは被保佐人は受益者代理人になれない旨が定められ，また，受託者も受益者代理人になることはで

---

40)　法務省・補足説明114頁，寺本317頁
41)　寺本323頁

きないことは，信託管理人及び信託監督人と同様である（信託144条，124条）。

受益者代理人は，信託行為に別段の定めがない限り，その代理する受益者のために当該受益者の権利（信託法42条の規定による責任の免除に係るものを除く。）に関する一切の裁判上又は裁判外の行為をする権限を有する（信託139条1項）。

受益者代理人は，その権限を，自己の名で行使するのではなく，受益者を代理して行使するが，受益者代理人制度においては，受益者が不特定多数の場合を想定しており，そのような場合，顕名は困難であるので，代理する受益者の範囲を示せば足り，個別の受益者を表示する必要はないとされている（信託139条2項。社債管理者に関する会社法708条と同様の趣旨）[42]。

受益者代理人も，信託管理人及び信託監督人と同様，権限行使にあたり善管注意義務及び誠実公平義務を負う（信託140条）。

受益者代理人に代理される受益者は，信託法92条各号に掲げる権利及び信託行為において定めた権利を除き，その権利を行使することができない（信託139条4項）。

この点は，信託監督人が選任されていても，受益者自身の権利行使を妨げないことと異なる。

これは，信託監督人が行使する権利は，受託者に対する監督のための権利（信託92条各号）であって，受益者自身もこれを重畳的に行使したとしても信託事務の円滑な処理を妨げることにはならないと考えられることに対し，信託に関する意思決定に係る権利（受益権のうち信託法92条各号に掲げる権利を除いた権利）については，受益者と受益者代理人とが重畳的に行使できるとすると，信託事務の円滑な処理を害するおそれがあると考えられたからである[43]。

受益者代理人の費用及び報酬については，裁判所による報酬決定に係る規定を除き，信託管理人の規定が準用されている（信託144条，127条1項～5項）。

---

42) 寺本322頁
43) 寺本324頁

第7章 指図者[1]

(1) 概　要

　委託者や受託者の他の信託関係者として，実務上見られるものに，指図者がある。指図者とは，信託行為（典型的には信託契約）の定めや，委託者との間の委任契約に基づき，受託者に対し，信託財産の運用や，信託を用いて行う事業の遂行の具体的方法について指図を行う者をいう[2]。

　指図者は，商事信託の領域では，不動産流動化スキームにおいて典型的に見られるほか，民事信託においても，以下のような場合にその例が見られるといわれる[3]。

ケース1　障害のある子の扶助のための信託

　委託者Sが，障害者で施設に入っている子Bの扶助のため，5,000万円を，受託者である信託会社Tに信託した。Tは，原則として月額20万円の定期金を，Bの生活費としてBに対し給付する。このほか，Tは，指図者として指定されたBの弟XのTに対する指図があれば，上記定期

---

[1] 本章については，中田直茂「指図者を利用した場合の受託者責任（上）―分業による責任限定は可能か―」金法1859号30頁以下，同「（下）」金法1860号40頁以下（以下それぞれ，「中田・（上）」，「中田・（下）」として引用する）に負うところが大きい。
　なお，本書事例編においては，受託者に対して指図を行う者について，本章表題で用いている「指図者」の語ではなく，「指図人」「指図権者」といった用語を用いている例がある。これは，信託法の明文には，受託者に対して指図を行う者を指す特定の用語が存在しないため，各々の事例提供者が，それぞれ任意の用語を用いていることに起因するものである。このように，本書においては，受託者に対して指図を行う者という内実が同様のものであっても，個々の事例提供者の使用する用語を尊重し，あえて用語の統一は行っていないことに留意されたい。
[2] 中田・（上）30頁
[3] ケース1，ケース2ともに，中田・（上）32頁に記載されたケースに多少の手を加えたものである。

金給付以外に，例えば，臨時に必要となった医療費等の給付を行うことができるものとする。

> **ケース2　高齢者による意思能力喪失に備えるための自益信託**
>
> 　委託者Sが，老人ホームに入居するに際し，金3,000万円を，受託者である信託会社Tに信託した。Sの生存中はS自身を受益者として，Tは，生活資金月額15万円を，Sに給付するものとする。Sの意思能力が喪失したと判明した時点から，任意後見監督人又は成年後見人が選任されるまでの間，Sが医療行為を受けるために必要な医療費等を信託財産から臨時に支出することができるようにするため，指図者X（Sの親族又は友人）の指図があれば，Tは，当該医療費等を臨時に医療機関等に対し支払うことができるものとする。

(2)　法的地位

　信託法には，指図者に関する明文の規定はない[4]。それゆえ，指図者の法的地位，権利義務関係等は，信託行為や，関係当事者間の契約等によって定まることになる。

　なお，信託業法は，「信託財産の管理又は処分の方法について指図を行う業を営む者」を「指図権者」と称し（信託業65条），一定の規制をしている。したがって，指図者となることを営業として行っている場合には，かかる規制が適用されることとなる。信託業法の規制内容は，以下のとおりである。

　まず，指図権者は，信託の本旨に従い，受益者のため忠実に当該信託財産の管理又は処分に関する指図を行わなければならない（信託業65条）。

　また，指図権者は，その指図を行う信託財産について，以下の行為を行ってはならない（信託業66条各号）。

---

4)　中田・(下) 40頁

① 通常の取引の条件と異なる条件で，かつ，当該条件での取引が信託財産に損害を与えることとなる条件での取引を行うことを受託者に指図すること。
② 信託の目的，信託財産の状況又は信託財産の管理若しくは処分の方法に照らして不必要な取引行為を行うことを受託者に指図すること。
③ 信託財産に関する情報を利用して自己又は当該信託財産に係る受益者以外の者の利益を図る目的をもって取引（信託業規68条1項各号に定めるものを除く。）を行うことを受託者に指図すること。
④ その他信託財産に損害を与えるおそれがある行為として信託業法施行規則68条2項各号が定める以下の行為
　ⅰ 指図を行った後で，一部の受益者に対し不当に利益を与え又は不利益を及ぼす方法で当該指図に係る信託財産を特定すること。
　ⅱ 他人から不当な制限又は拘束を受けて信託財産に関して指図を行うこと，又は行わないこと。
　ⅲ 特定の資産について作為的に値付けを行うことを目的として信託財産に関して指図を行うこと。
　ⅳ その他法令に違反する行為を行うこと。

第8章 信託の変更，併合及び分割

1 信託の変更

　信託設定時には想定し得なかった事後的事情の発生等により，信託行為に定められた信託の目的，信託財産の管理方法，受益者に対する信託財産の給付内容その他の事項について事後的に変更を行う必要が生じることがある。このような場面を想定し，法は信託の変更についての定めを置いている。

(1) **委託者，受託者，受益者の合意による変更**

　委託者，受託者及び受益者の合意がある場合には，信託の変更をすることができる（信託149条1項）。

　これは，関係当事者全員の合意によって行われるもので，信託の変更の原則的方法である。

(2) **委託者等の合意を必要としない変更**

　「信託の目的に反しない変更であることが明らか」である場合には，受託者及び受益者の合意によって，信託の変更をすることが許容されている（信託149条2項1号）。

　また，「信託の目的に反しないこと及び受益者の利益に適合することが明らか」である場合には，受託者からの書面等による一方的な意思表示のみによって，信託の変更をすることができる（信託149条2項2号）。

　これらの場合にまで全関係当事者の合意を必要とすることは，硬直に過ぎ，変更内容に比べて変更のために必要以上のコストがかかることになると考えられたため，ある程度柔軟な手続が用意されているものである。[1]

---

1) 寺本341頁

◀ 総論編

(3) 信託行為の定めによる変更

さらに，信託行為時にあらかじめ関係当事者が変更の基準，方法等について合意し，信託行為に定めておいた場合には，その定めに従った変更をすることができる（信託149条4項）。

例えば，信託行為において，特定の第三者に対して，信託の変更の決定権を委ねる旨を定めておく，といった形で活用されることが考えられ，広い意味で，関係当事者全員の合意によって行われる信託の方法と言える。

(4) 裁判による信託の変更

関係当事者間の合意がまとまらない等の理由により，以上の方法による変更ができない場合に備え，裁判所に対して変更の請求を行い，裁判所がこれを許可することによっても，信託の変更をすることができる（信託150条）。この場合，変更を請求する当事者は，変更内容を提示して請求をする必要がある（同条2項）。

ここで，申し立てることのできる「信託の変更」の内容は，裁判所といえども委託者の意図に反して信託行為の目的に変更を加えることは許されないが，受託者の行う行為すべてにかかる方法（すなわち信託事務の処理の方法）につき変更の申立てができると解すべきである[2]。

2 信託の併合

(1) 定 義

信託の併合とは，「受託者を同一とする二以上の信託の信託財産の全部を一の新たな信託の信託財産とすること」をいう（信託2条10項）[3]。

例えば，会社の合併に伴い企業年金信託を統合する，といった場面が想定される[4]。

[2) 新井364～365頁
[3) 会社の合併における新設合併に相当するものである。これに対し，法律関係の簡易化の観点から，吸収合併型の信託の併合制度は設けられていない。寺本345頁
[4) 寺本345頁

(2) 手　続
　ア　信託当事者間での手続
　　信託の併合は，信託当事者（委託者，受託者及び受益者）の合意によってすることができる（信託151条1項柱書）。
　　この場合，受益者等がその内容について合理的な判断ができるよう，次に掲げる重要な事項を明らかにして合意する必要がある。
　　① 信託の併合後の信託行為の内容
　　② 信託行為において定める受益権の内容に変更があるときは，その内容及び変更の理由
　　③ 受益者に対し金銭その他の財産を交付するときは，当該財産の内容及びその価額
　　④ 信託の併合の効力発生日
　　⑤ その他法務省令で定める事項
　　なお，受益者複数の場合，すべての受益者の一致によるべきことが原則であるが，信託行為で別段の定めがある場合は，多数決によって受益者による合意が行われる場合もある（信託105条以下）ため，反対受益者には一定の要件のもと，買取請求権が認められている（信託103条2項・3項）ことは，他の手続における受益者の意思決定ルールと同様である。
　イ　債権者保護手続
　　信託を併合する場合，関連当事者の合意のみでこれを行うことができるとすると，例えば，併合にかかる一方の信託の運用状況が悪い場合において，併合される他方の信託における信託財産を責任財産とする債権者は，その債権の回収可能性について悪影響を受ける可能性がある[5]。そこで，他の有限責任が採用された法制度と同様に，債権者保護の手続が定められている（株式会社の合併における債権者保護手続が典型例である。）。
　　すなわち，信託財産責任負担債務（受託者が信託財産に属する財産をもって履行する責任を負う債務。信託2条9項）にかかる債権を有する債権者は，

5）　新井366頁

受託者に対し，信託の併合について異議を述べることができる（信託152条1項）。そして，この異議権行使の機会を保障すべく，公告をし，かつ，個別催告の手続を採るべきこととされている（同条2項）。

債権者から異議が出た場合，当該債権者を害するおそれがない場合を除き，受託者は当該債権者に対し，弁済又は担保提供の義務等を負う（信託152条5項）。

(3) 効　果

信託が併合されると，信託財産責任負担債務は，併合後の信託の信託財産責任負担債務として承継され（信託153条），信託財産限定責任負担債務（受託者が信託財産に属する財産のみをもって履行する責任を負う信託財産責任負担債務）も，そのままの性質の債務として承継される（信託154条）。

3 信託の分割

(1) 定　義

信託法は，2種類の信託の分割を規定している。1つは，吸収信託分割であり，信託にかかる信託財産の一部を受託者を同一とする他の信託における信託財産の一部とすることをいう（信託2条11項前段）。もう1つは，新規信託分割であり，信託にかかる信託財産の一部を受託者を同一とする新たな信託における信託財産とすることをいう（同項後段）。

前者は，例えば，会社の事業の一部が他の会社に事業譲渡や吸収分割によって移転した場合，これに伴って年金信託を分割して他方の年金信託と併合する場合等において有用と考えられる[6]。

後者は，例えば，2人の投資家が1つの信託を設定してその共同受益者になっていたところ，当該信託の運営方針についての意見の相違から，同一の信託を続けることをやめ，各自を受益者とする別々の信託を新たに設定しよ

---

6) 寺本350頁

うとする場合等において用いることが考えられる[7]。

(2) 手　続

　信託の分割の手続は，信託の併合の手続とほぼ同様である。

　すなわち，分割は原則として関係当事者の合意によって行うことができ（信託155条1項，159条1項），その前提として一定の重要な事項を明示すべきこととされている（信託155条1項各号，159条1項各号）。

　債権者保護手続も，信託の併合における債権者保護手続と同様である（信託156条，160条）。

(3) 効　果

　吸収信託分割がなされると，承継信託（分割信託（吸収信託分割によりその信託財産の一部を他の信託に移転する信託）からその信託財産の一部の移転を受ける信託）に帰属するものとされた信託財産責任負担債務は，分割後の承継信託の信託財産責任負担債務となる（信託157条）。

　新規信託分割がなされた場合も同様に，分割後の新規信託に帰属するものとされた信託財産責任負担債務は，当該新規信託の信託財産の信託財産責任負担債務となる（信託161条）。

---

[7]　寺本350頁

第9章 信託の終了及び清算

1 総論

　「信託の終了」とは，信託目的の達成の場合など，信託の終了事由の発生時や信託の解除時をいい，「信託の清算」とは，信託債権にかかる債務等を清算し，受益者等に対して残余財産を交付するこという。すなわち「信託の清算」の開始事由が「信託の終了」となり，清算事務が完了することは「清算事務の完了」となる。

　また，旧信託法下においては，信託を終了させる意思表示について「解除」という文言が用いられていたが，ここでいう「解除」には遡及効が認められないなど，民法における「解除」とは性質が異なることから，用語の混乱をさけるため，新信託法においては「信託の終了」に統一された。[1]

2 信託の終了

(1) **信託の終了事由**

　信託法は，信託の終了事由として，以下のアないしコの各事由を定めている（信託163条）。

　ア　信託の目的を達成したとき，又は達成できなくなったとき（1号）

　　信託の存続理由ともいうべき目的を達成した又は達成できなくなった以上，信託は当然に終了すると定めるものである。

　イ　受託者が受益権の全部を固有財産で有する状態が1年間継続したとき（2号）

---

[1] 寺本359頁

このような状態に至ると，受益者と受託者との間の信認関係ないし監督関係を観念できない。このような信託の基本的な構造が維持されていない不健全な状態が継続することは望ましくないという趣旨で定められた終了事由である[2]。

ウ　受託者が欠けた場合であって，新受託者が就任しない状態が1年間継続したとき（3号）

 受託者の不在も信託財産にとって不健全な状態であるため，この状態が長く継続することは望ましくないという趣旨で定められた終了事由である。

エ　信託財産が費用等の償還等に不足している場合であるとして受託者が信託を終了させたとき（4号）

 信託法52条の規定に対応する終了事由である。

オ　信託の併合がされたとき（5号）

 信託の併合（信託151条以下）の規定に対応する終了事由である。

カ　事後の特別の事情又は公益の確保のために信託の終了を命じる裁判があったとき（6号）

 信託行為の当時には予見することのできない事情等によって信託行為の内容が信託の本旨に適合しない状況に至った場合においては，信託を終了させることが，通常，委託者の意図に適うと考えられる。また，公益的見地から容認しがたい目的を持ってされた信託等は終了させるべきである。

 これらの事情を考慮し，委託者，受託者，又は受益者等の裁判所に対する請求によって信託を終了させることができる場合を認めたものである（信託165条1項，166条1項）。

 この場合において，裁判所は裁判に当たって受託者の陳述を聴かなければならず（信託165条2項，166条2項），裁判に理由を付さなければならない（信託165条3項，166条3項）。

 なお，公益の確保のための信託の終了の命令を求める訴訟においては，裁判所は，法務大臣又は委託者，受益者，信託債権者その他利害関係人の

---

2)　新井372頁

申立て又は職権により，裁判がなされるまでの間，信託財産について管理人による管理命令等の保全処分を命ずることもできるものとされている（信託169条1項）。

キ　信託財産について破産手続開始の決定があったとき（7号）

信託財産の破産制度に対応する終了事由である。

ク　委託者が破産手続開始の決定等を受けた場合において，破産法等の双方未履行双務契約解除の規定による信託契約の解除がされたとき（8号）

委託者について，破産手続，民事再生手続又は会社更生手続が開始されたとき，破産管財人，再生債務者等又は管財人の権限に基づいて信託契約が双方未履行双務契約として解除された場合には，信託は終了する。

ケ　信託行為において定めた事由が生じたとき（9号）

委託者と受託者との信託契約において，又は，委託者による信託遺言や信託宣言において，一定の終了事由を定めた場合には，当該終了事由の発生により信託は終了する。

具体例としては，信託行為中に定められた存続期間が満了した場合等が考えられる。

コ　委託者及び受益者の合意等があったとき（信託164条1項）

委託者と信託の利益を享受する受益者全員が信託を終了させることについて合意している場合には，当該信託は終了させることが合理的であると考えられるため，いつでも終了させることができるとされている。

ただし，信託行為に別段の定めがあるときは，その定めに従う（信託164条3項）。

(2)　信託の終了の効果

以上のような各終了事由に基づいて信託が終了すると，信託の併合により終了した場合及び信託財産の破産手続開始の決定により終了した場合を除いて，信託の清算をしなければならない（信託175条）。

なお，公益確保のために信託の終了を命ずる裁判があった場合には，裁判所は法務大臣若しくは委託者，受益者，信託債権者その他の利害関係人の申立て又は職権により，清算のために新受託者を選任しなければならない（信

97

託173条1項)。

3 信託の清算

(1) 清算の開始

信託が終了すると，信託の清算が開始されることとなる（信託175条）。この期間も，清算が結了するまでは，信託はなお存続するものとみなされ，存続が擬制される（信託176条）。これらの定めは，株式会社等の法人の清算と同様の考え方が採用されているものである。

(2) 清算受託者

信託の清算が開始すると，従前の信託受託者が原則としてそのまま清算受託者となり，清算の職務にあたることとなる。清算受託者には，清算のために必要な一切の行為をする権限が与えられている（信託178条1項）。

清算受託者の職務は，①現務の結了，②信託財産に属する債権の取立て及び信託債権に係る債務の弁済，③受益債権（残余財産の給付を内容とするものを除く。）に係る債務の弁済，④残余財産の給付である（信託177条）。

(3) 残債務の弁済

清算受託者は，信託財産に属する債務を弁済しなければ，残余財産受益者（信託行為において残余財産の給付を内容とする受益債権に係る受益者。信託182条1項1号。）若しくは帰属権利者（信託行為において残余財産の帰属すべき者となるべき者として指定された者。同項2号。）に残余財産を引き渡すことができない。これは，債権者保護の規定である。

(4) 残余財産の帰属

残余財産は，信託行為において指定された残余財産受益者又は帰属権利者に帰属する（信託182条1項）。

帰属権利者の利益の享受又は権利の放棄については，原則として，受益者の利益及び受益権の放棄に関する規律と同様の規律に従うこととされている（信託183条）。すなわち，信託行為において権利帰属者として指定された者は，受益の意思表示をすることなく当然に帰属権利者としての地位を取得するこ

ととなり（信託183条１項・２項，88条１項・２項参照），また，受益権と同様に，その遡及的な放棄も可能とするものである（信託183条３項・４項，99条１項・２項参照）。

(5) **清算の結了**

　清算受託者は，その職務を終了したときは，遅滞なく信託事務の最終の計算を行い，受益者（信託管理人が現に存する場合にあっては，信託管理人）及び帰属権利者のすべてに対し，その承認を求めなければならない（信託184条１項）。

　受益者等の承認が得られた場合には，清算受託者の職務執行に不正行為があった場合を除き，清算受託者の責任は免除されたものとみなされる（信託184条２項）。また，受益者等がこの承認を求められてから１か月以内に異議を述べなかった場合には，承認したものとみなされる（同条３項）。

第10章 信託の特例

1 受益証券発行信託

(1) 総論

　信託法は，信託の特例として，信託行為の定めに基づき，受益権を表示する証券（以下「受益証券」という。）を発行することを認めている（信託185条以下）。

　この特例の目的は，受益権の流通性を強化することにより，より多くの投資家からの資金調達を可能にするといったニーズに応えることである[1]。

　受益証券を発行するか否かは，信託行為によって定めるべきものとされる（信託185条1項）。複数の種類の受益権が設定される信託においては，一部の種類の受益権についてのみ受益証券を発行しないという定め（以下，この項においては「一部不発行の定め」という。）を置くことも可能である（同条2項）。

　もっとも，内容の異なる数種の受益権が存する場合において，同一種類の受益権の全部について受益証券を発行しない旨を定めることはできるが，同一種類の受益権のさらにその一部についてのみ受益証券を発行しない旨を定めることは，法律関係の混乱を招きかねず合理的ではないことから，許されない[2]。

　また，いったん信託が成立すると，事後的な信託の変更によって受益証券の発行・不発行の別を変えることはできない（信託185条3項・4項）。

　受益証券発行信託は，受益権を証券とすることによってその流通性を高め

---

1) 寺本385頁。例えば，資産の流動化に関する法律における特定目的信託の制度によらず，信託法に準拠して資産の流動化を目的とする信託を設定したり，会社のある事業部門につき，その収益力を活用して資金を調達するため，信託を設定して受益権に対する投資を募る等の活用例が考えられる。
2) 寺本387頁

るものであり，信託の成立の当初から受益者の交替が予定されており，不特定多数の一般投資家が受益者となり得るという特質を持つ。この特質に応じて，法律関係を整理すべく，受益証券発行信託における特則としての各規定が用意されている。

(2) 受益権原簿

　ア　作成及び管理

　　受益証券発行信託においては，受益証券は譲渡され，受益者が入れ替わるため，これを管理する必要が生じる。そこで，受益証券発行信託においては，受託者は，遅滞なく，受益権原簿を作成することとされる（信託186条）。受益権原簿には，①各受益権の内容，②受益証券の番号，発行日，記名式・無記名式の別，無記名式の受益証券の数，③記名式の場合，受益者の氏名又は名称及び住所，④受益者が受益権を取得した日等の各事項を記載する（信託186条各号）。

　　受益権原簿は，原則として受託者が管理するものであるが，受託者は，受益権原簿管理人を定めて，受益権原簿の管理を委託することもできる（信託188条）。受託者は，受益権原簿をその住所に備え置かなければならない（信託190条1項）。

　　受託者は，受益者の請求により（信託198条），又は一定の事項については受益者の請求によらずに（信託197条），受益権原簿に記載すべき事項が生じた場合には，各事項を記載する義務を負う。

　イ　閲覧及び謄写等

　　委託者，受益者その他の利害関係人は，受託者に対して，受益権原簿の閲覧又は謄写を請求することができる（信託190条2項）。この請求を受けた受託者は，当該請求者が権利の確保又は行使以外の目的で請求を行ったときなど一定の事情が存在する場合を除き，拒むことができない（同条3項各号）。

　　一部不発行の定めのある場合において，受益証券の発行を受けない受益者は，受託者に対して受益権原簿の記載事項を記載した書面の交付等を請求することができる（信託187条1項）。

ウ　基準日の設定及び受益者への通知

　記名式受益権においては，受託者は一定の日（基準日）において受益権原簿に記載されている受益者を権利を行使することができる者と定めることができる（信託189条1項・2項）。

　受益証券発行信託において受託者が受益者に対し通知又は催告をする場合，受益権原簿に記載された住所に宛てて発すれば足りることとされ（信託191条1項），通常到達すべきであった時に到達したものとみなされる（同条2項）。また，無記名受益権の受益者に対して通知をする場合には，受託者が氏名又は名称及び住所を知っている受益者にのみ通知をすれば足り，その他の受益者のためにその通知すべき事項を官報に公告することとなる（同条5項）。

(3)　受益証券発行信託の受益者の権利行使

　受益証券発行信託における無記名受益権の受益者は，受託者その他の者に対し，その権利を行使しようとするときは，受益証券を提示する必要がある（信託192条1項）。

　また，受益権が2人以上の者の共有に属するときは，共有者は，当該受益権についての権利を行使する者1人を定め，受託者に対してその者の氏名等を通知しなければ，受託者が当該権利行使に同意する場合を除き，権利を行使することができない（信託193条）。

(4)　**受益証券発行信託における受益権の譲渡等**

　受益証券が発行された受益権を譲渡する際は，受益証券を交付しなければ，譲渡の効力を生じないものとされている（信託194条）。

　また，受益証券発行信託においては，当該受益権についての受益証券の発行・不発行の別に関わらず，受益権原簿に譲受人の氏名又は名称及び住所を記載することが，受託者に対する受益権譲渡の対抗要件となる（信託195条1項）。なお，受託者以外の第三者との関係では，有価証券法理に従い，受益証券の占有をもって対抗要件となる（会社法130条2項参照）[3]。また，一部不発

---

3)　寺本397頁

行の定めがある場合には，受託者以外の第三者への譲渡の対抗要件としても，受益権原簿への記載が要求される（信託195条2項）。これに対し，無記名受益権については，対抗要件としての受益権原簿への記載は不要である（信託195条3項，186条3号参照）。

受益証券に質権を設定した場合，質権設定者は，受託者に対して，質権者の氏名又は名称及び住所，質権の目的となった受益権について，受益権原簿に記載することを請求することができる（信託201条）。これらの記載がなされた質権者（以下「登録受益権質権者」という。）は，記載事項を記載した書面の交付等の請求（信託202条）ができる。また，信託の変更によって受益権の併合や分割がされた場合においても，登録受益権質権者であれば，併合後又は分割後の受益権について，質権者である旨が記載され（信託204条），併合後又は分割後の受益証券の引渡しを受けることができる（信託205条）。

一部不発行の定めがある場合において，受益証券が発行されない受益権についての譲渡等の，受託者その他の第三者への対抗要件は，受益権原簿への記載によることとなる（信託206条）。

(5) 受益証券

ア　発行主体

受益証券の発行主体は受託者である（信託207条）。

イ　記載内容

受益証券には以下の内容が記載される（信託209条1項）。

① 　受益証券の番号（柱書）

② 　受託者の署名又は記名押印（柱書）

③ 　受益証券発行信託の受益証券である旨（1号）

④ 　当初の委託者及び受益証券発行信託の受託者の氏名又は名称及び住所（2号）

⑤ 　記名式の受益証券にあっては，受益者の氏名又は名称（3号）

⑥ 　各受益権に係る受益債権の内容その他の受益権の内容を特定するものとして法務省令で定める事項（4号）

⑦ 　受益証券発行信託の受託者に対する費用等の償還及び損害の賠償に

関する信託行為の定め（5号）
⑧　信託報酬の計算方法並びにその支払の方法及び時期（6号）
⑨　記名式の受益証券をもって表示される受益権について譲渡の制限があるときは，その旨及びその内容（7号）
⑩　受益者の権利の行使に関する信託行為の定め（信託監督人及び受益者代理人に係る事項を含む。）（8号）
⑪　その他法務省令で定める事項（9号）

ウ　受益証券の不所持

　記名式受益証券においては，信託行為に別段の定めがあるときを除き，信託において受益証券が発行された受益者であっても，受託者に対して受益証券を返還して受益証券の所持を希望しない旨を申し出ることができ，この申出を受けた受託者は，受益権原簿に受益証券を発行しない旨を記載する（信託208条1項・2項）。この旨が受益権原簿に記載されると，受託者に返還された受益証券は効力を失い（同条5項），受託者はそれ以降，受益者からの再発行の申出がない限り，当該受益権について受益証券を発行することができなくなる（同条4項・6項）。

エ　記名式と無記名式の間の転換

　受益証券が発行されている受益権の場合，信託行為に別段の定めがあるときを除き，受益者から受託者への請求により，記名式受益証券を無記名式に，無記名式受益証券を記名式に変更することができる（信託210条）。

オ　受益証券喪失の場合

　受益者が受益証券を紛失等した場合に備え，公示催告手続（非訟事件手続法142条）によって，受益証券を無効とすることができる旨が定められている（信託211条1項）。また，受益証券を喪失した者は，除権決定（非訟事件手続法148条1項）を得てから，再発行を請求することとなる（信託211条2項）。

カ　振替制度の適用

　受益権を有価証券化することに加えて，振替制度の対象とするニーズもあることから，社債，株式等の振替に関する法律第6章の2において，受

益証券発行信託の受益権が振替制度の対象とされている。

(6) 関係当事者の権利義務等

受益証券発行信託においては，受益権の流通性が高く，多くの投資家が受益権者となることが想定されているため，受益者の個性が信託の内容に影響せず，不特定多数の者が受益者となり得る内容の信託であることが想定される。

この特質に配慮して，関係当事者の権利義務について，以下の特則が定められている。

　ア　受託者の義務軽減の禁止

　　受託者は信託事務を処理するにあたって，善良な管理者の注意を持ってこれに当たることが義務とされており（信託29条2項），受益証券発行信託においては，信託行為によってもこれを軽減することが許されない（信託212条1項）。

　　また，受託者がその事務を信託行為によって指定された第三者又は信託行為の定めに従って委託者や受益者の指名した第三者に委託した場合には，受託者は，当該第三者が不適任又は不誠実であることや事務の処理が不適切であることを知った時は，その旨の受益者に対する通知，当該第三者への委託の解除等，必要な措置をとることが義務とされているが（信託35条3項），受益証券発行信託においては，信託行為に特別の定めを置くことによってこの義務を軽減することも許されない（信託212条2項）。

　イ　受益者の権利行使の制限

　　受益権の流通性が高く，多数の者が受益者となることが想定される受益証券発行信託においては，権利の保有割合が少ない受益者や，保有期間の短い受益者には，一定の受益者としての権利の行使を制限する定めを設けることが許されている。

　　(ア)　保有割合による制限

　　　まず，受益者の有する以下の各権利の行使については，総受益者の議決権の100分の3以上の割合，又は受益権総数の100分の3以上の数の受益権を有する受益者に限定する旨を，信託行為において定めることがで

きる（信託213条1項）。
① 受託者の権限違反行為の取消権（信託27条1項・2項）
② 受託者の利益相反行為の取消権（信託31条6項・7項）
③ 帳簿等の閲覧請求権（信託38条1項）
④ 検査役の選任申立権（信託46条1項）

次に，受益者の有する以下の各権利の行使については，総受益者の議決権の10分の1以上の割合，又は受益権総数の10分の1以上の数の受益権を有する受益者に限定する旨を，信託行為において定めることができる（信託213条2項）。
① 特別の事情による信託の変更を命ずる裁判（信託150条1項）の申立権
② 特別の事情による信託の終了を命ずる裁判（信託165条1項）の申立権

ただし，以上の制限は，他の受益者に関する情報の開示が信託行為の定めによって制限されているとき（信託39条3項）には，設けることができないものとされている（信託213条3項）。

(イ) 保有期間による制限

受託者の行為の差止請求権（信託44条1項）の行使については，6か月前から引き続き受益権を有する受益者に限って行使できるものとする定めを，信託行為によって定めることができる（信託213条4項）。

ウ 多数受益者の場合の意思決定

受益者複数の場合，信託の原則においては全員一致が必要とされているが，受益者が2人以上ある受益証券発行信託においては，信託行為に別段の定めがない限り，受益者集会における多数決による（信託214条）。

エ 委託者の権利の特例

受益証券発行信託では，法で委託者の権利とされている事項のうちの多くを，受益者が行使するものと定めている（信託215条）。

これも，受益証券発行信託が利用される場面では，受益者が不特定多数に上ることが予想されるところ，当初受益者である委託者が，受益証券を

譲渡した場合であっても，引き続き委託者として権利を行使できることとすると，一般の信託の場合に比べて法律関係が複雑になるおそれが類型的に高く，[4] また，委託者である当初受益者は受益権譲渡後は利害関係がなくなると考えられるので，委託者の権利の主なものを受益者が行使することとしたものである。

2 限定責任信託

(1) 総論

信託では，いわゆる責任財産限定特約が結ばれていない限り，信託財産のみならず受託者の固有財産も対外的な履行責任の引当てとなるのが原則である。しかし，この原則に対する例外として，受託者の履行責任の範囲が信託財産に限定される限定責任信託の特則が定められている。この特則を用いることで，例えば，専門的な技術を有する人材を受託者として限定責任信託を用いることで，専門的な技術・技術を要する一方で莫大な資金がかかるプロジェクト事業の実施が可能となる。他にも，市場動向の変化等に即応した新規事業の立ち上げや，不動産の信託を中心とする資産の流動化などの場面においても，限定責任信託は利用され得るものと考えられる。[5]

限定責任信託においては，信託債権者の利益が害されないよう，債権者保護・責任財産の充実のための規律が整備されている。その多くは，会社法における会社に係る規律と類似している。

(2) 定義及び要件

ア 定義

限定責任信託とは，受託者が当該信託のすべての信託財産責任負担債務について，信託財産に属する財産のみをもってその履行の責任を負う信託をいう（信託2条12項）。

---

4) 寺本413頁
5) 佐藤9頁

イ　要　件

　限定責任信託とするためには，信託行為において以下の事項を定め，登記を行う必要がある（信託216条，232条，信託規24条）。

　①　すべての信託財産責任負担債務について受託者が信託財産に属する財産のみをもってその履行の責任を負う旨
　②　限定責任信託の目的
　③　限定責任信託の名称
　④　委託者及び受託者の氏名又は名称及び住所
　⑤　信託事務の処理を行うべき場所（事務処理地）
　⑥　信託財産に属する財産の管理又は処分の方法
　⑦　信託事務年度

ウ　名　称

　限定責任信託は，その名称中に「限定責任信託」という文字を用いなければならない（信託218条1項）。

エ　取引の相手方に対する明示義務

　受託者は，限定責任信託の受託者として取引をする旨を取引の相手方に示さなければ，限定責任信託であることを当該取引の相手方に対し主張することができない（信託219条）。

オ　登記の効力

　責任財産を信託財産に限定することなど上記イの登記事項については，登記をした後でなければ善意の第三者に対抗できない（信託220条1項）。また，登記事項について故意又は過失によって不実の事項を登記した者は，不実であることを善意の第三者に対抗することができない（同条2項）。

　限定責任信託とする旨の信託行為の定めを廃止する旨の信託の変更がなされ，終了の登記がされた時以降は，限定責任信託の特例の適用はなくなる（信託221条，235条）。

(3)　**計算等の特例**

　限定責任信託における信託債権者の権利保護のため，信託財産の状況に関する帳簿等の作成が義務付けられている（信託222条1項）。作成義務のある

帳簿は，①会計帳簿，②効力発生時の貸借対照表，③定時の貸借対照表，損益計算書，附属明細書その他の書類等である（同条2～4項，信託計算規則第3章第1節・同第2節）。

　受託者は，③の書類等を作成したときは，その内容について受益者に対し報告をしなければならない（信託222条5項）。

　また，受益者は受託者に対して，会計帳簿又は信託財産に属する財産の処分にかかる契約書その他の信託事務の処理に関する書類等の閲覧又は謄写を請求することができる（信託222条9項，38条）。

　さらに，信託債権者等の利害関係人も，会計帳簿又は貸借対照表・損益計算書・付属明細書その他の書類等について閲覧又は謄写を請求することができる（信託222条9項，38条）。

(4) **限定責任信託の効果**

　ア　固有財産に属する財産に対する強制執行等の制限

　限定責任信託においては，受託者は，信託債権に係る債務について，信託財産に属する財産のみをもってその履行の責任を負う（信託21条2項2号）。そのため，信託財産責任負担債務に係る債権に基づいて，受託者の固有財産に属する財産に対し，強制執行等をすることはできない（信託217条1項）。これに違反してされた強制執行等に対しては，受託者は異議を主張することができる（同条2項・3項）。

　ただし，受託者が信託事務を処理するについてした不法行為によって生じた権利（信託21条1項8号）に係る債務については，以上のような責任の限定の対象から外されており，受託者は一般の信託の場合と同様に固有財産についてまで責任を負う（信託217条1項かっこ書）。これは，受託者自らに帰責すべき事情が認められる不法行為の場合にまで受託者の責任の限定を認めることは妥当ではないと考えられるためである。この趣旨からすると，受託者に帰責性のあることが責任発生要件とされている債務，又は，帰責性のないことが免責要件とされている債務である場合に，受託者の責任限定が認められないことになる。例えば，一般の不法行為責任（民709条）のほか，使用者責任（民715条），占有者責任（民717条1項本文），

運行供用者責任（自動車損害賠償保障法3条），製造物責任（製造物責任法3条）等である。他方，民法717条1項ただし書の所有者責任については，責任の限界が認められるものと解されている[6]。

イ　第三者に対する責任

　限定責任信託において，受託者が信託事務を行うについて悪意又は重大な過失があったときは，当該受託者は，これによって第三者に生じた損害を賠償する責任を負う（信託224条1項）。また，受託者が，貸借対照表等に記載し，又は記録すべき重要な事項，登記，公告について虚偽を行ったときも，同様の責任を負う（同条2項）。ただし，2項の責任については，受託者が当該行為をすることについて注意を怠らなかったことを証明したときは，責任を免れる（同項ただし書）。

ウ　受益者に対する給付の制限

　受益者に対する信託財産に係る給付は，給付可能額を超えてすることはできない（信託225条）。「給付可能額」とは純資産額の範囲内において法務省令（信託計算規則24条）で定める方法により算定される額をいう。

　この制限は，信託財産の充実を図ることによって，信託債権者の保護を図る規定である。

　上記の制限を超えて，受託者が受益者に給付を行った場合には，受託者及び当該給付を受けた受益者は，受託者がその職務遂行上の注意を怠らなかったことを証明しない限り，連帯して給付額に相当する金銭のてん補又は支払の義務を負う（信託226条1項）。また，信託債権者から受益者に対して，直接，給付額に相当する金銭を請求することができる（信託227条2項）。

　さらに，受託者が受益者に信託財産に係る給付をした場合において，当

---

[6] 寺本420頁。なお，占有者責任（民717条1項本文）と所有者責任（民717条ただし書）とで効果が分かれているのは，民法の解釈として，占有者責任は無過失の立証により免責がなされる余地のある責任であるのに対し，所有者責任は過失の有無にかかわらず認められる無過失責任（法定責任）であるとされていることから，前者は信託法21条1項8号の債務に該当するが，後者は信託法21条1項9号の債務に該当するものと解されるからであると考えられる（寺本420頁，要綱試案第66（注1））。

◀総論編

該給付をした後の最初の決算日に欠損額が生じたときは，受託者及び給付を受けた当該受益者は，受託者がその職務遂行上注意を怠らなかったことを証明しない限り，連帯して欠損額又は給付額に相当する金銭のてん補又は支払の義務を負う（信託228条1項）。

エ 清算の特則

限定責任信託においては，清算の場面においても，債務の弁済原資が信託財産に限定されるため，特則が設けられている。清算受託者は，その就任後遅滞なく，信託債権者に一定の期間内（2か月を下回ることはできない）にその債権を申し出るべき旨を官報に公告し，かつ，知れている信託債権者には，各別に催告しなければならず（信託229条1項），当該期間においては債務の弁済を行うことができない（信託230条1項）。当該期間内に債権の申出をしなかった信託債権者は，清算から除斥されることとなる（信託231条1項）。

(5) 受益証券発行限定責任信託の特例

受益証券発行限定責任信託とは，受益証券発行信託である限定責任信託のことをいう（信託248条1項）。

この場合，受益証券発行信託の自由譲渡性・流通性から，一般に受益者の個性は薄れるという性質と，限定責任信託の有限責任性という性質の双方を併せ持つこととなる。とすると，信託債権者にとっても，受益証券が転々流通することによって生じ得る不特定多数の受益者にとっても，唯一の責任財産となる信託財産について密接な利害関係を有することになるから，信託に関する会計の適正を確保する必要が類型的に高くなるものといえる[7]。そこで，受益証券発行限定責任信託においては，会計監査人を設置することができるとされている（信託248条1項）。また，負債金額が200億円以上の場合には会計監査人の設置が義務付けられている（同条2項）。

会計監査人は，公認会計士又は監査法人に限られ（信託249条1項），善管注意義務が課されるとともに（信託253条），任務懈怠によって信託財産に損

---

7) 寺本439頁

失を生じた場合にはてん補責任を負うことも定められている（信託254条1項・2項）。

さらには，受益証券発行限定信託においては，受託者，信託管理人，受益者代理人等について贈収賄罪が規定されており，責任強化が図られている（信託267条〜269条）。

3 目的信託

(1) 総論

目的信託とは，「受益者の定めのない信託」をいう（信託258条1項）。

この目的信託は，例えば，非営利活動への民間資金の導入や，資産流動化取引における倒産隔離スキームの組成・維持のための活用等が考えられる。具体的には，①地域住民が共同で金銭を拠出して信託を設定し，当該地域社会における老人の介護や子育ての支援，地域のパトロール等の非営利活動に充てることや，②事業会社が金銭を拠出して，社会福祉法人等を受託者とする信託を設定し，地元に居住する高齢者等を対象とするケア施設の設置・運営等の目的に充てることにより，地元住民との間の地域に根ざした信頼関係を醸成しつつ，社会貢献の要請に応えること，③経済団体の会員企業が，共同で金銭を拠出して信託を設定し，受託者が優秀と認める起業アイデアを創出したものに奨励金を授与する目的に充てることにより，当該経済団体における起業活動を支援すること，④特別目的会社（SPC）を利用して資産の流動化を図る場合において，SPCの株式を信託財産として受益者の定めのない信託を設定することにより，倒産隔離スキームを構築すること等の利用方法があると考えられている[8]。

(2) 目的信託の成立要件

目的信託は，信託契約の締結（信託3条1号）又は遺言による信託（同条2号）のいずれかの方法によってすることができる（信託258条）。

---

8) 佐藤9頁

他方，自己信託（信託3条3号）によって設定することはできない[9]。

また，信託成立の当初に目的信託であったものを，信託の変更によって受益者の存在する信託に変更することはできず，反対に，成立当初に目的信託でなかった信託を，信託の変更によって目的信託に変更することもできない（信託258条2項・3項）。

(3) 信託管理人

遺言により目的信託を定める場合は，信託管理人を置かなければならない（信託258条4項）。これは，目的信託においては後述のとおり委託者の権利が強化されているものの，遺言による目的信託の場合には，設定時点では必然的に委託者が死亡しており，受益者も存在しないことから，受託者への監督を信託管理人に行わせるためである。他方，契約による目的信託の場合には，信託設定時点では委託者が存在し，信託法260条により強化された監督的権能を委託者が果たすことが期待されるため，信託管理人を置かなければならないとはされていない[10]。

遺言の中に信託管理人を指定する定めがない場合において，遺言執行者の定めがある場合には，遺言執行者が信託管理人を選任すれば，信託行為に信託管理人を指定する定めが置かれたものとみなされる（信託258条5項）。遺言の中に信託管理人を指定する定めがなく遺言執行者の定めもない場合，又は遺言執行者が信託管理人の選任をしない，若しくはすることができない場合は，利害関係人の申立てにより裁判所が信託管理人を選任することができ，裁判所により信託管理人の選任の裁判があったときに，信託行為に信託管理人を指定する定めが置かれたものとみなされる（同条6項）。

これらの定めにもかかわらず，信託管理人が就任しない状態が1年間継続したときは，当該信託は終了する（信託258条8項）。

(4) 存続期間

目的信託の存続期間は20年を超えることができないとされている（信託

---

[9] 新井405頁，寺本451頁
[10] 新井誠『キーワードで読む信託法』65頁（有斐閣，2007）

259条)。実質的な所有者が不在となり，永久に処分されない財産が現れることは，国民経済上の利益に反するからである。[11]

(5) **委託者の権利**

信託契約によって設定された目的信託においては，委託者は当然に，信託法145条2項各号（ただし6号は除く。）に定める受託者に対する監視・監督の諸権利を有し，他方，受託者は同条4項各号に定める通知・報告等の義務を負うものとされ，委託者の権利が強化されている。これらの権利義務は，信託の変更によって変更することができないとされる（信託260条1項）。

遺言によって設定された目的信託における信託管理人についても，信託管理人の権限のうち信託法145条2項各号（ただし6号は除く。）所定の受託者に対する監視・監督等の諸権利を，信託の変更によって制限することは許されない（信託260条2項）。

(6) **目的信託に関する信託法の読替え**

目的信託においては受益者が存在しないため，信託法261条において，信託法の諸規定を適宜読み替え，又は適用除外とすることを定めている。

---

11) 新井406頁

第11章 信託の税制

1 総説

　2006年の新信託法の制定以前から，信託は幅広い分野で利用されており，利用形態等に応じた課税制度が設けられていた。新信託法の制定に伴い，平成19年度の税制改正で信託の税制が整備された。信託の税制は，利用形態等を勘案して，5つの種類に分類されている。

　これは，①受益者等課税信託，②法人課税信託，③集団投資信託，④退職年金等信託，⑤特定公益信託等である。

　退職年金等信託とは，厚生年金基金契約等により従業員の年金等の財源に充てる予定の資産を運用することを目的とする信託（法法12条4項1号）であり，年金等の一定の残高に税率を乗じて法人税等が課税されることとなるが，現在，課税は凍結中である（措法68条の4）。

　公益信託とは，公益目的で設定される信託であり，特定公益信託とは，公益信託のうち，一定の要件に該当するものであり，受託者段階で課税がなされず，信託した時点で寄付金控除等（所法78条3項，法法37条6項）の税制上の恩典を受けることができるものである。

　①受益者等課税信託，②法人課税信託，③集団投資信託は，以下において解説する。

(1)　**受益者等課税信託**

　受益者等課税信託は，信託財産から生ずる所得が発生した時点で，受益者等に所得が帰属する信託である（所法13条1項，法法12条1項）。

◀総論編

【図表11－1】 受益者等課税信託

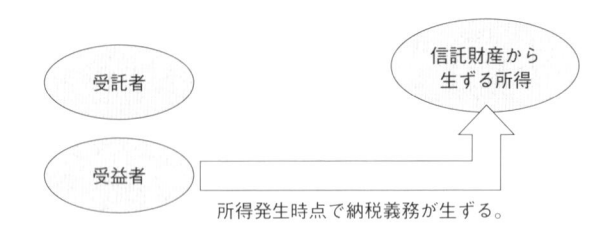

```
    受託者          信託財産から
                   生ずる所得
    受益者  ─────────→
         所得発生時点で納税義務が生ずる。
```

　信託財産に属する財産の引渡しその他の信託財産に係る給付を受ける債権等を有しているのが受益者（信託2条6項・7項）であり，かつ，信託財産から生ずる利益を受託者が享受することは認めないことから（信託8条），受益者に所得が帰属するものとして納税義務を負わせることは合理的である。

　この課税方式の信託の納税義務者は，受益者等となっており，信託法で定める受益者とは，範囲が異なる部分がある（後述3(1)参照）。

　信託財産に属する資産や負債は受託者名義であり，収益や費用も受託者において生ずるが，税法上は，受益者等が信託財産に属する資産や負債を有するものとみなされ，収益や費用も受益者等に帰属するものとみなされる（所法13条1項，法法12条1項）。

　複数の受益者等が存在する場合は，各々の受益者等が信託財産に属する資産や負債の全部を，それぞれの受益者がその有する権利の内容に応じて有するものとされ，収益や費用もそれぞれの権利の内容に応じて帰せられるものとして取り扱われる（所令52条4項，法令15条4項）。

　受益者等課税信託は，受益者が信託財産を有するものとみなされるから，受益権を譲渡した場合等においては，税法上，受益権が譲渡されたものではなく，信託財産そのものが譲渡されたものとして取り扱われる。

　受益者等課税信託において，所得は，発生時に受益者等に帰属するものとされていることから，たとえ，受益者に利益が分配されなくとも課税されることもある。

　また，現行の信託税制においては，例えば，所得税法や法人税法において，委託者と受益者がそれぞれ単一であり，かつ，同一の者である場合の信託設

定時や終了時の課税上の取扱いは定められているが（所基通13－5，法基通14－4－5），複数の委託者が存在している場合や受益権が複層化（質的に異なる受益権に分割されること）された場合等の取扱いは定められていないことから，信託の利用の多様化が阻まれているのではないかと考えられる。

なお，受益者等課税信託に関しては，後記の「2　受益者等課税信託の課税上の取扱い　基礎編」，「3　受益者等課税信託の課税上の取扱い　応用編」において詳細を説明する。

(2) 法人課税信託

法人課税信託は，信託財産から生ずる所得が発生した時点で，受託者に所得が帰属する信託である（法法2条29号の2）。

【図表11－2】　法人課税信託

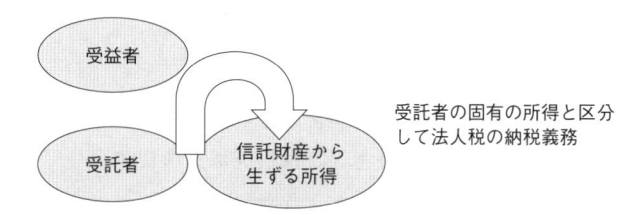

```
    受益者
       ↱
    受託者  →  信託財産から    受託者の固有の所得と区分
              生ずる所得       して法人税の納税義務
```

信託財産から生ずる利益を受託者が享受することは認められないことから（信託8条），受託者が信託財産から生ずる所得の納税義務者となることは不合理である。しかし，信託財産の利用形態等から考えて，受益者等を納税義務者とすることに課税上の弊害がある場合等においては，受託者が法人税の納税義務者として取り扱われることとなる。

受益者等を納税義務者とすることに問題がある場合等とは，受益者等がいない場合，租税回避に利用される可能性が高い場合，受益権が投資家の間を頻繁に流通する場合に分類できる。

ア　受益者等がいない場合

受益者等がいない場合とは，信託期間の全部又は一部において受益者等が存在しない場合である。信託財産から生ずる利益は受益者に帰属されるものであることから，受益者等課税信託においては，受益者等が信託財産から生ずる所得の納税義務者となるが，受益者等が存在しない場合は課税

漏れが生ずることから，受託者を納税義務者と定めたものと考えられる。

イ　租税回避に利用される可能性が高い場合

　租税回避に利用される可能性が高い場合とは，法人が委託者となる信託で，法人が営んでいた事業を信託することにより，事業から生じた所得につき租税回避が生ずる可能性が高いからとされているが，所得の発生時に受益者等で課税されることから，租税回避が生ずる可能性は高くないと考えられる。

　法人税法において3類型が法人課税信託として取り扱われる。この3類型とは，(ｱ)　法人が委託者となり，その法人の事業の重要部分を信託し，委託者の株主等を受益者とするもの，(ｲ)　自己信託等で存続期間が20年を超えるもの，(ｳ)　自己信託等で損益分配割合が変更可能であるものである（法法2条29号の2ハ）。

ウ　受益権が投資家の間を頻繁に流通する場合

　受益権が投資家の間を頻繁に流通する場合とは，例えば，受益権が有価証券化された場合である。受益者等課税信託は，所得の発生時点で所得を認識するが，頻繁に受益者が変わるような場合は，受益者自身が信託財産を有するものとして発生時に受益者が所得を認識することが困難である。また，現行の受益者等課税信託においては，多数の変動する受益者が存在する場合の課税上の取扱いが不明確である。更に信託財産から生ずる所得に関して一律に受託者段階で課税しないと定めると，租税回避として利用される可能性もある。そこで，金融商品の受け皿として信託を利用した場合は，原則としては，法人課税信託として課税するものと設計したのではないかと考えられる。

　受益権が投資家の間を頻繁に流通する場合として，受益権を表示する証券を発行する旨の定めのある信託，投資信託及び投資法人に関する法律に規定される投資信託，資産の流動化に関する法律に規定される特定目的信託（法法2条29号の2イ・ニ・ホ）がある。受益権を表示する証券を発行する旨の定めのある信託とは，受益証券発行信託や，外国で発行される受益証券発行信託に類するものと考えられる（法基通12の6-1-1）。投資信

託は，原則的には，法人課税信託として取り扱われ，一定の投資信託に関しては集団投資信託として法人課税信託から除かれることとなる。また，特定投資信託や特定目的信託は，一定の要件に該当する場合は，法人課税所得の金額の計算上，利益の分配額が損金として取り扱われる（措法68条の3の2，68条の3の3）。

法人課税信託の受託者が，各法人課税信託から生ずる所得につき，各信託ごとに，法人税の納税義務を負う。受託者が個人であっても，法人税の納税義務を負う（法法4条の7）。法人が納税義務者の場合は，固有の資産に係る所得と，法人課税信託に係る所得を区分し，それぞれ別の者とみなして申告納付しなければならない（法法4条の6）。また，会社以外の受託法人は，会社とみなされるが（法法4条の7第3号），これは，同族会社等の行為又は計算の否認の規定（法法132条）の適用を可能とさせることが理由の一つとして考えられる。

受益者等が存しない法人課税信託以外の法人課税信託は設定した時点で，法人課税信託に出資があったものとみなされ（法法4条の7第9号），受益者は法人課税信託の株主等とされる（同条6号）。受益者等の存しない法人課税信託は，株主等が存在しないものと考えられることから，委託者の信託行為は出資とされず，委託者が資産を法人課税信託に無償で譲渡したものとみなして，委託者側，受託者側両者で時価課税がなされることになるものと考えられる。

信託財産から生ずる所得等に関しては，原則的には，法人税法の規定が適用されることとなる（法法4条の6）。法人課税信託から受益者への分配に関しては，その分配が収益の分配であるならば，資本剰余金の減少を伴わない剰余金の配当とみなされ，元本の払戻しは資本剰余金の減少を伴う剰余金の配当とみなされる（法法4条の7第10号）。

法人課税信託の消費税の納税義務者は受託者であるが，各法人課税信託の信託資産等と固有資産等を区分し，それぞれ別の者とみなして，消費税の納税義務を負うこととなる（消法15条1項）。

法人課税信託は，会社とみなされることから，組織再編税制や連結納税，

◀総論編

グループ税制の適用もあると考えられる。したがって，例えば，委託者が資産を信託し，受益権を取得した行為が，適格現物出資に該当する場合には，含み益の課税が繰り延べられることになるものと考えられる。

(3) **集団投資信託**

集団投資信託は，信託財産から生ずる所得が受益者に分配された時点で，受益者に所得が帰属する信託である（法法2条29号）。

【図表11－3】 集団投資信託

```
    受託者            信託財産から
                      生ずる所得
                         ↑
    受益者  ─────────────┘
          所得分配時点で納税義務が生ずる
```

信託財産から生ずる利益を受託者が享受することは認められないことから（信託8条），受託者が信託財産から生ずる所得の納税義務者となることは不合理であると考えられるが，一定の場合には，受益者等を納税義務者とすることに問題があることなどから受託者を納税義務者とすることとした。しかし，受託者を納税義務者とすることにより，信託財産から生ずる所得につき法人税が課せられることとなるから，受益者が信託から分配を受ける利益が少なくなる。

投資家から資金を集め再投資する金融商品の受け皿として，信託が利用されることがあるが，もし，信託段階で法人税が課されると投資家が受け取る利回りが大幅に減少することになり信託の利用が事実上不可能となる。既に，信託を利用した金融商品は存在しており，この金融商品の受け皿の信託においては，信託財産から生ずる所得について課税がなされていなかったことから一定の金融商品の受け皿となる信託に関しては，信託財産から生ずる所得につき，信託段階で法人課税しないこととした。このような信託のことを集団投資信託という。

集団投資信託には，一定の合同運用信託[1]証券投資信託や主として国内で公募された投資信託や外国投資信託，特定受益証券発行信託がある。

集団投資信託から生ずる所得については，所得の発生時に受託者や受益者等において課税されることはない（法法12条3項）。なお，委託者が資産を信託した時点においては，受託者に資産の譲渡があったものとして課税されることになると考えられる[2]。

集団投資信託から受益者に分配がなされた時点で受益者側において所得が生じたものとして取り扱われる。個人が受益者である場合は，利子所得や配当所得として取り扱われ（所法23条，24条），国内で利益の分配を行う受託者は支払に際し，源泉税の徴収義務がある（所法181条，212条）。

集団投資信託の受益権の譲渡であるが，投資信託の受益証券，特定受益証券発行信託の受益証券，合同運用信託のうち貸付信託の受益証券は，金融商品取引法上の有価証券であるから，有価証券の譲渡として取り扱われるものと考えられる[3]。

なお，集団投資信託において行われた資産の譲渡等の消費税法上の取り扱いであるが，受託者が，資産の譲渡等のあった時点で納税義務を負うことになる（消法14条1項ただし書，消基通4-2-2）。ただし，法人課税信託のように，法人固有の資産等と区分して申告納税を行うことはない。

2 受益者等課税信託の課税上の取扱い　基礎編

以下において，受益者等課税信託の課税上の取扱いの基礎編を解説する。この項においては，委託者並びに受益者が1名の場合を前提に解説する。

---

1) 合同運用信託の範囲から特殊関係者のみか委託者であるものが除かれる（法法2条26号，法令14条の2）
2) 「改正税法のすべて　平成19年度国税・地方税の改正点の詳解」305頁（財団法人日本税務協会，2007）
3) 集団投資信託に属する貸付信託以外の合同運用信託の受益権の譲渡は債権譲渡であり，集団投資信託に該当しない合同運用信託の受益権の譲渡は，信託財産の譲渡として取り扱われるものと考えられる。

123

(1) 信託設定時

　信託の効力が生ずるのは，信託の設定が契約の場合は，原則的には，契約の締結時であり（信託4条1項），遺言による場合は，遺言の効力の発生時（信託4条2項），すなわち，遺言者の死亡時点（民985条）であり，自己信託の場合は，公正証書の作成時点等（信託4条3項）である。

　信託の効力が生じた時点で，一般的には，委託者から資産が受託者に移転されるが，委託も受益者も1名であり，かつ，同一である場合は，委託者から受託者への資産の譲渡があったものとして，所得税法，法人税法上，取り扱われない（所基通13－5(1)，法基通14－4－5(1)）。これは，自分が手もとに保有していた財産が，別の場所に移されて保管されているようなものだからと考えられる。なお，受益者等が複数ある場合には，原則として他の受益者等が有することとなる部分について譲渡損益が計上されるものと考えられている[4]。

　消費税法においても，信託行為による委託者から受託者への資産の移転は，資産の譲渡等に該当しないが，所得税法や法人税法のように委託者や受託者が1名であり，かつ，同一であるという定めはない（消基通4－2－1(1)）。

　委託者の死亡を原因として，適正な対価の負担なく個人の受益者等が受益権を取得した場合は，信託の効力が生じた時点で，委託者から個人の受益者等に信託に関する権利の遺贈があったものとみなされ（相法9条の2第1項），死亡以外の原因による場合には，個人の委託者から個人の受益者等に信託に関する権利の贈与があったものとみなされる（相法9条の2第1項）。

　なお，受益者等が委託者から受益権という債権を取得したものとして課税価格が計算されるのではなく，信託された資産を取得したものとして課税価格が計算されることとなる（相法9条の2第6項）。

　信託の委託者が法人で，適正な対価の負担なく受益者等となった者が個人である場合は，信託の効力が生じた時点で，法人は時価で資産を個人に譲渡

---

[4]「改正税法のすべて　平成19年度国税・地方税の改正点の詳解」294頁（財団法人日本税務協会，2007）

したものとして課税され（法法22条2項），個人は，法人から資産を贈与により取得したものとして一時所得課税されるものと考えられる（所基通34－1(5)）。

信託の委託者が個人で，適正な対価の負担なく受益者等となった者が法人である場合は，信託の効力が生じた時点で，法人の受益者等は，時価で資産を取得したものとして受贈益課税される（法法22条2項）。他方，個人の委託者は，受益権の対価が信託譲渡をした資産の時価の2分の1未満である場合には，時価で法人に譲渡があったものとみなされ譲渡所得課税がなされる（所法59条，所令169条）。

信託設定の契約書に係る印紙税は1通につき200円が課される（印紙税法別表第一・12号）。

信託した資産が不動産である場合においても，信託により不動産を取得した受託者には，原則として，不動産取得税は課されない（地法73条の7第3号）。次に登録免許税であるが，委託者から受託者への信託のための財産権の移転に係る登録免許税は課されない。信託登記の登録免許税の税率は，原則は，0.4％であるが，土地の所有権の信託に関しては特例が設けられており，次のような税率に軽減されている。

特　　例		
～平成23.3.31	～平成24.3.31	～平成25.3.31
0.20％	0.25％	0.30％

なお，自己信託の場合は，追加して権利の変更の登記として不動産1個につき1,000円の登録免許税が課される。

(2) **信託期間**

受益者等課税信託から生ずる収益や費用は，信託の計算期間にかかわらず，発生時に受益者等に帰属する。受益者等が個人であるならば，発生した日の属する年分の収益や費用となり，受益者等が法人であるならば，発生した日の属する事業年度の収益や費用となる（所基通13－2，法基通14－4－2）。

受益者等課税信託と同様な課税関係である民法上の組合等に関しては，一

◀総論編

定の要件が満たされた場合には，組合の計算期間を基に損益を計算し，個人の組合員のときは，計算期間末日の日の属する年分，法人の組合員のときは，事業年度の損益として認識することが認められているが（所基通36・37共-19の2，法基通14-1-1の2），信託においては，このような例外は認められていない。

　受益者等課税信託の受益者等は，所得の計算方法として，収益や費用は発生した金額を，また，資産や負債も実在する金額を取り込む方法（総額法）を採用しなければならない（所基通13-3，法基通14-4-3）。これは，受益者等が，信託した資産や負債を有するものとみなし，信託財産から生ずる収益や費用も受益者等に帰属するものとみなしていることから，当然に導かれるものある（所法13条1項，法法12条1項）。総額法のみの選択となるので，受益者等は，税制上の優遇措置（受取配当等の益金不算入，所得税額控除等）を信託財産から生ずる損益等について適用することができる。

　なお，民法上の組合等においては，所得の計算方法として，総額法だけでなく，純額法（収益・費用，資産・負債いずれも純額で取り込む方法）や折衷法（収益・費用は総額で取り込み，資産・負債は純額で取り込む方法）も採用できる（所基通36・37共-20，法基通14-1-2）。ただし，純額法や折衷法においては，税制上の優遇措置のうち一部適用できないものがある。なぜなら，資産・負債等が純額で計算されることから，優遇措置を適用するために必要な情報が入手できないためと考えられる。

【図表11-4】　総額法・折衷法・純額法に基づく利益等の取込み計算

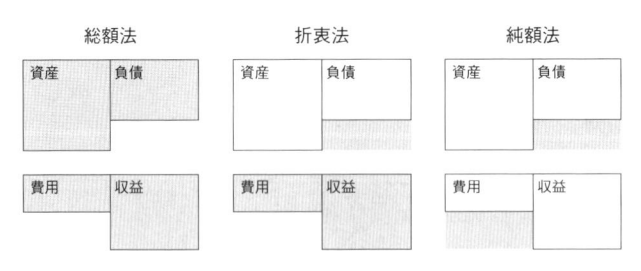

　　　　　　　　総額法　　　　　　折衷法　　　　　　純額法

　　　　　　　資産│負債　　　　資産│負債　　　　資産│負債

　　　　　　　費用│収益　　　　費用│収益　　　　費用│収益

　　　　　　■ 税務上，組合員等に帰属する部分

　このように信託の税務上の計算に関しては，現行法上，総額法しか採用で

126

きないが，受益権が複層化された場合，例えば，受益権が収益受益権と元本受益権に分割された場合，信託された資産や負債を両受益者にどのように切り分ければよいのか，処理が不明な部分がある。

受益者等課税信託の収益も費用も発生時に受益者等で認識することとなるが，損失が生じた場合は，取込みに制限がある。

受益者等が個人の場合，信託から生ずる所得が不動産所得であるときは，その不動産所得の金額の計算上，生じた損失の金額は生じなかったものとみなされる（措法41条の4の2第1項）。つまり，信託から生ずる損失は，他の所得とも損益通算できないし，不動産所得内の通算もできないということである。

【図表11-5】 個人受益者の信託損失の規制

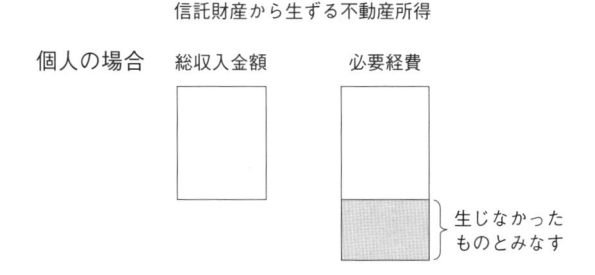

信託財産から生ずる不動産所得

個人の場合　総収入金額　　必要経費

　　　　　　　　　　　　　　　　　　生じなかった
　　　　　　　　　　　　　　　　　　ものとみなす

受益者等が法人の場合，信託から生ずる所得の金額の計算上，生じた損失の金額が調整信託金額（信託財産の帳簿価額を基礎として一定の調整を加えた金額）を超えるときには，その超える部分の金額は，損失が発生した事業年度においては損金に算入されないこととなる（措法67条の12第1項）。受益者等が個人の場合と異なり，この損失の金額は繰り越され，翌事業年度以降に利益が生じた場合は一定の利益金額を限度として損金算入される（同条2項）。また，繰越損失を有する受益者が信託が終了したこと等から，受益者でなくなった場合も，その繰越損失の額は損金算入されるものと考えられる[5]。

---

5) 財務省広報ファイナンス「別冊　平成17年度　税制改正の解説」276頁

【図表11－6】　法人受益者の信託損失の規制

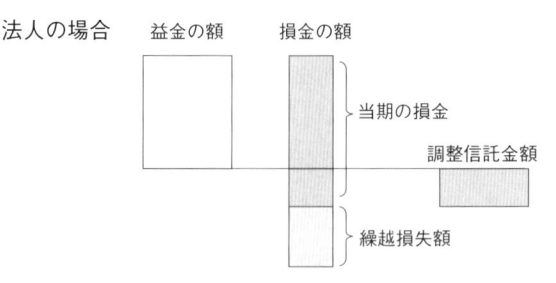

法人の場合　　益金の額　　損金の額
　　　　　　　　　　　　　　　　　　当期の損金
　　　　　　　　　　　　　　　　　　調整信託金額
　　　　　　　　　　　　　　　　　　繰越損失額

　受益者等課税信託に属する資産は受益者等が有するものとみなされることから、これらの資産の譲渡等にかかる消費税の納税義務者は、受益者等となる（消法14条1項）。したがって、受益者等は、受益者等が有する固有財産に係る消費税と信託財産に係る消費税を合算して申告納税することとなる。

　受益者等課税信託において、受託者から受益者に利益が分配された時点で所得税が源泉徴収されることはない。国内に恒久的施設を有する非居住者や外国法人が民法上の組合等の組合員である場合において、その組合から利益の配分を受けたときは、その利益の配分額のうち国内源泉所得とされる部分について源泉徴収が行われることとなるが（所法161条1項1号の二、212条1項、213条1項1号、所令281条の2第2項）、この規定は受益者等課税信託には適用されない。

(3)　**受益権譲渡時等**

　受益者等課税信託の受益権が譲渡された場合は、受益権という債権が移されたのではなく、権利の目的となっている信託財産に属する資産や負債が譲渡されたものとして、取り扱われる（所基通13－6、法基通14－4－6、消基通4－3－3）。

【図表11－7】　受益権の譲渡　契約上と税務上の違い

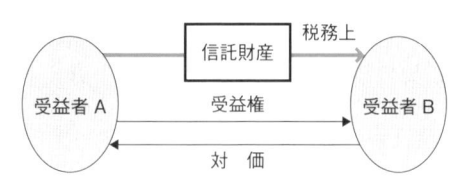

　　　　　　　　　　　　　　税務上
　　　　　　　　　信託財産
　受益者A　　　　受益権　　　　受益者B
　　　　　　　　　対　価

　元の受益者等が個人で、かつ、適正な負担なく新たに受益者等となった者

が個人である場合には，新たな受益者である個人は，元の受益者である個人から受益権を贈与（取得原因が元の受益者等の死亡が原因の場合には遺贈）により取得したものとみなされる（相法9条の2第2項）。また，個人の受益者等が複数存在する受益者等課税信託において，一部の受益者等がいなくなった場合には，原則として残った受益者等は受益権をそのいなくなった受益者等から贈与（取得原因が元の受益者等の死亡が原因の場合には遺贈）により取得したものとみなされる（相法9条の2第3項，相令1条の12第3項，相基通9の2－4）。これは，例えば，個人甲・乙が60％・40％の割合で受益権を有する受益者等課税信託において，乙が死亡したことにより甲1名が受益者となった場合，たとえ，甲が乙の受益権40％相当分の利益を実際には享受できなくとも，相続税法上は，乙から40％相当分の受益権の遺贈があったものとみなされる。つまり1つの信託において受益者等課税信託と法人課税信託が共存することはないということである。

【図表11－8】 受益者の一部がいなくなった場合の取扱い

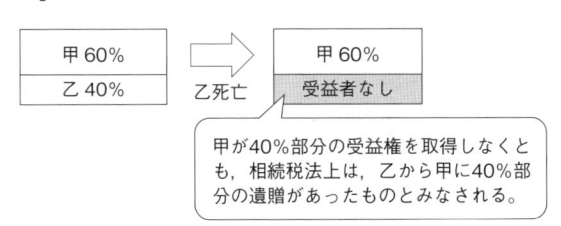

甲60％		甲60％
乙40％	乙死亡	受益者なし

甲が40％部分の受益権を取得しなくとも，相続税法上は，乙から甲に40％部分の遺贈があったものとみなされる。

個人間の受益権の移動のうち，受益者連続型信託の課税上の取扱いに関しては後述3(3)で解説する。なお，受益権譲渡契約書を作成した場合，1通につき200円の印紙税が課される。なぜならば，受益権は，債権であると考えられるため債権を譲渡した場合の印紙税の取扱いが適用されるからである（印紙税法別表第一・15号）。

また，例えば，信託財産が不動産である受益権を譲渡した場合は，受益者変更登記が必要とされ，不動産1個につき1,000円の登録免許税が課される。

(4) 信託終了時

信託の目的を達成したとき，又は信託の目的を達成することができなくなったときなど一定の事由が生じた場合，信託は終了する（信託163条）。信

■総論編

　託が終了した場合は，清算をしなければならない（信託175条）。清算受託者が行う業務の1つに残余財産の給付がある（信託177条4項）。残余財産の帰属者として，一般的には，残余財産受益者，又は帰属権利者が信託行為で指定される（信託182条）。

　受益者が1名の信託において信託が終了し，その受益者に対して，残余財産の給付がなされた場合は，所得税法・法人税法・消費税法上，受託者から受益者に対して資産の譲渡があったものとは取り扱われない（所基通13-5(2)，法基通14-4-5(2)，消基通4-2-1(2)）。これは，自分の保有している資産で他に預けられていたものが，手もとに戻ってきたようなものと考えられるからである。

　なお，信託期間中の利益を受ける者と異なる者が残余財産受益者や帰属権利者である場合の取扱いは，後述3(2)において記述する。

　信託財産が不動産である信託が終了し，残余財産の給付を受けた者の不動産取得税の取扱いであるが，信託の効力が生じた時から引き続き委託者のみが信託財産の元本受益者であり，その受益者（当該信託の効力が生じた時から引き続き委託者である者に限る。）に信託財産を移す場合における不動産の取得や残余財産受益者である委託者の相続人の取得は非課税とされる（地法73条の7第1項4号イ・ロ）。例えば，①甲が不動産を信託し，受益者も甲とし，信託終了時に甲に不動産が引き渡された場合は，甲に不動産取得税は課せられない。②甲が不動産を信託し，受益者も甲とする。甲の死亡により信託が終了し，相続人である甲の子供の乙が不動産の引渡しを受けた場合，乙に不動産取得税は課せられない。③甲が不動産を信託し，受益者を甲とする。甲の死亡以外の原因により信託が終了し，不動産は甲の子供の丙に引き渡される。この場合は，丙に不動産取得税が課せられる。

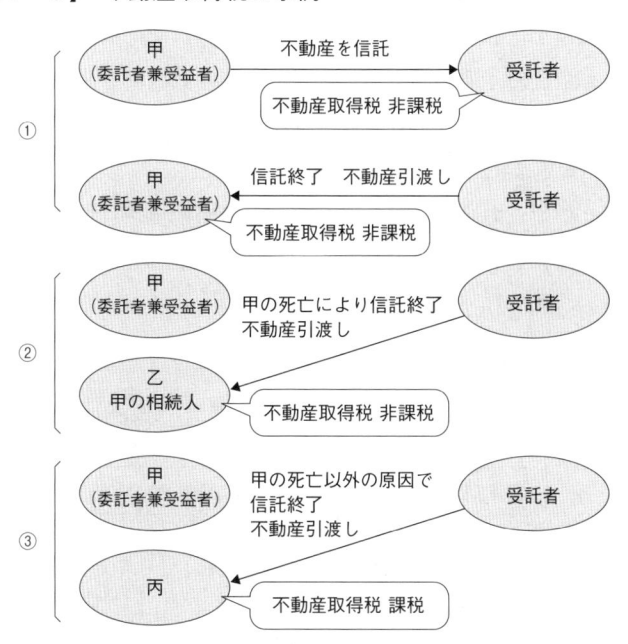

【図表11-9】 不動産取得税の事例

① 甲（委託者兼受益者）→ 不動産を信託 → 受託者
　　不動産取得税 非課税

　 甲（委託者兼受益者）← 信託終了 不動産引渡し ← 受託者
　　不動産取得税 非課税

② 甲（委託者兼受益者）　受託者
　 乙 甲の相続人 ← 甲の死亡により信託終了 不動産引渡し
　　不動産取得税 非課税

③ 甲（委託者兼受益者）　受託者
　 丙 ← 甲の死亡以外の原因で信託終了 不動産引渡し
　　不動産取得税 課税

　登記が必要とされる不動産を対象とした信託が終了し，残余財産の給付を受けた場合の登録免許税の取扱いであるが，信託の効力が生じた時から引き続き委託者のみが信託財産の元本受益者である信託の受託者からその受益者（その信託の効力が生じた時から引き続き委託者である者に限る。）に信託財産を移す場合は，「信託財産引継」を登記原因として，「所有権移転及び所有権抹消」の登記を行う。このうち，所有権移転部分については，登録免許税は，非課税であるが（登録法7条1項2号），信託登記抹消部分については，不動産1個につき1,000円が必要である。

　例えば，①甲が不動産を信託し，受益者も甲とし，信託終了時に甲に不動産が引き渡された場合の登録免許税は，不動産1個につき1,000円課される。②甲が不動産を信託し，受益者も甲とするが，信託期間中に甲が死亡し，甲の相続人の乙が受益者を引き継ぎ，信託終了時に乙が不動産が交付された場合の登録免許税は，信託終了のための抹消登記（不動産1個につき1,000円）

◀総論編

とともに，所有権の移転登記（税率は0.4％）が課される（登録法7条2項）。

③甲が不動産を信託し，受益者を甲とするが，信託期間中に受益権を甲が丙に贈与し，信託終了時に丙に不動産が引き渡された場合には，信託登記抹消のための登録免許税（不動産1個につき1,000円）とともに，不動産の所有権移転登記（税率は，2.0％）が課される[6]。

なお，②③いずれの場合においても，受益者が変更された時点，すなわち相続時，贈与時においても受益者変更のための登記のための登録免許税（不動産1個につき1,000円）が課されると考えられる。

【図表11－10】 登録免許税の事例

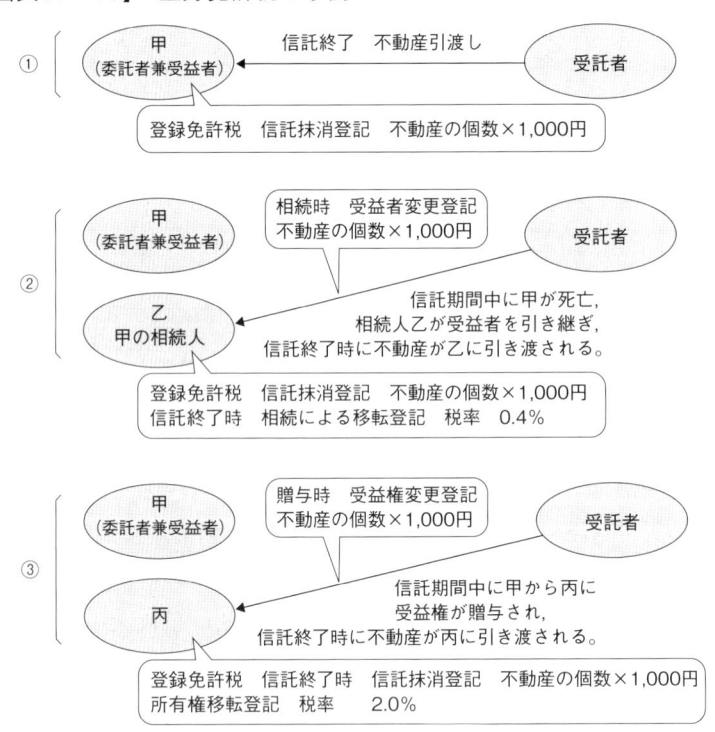

① 甲（委託者兼受益者）← 信託終了 不動産引渡し ― 受託者
登録免許税 信託抹消登記 不動産の個数×1,000円

② 甲（委託者兼受益者）
乙 甲の相続人
受託者
相続時 受益者変更登記 不動産の個数×1,000円
信託期間中に甲が死亡，相続人乙が受益者を引き継ぎ，信託終了時に不動産が乙に引き渡される。
登録免許税 信託抹消登記 不動産の個数×1,000円
信託終了時 相続による移転登記 税率 0.4％

③ 甲（委託者兼受益者）
丙
受託者
贈与時 受益権変更登記 不動産の個数×1,000円
信託期間中に甲から丙に受益権が贈与され，信託終了時に不動産が丙に引き渡される。
登録免許税 信託終了時 信託抹消登記 不動産の個数×1,000円
所有権移転登記 税率 2.0％

---

6) 土地の売買に関する所有権移転の登録免許税に関しては，平成25年3月31日まで軽減税率が適用されるが，所有権移転による信託財産引継のため，軽減税率の適用がない。

3 受益者等課税信託の課税上の取扱い　応用編

⑴ **受益者・みなし受益者（特定委託者）**

　受益者等課税信託の納税義務者となるのは，信託法で定める受益者とは範囲が異なる部分がある。

　信託法においては，受益者とは受益権を有する者（信託2条6項）である。他方，所得税法等において定められている受益者とは，受益者としての権利を現に有する者と限定されている（所法13条1項）。これは，例えば，遺言代用信託において，委託者が死亡した時点で受益者となる者を定めた場合，その者は，信託設定時点においては受益者として，税法上，取り扱われることはない。

　みなし受益者とは，信託財産から生ずる所得について納税義務を負うこととなる受益者以外の者である（所法13条2項，法法12条2項）。なお，相続税法では特定委託者と定義されている（相法9条の2第1項）。

　みなし受益者に該当するのは，次の2つの要件を満たす者である。
　①信託の変更をする権限を現に有すること。
　②信託の信託財産の給付を受けることとされていること。

　信託の変更は，原則的には，委託者，受託者及び受益者の合意によって行うことができる（信託149条1項）ことから，信託の変更をする権限には，他の者との合意により変更する権限も含まれるが（所令52条2項，法令15条2項，相令1条の7第2項），軽微な変更権限のみ有する場合は含まれない（所令52条1項，法令15条1項，相令1条の7第1項）。

　信託財産の給付を受けることとは，信託契約等において，その者に信託財産の給付を受けることが定められていることと考えられるが，この給付は停止条件の成就により財産の給付を受けることとなる者も含まれる（所令52条3項，法令15条3項，相令1条の12第4項）。

　つまり，受益者は，現に受益権を有する者という限定がなされているが，みなし受益者においては，停止条件の成就により財産の給付を受ける者であっても，条件成就前から受益者とみなされることとなる。

信託法の改正により，受益者の定めのない信託を設定することが可能となった。また，税法において，受益者等が存しない信託がある。両者は，一致する場合と，一致しない場合がある。例えば，受益者の定めのない信託においても委託者がみなし受益者に該当する場合は，税法上，受益者等課税信託となる。また，信託期間のうち，一部の期間，受益者が全く存在しない信託の場合には，その期間は，受益者等が存しない信託となるが，受益者の定めのない信託には該当しない。

【図表11－11】 受益者の定めのない信託と受益者等が存しない信託

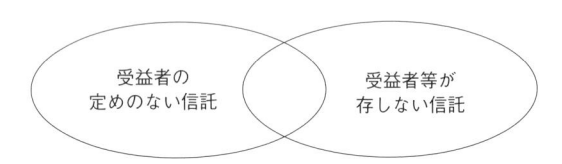

（受益者の定めのない信託／受益者等が存しない信託）

 受益者等が複数存在する場合は，それぞれの受益者が，権利の内容に応じて信託財産に属する資産や負債を有し，収益や費用が生ずるものとされている（所令52条4項，法令15条4項）。
 したがって，受益者とみなし受益者が信託に共存することも考えられる。
 例えば，委託者甲が資産を信託し，乙を受益者として信託期間の収益を帰属させるが，信託が終了した時点で信託財産は甲に交付されるものとする。もし，甲に信託の変更をする権利があるならば，甲は，みなし受益者に該当することから，信託設定時点から受益者等が2人いるものとして課税関係が取り扱われるものと考えられる。

(2) **受益権の複層化**

 信託の特徴として，転換機能がある。財産を信託すると受益者は受益権を有することとなるが，この受益権は，信託の目的に応じ，自由に分割することができる。すなわち，受益権は，質的に均等な分割だけでなく，質的に異なる受益権に分割することができ，質的に異なる受益権の分割を「受益権の複層化」という。受益権の複層化の代表的な例として，収益受益権・元本受益権に分割する方法がある。

収益受益権・元本受益権の定義は信託法においては定められていない[7]。これらの定義があるのは，相続税法基本通達9－13である。

この通達によると，収益受益権は，信託に関する権利のうち信託財産の管理及び運用によって生ずる利益を受ける権利であり，元本受益権は，信託に関する権利のうち信託財産自体を受ける権利である。この元本受益権は，一般的には，信託終了の場合の信託財産の帰属の権利[8]とされている。

信託終了時に財産の給付を受ける者として指定される者には，残余財産受益者と帰属権利者がある。受益者とは，受益者としての権利を現に有する者と定義されている（所法13条1項，法法12条1項，相法9条の2第1項）。残余財産受益者は，原則的には，信託設定時から受益者としての権利を有するが，帰属権利者は，信託終了時まで受益者としての権利を有しない。元本受益権が評価されるのは，課税時点で元本受益者に受益者としての権利があると考えられることから，本稿においては，元本受益者は，残余財産受益者を前提として解説する[9]。

例えば，個人の元本受益者である残余財産受益者が個人の委託者と異なる場合で，受益者連続型信託に該当しないときは，信託設定時に元本受益者である残余財産受益者は委託者から元本受益権を贈与又は遺贈により取得したものとみなされる（相法9条の2第1項，相令1条の12第3項2号）。元本受益権の価額は，信託設定時点の財産の価額を基礎に評価される。信託が予定された時期に終了し，当初予定されていた財産の給付を受けた場合は，財産給付時に元本受益者である残余財産受益者に課税されることはないものと考えられる。

---

[7] 旧法下において出版された「信託実務用語辞典」（社団法人信託協会編，平成4年）においては，「元本受益者は信託行為のなかで信託終了の発生時点で残存する信託財産（元本）が帰属すべき主体（帰属権利者）として指定された者であるが，この指定がなくとも一般に信託行為の中で「受益者」とされた者は信託財産「元本」の帰属権利者となると解される。」と記載されている。

[8] 肥後治樹編「平成22年版財産評価基本通達逐条解説」828頁（財団法人大蔵財務協会，平成22年）

[9] 寺本381頁において，「残余財産受益者は，受益債権の内容が，残余財産の給付であることを除けば，通常の受益者と異なるところはなく，信託終了前から受益者としての権利を有する者である。」と述べられている。

◀ 総 論 編

　他方，個人の帰属権利者が信託終了直前の個人の受益者と異なる場合は，信託が終了し，財産が帰属された時点で，その帰属権利者は，直前の受益者から，残余財産を贈与又は遺贈により取得したものとみなされる（相法9条の2第4項）。この場合の財産の価額は，信託が終了し財産が帰属された時点でのその財産の価額で評価される。

　収益受益権と元本受益権に分割された場合の相続税評価額の算定方法は，次のように定められている（財基通202(3)）。

① 元本を受益する場合は，この通達に定めるところにより評価した課税時期における信託財産の価額から，②により評価した収益受益者に帰属する信託の利益を受ける権利の価額を控除した価額

② 収益を受益する場合は，課税時期の現況において推算した受益者が将来受けるべき利益の価額ごとに課税時期からそれぞれの受益の時期までの期間に応ずる基準年利率による複利現価率を乗じて計算した金額の合計額

この通達を事例に当てはめると，例えば，次のようになる。

事例 　土地1億円を信託し，20年間，年間200万円の地代が収益受益者に支払われ，20年後信託が終了し元本受益者が土地の給付を受ける。

　　収益受益権　　　　　　200万円×17.169 [注] ＝3,433.8万円
　　元本受益権　　　　　　1億円－3,433.8万円＝6,566.2万円
　　　　　　　　　　　　　　　　　　　　　合計　　1億円

（注）　基準年利率1.5%の場合の複利年金現価で算定した場合[10]

---

10) 通達においては「課税時期からそれぞれの受益の時期までの期間に応ずる基準年利率による複利現価率」と規定されていることから，個別に算定すべきであり，年金総額を元に算定される複利年金現価率で計算することには問題があるという意見もあるが，国税庁のHP（http://www.nta.go.jp/shiraberu/zeiho-kaishaku/joho-zeikaishaku/sozoku/070704/03.htm）の相基通9－13の解説事例において，30年間，毎年2,000万円の地代を収受する場合の収益受益権の評価が複利年金現価率を用いて計算されていることから本稿においても複利年金現価率を採用することとした。

これは，将来受けるべき利益の価額の基準利率に基づく現在価値によって収益受益権を評価し，課税時期の信託財産の価額から収益受益権の価額を控除して元本受益権の評価するものである。元本受益者が実際に財産を受ける時期は，信託期間の終了以後等となることから交付が予定される財産の評価額を現在価値で割り引くのが合理的と考えられる。現行の通達の改正があるまでは，元本受益権の価額も現在価値に割り引く方法で評価されていた。しかし，複層化した場合の受益権の価額の合計額が，複層化しない場合の受益権の価額よりも小さくなり，複層化を利用した相続税の節税策に利用される可能性も高いこと等[11]から改正された。

　また，収益受益権と元本受益権に分割された信託が受益者連続型信託以外の信託に該当する場合で予定された信託期間の終了よりも前に合意終了等したときは，個人の収益受益者から個人の元本受益者に残存期間の利益に相当する収益受益権の贈与又は遺贈があったものとみなされる（相基通9－13）。

　なお，収益受益権と元本受益権に受益権が分割された場合，信託財産から生ずる所得の帰属が収益受益者なのか，元本受益者なのか条文等で定められていない。また，信託財産や収益・費用は，受益者等において総額法（前述2(2)参照）で認識されることとなるが，収益受益権と元本受益権に分割された場合，どのように認識されることとなるのか不明である。

　このようなことから，複層化された信託があまり広がっていないのが現状である。

---

[11]　昭和39年発遣の通達では，年8％の利率で割り引くとともに，元本受益権の評価も年8％の利率で割り引いて評価されていた。この通達は，平成11年7月に年4.5％の利率に改正された。現行通達への改正は，平成12年6月に行われている。

【図表11−12】 元本受益者である残余財産受益者と帰属権利者の課税時期，課税価格

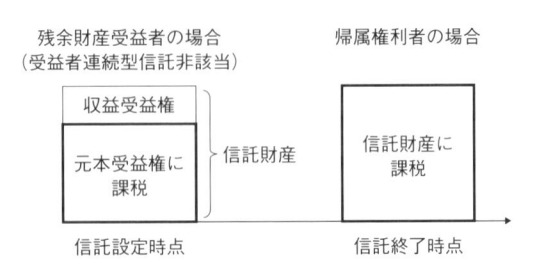

```
残余財産受益者の場合          帰属権利者の場合
(受益者連続型信託非該当)

   収益受益権     ┐
  ┌─────────┐  │          ┌─────────┐
  │元本受益権に│  │信託財産   │信託財産に│
  │  課税    │  │          │  課税    │
  └─────────┘  ┘          └─────────┘
    信託設定時点              信託終了時点
```

(3) 受益者連続型信託

遺言では，財産を直接受ける人を定めることは可能であるが，その財産を次に受け取る人まで定めることが認められるかという問題がある。また，資産の承継者を将来にわたって定めたいというニーズもある。

そこで，新信託法においては，後継ぎ遺贈型受益者連続信託の設定を可能とした。これは，受益者が死亡すると，その者に対する受益権が消滅すると同時に，新たに受益者となる者のための受益権が生ずるものとされている。ただし，長期間にわたって受益者が指定されることは，資産の流通を阻害することになりかねない等の理由から制限が設けられた。そこで，信託された時から30年を経過した時の受益者の次の受益者が存在している場合は，原則的には，その次の受益者が死亡するまでの期間又は，受益権が消滅するまでの期間は有効と定められた（信託91条）。

相続税法において，受益者連続型信託として定められているものの範囲は，信託法91条の後継ぎ遺贈受益者連続型信託の範囲よりも広い。

受益者の死亡以外の要因で，その者に対する受益権が消滅し，新たな者が受益者となる定めのある信託や，死亡その他の要因で，受益者が移転する定めのある信託まで含まれている。受益者を指定し，又は変更する権利を有する者を定めた信託等も受益者連続型信託の範囲に含まれる（相法9条の3，相令1条の8）。

受益者連続型信託の課税の考え方は，一般的な相続による財産の承継の課税と平仄をとるものと考えられる。

例えば，被相続人Aの100の財産をB，C，Dが相続により承継する場合，B，Cの相続時点のこの財産の価額が60，40であるならば，Bは100，Cは60，Dは40を相続したものとして相続税が課税される。

　他方，財産100を信託し，Bが40，Cが20の財産の分配を生涯受ける受益権を取得し，Cの相続時に信託が終了し，Dが残余財産40を取得した場合において，Bが40，Cが20の財産を取得したものとみなして相続税を課税することは，一般の相続と比較して不合理であるからと考えられる。

　よって，受益者連続型信託において，受益権が収益受益権と元本受益権のような形で分割された場合で，ある個人が適正な対価の負担なく収益の全部を取得したときは，その個人の収益受益者が信託財産自体を取得したものとしてみなして課税されることとなる（相法9条の3，相基通9の3－1(2)）。他方，信託期間中，ある個人が元本受益権を全部取得した場合は，元本受益権を評価額0で取得したものとみなされることとなる（相基通9の3－1(3)）。そして，信託が終了し，実際に財産を取得した時点で元本受益者に課税されることとなる（相基通9－3－1（注））。

　しかし，この課税の仕方には疑問がある。なぜならば，一般的な相続の場合，相続により財産を取得した者は，その財産の処分権も有しているので，その者が，その財産をすべて費消するか否かを問わず，取得した財産の価額に基づいて課税するのは合理的であるが，信託契約等において信託財産の処分権限が受益者にないと定められているものもあり，処分権のない部分の財産まで相続税の課税対象となることは不合理と考えるからである。

　収益受益権と元本受益権に分割された場合で受益者連続型信託に該当しないときと該当するときでは，課税時期・納税義務者・課税価格等が全く異なることとなる。しかし，いずれに該当するか境界が不明瞭な部分もある。

　例えば，委託者甲が，信託期間10年で，収益受益者乙，元本受益者丙の信託を設定したとする。信託設定時に乙，丙は，甲から受益権を贈与により取得したものとして，贈与税の申告を行った。ところが，信託期間開始後，6年目に，乙が死亡したことから，乙の受益権が相続人の丁に引き継がれた。

　このような場合は，収益受益者が乙から丁に移動したことから，結果的に

受益者連続型信託に該当するものとして，当初の申告のやり直しを行わなければならないのか。それとも，乙の死亡時点から受益者連続型信託となるのか。又は信託設定時は受益者連続型信託になることが想定されていないことから，乙から丁への収益受益権の遺贈として取り扱われるのか。

　個人が受益者となる場合，信託期間中にその個人が死亡するリスクがあり，信託期間中に死亡した場合は，一般的には，その受益者の相続人に受益者としての地位が引き継がれることとなる。受益者の変更の可能性があるものも含めて受益者連続型信託に該当するならば，受益権が複層化された信託が受益者連続型信託に該当しない事例は，皆無に近いのではないかと考えられる。

　また，受益者連続型信託において，収益受益者が法人の場合は，個人である元本受益者の元本受益権の評価は0とならない（相法9条の3第1項）。法人税法においては，収益受益権の価額が時価で算定されることから，期間の制限を考慮して，信託財産の価額よりも低くなることが予想される。その結果，もし，個人の元本受益者の元本受益権の評価を0とすると，信託財産の価額と収益受益権の価額の差額部分につき課税漏れが生ずると考えたからではないか。

　法人が収益受益者の場合は，適正な収益受益権価額が算定可能であるならば，個人が収益受益権者の場合も適正な収益受益権価額が算定可能と考えられるにもかかわらず，なぜ，収益受益権者が財産を取得したものとみなす課税関係になるのであろうか。

　このようなことから受益者連続型信託の特例は，相続税の課税漏れを防止することを重視した制度と考えられる。

　しかし，受益者連続型信託において，受益者が取得する権利の価値と，相続税法上の権利の評価額が大きく異なることにより，立法趣旨から考えると想定外の課税関係が生ずる可能性もある。[12]

---

[12]　例えば，会社の大株主が保有株式を全部を遺言信託し，受益権を収益受益権と元本受益権に分割させる。株主総会の議決権行使指図権は，元本受益者が有するものとする。この信託が受益者連続型信託に該当する場合，現行税制上，信託期間中の元本受益権の移転は，経常支配権の移転を実質的に伴うにもかかわらず課税されないのではないか。

受益者連続型信託は，委託者が，次の次の財産の帰属者を決めることができるというメリット等があることから，資産承継や，高齢者や障害者の生活の保護のためにも非常に利用価値の高いものである。しかしながら，現行では，税制上の問題もあり，利用が広がっていない。今後，受益者が実際に取得する財産の価値に直目した課税関係の見直しが必要ではないかと考えられる。

第12章 後継ぎ遺贈型受益者連続信託の遺留分減殺請求の対象となる受益権の評価

1 遺留分減殺請求の対象となる財産

　信託法の改正により，後継ぎ遺贈型受益者連続信託が可能となった。これは，受益者の死亡により，当該受益者の有する受益権が消滅し，他の者が新たな受益権を取得する旨の定め（受益者の死亡により順次，他の者が受益権を取得する旨の定めを含む。）のある信託（信託91条）である。

　後継ぎ遺贈型受益者連続信託が設定されることにより，遺留分が侵害されることがある。

　この場合，まず，誰の相続を基準に考えるかであるが，この信託は，一般的には，委託者自身の保有する財産を誰に渡すかを決め，受益権は，受益者の死亡により，受益権が次の受益者に引き渡されるのではなく，受益権はいったん消滅し，新たな受益権が生ずるものであることから，委託者の相続を基準として遺留分算定するものと考えられる。

　次に，減殺請求の相手方は誰か，遺留分算定の基礎となる財産は何かという論点があるが，これに関しては，2つの説がある。

　1つは，減殺請求の相手方を受益者とし，遺留分算定の基礎となる財産の価額は受益権（将来，受益権を受け取るという期待権も含む。）の価額であるとする説である。もう1つは，減殺請求の相手方を受託者とし，遺留分算定の基礎となる財産の価額は信託財産の価額であるとする説である。

　この2つの説の大きな相違点としては，遺留分算定の基礎となる資産の価額が大きく異なる点がある。

　遺留分は，被相続人が相続開始の時において有した財産の価額等に基づいて算定される（民1029条1項）。遺留分の相手方が受託者である場合は，信託された財産の相続開始時の価額を基礎として算定されるものと考えられる。

◀ 総 論 編

　一般的な遺贈の場合，被相続人が遺贈した財産と相続人や受遺者が取得した財産の価額の合計額は一致する。

　ところが，後継ぎ遺贈型受益者連続信託を設定した場合においては，受益権の存続期間が不確定であるものや，受益権の取得時期が不確定であるものがあることから，そのリスク部分を考慮すると受益権の価値の合計額が信託した財産の相続開始時の価額より低く評価される可能性が高いと考えられる。このように条件付きの権利又は存続期間の不確定な権利は，家庭裁判所が選任した鑑定人の評価に従って，その価格が定められることとなる（民1029条2項）。

　遺留分を侵害するような信託を設定したのは委託者であり，財産の引受けをしても受託者は利益を受けることはない。利益を受ける者は受益者であることから，遺留分の減殺の請求の対象は，受益者が存在している場合には，利益を受ける受益者に行うべきであり，その者の取得した受益権が対象となるのではないかと考えられる。したがって，本章においては，遺留分減殺の対象が受益者であり，遺留分算定の基礎となる財産が受益権であるという説に基づいて，受益権をどのように評価することが合理的なのかを，一般的なDCF方式（後述2(3)）を利用した場合に限定して検討する[1]。

2　評価の検討

(1) 事　例

　この検討に当たって，1つの単純な例を挙げ，数種類の信託財産に分け，どのように評価をすればよいのか検討する。

> 例　委託者Aが，遺言により，その有する資産を信託した。この信託の

---

1) 遺留分減殺請求の対象が受益者，受益権となる説に関しては，星田寛「財産承継のための信託（受益者連続信託）の検討」，道垣内弘人「信託設定と遺留分減殺請求―星田報告へのコメントをかねて」（能見善久編『信託の実務と理論』有斐閣，2009）が詳しい。また，加藤祐司「後継ぎ遺贈型の受益者連続信託と遺産分割及び遺留分減殺請求」判タ1327号18頁以下も参考となる。

> 受益者は，まず，Aの配偶者であるBであり，Bは終身，信託財産から生ずる収益を受ける権利を有する。そして，Bが死亡した時点で，信託が終了し，子どものCが，その時点での信託財産を受ける権利（残余財産受益権）を取得するものとする。

(2) 評価方法の検討

これらの受益権は，委託者Aの死亡時点で財産を自由に利用・処分できる権利ではなく，Bの生存期間に生ずる収益をBが受け取る権利と，Bの死亡時点における信託財産をCが受け取る権利である。よって，Aの死亡時点の信託財産に基づいて評価するのではなく，将来，BやCが受け取ることが予想される利益や財産の価額に基づいて評価するのが合理的である。

このように将来，受け取ることが予想される利益等の価額に基づいて評価する方法や整理方法は，多様である[2]。

いずれの方法も，将来，獲得することが予想される現金又は，利益の額を現在価値に割り引いたり，還元利回りで割り戻して算定することが基本である。

利益は，会計基準等の違いにより価額が異なるが，現金等の範囲は，ほぼ一致すること，Bは生涯にわたって，現金等の分配を受けるケースが多いことから現金等の評価に基づくDCF方式による評価と親和性があると考えられる。したがって，本章においては，DCF方式による評価を基本として検討することとする。

(3) DCF方式とは

DCF方式とは，ある資産に関して，将来獲得するフリー・キャッシュ・

---

[2] 不動産鑑定評価基準においては，収益還元法の中に直接還元法とDCF法が整理されている。日本公認会計士協会が平成19年5月16日に公表した「企業価値評価ガイドライン」よると，インカム・アプローチによる評価法の中においてフリー・キャッシュフロー法，調整現在価値法，残余利益法，配当還元法，利益還元法に整理され，中小企業庁が平成21年2月に公表した「経営承継法における非上場株式等評価ガイドライン」によると，収益方式の中において収益還元方式，DCF方式と配当還元方式に整理されている。

フロー（FCF, 自由に使うことができるお金）[3]を見積もり，現在価値に割り引いた金額を合計して評価する方法である。株式，不動産，無形資産，債権等の評価に用いられており，実例は増加している。

　一般的には，予測可能な一定の計算期間における各年に獲得されるFCFの見積額の現在価値相当額の合計額と，計算期間終了時のFCFの現在価値相当額を合算して求められることとなる。

　DCF方式の評価においては，将来獲得するキャッシュフローを現在価値に割り引かなければならない。なぜなら，今，現金100万円受け取る権利と，1年後に100万円受け取る権利では，今，現在100万円をもらう方に価値があると考えられるからである。つまり，今，100万円の現金を預金すれば1年後には利子がつくことから，1年後に100万円受け取る権利を今の価値で評価する場合は，利子相当部分は割り引かなければ，等価値にならない。

　また，1年後に100万円もらうと約束した場合，相手方から確実に100万円もらえるかどうかは現時点では定かではない。もし，相手の財務状況が悪く，1年後に破産したならば，1円ももらえない可能性もある。このような状況が評価時点で予想されるならば，割引率を高くすることにより1年後に100万円をもらう権利の価値を下げなければ，誰もこのような権利を欲しいとは思わない。

　このようなことから割引率は，将来現金を受け取るまでの期間や，受け取る可能性が考慮されて決定されることとなる。

(4)　**Bの受益権の評価**

　ア　計算期間の設定

　　Bが取得する受益権は，Bの生存期間，信託財産から生ずる利益を受取る権利である。権利を評価するためには，Bの余命年数が何年になるかを前提条件として，確定させるべきである。人の余命年数に関して，厚生労働省が，国勢調査による日本人人口（確定数）や人口動態統計（確定数）

---

[3]　企業価値評価のためのFCFを算出する方法として例えば，以下のようなものがある。
（税引前当期純利益＋支払利息）×（1－実効税率）＋減価償却費－固定資産投資額－運転資本純増額（＋運転資本純減額）

をもとに5年ごとに完全生命表[4]を公表していることから、Aの相続時のBの年齢から余命年数を導き出し、この年数の期間、収益が生ずるものと仮定して評価するのが合理的ではないかと考えられる。

イ　FCFの見積り

　信託財産の種類や信託行為の内容によっては、将来、Bが毎年、受け取るFCFが、信託設定時点で、ほぼ確定されているものもあれば、不確定なものもある。したがって、本章においては、次のように信託財産を分類して、FCFをどのように評価すればよいのか検討する。

① 信託財産が、元本の毀損する可能性が低い金融資産であり、Bは、毎年定額の現金を受け取るケース

　このケースにおいては、毎年、支給される現金の額が変動するリスクが極めて少ないことから、FCFの金額は、支給が定められた金額に基づいて問題はないものと考えられる。

② 信託財産が、株式であり、Bは、毎年、配当を受け取るケース

　Bの受益権の評価は、Bの余命年数にわたって、Bが受け取ることが予想される配当金額を見積もることとなる。事業計画書を評価会社が策定しているならば、そこで見積もられた配当額が基礎となるものと考えられる。しかし、事業計画書の妥当性の検証や、過去の配当実績の勘案が必要である。配当は、利益が生じていることが前提に支払われるものであり、通常、事業計画書は、業績の悪化を前提に策定していない。いくつかの業績予想のシナリオを作り、それぞれのシナリオが実現する確率を配当金額に乗じて算定することも考えられる。

③ 信託財産が、賃貸用不動産であり、Bが毎年、純賃料を受け取るケース

　Bが賃貸用不動産から受け取る純賃料を求めることとなる。キャッシュフローを求めることから、減価償却費は考慮しない。賃料収入等から、管理費等の見積もり額を控除するとともに、賃料の貸し倒れや、空

---

4) 平成17年の国勢調査に基づく第20回完全生命表が直近である。http://www.mhlw.go.jp/toukei/saikin/hw/life/20th/index.html

■総論編

室による損失も見積もる必要がある。また，大規模修繕等が予定されている場合は，この部分の考慮することになるものと考えられる[5) 6)]。

④ 信託財産が，居住用不動産であり，Bが生涯，無償で居住するケース

Bが，生涯，居住用家屋で生活する権利を認め，Bの相続後にCに居住用不動産が渡されるというものである。

Bにとっては，生涯，家賃等の支払をなすことなく，居住用家屋で生活する権利が認められる。

無償で，居住用家屋を利用することから，使用貸借と同等であると考えて，評価0であるという考え方もある。

また，昭和39年発遣の「相続税財産評価に関する基本通達」においては，次のような規定が置かれていた。

収益を受益する場合は，課税時期の現況において推算した受益者が将来受けるべき利益の価額について課税時期からそれぞれの受益の時期までの期間に応ずる年8分の利率による複利現価の額の合計額。この場合において，例えば，受益者が受ける利益が家屋に無償で一定期間居住することができるものであるときの，その将来受けるべき利益の価額は，次による。

(ア) 第1年目は，課税時期におけるその家屋の価額の100分の8相当額
(イ) 第2年目は，課税時期におけるその家屋の価額から1年分の償却額を控除した価額の100分の8相当額
(ウ) 第3年目以後は(イ)に準じて計算した価額

居住権を毎年，減価償却を考慮した建物の価額の8％相当額の合計額とされている[7)]。

---

5) 不動産鑑定評価基準において，収益還元法の場合の総収益の算定及び留意点，総費用の算定及び留意点が定められており，(社)日本不動産鑑定協会監修「新・要説 不動産鑑定評価基準」(住宅新報社，2007) の解説が参考になる。
6) 証券化対象不動産にかかる鑑定評価においては，収益価格を求めるにあたってはDCF法を適用しなければならないとされ，この鑑定評価基準も参考となる。
7) 100分の8相当額とされるのは，この通達において割引率が8％と定められたことからと考えられる。

一般的には、建物を借りて居住する場合は、貸主に対して家賃が支払われる。借家契約には、普通借家契約と定期借家契約がある。普通借家契約は、正当な事由がない場合は更新が行われ、借地借家法の一部改正により2000年3月1日以降の契約においては、賃貸借期間の上限はない。定期借家契約の場合は、期間満了により終了するが、賃貸借期間の上限はない。

　家屋の終身居住権は、その居住者が終身、その家屋を強制的に出されることがなく、その居住者の死亡により契約が終了することから、定期借家権に類する権利であるとも考えられる。定期借家契約が設定されている場合に支払われる家賃相当額を支払う必要はないことは、その部分の経済的利益をBは受けている。したがって、Bの余命年数にわたって支払われる家賃相当額の現在価値に基づいてBの受益権、すなわち、無償の居住権を評価すべきである。

ウ　割引率

　割引率は、FCFとともにDCF方式による評価の要である。将来、受けることが予想される割引率は、資産に投資する者の期待利回りを表しており、リスクが確実に織り込まれることが必要である。以下において、信託財産の種類に応じて、割引率を検討する。

(ア)　信託財産が、元本の毀損する可能性が低い金融資産であり、Bは毎年定額の現金を受け取るケース

　このケースにおいては、Bの余命年数において、支給される現金の額が変動する可能性は、低いと考えられる。

　この場合の割引率であるが、元本の毀損する可能性が低い金融資産であることから、国債の利回りに基づくことも合理的ではないかと考えられる。国債の償還期間は、現在のところ、固定利付国債は、満期が2年、5年、10年、15年（変動利付）、20年、30年、40年のものが発行されている。割引率としてBの余命年数に近い国債の期間の利率に基づく方法か、市場でもっとも取引されており、リスクフリーレートでも採用されることの多い10年国債の利率で基づく方法が考えられる。

(イ) 信託財産が、株式であるケース

　株式をDCF方式で評価する場合の代表的な割引率の算定方法としてWACC（Weighted Average Cost of Capital）がある。これは、評価対象会社にファイナンスを行うのは、株主と債権者であると考え、株主と債権者が企業へのファイナンスに対して期待する利回りを加重平均して求める方法である[8]。

　株主の期待利回りの算定方法としてCAPM（Capital Asset Pricing Model）があるが、これは、国債等リスクフリーレートに対象会社のリスクプレミアムを加算して株主の期待利回りを求めるものであり、リスクプレミアムは、株式市場全体の期待利回りから、リスクフリーレートを差し引いたリスク料にベータ値（株式市場が1％変化した場合に、対象会社の株価がどのくらい変化するかを表したもの）を乗じて算出するのが一般的である。非上場会社の場合は、複数の類似の上場企業のベータ値等を参考にして算出するものと考えられる[9]。

　なお、取引相場のない株式を同族株主以外に株主等が取得した株式の評価について、財産評価基本通達において、配当還元価額による評価方式が定められており、還元率は10％とされているが、この理由として、取引相場のない株式は、将来の値上がり期待その他配当金の実額による利回り以外の要素がある上場株式とは異なっていること、また、収益が確定的であり安定している預金、公社債とは異なることなどから、比較的高い還元率を採用することによって評価の安全性を図ることとしたと

---

8) 算式は下記である。

$$WACC = \frac{D}{D+E} \times (1-T) \times R(d) + \frac{E}{D+E} \times R(e)$$

　　D　有利子負債の時価
　　E　株式時価総額
　　T　実効税率
　　R（d）他人資本コスト（債権者の期待利回り）
　　R（e）自己資本コスト（株主の期待利回り）

9) DCF法の算定方法の実務上の留意点等は、鈴木一功編著「企業価値評価　実践編」（ダイヤモンド社、2004）が参考となる。

されている[10]。

(ウ) 信託財産が，不動産であるケース

信託財産が不動産である場合の割引率であるが，不動産の投資対象としての危険性，非流動性，管理の困難性等の個別性から考えて，リスクフリーレートで割り引くことは合理的ではないし，一律に不動産インデックスの数値を採用するのも合理的ではないものと考えられる。

不動産鑑定評価基準においては，次の3つの方法が例示されている[11]。
・類似の不動産の取引事例との比較から求める方法
・借入金と自己資金に係る割引率から求める方法
・金融資産の利回りに不動産の個別性を加味して求める方法

不動産は，個別性が強いため，FCFや割引率[12]の評価が困難な場合も多いことから不動産鑑定士等専門家の意見を参考にすることも有効であると考えられる。

(5) Cの受益権の評価

Cが取得する受益権は，Bの死亡時に残存している信託財産を受け取る権利であるが，Aの相続時点においては，将来財産を取得するという期待権と考えられる。以下においては，Cの期待権と表現する。

DCF方式では，一定期間のFCFの現在価値相当額の合計額と期間最終時点での残余価値の現在価値相当額で資産を評価する。Cの期待権をDCF方式の期間最終時点における残余価値で評価することを検討する。

この期間最終時点での残余価値の算定方法は，いくつかある。

代表的な方法として，継続価値で取り込む方法がある。継続価値で取り込む方法は，最終年度の翌年のFCFが永久に続くものとみなして，FCFを割引率で除した価額の現在価値により評価するものである。FCFが成長すると仮定するならば，割引率から成長率を差し引くことにより評価することも

---

[10] 肥後治樹編「平成22年改訂版財産評価基本通達逐条解説」，654頁（財団法人大蔵財務協会，2010）
[11] 不動産鑑定評価基準第7章第1節Ⅳ3(2)②ウ(ウ)
[12] 宮田勝弘著「不動産キャップレートの決め方」（プログレス，2006）は，割引率の算定の現場感覚を理解するために有用である。

◆総論編

ある。

　しかし，信託財産が株式である場合，発行会社のFCFがすべて配当として支払われない場合も多い。このような場合で，最終年度の翌年の配当予想額を割引率で除した額が過少評価となる可能性もある。

　この手法の場合，FCF[13]や割引率[14]に将来の不確実性を盛り込むことが困難な場合も多く，非現実な評価額となる可能性も高い。

　また，金融資産である信託財産から一定額を支払う定めのある信託においては，一般的には，信託期間を通じて，信託財産から生ずる利益だけでなく，信託された財産の一部が支払われ，信託財産が枯渇する時期が予想されることからこの方法は適用できない。

　継続価値で取り込む方法以外の方法の1つとして清算価値で取り込む方法がある[15]。これは，計算期間最終年度での残余財産を処分したときに得られる処分価額をもって清算価値とする方法である。

　不確定な将来の時点の処分価額を信託時点で算定することは非常に困難であるが，信託時点，本事案においては，相続時点での価値を評価することは可能であることから，信託時点における評価額に基づいて処分価額を算定することには一定の合理性がある。よって信託時点における評価額等に基づいた清算価値をどのように評価するか簡単に検討する[16]。

---

13) DCF研究会編「DCF入門　再生のための企業・債権評価手法の実務」63頁（きんざい，2003）によると「企業活動が永続すると仮定した場合の残余価値の算定に当たっては，資本的支出額と減価償却額は総額では同額であり，また，正味運転資本の増減も通期でゼロと仮定した上で，予測期間以降のFCFを想定する場合が多いようです。その場合，予測期間以降は利払前税引後利益がそのままFCFと同額と仮定され，永続するものと仮定することになります。」
14) 塚本勲著「図とケースでわかる不動産ＤＣＦ法」85頁（東洋経済社，増補版，2003）によると「アメリカでは将来の不動産価値を求める場合には，将来の純収益をターミナルレートといわれる還元利回りで割って求めている。10年後の売却予想額は11年目の純収益をターミナルレートで割って求められている。なお，ターミナルレートは還元利回りであるから，割引率よりも1％高い利回りで求められていることが通常である。」
15) この他にも，最終年度の特定の乗数（Multiple）で取り込む方法もある。
16) 昭和39年発遣の「相続税財産評価に関する基本通達」202において，受益権が収益受益権と元本受益権に分割され，それぞれの受益者が異なる場合の評価について定められているが，この通達においても，金銭以外の財産を受益とする場合は，課税時期の価額に基づいて現在価値で割り引く評価方法を採用している。

ア　信託財産が，元本の毀損する可能性が低い金融資産であり，Bが生涯にわたって定額の現金の給付を受け，Bの相続時の金融資産の残額をCが受け取るケース

　このケースの場合は，Bに支給される現金の総額を見積もることが可能であるため，信託された金融資産と運用期間の収益から支給額を差し引くことにより，Cが受け取る金融資産の額を見積もることが可能と考えられる。その価額を現在価値に割り引いて評価する。

イ　信託財産が，株式や不動産の場合

　土地や株式の将来の価額を見積もることが困難である場合は，Aの相続時点，すなわち信託時点の資産の価額でもって，Bの相続時点でCが受け取る資産の価値であるとみなし，その価額を現在価値に割り引いて評価する。なお，建物のような減価償却資産の場合は，Bの生存期間の償却部分や大規模修繕等による価値の増額を考慮する必要がある。

　DCF方式における計算期間最終時点での残余価値は，現時点で存在する資産の評価額の一部を構成している。そして，その資産は，計算期間終了までに換金可能な場合もある。他方，Cの受益者としての権利は，Bの相続が原因として取得するものであり，Bの相続までは，期待権にすぎず，権利を換金化させることは難しい。また，事例によっては資産の取得時期まで数十年かかるケースも考えられる。

　この期待権の評価のためにDCF方式の計算期間最終時点での残余価値を用いるならば，より保守的に評価すべきではないかと考えられる。

3　結びとして

　以上において，後継ぎ遺贈型受益者連続信託の遺留分減殺請求の対象となる受益権を，一般的なDCF方式を利用した場合に限定して検討した。信託法の改正から数年の歳月が経過したが，事業承継等に有効だといわれている後継ぎ遺贈型受益者連続信託の普及は進んでいないことから，遺留分減殺請求の事案も著者は，執筆時点において，確認していない。しかし，将来的に，

◗ 総論編

遺留分減殺請求が起こる可能性はあり，その際に減殺請求の対象となる財産の評価を行う必要がある。受益権の評価に関しては，信託行為も重要な要素であるが本章においては検討していない。DCF方式は，将来生ずるキャッシュ等を予測して評価することから，本章のような資産の評価には有効であると考えられるが，恣意性等が介入される可能性も高い。今後もより多くの多角的な議論がなされることを期待する。

事例編

事例 1	高齢者の資金調達（信託を活用した不動産売却スキーム）
事例 2	古民家（町家）の保存・再生のための信託
事例 3	共有不動産の管理・承継を円滑にするための共有不動産管理信託
事例 4	親亡き後の財産管理のための親族間における限定責任信託
事例 5	自己信託を活用した不動産譲渡
事例 6	不動産流動化（GK－TKスキーム）
事例 7	海外投資管理信託
事例 8	賃貸物件の家賃等管理信託
事例 9	タイムシェア型住宅の賃貸借契約にかかる賃料の金銭信託
事例 10	不動産決済に関する手付金保全信託（売主委託者の場合）
事例 11	不動産瑕疵担保留保金信託（土壌汚染対応）（売主委託者）
事例 12	工事代金進捗管理分割支払信託
事例 13	信託スキームを活用した後払い式出来高払い住宅完成保証
事例 14	死後事務委任契約にかかる葬儀代金等金銭信託
事例 15	株式会社の減資に対する債権者異議申述に対応する信託
事例 16	弁護士預り金（株式売買代金）信託
事例 17	排出権の売買代金保全のための信託

※ 提供事例につき、その法的解釈・契約書式等は、執筆者等によるものであり、実際の信託会社等の見解・契約書の内容と必ずしも一致するものではありません。

事例1 高齢者の資金調達（信託を活用した不動産売却スキーム）

大阪不動産コンサルティング事業協同組合　提供事例
受託信託会社：きりう不動産信託株式会社

1 事案の概要

(1) 高齢者が所有する不動産を利用して資金調達するに当たって，不動産信託を活用した。

この事例では，成年被後見人となっていた高齢者（依頼者）の元の住まいであった対象不動産の競売開始決定がなされ，一般的には任意売却や競売が想定される状況にあった。しかし，隣地境界の確定・測量を実施するなど売却に必要な環境を整備し，売り急ぎをしなければ，より高く売却できる見込みがあり，ひいては，依頼者の生活費を少しでも多く確保できることになる。

そこで，依頼者の生活費や債務返済，売却対象不動産の環境整備などに必要となる資金の調達を目的として，「不動産信託を利用した不動産の売却スキーム」を採用した。

(2) 本事例には，前提事情があるので，その背景となる状況を，以下のとおり記述する。

① 対象不動産には，依頼者の子を債務者とする抵当権が設定されており，依頼者・子の債務の額は，複数の金融機関等からの借入金，延滞金，固定資産税等滞納額等の合計で700万円強であった。

② 社会福祉協議会の長期生活支援資金等の利用や，金融機関から新たな融資を受けることは困難で，借入金の一本化はできなかった。

③ 対象不動産は，依頼者が居住していた住宅（依頼者は現在，高齢者施設に入居）であった。

④ 依頼者は不動産を所有しているため，生活保護を受給できなかった。

⑤　対象不動産は，隣地境界が確定しておらず，測量・境界確定，道路判定，道路明示，公図訂正などを行う必要があった。
⑥　価格査定によれば，現状のまま不動産を売却した場合と隣地境界確定等によって売却の環境を整えた後に売却する場合の売買予想価格に，大きな差があった。

2　スキーム図・スキーム詳細

〈その１〉

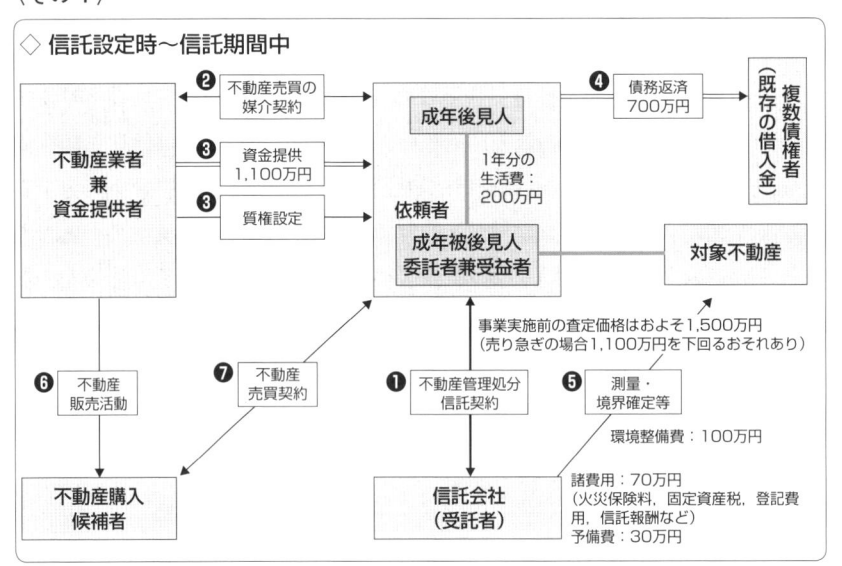

◇ 信託設定時～信託期間中

```
[不動産業者　　　❷ 不動産売買の媒介契約　　　[成年後見人]　　❹ 債務返済 700万円　→　複数債権者（既存の借入金）
 兼　　　　　　　❸ 資金提供1,100万円　　　　　[依頼者]
 資金提供者]　　　❸ 質権設定　　　　　　　　　1年分の生活費：200万円
                                             [成年被後見人
                                              委託者兼受益者]　　→　対象不動産

                                   事業実施前の査定価格はおよそ1,500万円
                                   （売り急ぎの場合1,100万円を下回るおそれあり）

 ❻ 不動産販売活動　❼ 不動産売買契約　❶ 不動産管理処分信託契約　❺ 測量・境界確定等
                                                                 環境整備費：100万円
 [不動産購入候補者]　　　　　　　　　　　[信託会社（受託者）]      諸費用：70万円
                                                                 （火災保険料，固定資産税，登記費用，信託報酬など）
                                                                 予備費：30万円
```

❶……成年後見人は依頼者（委託者兼受益者・成年被後見人）を代理して，対象不動産を信託財産とし，信託会社（受託者）との間で，不動産管理処分信託契約を締結する。

❷……成年後見人は依頼者を代理して，不動産業者と，対象不動産の売買に関する媒介契約を締結する。

❸……不動産業者は，❶の受益権を担保に資金を提供する（提供する資金は，既存借入等債務の返済金，対象不動産の売却までの依頼者の生活費，測量費用，その他諸費用）。受益権を担保とする方法として，❶の受益権に依頼者

事例1　高齢者の資金調達（信託を活用した不動産売却スキーム）

を質権設定者，不動産業者を質権者とする質権を設定する。
❹……成年後見人は依頼者を代理して，❸で得た資金で債務を返済する（❶～❹は同時実行）。
❺……信託期間中，委託者（兼受益者）（依頼者の成年後見人）の指図により受託者である信託会社が測量・境界確定等を行う。
❻……不動産業者は，環境整備の目処がついた段階で対象不動産の販売活動を実施する。
❼……成年後見人は依頼者を代理して，売主として対象不動産の売買契約を締結する。

〈その2〉

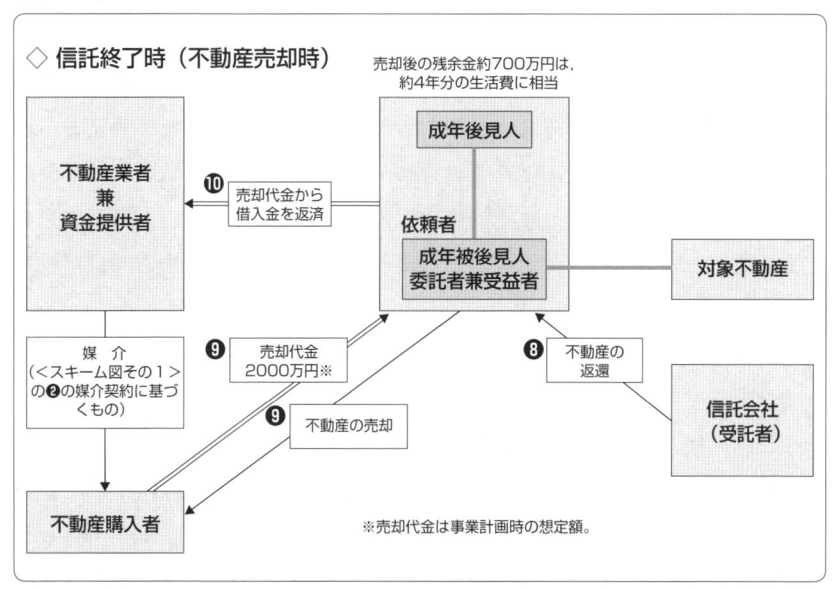

◇ 信託終了時（不動産売却時）

売却後の残余金約700万円は，約4年分の生活費に相当

```
不動産業者
  兼
資金提供者
```

❿ 売却代金から借入金を返済

成年後見人

依頼者
成年被後見人
委託者兼受益者

対象不動産

媒介
（〈スキーム図その1〉の❷の媒介契約に基づくもの）

❾ 売却代金
2000万円※

❽ 不動産の返還

信託会社
（受託者）

❾ 不動産の売却

不動産購入者

※売却代金は事業計画時の想定額。

❽……売買契約実行前に信託契約が終了し，対象不動産は依頼者に返還される。
❾……対象不動産の売却により，依頼者は売却代金を取得する。
❿……成年後見人は依頼者を代理して，不動産業者に売却代金から借入金を返済し，その他諸費用を清算してスキームは終了する（❽～❿は同時実行）。

157

◀事例編

3 信託方式を採用した理由やメリット

(1) 債務の一本化のための資金調達について，金融機関に代わる第三者の資金提供が検討された。この資金提供者が貸金業者でない場合，当該資金の提供が貸金業の要件に該当しないこととしなければならない。そこで不動産業者が対象不動産の媒介に付随して資金を提供することとした（貸金業法2条1項3号）。

(2) 提供された資金の保全について，依頼者・子の債務を完済し既存の抵当権を抹消した後，資金提供者である不動産業者が対象不動産に第1順位で抵当権を設定しても，登記留保をしている子の債権者が存在した場合など，後順位で抵当権を設定される危険性は残る。また，譲渡担保により対象不動産の所有権を不動産業者に移転する手法もあるが，譲渡担保の不動産登記は悪質な貸金取引とみなされることが多く，依頼者が対象不動産を市場で売却するについて支障となるおそれがあった。そこで，依頼者が対象不動産を信託会社に信託し，その受益権に依頼者を質権設定者，不動産業者を質権者とする質権を設定することによって，資金を保全する手法が取られた。

(3) 対象不動産を信託財産にすることにより，依頼者の固有の財産から隔離できる。また，依頼者が取得する受益権に，質権を設定することにより，事業開始後に依頼者の契約履行義務違反等により依頼者と不動産業者との間の契約が解約となった場合でも，不動産業者は質権を行使するなどによって，資金提供者の債権を保全できる。

(4) 依頼者にとっては，この企画を実行したことにより手にする諸経費控除後の収入が，任意売却等を行うことによって得られると予想される収入を上回ることが重要である。事業期間中の依頼者の生活費や債務返済額に加えて，登記費用・信託報酬・火災保険料・印紙税・コンサルティング業務報酬・不動産管理費・測量境界確定費用・媒介報酬等の事業にかかる諸費用を「事業開始時」，「事業期間中」，「事業終了時」に分けて洗い出しての積算と，想定売却予想価格による剰余金の予測が行われた。

(5) このスキームでは，信託契約を終了し依頼者が売主となって対象不動産を売却することとしている。信託契約上，受託者たる信託会社が対象不動産を売却することも可能であるが，対象不動産の買主が個人であった場合に信託会社が売主として瑕疵担保責任を負うこととなるため，実質的に個人の買主への売却はできず，売買の相手方は不動産業者とせざるを得ない。したがって，個人の買主への売却を可能にして少しでも高く売却できるよう，売却直前に信託契約を終了し，依頼者の名義で売却することとした。

(6) 依頼者が，対象不動産の売買契約を締結する前に死亡した場合，信託行為の定めにより，契約の原則として受託者が対象不動産を売却し，債務を弁済して信託を終了する（残余財産は依頼者の子に帰属させる。）。

ただし，依頼者の子が，本事業にかかる依頼者の債務並びに義務履行について承継することに合意するなど一定の条件が整った場合に限り，受益権を依頼者の子に承継させ，依頼者の子の名義で対象不動産を売却することを可能にした。

4 解　説（法律面）

(1) 依頼者（委託者・成年被後見人）は，対象不動産を信託財産とする信託契約を，信託会社との間で締結することになり，その結果，受託者に信託不動産の所有権は移転し，依頼者は受託者に対する受益権を取得することになる（詳細❶）。

(2) 本事例の不動産管理信託契約は，信託財産を不動産とする契約である。信託財産については，金銭的価値に見積もり得るものすべてが含まれると解されている。[1][2] 信託財産責任負担債務を，受託者は受託していない（詳細❶）

(3) 不動産の信託譲渡がなされた場合には，信託譲渡も物権変動の1つであ

---

[1] 新井326頁
[2] 委託者の生命，身体，名誉等の人格権が含まれないのは旧信託法と同様である。

◖事例編

ることから，所有権移転を第三者に対抗するために移転登記手続を行うことが必要であるが（民177条），さらに信託的移転であることを第三者に対抗するには，別途信託の登記が必要となる（信託14条）（詳細❶）。

(4) 受託者は，不動産の管理についても，当然善管注意義務（信託29条2項）があるので，自己の財産を管理する以上の注意義務をもって管理が必要となるので，一般に金銭信託よりも手間がかかるといわれている。なお，善管注意義務については，信託法改正により任意法規化されたというが，善管注意義務を一切負わない信託は，信託制度に反して無効であるとの考え方が強いようである[3]。また，信託業法28条2項でも善管注意義務が規定されているが，信託業法上の善管注意義務は合意による軽減が認められず，あくまで強行法規であるとされる[4]（詳細❶）。

(5) 本信託契約受益権の内容としては，配当金を請求する権利及び信託終了時に信託財産の帰属を受ける残余財産受益権である（詳細❶）。

(6) 依頼者と不動産業者は，対象不動産の売買に関する媒介契約を締結する。この媒介契約については，不動産についての媒介契約であることが必要である。仮に，媒介の対象が，不動産現物ではなく，信託受益権の媒介となる場合には，信託受益権売買契約の媒介となってしまう。この場合，信託受益権は，金融商品取引法2条2項1号でみなし有価証券として規定されているため，その媒介を行うには，第二種金融商品取引業者の登録が必要となる（金商法28条2項2号，29条）[5][6]（詳細❷）。

(7) 不動産業者は，❶の受益権を担保とするのと引き換えに，準金銭消費貸借契約を締結して資金を提供する（提供する資金は，既存借入等債務の返済金，対象不動産の売却までの依頼者の生活費，測量費用，その他諸費用にあて

---

3) 寺本113頁
4) 平成18年1月26日金融審議会金融分科会第二部会「信託法改正に伴う信託業法の見直しについて」において，信託会社に対する善管注意義務については，今後とも信託業法の善管注意義務を維持することが適当である旨の意見がされている。
5) 平成19年9月30日に施行された金融商品取引法により，信託受益権の媒介を業とする者は，第二種金融商品取引業者となった。
6) 現在登録しているのは1,300社ある（平成23年1月31日現在）。

(8) 受益権を担保とする方法としては，質権設定が考えられる。質権設定方法としては，質権設定契約が別途締結され，登記又は通知などの対抗要件設定が必要となる（民364条）（詳細❸）。

(9) 依頼者は，受益権を担保として不動産業者から得た資金で債務を返済するので，複数債権者の債権は消滅する（詳細❹）。

(10) 信託期間中に，受託者は委託者（兼受益者）の指図により測量・境界確定等の作業を行う[7]（詳細❺）。

(11) 本件不動産は，現物で売るまでの間，受託者に所有権が移転しているが，売買契約の売主はあくまで委託者なので，売買契約の売主は成年被後見人であり，成年後見人が成年被後見人に代理して署名する（詳細❼）。

(12) 不動産業者は，環境整備の目処がついた段階で対象不動産の販売活動を媒介契約に従って行う。もっとも，売買契約は信託契約が終了することを停止条件付き契約になる（詳細❻・❼）。

(13) 信託契約が終了し，対象不動産は依頼者に返還され，同時に売買契約の効力が発生して，買主に所有権が移転することになる。

(14) また，信託の終了の際には対象不動産の売却により，依頼者は売却代金を取得する（詳細❾）。

(15) 依頼者は，不動産業者に売却代金から借入金を返済し，その他諸費用を清算してスキームは終了する（詳細❿）。

(16) この依頼者の売却代金の取得と不動産業者への借入金の返済について実際は同時に行われる。これは，受益権に質権が設定されているので，信託契約の合意解除について，質権者の同意が必要となり，債権者への弁済が当然の前提となるからである（詳細❿）。

(17) 本スキームは，リバースモゲージと同じ効用を有するスキームと思われる。

---

[7] 外部の第三者に信託事務を委託する際は，信託法28条によって，一定の制限がある。また，信託業法22条，監督指針3－4－5についても注意が必要である。

◀事例編

⒅　本件は，依頼者の子が債務者となって対象不動産に抵当権設定を行っている特殊な事例である。依頼者の子が既に後順位抵当権設定契約を締結しているかどうか不明であったので，手続の安定のために信託契約が必要であったのである。

5 解　説（税務面）

⑴　**受益者等課税信託の所得税の取扱い**

　　高齢者の資金調達のための信託は，委託者が対象不動産を信託し，受益者となるが，この信託に関しては，税法上，受益者等課税信託に分類される。

　　受益者等課税信託とは，信託財産から生ずる所得は，発生時に受益者等に帰属するという特徴がある。信託財産から生ずる収入や費用，信託財産に属する資産や負債は，受益者等に帰属するものとみなして税法上は取り扱われることとなる（所法13条１項）。

　　本スキームに関しては，信託財産である不動産を賃貸等すること，不動産上で受託者が事業を行うこともないことから，信託不動産から収入は生じない。しかし，境界確定のための測量費は生じている。

　　本スキームのように委託者＝受益者＝オーナー１名の場合は，信託設定時に委託者から不動産の所有権が受託者に移転されるが，税法上は譲渡がなかったものとして取り扱われる（所基通13－５⑴，消基通４－２－１⑴）。また，信託終了時に受託者から委託者兼受益者に不動産の所有権が移転されるが，この時点でも税法上は，譲渡がなかったものとして取り扱われる（所基通13－５⑵，消基通４－２－１⑵）。

　　本スキームにおいて，受益権に質権が設定されるが，この質権の設定により，受益者等課税信託の所得の納税義務者が変更されることはない。

⑵　**不動産取得税・登録免許税の取扱い**

　　本スキームにおいて，受託者が不動産を取得した時点で不動産取得税は課されない（地法73の７第１項３号）。また，受託者から委託者兼受益者に

不動産が返還された時点でも不動産取得税は課されない（地法73の7第1項4号イ）。

委託者から受託者に不動産が信託された時点での所有権の信託に係る登録免許税の税率は，建物は0.4％であるが，土地に関しては，下記の軽減措置が設けられている。

特　　例		
～平成23.3.31	～平成24.3.31	～平成25.3.31
0.20％	0.25％	0.30％

信託終了時に，信託登記を抹消する必要があるが，本スキームの場合は，信託終了に伴う抹消登記のための登録免許税が不動産1個につき1,000円が課される。

(3) 測量・境界確定の費用の取扱い

本スキームにおいて，不動産を信託し，信託期間中に，委託者兼受益者の指図により受託者である信託会社が測量・境界確定等を行うことから，測量費用を土地家屋調査士等に支払うのは受託者であるが，委託者が負担している。

不動産を譲渡したことによる所得の金額は，収入金額から取得費と譲渡費用を控除して計算される。この譲渡費用は，譲渡のために直接要した費用に限られているが，譲渡のために必要な測量費は譲渡費用に含まれるものと考える。

受益者等課税信託において，信託財産に帰せられる費用は，受益者の費用とみなされることから（所法13条1項），受託者が支払った測量・境界画定費用は，受益者に帰属する。信託終了後，委託者兼受益者であった者が不動産を売却しているが，この不動産の売却に係る譲渡所得の計算上，受託者が支払った測量費は，委託者兼受益者である譲渡人が支払ったものとみなして，譲渡費用として取り扱われるものと考えられる。

▌事例編

> 〈ポイント〉
> (1) 信託設定時,終了時に不動産の譲渡所得税や不動産取得税が課されることはない。登録免許税は課される。
> (2) 受託者が支払った測量費用は,信託終了後に不動産を譲渡した場合に譲渡費用として,譲渡所得の計算上,控除することができる。

6 苦労話

(1) この事業は,国土交通省の平成20年度「地方における不動産証券化市場活性化事業」の1つとして実施されたものである。平成21年の秋に完了し,依頼者の数年分の生活費が確保できた。ただ,この生活費が底をついたとき,依頼者は生活保護の受給を余儀なくされることが予想されるため,「この事業は生活保護の開始時期を遅らせる程度の効果しか見いだせないのでは」との指摘があった。公的負担（生活保護）の軽減効果については,この指摘のとおりであるが,「安易に公的補助に頼らない」という価値観の下で企画したコンサルティングによって,個人の資産から得る最大利益が取得でき,結果として今後の依頼者の生活の幅に多少なりとも拡がりを持たせる可能性ができたことについては,否定されるものではないと考えている。

(2) この事業は,信託を活用した資金調達手法として,信託型リバースモーゲージと同種の構造を持っている。民間金融機関がこのような融資（個人不動産の信託受益権を担保によるノンリコースローン）に取り組むようになれば,不動産に偏った資産を持つ高齢者の生活設計に新たな選択肢を提供できるというメリットがあり,高齢化社会に突入した我が国における社会的意義は大きい。

(3) 不動産信託については,これまでの不動産証券化のための信託のみならず,不動産の管理や相続などにおいて多くの活用手法が研究されている。これら不動産信託は,従来型の信託商品ではなく,それぞれの依頼者の事情を把握して組み立てられる,いわゆる「オーダーメイドの信託」であり,

不動産信託の組成に不動産コンサルタントの存在は不可欠といえる。本事業は，不動産信託コンサルティングの先駆的事例として，大きな意味を持つと考えている。

7 契約書式

本契約書式は，国土交通省ホームページ「地方における不動産証券化市場活性化事業」(http://tochi.mlit.go.jp/tocjoh/chihou_fudousan/pdf/osaka_20_1.pdf) に公表されたものを抜粋したものである。

不動産管理処分信託契約書

　○○○○（以下「委託者」という）と，きりう不動産信託株式会社（以下「受託者」という）との間で，以下の不動産管理処分信託契約（以下，「本契約」といい，本契約により設定される信託を「本信託」という）を締結した。

第1章　定　　義

第1条（定義）
　本契約において用いる用語は，別に定めのない限り，以下の意義を有する。
　①～⑭（略）

第2章　信託の成立

第2条（信託の成立及び目的）
　1．委託者は，信託不動産を，当該信託不動産の管理・処分を目的として信託し，受託者はこれを引き受けた。
　2．受託者は，信託不動産及びその他の信託財産の管理・処分等の信託事務につき，本契約に別段の定めがある場合を除き，受益者等による指図に基づいて行うものとする。

第3条（当初受益者）
　本信託の元本及び収益の当初受益者は，委託者とする。

第4条（信託期間）
　1．本契約の信託期間（以下「本信託期間」という。）は，平成20年（2008年）11月26日から平成22年（2010年）3月31日までとする。
　2．本信託期間は，受益者と受託者との合意により，これを延長することができる。受益者は，延長を希望する場合には，本信託期間満了の日の1ヶ月前までに受託者に対して書面にて申し出を行うものとする。

第5条（所有権移転及び信託の登記）
1. 委託者は，本契約の締結とともに，信託不動産について一切の担保権その他第三者の権利に服さない完全な所有権を受託者に対し移転するものとし，委託者及び受託者は，信託不動産について本契約締結後直ちに信託による所有権移転の登記及び信託の登記を行う。
2. 前項の登記にかかる公租公課その他の費用は，委託者が負担する。
3. 受託者は，信託不動産以外の信託財産につき，信託の登記・登録または信託財産の表示・記載を省略することができる。

第6条～第9条（略）

第3章　信託財産の管理及び処分

第10条（信託不動産の管理）
1. 信託不動産の賃貸，管理（清掃・警備・修繕・保守・改良，その他各種法令上不動産の所有者としてなすべき事項を含む），火災保険等保険契約の締結その他の管理事務については，別紙6（管理処分業務方法書）に定めがある場合を除き，受益者等が受託者に対してその指図を行うものとする。ただし，受益者等は別紙9（質権者承諾事項）に掲げる事項については，受益権に対して設定される根質権（以下「本質権」という。）についての根質権者の事前の承諾を得るものとし，かかる質権者の事前の書面による承諾なくして行われた受益者等の指図は無効とする。受託者は，別紙9（質権者承諾事項）に掲げる事項については，受益者等が質権者からの承諾書を提示しない場合には，受益者等からの指図に従ってはならない。
2. 受託者は，受益者等の指名によって，又は，自己の責任をもって，専門業務委託先を選任し，これに信託事務の一部を委託することが出来る。受益者等は，受託者の承諾を得て，専門業務委託先の変更に係る指図を行うことができる。また，受託者は，本条第5項第①号に規定する事由に基づき，受託者が相当と認める方法で行う場合の信託不動産の修繕・保守・改良については，受託者が相当と判断する第三者に請け負わせることができるものとする。
3. 前二項の規定に拘わらず，受託者は，別紙6（管理処分業務方法書）に記載される軽微な信託不動産の修繕・保守・改良については，受託者が相当と認める方法・時期及び範囲において，これを行うことができる。

4～7（略）

第11条（略）
第12条（信託不動産の賃貸借）
1. 受託者は，信託不動産の賃貸借を行わないものとする。
第13条（略）
第14条（指図権行使の委任）
1. 受益者は，本契約に定める受益者の指図権の行使について，受託者の承諾を得て，代理人を選任することができるものとする。
2. 前項の代理人が選任された場合，受託者は当該代理人のみの指図に従うものとし，また，本契約に基づく受益者に対する請求，催告，協議，報告及び債務の履行（信託元本及び収益配当の交付を除く）については，代理人のみを相手方とし

事例1　高齢者の資金調達（信託を活用した不動産売却スキーム）

てこれを行なえば足りるものとする。
第15条（借入等の制限及び預り金の受け入れ）
　1．受託者は，信託財産の負担となる金銭の借入または信託財産に対する担保設定を行うことができない。なお，受託者は，本信託が資金不足となった場合または資金不足となる惧れがある場合において，信託財産に属する租税債務その他の対外債務に係る債務不履行を回避する必要がある場合には，受益者に対し報告するとともに，金銭の借入に関する指示を行うことを要請することが出来る。
　2．（略）
第16条（信託事務処理に必要な費用）
　1．信託事務処理に必要な費用は受益者の負担とする。受託者は，信託事務処理に必要な費用を信託財産から支弁するものとし，信託財産からの支弁で不足する場合には，受益者に支払の都度もしくは予め請求することができる。受託者が信託事務を処理するために過失なくして受けた損害の賠償もしくは補償についても同様とする。
　2．（略）
第17条（信託財産に属する金銭の管理）
　　受託者は，受益者等の事前の指図により，信託財産に属する金銭を定期預金その他の方法により管理することができる。なお，受託者は本契約締結日から受益者等より特段の指示あるまでの間，〇〇〇〇に普通預金口座を開設し，当該普通預金口座にて信託財産に属する金銭を管理する。
第18条（信託不動産の処分）
　1．受託者は，信託不動産の売却に係る受益者等の指図があった場合は，当該指図に従い信託不動産を売却処分するものとする。
　2～4　（略）
第19条・第20条（略）
第21条（受託者の善管注意義務と免責）
　1．受託者は，本契約の本旨に従い，受益者のために忠実に信託事務を遂行し，かつ善良なる管理者としての注意をもって専ら受益者の利益のために信託事務を処理するものとする。
　2～5　（略）
第22条（追加信託）
　1．受益者は，受託者が信託事務を行うにあたり必要があると認めるときは，受託者との協議に基づき，金銭の追加信託を行うものとする。
　2．前項により受託者が受領した金銭は，第16条に定める信託事務処理に必要な費用の支払に充当し，または第32条乃至第34条に定める積立金等に充当し，その他当該金銭の追加信託の事由に沿って処理するものとする。
第23条・第24条（略）

第4章　受　益　権

第25条（受益権）
　1．受益者は，本契約の定めるところに従って信託の配当金を請求することができる。

167

■ 事 例 編

　2．受益者は，本契約が終了したときは，本契約の定めるところに従って信託元本の交付を請求することができる。
　3．本信託の受益権は，受益者の承諾を得てこれを分割することが出来る。
　4．本信託の受益権は，これを放棄することが出来ない。
　5．受託者は，本信託の受益権を証するための受益権証書の発行を省略する。
第26条（略）

第5章　計　　算

第27条（信託の元本）
　契約においては，次の各号に掲げるものを信託の元本とする。
　① 信託不動産
　② 第6条第1項，第12条第1項及び第15条第2項に定める信託不動産の賃貸に関して受け入れた敷金・保証金等の返還債務
　③ 第22条により受託者が受け入れた金銭（但し，第29条の信託の費用の支払いに充当するため，第28条により信託の収益として処理されたものを除く）
　④ 信託不動産の代償として取得した財産（但し，ガラスの破損等に伴い取得する保険金等軽微なものについてはこの限りではない）
　⑤ 第31条第2項で元本に組入れられた額の累計額
　⑥ 第18条または第23条に基づく信託不動産の処分によって受け入れた金銭
　⑦ その他前各号に準ずる資産及び債務

第28条（信託の収益）
　1．本契約の計算においては，次の各号に掲げるものを信託の収益とする。
　① （略）
　② 信託財産に属する金銭の管理から生ずる収益
　③ 第27条第④号括弧書に定める財産
　④ その他前各号に準ずるもの
　2．第29条の信託の費用の支払いに充当するために受益者より受け入れた金銭は，これを信託の収益に計上することができる。

第29条・第30条（略）

第31条（配当金の交付）
　1．第28条に定める信託の収益から，第29条に定める信託の費用を差し引いた金額をもって純収益または純損失とする。
　2．受託者は，純収益から，その範囲内において次の各号に掲げる金額の合計額を適時に元本に組入れる。
　　①～⑤（略）
　3～5（略）

第32条（境界筆界確定費用積立金）
　1．受託者は，受益者等の指図に従い，信託不動産の境界を確定すための金銭を，受益者から追加信託された金銭をもって随時，積立金として元本に組み入れることができる。
　2．第1項の規定に加え，受益者は，信託開始日に金○○円の金銭を追加信託し，受託者はこれを受け入れ，境界筆界確定費用積立金として元本に組入れるものと

する。
3．（略）
4．受託者は，前三項の境界筆界確定費用積立金から現実に発生する信託不動産の境界筆界確定費用相当額を取崩し，当該費用の支払いに充当することができる。

第33条（略）

第34条（必要運転資金留保金）
1．受託者は，受益者等の指図に従い，翌計算期間以降の運転資金に充当するため，信託の純収益をもって適時に，または受益者から追加信託された金銭をもって随時，必要運転資金留保金として元本に組み入れることができる。
なお，受託者は，本契約締結日から平成22年3月31日までの必要運転資金留保金として，受益者から追加信託された金銭金〇〇円（消費税等別途）を元本に組み入れることが出来る。
2．受託者は，第16条に定める信託事務処理に必要な費用の支払いが発生する場合には，前項の必要運転資金を取り崩し，諸費用の支払いに充当することができる。
又，受託者が計算期日の翌営業日において当該不足額を積立てることができない場合には，受益者は当該不足額を必要運転資金留保金として追加信託するものとする。

第35条（信託報酬）
1．受託者は，委託者から下記記載方法により算出された信託報酬及びそれに課税される消費税等を信託財産から受け入れ，又は受益者に対し請求することができる。
① 信託受託時には，その信託不動産価格に〇％を乗じた金額とする。
② 月額報酬は，金〇〇円（消費税等別途）とする。
③ 受益者からの申出による受益者変更時には，その時点の信託不動産価格に〇％を乗じた金額とする。
④ （略）
2．（略）

………以下略………

以上，本契約の成立を証するために契約書正本2通を作成し，委託者及び受託者が各1通保有する。

平成20年11月26日

委託者兼当初受益者

本　　籍　〇〇〇〇

住　　所　〇〇〇〇

氏　　名　〇〇〇〇

事例編

　　　　　　　委託者○○○○成年後見人

　　　　　　　　事務所住所　　○○○○

　　　　　　　　住　　　所　　○○○○

　　　　　　　　氏　　　名　　○○○○　㊞

　　　　　　　受託者

　　　　　　　　住　　　所　　○○○○

　　　　　　　　氏　　　名　　きりう不動産信託株式会社　㊞
　　　　　　　　　　　　　　　○○○○

別紙一覧

　　別紙1　　本件不動産目録（第2条）
　　別紙2　　賃貸借契約一覧表（第5条）
　　別紙3A　 委託者による表明保証事項（第8条）
　　別紙3B　 委託者成年後見人による表明保証事項（第8条）
　　別紙4　　受託者による表明保証事項（第9条）
　　別紙5　　容認事項（第5条，第8条）
　　別紙6　　管理処分業務方法書（第10条，第12条）
　　別紙7　　信託受益権譲渡承諾請求書兼承諾書　様式（第26条）
　　別紙8　　信託受益権質権設定承諾依頼書兼承諾書　様式（第26条）
　　別紙9　　質権者承諾事項　様式（第10条）

別紙一覧1～6・9　（略）

事例1　高齢者の資金調達（信託を活用した不動産売却スキーム）

別紙7

信託受益権譲渡承諾請求書兼承諾書　様式

平成（　）年（　）月（　）日

受託者　きりう不動産信託株式会社　御中

譲渡者（当初受益者）
譲受人（新受益者）

信託受益権譲渡承諾請求書兼承諾書

　私共は，譲渡人ときりう不動産信託株式会社との間で締結された末尾記載の信託不動産に関する平成（　）年（　）月（　）日付不動産管理処分信託契約書（以下「信託契約」という）に関し，下記の通り受益権を譲渡したく承諾を請求します。
　なお，受益権の譲受者は，本件譲渡に関する法律，税務，会計，関連規制上の効果及び取扱について自ら検討を行い，かかる効果及び取扱に関し，受託者に対し依拠したことはなく，今後も依拠するものではないことを確認し，受託者に損害賠償，求償又はその請求を行わないことを了承します。

記

1．譲渡予定日：平成（　）年（　）月（　）日
2．譲 渡 事 由：平成（　）年（　）月（　）日付信託受益権譲渡契約書に基づく受益権の譲渡
3．条　　　件：①信託契約に基づく一切の権利・義務を当事者間で承継する。ただし，信託行為における権利義務に限られず，信託契約上特約として定められた権利及び義務を全て包含して承継する。
②信託契約記載事項を承継する。

平成（　）年（　）月（　）日

上記信託受益権譲渡について承諾いたします。
（受託者）
　　　　　　　住　所　○○○○
　　　　　　　　　　　きりう不動産信託株式会社

171

別紙8

信託受益権質権設定承諾依頼書兼承諾書　様式（第26条）

平成（　）年（　）月（　）日

受託者　きりう不動産信託株式会社　御中

　　　　　　　　　　　甲（質権設定者　兼　債務者　兼　受益者）
　　　　　　　　　　　乙（質権者）

信託受益権質権設定承諾依頼書兼承諾書

　甲は，平成（　）年（　）月（　）日付金銭消費貸借契約書に基づき甲が乙に対して負担する一切の債務を担保するため，受託者が定める末尾規定を承認の上，下記1の不動産管理処分信託契約に基づく受益権に，下記2の質権設定契約による質権を設定いたしますのでご承諾下さい。

1．不動産管理処分信託契約の表示
　　一．信託契約書　平成（　）年（　）月（　）日付不動産管理処分信託契約書
　　一．受益者　　　（　　　　　　　　）
　　一．受託者　　　きりう不動産信託株式会社
　　一．当初信託財産の種類及び数量
　　　　　　　　　平成（　）年（　）月（　）日付不動産管理処分信託契約書記載の通り
　　一．信託期間　平成（　）年（　）月（　）日から平成（　）年（　）月（　）日まで
2．一．質権設定契約の表示
　　　　　　　　　平成（　）年（　）月（　）日付信託受益権質権設定契約書
　　　　　　　　　　　　　　　　　　　　　　　　　　　　　　　　　　以　上

平成（　）年（　）月（　）日

　上記質権設定の件，上記1の不動産管理処分信託契約に基づく信託受託者としての権利行使に制限を受けないこと及び末尾規定に従い処理されることを条件に異議なく承諾いたしました。

受託者　きりう不動産信託株式会社

事例1　高齢者の資金調達（信託を活用した不動産売却スキーム）

規　　定

1．信託契約に係る信託財産又は受託者が負担する費用等の債務は，全てこの質権に優先して信託財産より支弁若しくは弁済するものとします。
2．質権者が質物である信託受益権の取立て又は処分を必要とするときは，受託者所定の手続方法により行うものとします。
　　また，受託者はその手続きに際し，信託会社として相当の注意をもって押印された印影をこの依頼書の印影と照合して相違ないものと認めたときは，ご請求について正当な事由があるものとしてお取扱します。
3．第4項，第5項に定める場合を除き，受託者は，質権者から質権実行通知を受領しない限り，質権設定者を正当な権利者と認め，その指図，指示，承諾，同意等に従い，又はその権利の行使を正当なものとみなして，信託事務を遂行するものとします。これらの取扱について質権者は受託者に対して，異議，苦情，損害賠償の申し出等を一切行うことは出来ません。
4．受託者は，質権者から指図権等制限通知を受領した場合には，受領日以降質権者の書面による事前同意がある場合を除き，信託契約に基づく質権設定者の指図，指示，承諾，同意等に一切従わないものとします。この取扱いについて質権設定者は受託者に対して，異議，苦情，損害，賠償の申出等を一切行うことが出来ません。
5．受託者は，質権者から質権実行通知を受領した場合には，受領日以降の信託契約に基づく質権設定者の指図，指示，承諾，同意等に一切従わないものとします。この場合には，質権者又は質権者の指定する者を正当な権利者と認め，その指図，指示，承諾，同意等に従い，又はその権利の行使を正当なものとみなして，信託事務を遂行するものとします。この取扱について質権設定者は受託者に対して，異議，苦情，損害賠償の申し出等を一切行うことは出来ません。
6．信託元本の交付及び信託収益金の支払いについては次の通りとします。
　①　受託者は，信託が終了したときには信託財産を原則として受益者に交付します。
　②　受託者は，信託収益金については原則として支払期限到来のつど受益者に支払います。但し，質権者が質権の行使としての取立等を行い，受託者に通知した後は，信託収益金を質権者に支払います。
　③　信託契約が信託目的の達成，解除等により終了する場合には，受託者は質権者に対し事前に通知します。
7．質権者は，質権の実行にあたり，受託者の承諾なしに信託受益権の譲渡又は競売を行わないものとし，受託者は合理的理由なく，かかる承諾を遅延，留保又は拒絶しないものとします。但し，受益権譲渡にあたり，譲受人が集団的に又は常習的に違法行為を行うことを助長する惧れがある団体又はそのような団体の構成員若しくはそれに類する違法又は反社会的な団体又は個人である場合，風俗営業等の規制及び業務の適正化等に関する法律第2条第1項に定義される風俗営業又は第2条第5項に定義される性風俗特殊営業を行う者およびこれらのために貸室部分等を利用しようとする者である場合，犯罪による収益の移転防止に関する法律（平成19年3月31日法律第22号）第4条に基づく本人確認に応じない場合，及び譲受人の財務状態

173

◆ 事 例 編

　　からみて，将来の信託費用等の支払いを期待できない場合は，合理的な理由があるものとみなすものとします。
 8. 質権の実行によって信託受益権を取得した質権者は，信託契約に係る委託者及び受益者の権利・義務を全て承継するものとします（但し，信託契約上，承継前の委託者及び受益者のみが有しまたは負うものとされている権利・義務はこの限りではありません）。
 9. 質権解除通知書，領収書，その他の書類にご押印の印影を，信託会社として相当の注意をもってこの依頼書にご使用の印鑑と照合して，受託者が相違ないものと認めてお取扱したときは，印鑑の盗用その他どのような事情がありましても，そのために生じた損害については，受託者は一切責任を負いません。
10. 印鑑の喪失，改印，改名，転居，代表者の変更等の場合には，直ちにその旨を受託者にご通知のうえ，所定の手続きをおとり下さい。
　　手続きの遅れたため生じた損害については，受託者は責任を負いません。

以　上

事例1　高齢者の資金調達（信託を活用した不動産売却スキーム）

指　図　書

きりう不動産信託株式会社　御中

　私，委託者兼受益者○○○○は，不動産管理処分信託契約書第2条第2項の定めにより，下記事項について，受託者きりう不動産信託株式会社に指図し，受託者はこれを承諾した。

記

一．私，○○○○は，不動産管理処分信託契約書別紙1記載の信託不動産について，境界筆界確定の作業は完了した後，速やかに売却すること。売却完了までに私が死亡した場合，信託不動産を売却の上，質権者等への一切の債務を弁済し残余財産を息子○○○○に譲渡すること，但し，そのとき○○○○亡き場合は，法定相続人に譲渡すること。

二．境界筆界確定費用・平成○○年度固定資産税・同都市計画税及び信託不動産に係る資本的支出について，支払発生時に適時，委託者から受託者に引き渡すものとし，それらの費用を担保するため行われる金銭の信託を行わないこと。

三．信託不動産にかかる損害保険料（賠償保険料を含む）は，現在○○○○が契約中の保険契約を受託者に名義変更する為，新規に契約をしないこと。

　但し，受益権の譲受人は，本件譲渡に関する法律，税務，会計，関連規制上の効果及び取扱いについて自ら検討を行い，かかる効果及び取扱いに関し，受託者に対し依拠したことはなく，今後も依拠するものではないことを確認し，受託者に損害賠償，求償又はその請求を行わないことを了承することを条件とします。

以　上

平成20年11月26日

委託者兼受益者○○○○成年後見人
　　　　　住　　所　　○○○○
　　　　　氏　　名　　○○○○　㊞

175

事例 2 古民家（町家）の保存・再生のための信託

大阪不動産コンサルティング事業協同組合　提供事例
受託信託会社：きりう不動産信託株式会社

1 事案の概要

　古民家を再生させるためのスキームに不動産信託を組み込むことによって，有効活用の障害となっている古民家オーナーの資金負担を低減する手法に取り組むこととした。一方，この信託による事業スキームは，事業資金の調達を借上げによる賃料の一括前受け方式で得ようとするものであり，不動産信託が一般に馴染みのない仕組みであるが，スキーム構造そのものは単純である。

2 スキーム図・スキーム詳細

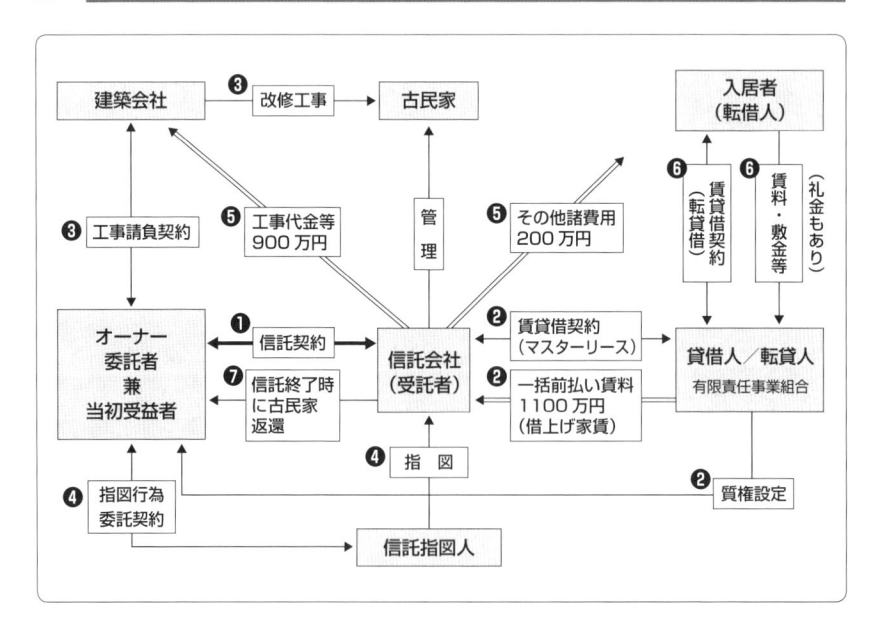

```
建築会社 ──❸ 改修工事──▶ 古民家
  │                          │
  │❸工事請負契約   ❺工事代金等   管理
  │              900万円        │
  │                              │
オーナー         ❶信託契約    信託会社
委託者   ◀──────────────▶  （受託者）
兼                ❼信託終了時
当初受益者         に古民家返還

                 ❺その他諸費用
                   200万円

                 ❷賃貸借契約
                  （マスターリース）
                 ❷一括前払い賃料
                  1100万円
                  （借上げ家賃）

入居者（転借人）
  ❻賃貸借契約（転貸借）／❻賃料・敷金等（礼金もあり）

貸借人／転貸人
有限責任事業組合

❷質権設定

❹指図行為委託契約　❹指図　　信託指図人
```

176

❶……古民家のオーナー（委託者兼当初受益者）は，所有する古民家を信託財産として，信託会社（受託者）との間で不動産管理処分信託契約を締結する。
❷……信託会社は，賃借人との間で賃貸借契約を締結し，契約期間分の賃料を一括して前払いを受ける（賃借人は質権者として信託受益権に質権を設定する。）。
❸……オーナーは建築会社との間で古民家の改修工事の設計・施工に関する契約を締結する。
❹……オーナーは，信託指図人との間で，信託の指図に関する指図行為委託契約を締結する。信託指図人は，信託会社に古民家の管理につき，指図を行う。
❺……信託会社は信託の定めに従い，建築会社等に対して設計費用・工事代金等をオーナーに代わって支払う。なお，信託建物の改修工事部分は，工事完了と同時に追加信託される。
信託会社は，一括前払い賃料から設計費用・工事代金等の金額を除いた金額を，信託期間中の信託報酬，信託財産保険料，固定資産税等の支払いに適宜あてていく。
❻……賃借人（転貸人）は，改修後の古民家を賃貸し，賃料等の収入を得る。
❼……信託期間終了後，オーナーは信託会社から古民家の返還を受ける。

3 信託方式を採用した理由やメリット

(1) 古民家（町家）の保存・再生のために信託方式を採用したメリットとしては，

① 信託財産となる古民家の所有権の登記名義は，受託者である信託会社に移転され，信託会社が借上げ契約の当事者となること

② そのため，委託者（兼当初受益者）である古民家オーナーに相続が発生しても，信託受益権が相続人等に承継されるだけで，借上げ契約の借主（古民家の所有権の登記名義人）は信託会社で変更がないこと

③ 受益者が倒産したとしても，信託財産は全く影響を及ぼされないこと

●事例編

（倒産隔離機能）
④ 一括前払いの賃料は，改修工事代金などに支払われるまで，信託財産として受託者が保有すること
⑤ 一括前払い賃料の未経過相当額は，信託受益権に質権を設定することによって，保全できること

が挙げられる。

　以下の(2)〜(8)では，本事業スキームの特長やメリットなどを紹介し，後述5で，信託にかかる法的な内容を詳述していくこととする。

(2) 我が国に多く存在する古民家，中でも土地の流通性が比較的高い地域に存する多くの古民家は，有効活用や売買に伴う取壊しによって，駐車場や賃貸マンション，分譲住宅等にその姿を変えている。また，住まいにされることなく手入れされず放置され，徐々に朽ちているものも未だに多く存在する。

　このような古民家の有効活用を考えるに当たって，スクラップ＆ビルドによらない方法を検討し，古民家を再生させるためのスキームに不動産信託を組み込むことによって，有効活用の障害となっている古民家オーナーの資金負担を低減する手法に取り組むこととした。

(3) これまでの古民家再生事業は，主として①古民家オーナーに対する改修工事費の補助や，②古民家オーナーからの買取りによって組み立てられている。①は，原則としてオーナーの居住用が対象で，公的補助の予算には限度がある。また，②は証券化による取組実績があるが，資金調達面や事業コスト面，金融商品取引法に代表される法令の制約など，そのハードルは高い。

(4) また，古民家改修資金を金融機関からの融資でまかなうことは難しい。本事案の古民家オーナーは高齢であったため，融資には様々な制約があり，返済の範囲を対象不動産の収益等に限定する，個人向けのいわゆるノンリコースローンによる資金調達はさらに困難である（金融機関に融資の打診をし，事業スキームを説明して交渉したが，コーポレートローンが条件であった。）。一方，古民家オーナーにとっても，借入れには抵抗がある。

(5) そこで，金融機関の融資が困難であることから断念せざるを得ない本事案を，金融機関に頼ることのない事業スキームを構築することによって実現可能とし，同時に地方において必要な資金を地方で調達する「金融の地産地消」の仕組みを構築することとした。すなわち，古民家改修資金の調達を借上げにより賃料の一括前受け方式で得ようとするものであり，古民家の賃借人は，転貸人として改修工事を施した古民家の転貸事業で，一括前払い賃料を回収していくことなる。また，本スキームでは，信託会社以外の金融関係事業者は介在しておらず，古民家オーナー，信託会社，賃借人／転貸人という同一地域内に存在する三者によって事業化が可能となった。

(6) 本事業の中核として不動産信託を活用することによって，古民家オーナーを原因とした事業中断等のリスクは，信託の意思凍結機能や倒産隔離機能によってヘッジされ，また，賃借人の一括前払い賃料のうち未経過分にかかる債権は，一括前払い賃料の受領と同時に，賃借人を質権者，古民家オーナーを質権設定者として，信託受益権に質権を設定することによって保全される。これらのことから，本事業の安定性が高まり，事業期間分の賃料の一括前払いが可能となった。

(7) また，本事業の特徴の1つとして，古民家の所有と利用を分離させることによって，①古民家オーナーは，不動産の所有者としてのリスクは保持し続けるものの，空室リスク等の賃貸事業リスクを負うことなく賃貸事業を行うことができ，一方，古民家の賃借人（改修費の資金拠出者）は，特別目的会社（SPC）等のヴィークルを用いた不動産証券化の不動産投資の投資家とは異なり，地震等の災害による建物の倒壊や不動産価格の下落といった不動産の所有リスクを負わない点が挙げられる。

(8) 上記のことから，スキームの構築に要した費用を除き，基本的には，本事業を採算ベースに乗せることが可能となり，民間による継続可能なスキームを構築することができた。

◆事例編

4 解　説（法律面）

(1)　古民家オーナー（以下「オーナー」という。）は，対象不動産を信託財産とする信託契約を，信託会社との間で締結することで，その結果，受託者に対し信託不動産の所有権が移転し，依頼者は受託者に対する受益権を取得することになる（詳細❶）。

(2)　本事例の不動産管理処分信託契約は，信託財産を不動産とする契約である。信託財産については，金銭的価値に見積もり得るものすべてが含まれると解されている[1][2]。なお，信託財産責任負担債務については，特に信託契約に含まれていない（詳細❶）。

　本信託契約における信託受益権の内容は，配当を受ける権利及び信託終了時に残余財産を取得する残余財産受益権をいう（信託182条1項1号）。

(3)　不動産の信託譲渡がなされた場合には，信託譲渡も物権変動の1つであることから，所有権移転を第三者に対抗するために移転登記手続を行うことが必要であるが（民177条），さらに信託的移転であることを第三者に対して対抗するには，別途信託の登記が必要となる（信託14条）（詳細❶）。

(4)　受託者は，不動産の管理についても，当然善管注意義務（信託29条2項）があるので，自己の財産を管理する以上の注意義務をもって管理が必要となるので，一般に金銭信託よりも手間がかかるといわれている。なお，善管注意義務については，信託法改正により任意法規化されたというが，善管注意義務を一切負わない信託は，そもそも信託制度の本質に反して無効であるとの考え方が強いようである。また，信託業法28条2項でも善管注意義務が規定されているが，信託業法上の善管注意義務は合意による軽減が認められず，あくまで強行法規であるとされる（詳細❶）。

(5)　信託会社は，一括前払い賃料から設計費用・工事代金等の金額を除いた金額を，信託期間中の信託報酬，信託財産保険料，固定資産税等の支払い

---

[1]　新井326頁
[2]　委託者の生命，身体，名誉等の人格権が含まれないのは旧信託法と同様である。

事例2　古民家（町家）の保存・再生のための信託

に適宜あてることになるが，固定資産税や損害保険料について信託財産責任負担債務となっているか注意が必要である（詳細❺）。

(6)　信託会社は，信託財産である不動産について，第三者との間で賃貸借契約を締結して，賃借人から賃貸借契約期間11年分の賃料全額の前払いを受ける。本スキームの肝は，この賃料の全額前払いにある。新規融資を受けられないオーナーである委託者に代わり，受託者が賃借人から賃料全額について前払いを受けることで，資金調達が可能となっている。直接，オーナーが不動産を貸すという選択肢については，オーナーの死亡，相続などオーナー個人に発生するイベントから本件スキームを切り離し，法的安定性を図るという理由から本件ではとられていない（詳細❷）。

(7)　賃借人は，賃貸借期間未経過で終了した場合の前払い賃料返還請求権を被保全債権として，受託者との間で信託受益権に対して質権を設定する質権契約を締結する（信託96条1項）。質権設定は，対抗要件として登記又は通知などの対抗要件具備が必要となる（民364条参照）（詳細❷）。

(8)　オーナーは，信託指図人との間で，信託の指図について業務委託契約を締結し，代理権も付与する。この指図者は，無償で指図を行う内容となっている。信託業法28条では，信託財産の管理又は処分の方法について指図を行う業を営む者は，指図権者として，忠実義務を負っている（信託業法65条，66条）。もっとも，無償で指図を受託したとしても，民法上善管注意義務を負う（民644条）（詳細❹）。

(9)　オーナーが，建築会社との間で，信託財産である古民家の改修工事の設計・施工に関して，請負契約を締結する。支払いは指図権者からの指図に従って，受託者が受領した一括前払い賃料から支払う（詳細❸・❺）。

(10)　改修工事の際，工事によって設置された動産は，建物に付合していく（信託17条，民242条本文）が，あくまで発注者がオーナーであるために，信託財産に設置される動産などの権利の帰属が不明確になるおそれもある。そこで，所有関係を明確にして紛争を予防するため，改修工事の結果追加された動産類についても信託財産に付合して，受託者所有となる内容の約定を，信託契約で明確にしておくことも考えられる（詳細❶）。

◧ 事例編

(11) 賃借人は，自らが転貸人となって，改修後の信託財産を賃貸し収入を得る。当然，転貸借契約の際には，賃貸人の承諾が必要であるが，賃貸借契約の際に，包括的約定を規定しておくことで自由に転貸が可能となる（詳細❷）。

(12) 信託契約が終了し，対象不動産はオーナーに返還される。

5　解　説（税務面）

(1)　受益者等課税信託の所得税法上の取扱い

　古民家を委託者が信託し，受益者となるが，この信託に関しては，税法上，受益者等課税信託に分類される。

　受益者等課税信託とは，信託財産から生ずる所得は，発生時に受益者等に帰属するという特徴がある。信託財産から生ずる収入や費用，信託財産に属する資産や負債は，受益者等に帰属するものとみなして税法上は取り扱われることとなる（所法13条1項）。

　本スキームのように委託者＝受益者＝オーナー1名の場合は，信託設定時に委託者から古民家の所有権が受益者に移転するが，税法上は譲渡がなかったものとして取り扱われる（所基通13－5(1)，消基通4－2－1(1)）。また，信託終了時に受託者から委託者兼受益者に不動産の所有権が移転されるが，この時点でも税法上は，譲渡がなかったものとして取り扱われる（所基通13－5(2)，消基通4－2－1(2)）。

　本スキームにおいて，受益権に質権が設定されるが，この質権の設定により，受益者等課税信託の所得の納税義務者が変更になることはない。

　受益者等課税信託においては，発生時に受益者に所得が帰属することとなるから，受託者から利益が受益者に分配されなくとも，信託財産から所得が生じた場合は，受益者に対して納税義務が生ずる可能性もある。また，信託から生ずる所得が不動産所得であるときは，その不動産所得の金額の計算上生じた損失の金額はなかったものとされる（措法41の4の2第1項）。つまり，信託から生ずる損失は，他の所得とも損益通算できないし，不動産所得内の

事例2　古民家（町家）の保存・再生のための信託

通算もできない。

　したがって，本スキームにおいては，信託期間を通じて所得も損失も生じないようなスキームが納税コスト負担等の観点から理想的である。

(2) 前払い家賃

　本スキームにおいて，最初に前払い家賃を受託者は受け取る。この時点で前払い家賃が全額収入として認識されると，納税コストが多額に生ずる可能性もあり問題である。そこで，前払い家賃が，期間の経過とともに収入金額として認識されるようにすることが重要である。

　まず，契約書であるが，当初受け取ったものが，前払い家賃であり，契約期間の中途で解約された場合は，残存期間の前払い家賃を返還する旨等を定める必要がある[3]。

　次に，個人が不動産貸付を事業的規模で営んでいる場合[4]で，収入金額の全部につき，継続的にその年中の貸付期間に対応する部分の金額がその年分の総収入金額に算入され，帳簿上，前受収益の経理が行われ，確定申告書に明細書の添付が行われていること等一定の要件が満たされているときには，前払い家賃のうち未経過部分を繰り延べる処理をすることが認められている[5]。

　なお，事業的規模で営んでいない個人に関しては，取扱いが明らかにされていないことから事前に課税当局に確認をとることが望まれる[6]。

---

[3]　前払い家賃ではないが，平成17年1月14日「定期借地権の賃料の一部又は全部を前払いとして一括して授受した場合における税務上の取扱いについて」において，前払賃料について定めた定期借地権設定契約書の書式例が開示されている。
http://www.nta.go.jp/shiraberu/zeiho-kaishaku/bunshokaito/shotoku/050107/02.htm

[4]　建物の貸付に関しては，5棟10室基準を満たせば，事業的規模と考えられている（所基通26-9）。

[5]　昭和48年11月6日　直所2-78「不動産等の賃貸料にかかる不動産所得の収入の計上時期について」

[6]　定期借地権の前払い賃料につき，一定の書式で契約書が作成された場合においては，期間の経過に応じて収益計上することが認められているが，個人に関しては，不動産貸付の規模が事業的規模か否かの区別がないことから，事業的規模に満たない場合においても，期間の経過に応じて収益計上することが認められると考えられる。平成17年1月14日「定期借地権の賃料の一部又は全部を前払いとして一括して授受した場合における税務上の取り扱いについて」

◀事例編

(3) 減価償却の耐用年数

　信託された古民家は，改築がなされ賃貸の用に供されることとなるが，この古民家の減価償却の耐用年数が長ければ，毎年の償却費が少なくなることから課税所得が生ずる可能性もある。そこで，耐用年数がどのくらいになるのか検討する必要がある。

　改築費用は，通常は，資本的支出に該当し，建物の取得価額に加算されることとなるが，この改築費用が，再取得価額（中古資産である古民家と同じような建物で新築されたものを取得する場合の取得価額）の50％に相当する金額を超えるときには，法定耐用年数により償却しなければならない。改築費用が再取得価額以下の場合で，簡便法（改築費用の額がその古民家を古民家の状態で取得した場合の取得価額の50％以下である場合）の適用ができないときには，使用可能期間で償却することとなる。この場合の使用可能期間であるが，信託期間を通じて賃貸の用に供するために，あらかじめ前払い家賃を受け取っていることから，少なくとも信託期間以上の年数で償却すべきでないかと考えられる。

(4) 有限責任事業組合の出資者の処理

　本スキームにおいて，マスターレッシー（貸借人／転貸人）は，有限責任事業組合である。有限責任事業組合は，組合契約であるが，組合員の責任限度が出資金額に限られるという特徴がある。税法上の取扱いは，受益者等課税信託と同様に，組合で生じた所得は，組合員に帰属されることとなる。したがって，各組合員が，マスターレッシー事業を行っているものとして，サブリース契約（転貸借契約）から生じた賃料収入や期間の経過に伴い費用化される支払い家賃等の費用は，原則的には，各組合員に対して出資の価額に応じて分配されることとなる。

　なお，有限責任事業組合から生ずる所得の計算上生じた損失がある場合は，組合員が個人，法人のいずれに該当するときも，損失の取込みに制限があることに留意すべきである（措法27条の2，67条の13）。

(5) 不動産取得税・登録免許税の取扱い

　本スキームにおいて，受託者が不動産を取得した時点で不動産取得税は課

事例2　古民家（町家）の保存・再生のための信託

されない（地法73条の7第1項3号）。また，受託者から委託者兼受益者に不動産が返還された時点でも不動産取得税は課されない（地法73条の7第1項4号イ）。

　委託者から受託者に不動産が信託された時点での所有権の信託に係る登録免許税の税率は，建物は0.4％であるが，土地に関しては下記の軽減措置が設けられている。

特　　例		
～平成23.3.31	～平成24.3.31	～平成25.3.31
0.20％	0.25％	0.30％

　信託終了時に，信託登記を抹消する必要があるが，本スキームの場合は，信託終了に伴う抹消登記のための登録免許税が不動産1個につき1,000円が課される。

(6) **信託期間中に委託者兼受益者が死亡した場合の取扱い**

　信託期間中に委託者兼受益者に相続が発生する可能性も当然考えられる。例えば，委託者兼受益者が信託期間中に死亡した場合で相続人が受益者となる定めがあるときには，その相続人が，受益権を遺贈により取得したものとして相続税が課されることとなる（相法9条の2第2項）。この場合の課税価格は，信託された不動産を取得したものとして算定されることとなる（同条6項）。また，相続税の申告期限までに，賃貸事業継続要件等が満たされている場合においては，小規模宅地等の特例の適用（200㎡まで50％減額）は可能であると考えられる（措通69の4－2）。

　なお，相続人が受益者としての地位を引き継ぎ，信託終了後にその相続人が信託された不動産を取得した場合は，その相続人に不動産取得税は課されない（地法73条の7第1項4号ロ）。受益者が変更される相続時に受益者変更登記のため不動産1個につき1,000円の登録免許税が課される。また，信託終了時には，信託抹消登記（登録免許税は不動産1個につき1,000円）とともに，相続による移転登記が必要であり，この移転登記に係る登録免許税の税率は0.4％である。

◆事例編

〈ポイント〉
(1) 信託設定時，終了時，不動産の譲渡所得税や不動産取得税が課されることはない。登録免許税は課される。
(2) 信託期間中に所得も損失も生じないような損益状況であることが望ましいことから，特に，前払い家賃や減価償却の税務上の取扱いに関して留意すべきである。
(3) マスターレッシー（賃借人／転貸人）が有限責任事業組合である場合には，各々の組合員が転貸業を営んでいるものとして，税務上，取り扱われる。
(4) 信託期間中に受益者が死亡した場合は，次の受益者が遺贈により信託財産である不動産を取得したものとみなされる。

6 苦労話

この事業は国土交通省の平成21年度「地方における不動産市場活性化事業」の1つとして実施されたものである。不動産信託の基本的な仕組みや事業の特長などの説明・解説手法から，事業実施に至る専門的な知識の習得に至るまで，今回の事業過程において，蓄積したノウハウは深く，幅広い。

これらのノウハウの蓄積は，今回の事業対象となった市街地近郊の古民家再生のみならず，「伝統的建造物群保存地区にある歴史的建造物」や「景観地区内の建築物」，「地域特有の町家」など，他に想定される古民家（町家）の保存・再生事業での活用を本事業のコンセプトに位置付けたからこそ，もたらされた結果である。

7 契約書式

本契約書式は，国土交通省ホームページ「地方における不動産証券化市場活性化事業」（http://tochi.mlit.go.jp/tocjoh/chihou_fudousan/pdf/neyagawa_1.pdf）に公表されたものを抜粋したものである。

不動産管理処分信託契約書

○○○○（以下「委託者兼当初受益者」という。）と，○○○○（以下「受託者」という。）との間で，以下の不動産管理処分信託契約（以下「本契約」といい，本契約により設定される信託を「本信託」という。）を締結した。

第1章　定　　義

第1条（定義）

本契約において用いる用語は，別に定めのない限り，以下の意義を有する。

① 「信託土地」とは，別紙1本件不動産目録記載の土地及びこれに付随する一切の権利をいう。

② 「信託建物」とは，別紙1本件不動産目録記載の建物及びこれに付帯する設備並びにこれらに付随する一切の権利（本契約第10条の2による改修後の建物等を含む。）をいう。

③ 「信託不動産」とは，信託土地及び信託建物を総称していう。

④ 「受益権」とは，本信託の受益権をいう。

⑤ 「受益者」とは，本契約締結時点では委託者兼当初受益者である○○○○（以下「当初受益者（委託者）」という。）を，第27条に従って受益権が譲渡された場合には，これにより受益権を譲り受けた者，または，同条第7項により受益者の地位を承継した者をいう。

⑥ 「受益者等」とは，受益者及び第14条に定める代理人を総称していう。

⑦ 「信託財産」とは，第28条に定める信託の元本，第29条に定める信託の収益及び第30条に定める信託の費用を総称をしていう。

⑧ 「本件賃貸借契約」とは，本契約締結後，信託不動産に関し，受託者が締結する賃貸借契約をいう。

⑨ 「本件賃借人（「本件転貸人」と同じ。）」とは，本件賃貸借契約の賃借人をいう。

⑩ 「本件転貸借契約」とは，本契約締結後，信託不動産に関し，本件賃借人が締結する転貸借契約をいう。

⑪ 「本件転借人」とは，本件転貸借契約の転借人をいう。

⑫ 「信託事務処理に必要な費用」とは，信託財産に関して支払われる公租公課，信託不動産修繕費用，本件賃貸借契約に基づく管理費用・管理手数料その他の信託不動産の管理に要する費用，損害保険料，信託不動産の売却に要する費用，借入金等の利息及び弁済金，その他信託事務の処理に必要な諸費用を総称していう。

⑬ 「専門業務委託先」とは，受託者が一部業務を再委託する専門業者のことをいう。

◖事 例 編

第２章　信託の成立

第２条（信託の成立及び目的）
　１．当初受益者（委託者）は，受託者に対し，信託不動産を，当該信託不動産の管理・処分を目的として信託し，受託者はこれを引き受けた。
　２．受託者は，信託不動産及びその他の信託財産の管理・処分等の信託事務につき，本契約に別段の定めがある場合を除き，受益者等による指図に基づいて行うものとする。

第３条（当初受益者）
　本信託の元本及び収益の当初受益者は，委託者とする。

第４条（信託期間）
　１．本契約の信託期間（以下「本信託期間」という。）は，平成21年（2009年）12月14日から平成32年（2020年）12月31日までとする。
　２（略）

第５条（所有権移転及び信託の登記）
　１．当初受益者（委託者）は，本契約の締結とともに，信託不動産について一切の担保権その他第三者の権利に服さない完全な所有権を受託者に対し移転するものとし，当初受益者（委託者）及び受託者は，信託不動産について本契約締結後直ちに信託による所有権移転の登記及び信託の登記を行う。
　２・３（略）

第６条〜第９条（略）

第３章　信託財産の管理・改修及び処分

第10条（略）

第10条の２（信託不動産の改修）
　１．当初受益者（委託者）は，本契約締結後，受託者との協議に従い，別紙１本件不動産目録のうち主である建物の表示に記載された建物等（以下「本件建物等」という。）を改修する。
　２〜９（略）

第10条の３（専門業務委託先への信託業務の一部委託）
　１．受託者は，受益者等の指図によって，又は，自己の責任をもって，専門業務委託先を選任し，これに信託事務の一部を委託することが出来る。
　２．受益者等は，受託者の承諾を得て，専門業務委託先の変更に係る指図を行うことができる。
　３（略）

第10条の４（略）

第10条の５（指図変更等の協議）
　１．第10条第１項の規定に拘らず，受託者は，次の各号の一に該当する場合には，受益者等に対し，受託者が適切と判断する指図を求めまたは不適切と判断する指図の変更・撤回を求めるための協議を申し入れることができる。
　　①〜⑤（略）
　２（略）

第10条の6 (受託者による信託不動産の無償使用)
　受託者は，信託不動産の管理事務を遂行するために緊急に必要があるときは，信託不動産の一部を無償で使用することができ，かかる場合については受益者等に対し事後に書面による報告をする。また，受託者は，受益者等の承諾を得て，信託不動産の管理に必要な範囲で，専門業務委託先に信託不動産の一部を無償にて使用させることができる。
第10条の7 (略)
第10条の8 (信託財産の分別)
　受託者は，信託法第34条の規定に基づき，本件信託財産に属する財産を，受託者の固有財産又は受託者が第三者から委託した他の信託財産とは分別して管理するものとする。
第11条 (略)
第12条 (信託不動産の賃貸借)
　1．受託者は，本信託契約締結と同時に，受益者等の指図に従い，受託者が承認する本件賃借人との間で，別紙1本件不動産目録のうち，主である建物及び附属建物のうち倉庫・便所については本件賃貸借契約を締結し，また○○○○との間では，附属建物のうち，居宅については一般的な不動産賃貸借契約を締結し，信託不動産を賃貸する。
　　　但し，各々の賃貸借契約は，本信託契約が終了する場合，同時に終了することとし，受託者は，各々の賃貸借契約にその旨の条項を入れるものとする。
　2．○○○○（マスターレッシー）との間で締結される本件賃貸借契約の内容は，別紙10の不動産賃貸借契約書（マスターリース契約書）の通りとし，○○○○との間で締結される不動産賃貸借契約は一般的な書式を使用し，その雛形の添付を省略する。
　3．受託者は，受益者等の指図に基づいて，本件賃貸借契約の内容を変更することができるものとする。
　4．受託者は，本件賃借人の支払停止又は破産その他支払能力の悪化により信託財産又は受益者が被った損害につき，責任を負わないものとする。
第13条 (略)
第14条 (指図権行使の委任)
　1．受益者は，本契約に定める受益者の指図権の行使について，受託者の承諾を得て，代理人を選任することができるものとする。
　2．前項の代理人が選任された場合，受託者は当該代理人のみの指図に従うものとし，また，本契約に基づく受益者に対する請求，催告，協議，報告及び債務の履行（信託元本及び収益配当の交付を除く）については，代理人のみを相手方としてこれを行なえば足りるものとする。
第15条 (略)
第16条 (信託事務処理に必要な費用)
　1．信託事務処理に必要な費用は受益者の負担とする。受託者は，信託事務処理に必要な費用を信託財産から支弁するものとし，信託財産からの支弁で不足する場合には，受益者に支払の都度もしくは予め請求することができる。受託者が信託事務を処理するために過失なくして受けた損害の賠償もしくは補償についても同

様とする。
2．受託者は，前項の信託事務処理に必要な費用の支払いに関して信託財産から支弁することができない場合で立替払いを行ったときは，当該立替金及びこれに対する年14％（年365日の日割計算）の割合で計算した利息金を信託財産から受け入れまたは受益者に請求することができる。受託者が信託事務を処理するために過失なくして受けた損害の賠償もしくは補償について信託財産から支弁することができない場合も，当該請求額につき同様とする。

第17条（信託財産に属する金銭の管理）
1．受託者は，受益者等の事前の指図により，信託財産に属する金銭を定期預金その他の方法により管理することができる。
2．受託者は本契約締結日から受益者等より前項の指図あるまでの間○○○○に普通預金口座を開設し，当該普通預金口座（以下「信託口座」という。）にて信託財産に属する金銭を管理する。

第18条〜第20条（略）

第21条（受託者の善管注意義務と免責）
1．受託者は，本契約の本旨に従い，受益者のために忠実に信託事務を遂行し，かつ善良な管理者としての注意をもって専ら受益者の利益のために信託事務を処理するものとする。
2．受託者は，受益者等の指図（別途受益者等の承諾を得た場合にはその承諾を含む。）に従い，善良なる管理者としての注意をもって信託事務を処理する限り，当該信託事務によって生じた信託財産の価格の下落（管理運営状況に起因する物理的なまたは経済的な減価を含む。以下同じ。）または信託事業収支の悪化その他の信託財産，受益者又はその他の者に生じた損害（以下，総じて「損害等」という。）について，その責を負わない。別紙4容認事項（もしあれば）に記載の事項に起因する信託財産の価値の下落または信託事業収支の悪化その他の損害等についても，同様とする，但し，次の各号のいずれか一つに該当する信託不動産の管理業務の結果は，受託者に故意又は重過失がない限り，善良なる管理者の注意義務及び忠実義務を果たしたものとみなす。
① 受益者等の指図がない場合又は受益者等からの指図が遅延したことにより受託者が自ら判断して行った信託不動産の管理事務
② 第10条の5第2項に基づき受託者が相当の又は合理的と認める方法で処理した管理事務
③ 第10条の6に基づき受託者が行った信託不動産の使用
④ 信託建物の賃借人・転借人又は現実の使用者のなした行為
3〜5（略）

第22条・第23条（略）

第24条（訴訟代理人の選任）
1．受託者が受託者事務処理に関し訴訟手続きを行う場合は，訴訟代理人は受託者が選任し，その費用は第16条の規定に従い支出する。
2．受託者は，受益者等からの訴訟手続きに関する指図を受けた場合は，その指示に従う。

第25条（略）

第4章 受 益 権

第26条（受益権）
 1．受益者は，本契約の定めるところに従って信託の配当金を請求することができる。
 2．受益者は，本契約が終了したときは，本契約の定めるところに従って信託元本の交付を請求することがでる。
 3～5（略）

第27条（受益権の譲渡・承継・質入）
 1～6（略）
 7．当初受益者（委託者）が受益者である間に，当初受益者（委託者）の死亡により受益権を譲受ける者は，○○○○氏（受益権の承継者）とする。

第5章 計　　算

第28条（信託の元本）
 1．契約においては，次の各号に掲げるものを信託の元本とする。
  ① 信託不動産（第10条の2第7号により受託者が受入れた改修本件建物を含む。）
  ② 本件賃貸借契約に基づいて受け入れた敷金・保証金等の内返還すべき債務
  ③ 第22条により受託者が受入れた金銭（但し，第30条の信託の費用の支払いに充当するため，第29条により信託の収益として処理されたものを除く。）
  ④ 信託不動産の代償として取得した財産（但し，ガラスの破損等に伴い取得する保険金等軽微なものについてはこの限りではない）
  ⑤ 第32条第2項で元本に組入れられた額の累計額
  ⑥ 第23条に基づく信託不動産の処分によって受け入れた金銭
  ⑦ その他前各号に準ずる資産及び債務
 2（略）

第29条（信託の収益）
 1．本契約の計算においては，次の各号に掲げる者を信託の収益とする。
  ① 信託不動産の賃貸から生ずる賃料
  ② 信託財産に属する金銭の管理から生ずる収益
  ③ 第28条第1項第4号括弧書に定める財産
  ④ その他前各号に準ずるもの
 2．第30条の信託の費用の支払いに充当するために受益者より受け入れた金銭は，これを信託の収益に計上することができる。

第30条・第31条（略）

第32条（配当金の交付）
 1．第29条に定める信託の収益から，第30条に定める信託の費用を差し引いた金額をもって純収益または純損益とする。
 2．受託者は，純収益から，その範囲内において，信託不動産に係る当期の資本的支出額を適時に元本に組入れる。

3．受託者は，純収益から第10条の２第７項記載の追加信託の引受け完了に伴い，当初受益者（委託者）を代位して本件建物改修工事代金を，同条第６項に記載された者に支払うものとする。
 4．純収益から本条第２項の元本組入額及び前項の本件建物改修工事代金を控除した額を配当金とし，計算期日から１ヶ月以内に，受託者所定の方法により計算期日当日の受益者に交付する。但し，受益者の指図により，受託者が認めた場合，配当金の一部を計算期間中に，受託者の定める方法により支払うことが出来る。
 5．純損失が見込まれる場合，受託者は，純損失見込み額を受益者に請求し，受益者は５営業日以内に当該支払いを行わなければならない。
 6．本条の計算において，信託配当交付可能額の計算にあたっては，計算期間中における消費税等の受払差額を含めた形で行うものとし，当該消費税等の納税義務は受益者の負担とする。

第33条〜第35条（略）

第36条（信託報酬）
　　受託者は，受託時に金〇〇〇〇円，信託期間中の決済毎に金〇〇〇〇円の信託報酬及びそれに課税される消費税等を，信託財産から受け入れ，又は受益者に対し請求することができる。

　　　　　　　　　　…………以下略…………

　以上，本契約の成立を証するために契約書正本２通を作成し，委託者及び受託者が各１通保有する。

　平成21年12月14日

　　　　　　　　　　　委託者兼当初受益者
　　　　　　　　　　　　　住　　所　　〇〇〇〇〇〇〇〇
　　　　　　　　　　　　　氏　　名　　〇〇〇〇　㊞

　　　　　　　　　　　受託者
　　　　　　　　　　　　　住　　所　　大阪市北区〇〇〇〇
　　　　　　　　　　　　　氏　　名　　〇〇〇〇
　　　　　　　　　　　　　　　　　　　代表取締役　〇〇〇〇　㊞

事例3 共有不動産の管理・承継を円滑にするための共有不動産管理信託

大阪不動産コンサルティング事業協同組合　提供事例
受託信託会社：きりう不動産信託株式会社

1　事案の概要

(1) 「他の共有者から管理を任され煩わしい思いをしている。」,「相続を重ねるごとに共有者が増え,共有者間の意思統一をこれからも続けられるか不安」,「不動産を共有することのリスクを聞いて心配になった。」など,不動産の共有には様々な問題がある。「共有不動産管理信託」は,このような問題を解決するための1つの選択肢になる。

この事例は,高齢者の母親とその息子Aとが,賃貸を目的として共有で取得した分譲マンションの一戸（区分所有建物）を,①受託者による賃貸管理と,②円滑な財産承継と共有状態の解消を目的として信託したものである。

(2) このコンサルティングは,息子Aからの財産承継に関する相談で始まった。

「母親と私が持分2分の1ずつの共有で取得した分譲貸マンションがある。購入は,固定した収入を得るために加えて,母親が取得資金を借入れすることによる"相続税の軽減"が狙いだった。その後の賃貸経営は順調で,母親は健在しており,借入金がほぼ返済できた。今後のことを考えると,共有状態を解消していきたいので,その方法を教えてほしい。」という相談であった。

Aの父親は他界しており,母親の推定相続人はAと妹と2名だけである。Aに配偶者はいるが子供はいない。共有不動産のそれぞれの持分は,法定相続分に従うと,次のようになる。

① 母親が被相続人である場合の法定相続分割合

◀事例編

　母親がAより先に死亡した場合には，共有不動産における母親の持分2分の1を，法定相続分に従い，Aと妹が2分の1ずつ相続することから，Aの持分は4分の3，妹の持分は4分の1になる。

　その後，Aが死亡した場合，共有不動産におけるAの持分4分の3を，法定相続分に従い，その4分の3をAの配偶者が，4分の1を妹が相続することとなる。

　したがって，その場合のAの配偶者の持分は16分の9，妹の持分は16分の7になる。

② Aが被相続人である場合の法定相続分

　共有不動産におけるAの持分2分の1を，法定相続分に従い，その3分の2をAの配偶者が，3分の1を母親が相続することから，Aの配偶者の持分は3分の1，母親の持分は3分の2になる。

　その後，母親が亡くなった場合は，母親の持分3分の2の全部が妹の法定相続分となる。

2 スキーム図・スキーム詳細

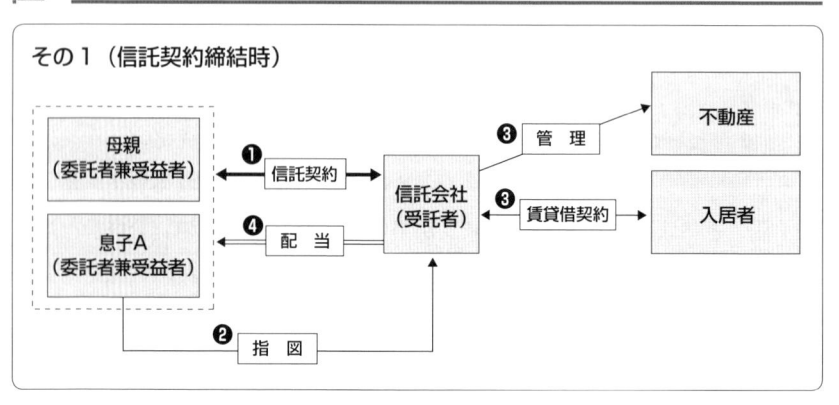

その1（信託契約締結時）

❶……共有者全員（Aと母親・委託者兼受益者）は，信託会社（受託者）との間で，共有の不動産等（分譲マンションの一戸）を信託財産とし，不動産管理処分信託契約を締結する。その場合，信託契約において，共有持

事例3　共有不動産の管理・承継を円滑にするための共有不動産管理信託

分割合と同じ比率で信託受益権を取得する旨を規定する（A2分の1，母親2分の1）。

委託者であるA及び母親は，信託契約において，母親が死亡した時点で，Aが生存している場合は，母親の受益権をAが取得し，Aが既に死亡している場合は，Aの配偶者が取得する旨規定する。一方，Aが死亡した時点で，Aが持つ受益権すべてをAの配偶者が取得する旨の規定を定めておく。

❷……信託契約では，Aの母親が将来，認知症になってしまう場合等を想定し，あらかじめ行使する指図権の内容と指図人をAと定めておく。

❸……受託者である信託会社は，信託の本旨に従って，信託不動産の管理や，賃貸などの信託事務を行う。

❹……信託会社は，信託不動産を賃貸して得られた収入から，信託報酬や修繕積立金のほか，火災保険料，管理費，固定資産税など信託不動産の管理等に必要な費用を控除した後，信託受益権持分割合に基づいて各々の受益者に配当する。

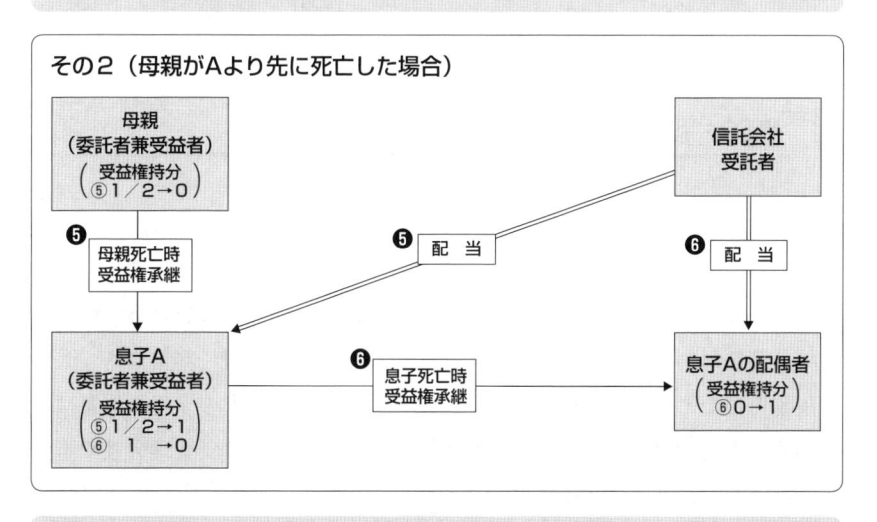

その2（母親がAより先に死亡した場合）

```
┌─────────────────┐                          ┌─────────┐
│      母親        │                          │ 信託会社 │
│ （委託者兼受益者）│                          │  受託者  │
│  (受益権持分)    │                          └────┬────┘
│  ⑤1/2→0        │                               │
└────────┬────────┘                               │
         │                                        │
   ❺母親死亡時      ❺ ┌────┐                    ❻ ┌────┐
   受益権承継          │配当│                       │配当│
         │            └────┘                       └────┘
         ▼              ↘                            │
┌─────────────────┐   ❻┌──────────┐        ┌────────▼────────┐
│      息子A       │────│息子死亡時│───────→│  息子Aの配偶者   │
│ （委託者兼受益者）│    │受益権承継│        │  (受益権持分)    │
│  (受益権持分)    │    └──────────┘        │   ⑥0→1          │
│  ⑤1/2→1        │                        └─────────────────┘
│  ⑥ 1 →0        │
└─────────────────┘
```

❺……信託契約に従い，母親がAより先に死亡した場合，母親の所有する受益権はAが承継し，受益権の共有状態は解消される。

❻……その後，Aが死亡した場合には，Aの配偶者に受益権が承継される。

195

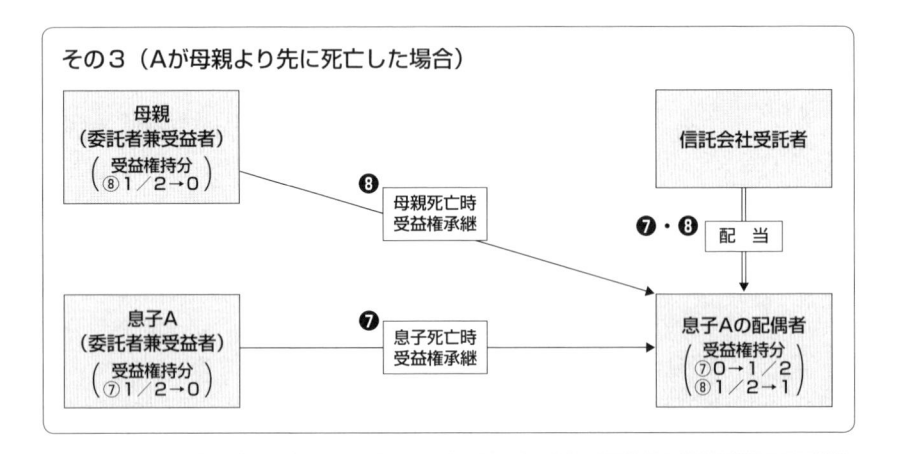

● 事 例 編

```
その3（Aが母親より先に死亡した場合）

┌─────────────────────────────────────────────────────────┐
│  ┌──────────────┐                    ┌──────────────┐   │
│  │    母親      │                    │ 信託会社受託者│   │
│  │(委託者兼受益者)│                   └──────────────┘   │
│  │ (受益権持分)  │──❽ 母親死亡時                         │
│  │  ⑧1/2→0    │    受益権承継        ❼・❽  配 当      │
│  └──────────────┘                                       │
│                                      ┌──────────────┐   │
│  ┌──────────────┐                    │ 息子Aの配偶者│   │
│  │   息子A      │  ❼ 息子死亡時      │ (受益権持分) │   │
│  │(委託者兼受益者)│─── 受益権承継────→│ ⑦0→1/2    │   │
│  │ (受益権持分)  │                    │ ⑧1/2→1    │   │
│  │  ⑦1/2→0    │                    └──────────────┘   │
│  └──────────────┘                                       │
└─────────────────────────────────────────────────────────┘
```

> ❼……Aが母親より先に死亡した場合，Aの所有する受益権は信託契約に基づいてAの配偶者が取得し，母親とAの配偶者が受益権を2分の1ずつ共有する。
>
> ❽……その後，母親が死亡した場合は，既にAは死亡しているため，母親の受益権持分がAの配偶者に承継され，共有状態は解消される。

3 信託方式を採用した理由やメリット

(1) 分譲マンションにおいて，保有にかかる維持管理は一般的に，マンションの管理組合から管理会社に委託されるため，保有コストはかかるものの，その手間は大きくない。しかし，賃貸経営については，賃貸募集，契約の締結及び解約手続，入退去処理，入金管理，入居者管理，経常修繕，改装，税務申告など，たとえ一戸の賃貸であっても，賃貸経営の一連の作業は，いずれも欠かすことができず，作業の一部又は全部を賃貸管理会社や不動産媒介業者に委託するケースが多い。

　不動産管理信託は，信託という制度の下で受託者が不動産管理・賃貸管理を行う（税務申告は受益者が行う）ものであり，信託会社が，信託不動産の所有者として賃貸経営を行い，受益者は，その配当を受ける。つまり，今回の事例において，不動産管理信託は，賃貸不動産管理の一手法として

採用されたといえる。
(2) 不動産の共有にはいくつかのリスクがあり，親子で共有している時点では問題視されていないリスクが，相続の発生などにより，共有者や共有者の持分などが変わることによって顕在化することがある。

この事例では，①譲渡・処分における共有者全員の同意，②利用・改良行為としての管理（共有物の賃貸借契約の締結・解除など）の共有者の過半数による決定，③共同賃貸人に対する敷金返還債務の「全額」の履行請求（敷金返還債務は不可分債務に当たると理解されている。）といった共有リスクがそれにあたる。

不動産管理信託では，信託行為の定め（任意規定）によって，将来発生するおそれのある，これらのリスクを回避することができる。

(3) 今回の事例は，不動産の共有持分の細分化を防止することが最大の目的であり，最終的にAの配偶者の単独所有にすることがAの希望（母親も同意見）であった。

仮に，母親がAの配偶者に共有持分を売却すれば，母親は一時的にまとまった収入を得るが，存命中にできるだけ毎月一定の収入を確保しておきたい母親にとって好ましい選択ではなかった。

そこで，①Aがこの区分所有建物の共有持分（将来取得する持分を含む。）をAの配偶者に，②母親の共有持分をA（相続時点でAが生存していない場合はAの配偶者）に取得させるという遺言による相続（遺贈）と，信託による方法とを比較し，結局，遺言よりも信託による方法がシンプルであり，また，信託契約を変更して，受益権の承継方法を変えるためには「受益者全員の同意」を要件にすることができる信託にメリットがあるとした（遺言は単独で取消し・変更可能）。

(4) 認知症などにより，共有者に事理弁識能力がないとされる事態に至った場合の対象不動産の管理・処分においても，信託は効果的である。

共有者のうち1名が認知症であった時，本来はその者の法律行為が無効であるにもかかわらず，成年後見制度によらずに，他の共有者があたかもその者から代理権を付与されているものとして，賃貸借契約等の法律行為

■事例編

(不動産の売却,担保権の設定等は不可)を行っているケースは少なくない。

　本事例の場合は,信託契約にあらかじめ行使する指図権の内容と指図人を定めることによって,成年後見人が不在であっても,対象不動産の管理・賃貸に支障が生じないようにした(信託行為の定めは,信託不動産の管理・処分等に関してのみ有効であり,後見人の選任を妨げるものではない。)。

4 解　説(法律面)

(1)　本件信託契約の委託者は,不動産所有者であるAと母親が共同委託者となる。本件信託契約の目的物は不動産であり,信託契約の効力が発生し次第,不動産の所有権が,委託者から受託者に移転することになる。そして,信託契約当初から受益権を取得する受益者も,委託者であるAと母親がそれぞれ2分の1ずつ取得することになる(詳細❶)。

(2)　不動産が信託契約によって受託者に所有権移転した場合に,信託的移転の効力を第三者に対抗するには,所有権移転登記(民177条)のみならず,信託の登記を経る必要があることから(信託14条),本件でも母親とAから受託者への信託的移転について登記が必要となる(詳細❶)。

(3)　本件信託契約では,受益権がそれぞれ母親とAとで2分の1ずつ共有となっている。このように,受益者が複数いる場合の処理は,信託法上では105条以下に規定されており,受益者の意思決定については,原則は受益者の全員一致で意思決定することになる(信託105条1項)。もっとも,信託契約に原則と異なる別個の規定を定めることで,多数決などの方法によって受益者の意思決定ができる(信託105条1項ただし書)。

　したがって,受益者が2名で,特に信託契約に定めがない場合には,双方の意見が一致していないことには,受益者としての意思決定ができないことになって,受託者の信託財産の管理に支障が生じる可能性もある。

　そこで,本件のように,高齢者が受益者となっている場合には,認知症によって意思能力の有無の判断が微妙になる場合も想定されるので,Aを指図権者にしておくことで,受益者間の事情や受益者個人の事情が,管理

事例3　共有不動産の管理・承継を円滑にするための共有不動産管理信託

　　方法に影響を与ないことができる点で大きなメリットがあるといえる（詳細❷）。本件ではA死亡時にはAの妻が受益者兼指図人となるように工夫されている（「7　契約書式」第5条参照）。
(4)　本来所有権の所有者は，使用収益処分を行うことができる（民206条）ので，1つの不動産が複数の所有権者に共有されている状態や，複数人の不動産が入り組んでいるような場合には，関係者の利害対立や関係者の一部の者に認知症が進んでいるが成年後見申立てがなされていない場合に，不動産の一括管理が十分に行き届かない可能性がある。
　　そこで複数の不動産所有者が信託を設定することで，所有権が受益権という債権に転換することになる（転換機能）。そして信託財産である不動産は，受託者の単独所有となり，元所有者は，受益者として，信託制度の枠組みの中で受益権者としての権利を行使することとなるので，不動産管理が容易となる。
(5)　火災保険料・管理費・固定資産税などは，信託財産責任負担債務となる（信託21条1項5号）（詳細❹）。
(6)　母親の死亡によって，母親の有していた受益権はAが承継して取得することになる。この取得方法以外に，単純に母親名義の受益権をAが遺贈によって取得する方法もあるし，母親が死亡したことで母親の受益権が消滅し新たにAに受益権が発生すると信託に定める方法があり得る。
　　ただし，いずれにせよ，その受益権が母親の相続財産に対して占める割合によっては遺留分（民1031条）を侵害したものとして，妹から遺留分減殺請求を受ける可能性もあり得る（詳細❺）。[1]
(7)　その後，Aが死亡した場合，Aの所有していた受益権は，Aの配偶者が取得することなる。この場合も，本事例では受益権を承継取得しているが，その他の方法として遺贈で取得するのか，受益権がいったん消滅して，新たに妻に発生する方法もあり得ると思われる。

---

[1]　信託行為といえども遺留分減殺請求権行使の対象になるとされている。法制審議会信託法部会第28回，29回議事録。

▎事例編

　　　　この場合，兄弟姉妹には遺留分はないので（民1028条），妹から遺留分減殺請求権は行使し得ない（詳細❻）。
　　　　ここでの取得方法については，母親がAの配偶者に，受益権を遺贈することになる。
(8)　Aが，母親より先に死亡した場合には，信託契約の定めにより妻が受益者となる。この点，母親の遺留分を侵害している可能性があることから，理論上は母親から妻に対して遺留分減殺請求権行使もあり得るのであるが，本件スキームはもともと母親がA又はAの配偶者に所有権を集中させるための仕組みであるので，母親から遺留分減殺請求権行使の可能性は考慮していない（詳細❼）。
(9)　遺言代用信託の特例（信託90条1項本文）は，遺言代用信託が効果として遺言と同様の効果を有することから，遺言と同様に，いつでも変更可能とする内容の条文である。ただし，本件信託契約は，委託者死亡時の財産処分を規定している部分があるといえども，委託者が複数存在し，遺言代用信託とはいえないので，信託契約に特約を規定するなどの配慮は不要と思われる。

5　解　説（税務面）

(1)　**信託設定時の所得税の取扱い**

　共有不動産管理信託は，税法上，受益者等課税信託として取り扱われる。本スキームにおいては，複数の委託者により信託が設定され，受益権を持分割合に応じて取得するものである。

　複数の受益者がある場合には，原則として他の受益者が有することとなる部分については譲渡損益が計上されるものと考えられている[2]。

　例えば，甲が時価1億円（取得価額4,000万円）のX不動産を，乙が時価

---

[2]「改正税法のすべて　平成19年度国税・地方税の改正点の詳解」294頁（財団法人日本税務協会　2007）

事例3　共有不動産の管理・承継を円滑にするための共有不動産管理信託

1億円（取得価額6,000万円）のY不動産を共同で信託し、受益権を各々50％ずつ取得したとする。信託設定前は、甲はX不動産を100％、乙はY不動産を100％所有していたが、信託設定後は、甲はX不動産を50％、Y不動産を50％所有し、乙はY不動産を50％、X不動産を50％所有したものとみなされる。つまり、信託設定により、甲はX不動産の50％相当部分を乙に譲渡し、乙はY不動産の50％相当部分を甲に譲渡したものとみなされる。よって、甲は譲渡所得が3,000万円（（1億円－4,000万円）×50％）、乙は譲渡所得が2,000万円（（1億円－6,000万円）×50％）生ずることとなる。

本スキームにおいてはAと母親が各々50％ずつ共有する不動産等を信託し、共有持分割合と同じ比率でAと母親が受益権を取得することとなる。

信託設定前は、Aと母親は、各々、共有不動産の50％相当額を所有し、信託設定後もAと母親は、各々、共有不動産の50％相当額を所有したものとみなされる。信託設定により不動産の実質的な所有状況が変わらないことから、信託時点に譲渡損益は生じないものと考えられる。

(2)　**信託期間に生ずる所得の取扱い**

本スキームは、受益者等課税信託であることから、信託期間中の所得は受益者に帰属されることとなる（所法13条1項）。受益者が複数の場合は、権利の内容に応じて所得は帰属されることとなる（所令52条4項）。したがって、Aと母親が50％ずつ受益権を有している期間に生じた所得は、50％ずつAと母親に帰属されることとなる。受益者に相続が発生した時以後は、変更された受益権割合に応じて、相続以後の受益者に所得が帰属されることとなる。

(3)　**母親やAの相続時の相続税の取扱い**

母親の相続がAの相続よりも先に生じた場合は、母親の有していた持分割合50％の受益権はAが遺贈により取得したものとみなされる（相法9条の2第2項）。この相続の結果、Aが単独で100％の受益権を所有することとなり、その後、Aの相続が生じた時点で、Aの配偶者は、受益権を遺贈により取得したものとみなされる。

Aの相続が母親の相続より先に生じた場合は、Aの持分割合50％の受益権はAの配偶者が遺贈により取得したものとみなされる。そして、母親の相続

201

◖事 例 編

時にAの配偶者は，母親の持分割合50％の受益権を遺贈により取得したものとみなされる。

いずれの場合においても受益権の相続税評価額は，信託された不動産の価額に基づいて算定されることとなる（相法9条の2第6項）。

なお，不動産の賃貸管理業務を実際に行うのは，信託会社であるが，税法上は，受益者である母親又はAの死亡により，A又はAの配偶者が資産，負債を引き継ぎ，損益も帰属されることとなるから，相続開始時に貸付事業もA又はAの配偶者に引き継がれたものと考えられる。したがって，相続税の申告期限まで，その賃貸用不動産での事業継続要件等が満たされている場合には，小規模宅地等の特例の適用（200㎡まで50％減額）は可能であるものと考えられる（措通69の4－2）。

(4) **不動産取得税・登録免許税の取扱い**

Aと母親が不動産を信託した時点で，受託者側に不動産取得税は課されない（地法73条の7第3号）。

Aと母親が不動産を信託した時点で，所有権の信託に係る登録免許税が課される。この場合の登録免許税の税率は，原則は，0.4％であるが，土地に関しては特例が設けられており，次のような税率に軽減されている。

特　　　例		
～平成23.3.31	～平成24.3.31	～平成25.3.31
0.20％	0.25％	0.30％

相続が発生した時点で，受益者が変更されることから，受益者変更の登記が必要となり，登録免許税は不動産1個につき1,000円が課される。

〈ポイント〉
(1) 共有不動産管理信託は，税法上，受益者等課税信託に該当する。
(2) 共有持分割合で，委託者が受益権を取得することから，信託設定時に譲渡損益は生じない。
(3) 受益者が死亡すると，新受益者が，受益権に相当する不動産等を取

得したものとみなして相続税が課税される。

6 苦労話

(1) この相談を受けた頃は，信託に関する知識が豊富だったとはいえず，専門書を読み，専門家に問い合わせるなどして，信託を理解することから始め，クライアントに信託の基本的な仕組みを説明（対象不動産の信託に関する具体的な説明は，受託信託会社による。）できるまで，相当の労力を要した。

(2) この種のコンサルティングでは，信託による手法と信託以外の既存の手法を比較することにより，クライアントにとって最適と思える選択肢を提案することが重要になる。

具体的には，①賃貸管理形態，②受益権・所有権等の権利形態，③受益権の承継と遺言等による相続・遺贈などについての比較・検討を行うとともに，その結果に対する丁寧な説明が求められた。

7 契約書式

本契約書式は，事例を参考に執筆者が作成したもので，実際の書式とは異なる。

信託契約書

委託者〇〇（以下「委託者S_1」という。）と委託者〇〇（以下「委託者S_2」という）と受託者〇〇（以下「受託者」という。）は，以下のとおり信託契約（以下「本信託契約」という。）を締結した。

第1条（信託の目的）
　委託者（委託者S_1及び委託者S_2）は，別紙物件目録記載の不動産（以下「本件建物」という）を受託者が受益者のために管理することを目的として信託し，受託者はこれを引き受けるものとする。

第2条（信託契約の成立）
 1 委託者S₁及び委託者S₂は，本件建物を受託者に対し信託し，受託者はこれを引き受ける。
 2 受益者は委託者S₁及び委託者S₂とする。
第3条（信託財産）
 1 本件信託契約における信託財産は，本件建物とする。
 2 本件信託契約締結時より，信託財産の所有権は受託者に移転する。
 3 委託者S₁，委託者S₂及び受託者は，相互に所有権移転登記及び信託の登記に協力する。
第4条（受益権）
 1 本件信託契約に係る受益権は，委託者S₁及び委託者S₂がそれぞれ50％ずつ保有する。
 2 委託者S₁が死亡した場合に，委託者S₂が生存していた場合には，委託者S₂が委託者S₁の受益権を取得する。
 3 委託者S₂が死亡した場合には，委託者S₁の生存の有無にかかわらず，委託者S₂の配偶者が受益権を取得する。
 4 本信託契約に基づく信託受益権について，受益権証書は発行しないものとする。
 5 受益者は受託者の書面による事前の承諾なく受益権の分割，放棄，譲渡又は質入れその他の担保設定等の処分をすることができない。
第5条（指図人）
 委託者S₁は，委託者S₁以外の受益者を指図人として指名する。
第6条（信託財産の管理）
 1 受託者は，信託設定日以降，信託財産である不動産を，指図人が指図する方法のみにより管理するものとする。
 2 前項において，指図人が管理方法を指図しない場合は，受託者は信託業法2条3項2号に掲げる行為のみ行う。
 3 受託者は，信託設定日以降，信託財産を自己の固有財産及び他の信託財産と分別して管理するものとする。
第7条（受託者の任務）
 1 受託者は，本信託契約の規定に従い，善良なる管理者の注意をもって委託者S₁及び委託者S₂に対して忠実に信託事務を遂行するものとし，善管注意義務を履行している限り，原因の如何にかかわらず，本件信託財産に生じた一切の損害についてその責任を負わないものとする。
 2 指図人の通知等が遅滞し，又は行われなかった場合には，受託者は責任を負わないものとする。
 3 指図人の指図について，受託者が，法令に抵触する等合理的な理由で不適切と認めた場合，受託者は，委託者又は受益者に対し通知の上，その指図に従わないことができ，また指図の撤回を求めることができる。この場合，受託者に故意又は重過失がない限り，受託者の指図に従わなかったことにより本件信託財産に損害が生じても，受託者はその責を負わない。受託者は，いかなる場合においても，受託者の管理型信託会社としての性質に反するような指図に従う義務を負わないものとする。

事例3　共有不動産の管理・承継を円滑にするための共有不動産管理信託

第8条（信託期間）
　本件信託契約の期間は，平成〇年〇月〇日までとする。ただし，委託者S_1及び委託者S_2死亡後，受益者の申し出により終了する。
第9条（信託財産の計算期日及び計算期間）
　計算期日は信託契約成立から1年間とする。
第10条（残余信託財産の帰属権者）
　本件信託契約終了時において残存する信託財産（信託財産の運用益その他の果実を含む）は，受益者へ交付されるものとする。
第11条（信託契約の終了）
　1　本件信託契約は，第9条に定める信託期間の満了時の他，次に掲げる場合に該当することとなったときは終了する。
　　①　信託法第163条各号（第9号を除く）に定める事由が生じたときは当該日をもって終了する。
　　②　本信託契約に基づき解除された場合は当該解除日をもって終了する。
　2　委託者及び受益者は，合意により本信託を終了することはできないものとする。
　3　本件信託が終了したときは，受託者は遅滞なく本件信託についての清算事務を行い，信託財産状況報告書を作成し，委託者の生前は委託者，委託者の死後は指図人の承認を得たうえで，残余信託財産があるときは，本件信託契約第12条に従い信託財産を交付するものとする。
第12条（信託契約の解除）
　1　本件信託契約は，本件信託契約に別途定めがある場合を除き，解除できない。ただし，委託者，受益者及び受託者の書面による合意により解除することができる。
　2　委託者又は受益者が，この契約に基づく義務を履行せず，受託者が信託事務を処理することが著しく困難であると合理的に認めた場合，受託者は，委託及び受益者に対して契約の解除を書面により通知することにより（かかる書面には信託事務を処理することが著しく困難であると判断した合理的理由を示すものとする），本件信託契約を解除することができる。
第13条（信託契約の変更）
　本信託契約は，委託者（委託者が意思表示できない場合は指図人），受託者及び受益者の書面による同意により，変更することができる。
第14条（委託者の権利の制限）
　委託者は，受託者の承諾を得た場合でなければ，次の各号に該当することを行うことができない。
　　①　本件信託契約を取消し又は変更すること
　　②　受益者又は受益権の内容を変更すること
　　③　委託者の地位を放棄又は他人に譲渡すること
第15条（信託財産の管理に関する報告）
　受託者は，信託業法第27条第1項に定める信託財産の計算期間ごとに作成した信託財産状況報告書を委託者及び受益者に書面で交付しなければならない。
第16条（信託報酬）
　1　信託報酬は，〇円とする。

■ 事例編

　2　受託者が信託事務を処理するにつき特別の役務を要することが見込まれることとなったときは，受託者は，その信託事務の着手前に，委託者に算定根拠と金額を示し，その信託事務に関する指図を求めることができ，その信託事務を執行する場合には，信託報酬の追加を請求できる。

第17条（受託者の解任）
　委託者は，受託者に義務違反，管理の失当又は任務の懈怠その他不誠実若しくは不適切な行為があると認められる場合は，受託者に対してその行為の差止め，又は信託事務の処理の状況若しくは信託財産の状況につき説明を求め，受託者が正当な理由がないのにこれに応じないときは，受託者を解任できる。

第18条（受託者の辞任）
　受託者は，委託者の同意を得て辞任できる。

　　　　　　　　　　　　　　　　　　　　　　　　　　　　以　上

本件信託契約を証するため，契約書正本を3通作成して，委託者，受託者が本紙各1通を保有する。

　　　　　　　　平成　　　年　　　月　　　日

　　　　　　　　　委託者S_1　住　所　＿＿＿＿＿＿＿＿＿＿＿＿

　　　　　　　　　　　　　　　氏　名　＿＿＿＿＿＿＿＿＿＿㊞

　　　　　　　　　委託者S_2　住　所　＿＿＿＿＿＿＿＿＿＿＿＿

　　　　　　　　　　　　　　　氏　名　＿＿＿＿＿＿＿＿＿＿㊞

　　　　　　　　　指図人　　　住　所　＿＿＿＿＿＿＿＿＿＿＿＿

　　　　　　　　　　　　　　　氏　名　＿＿＿＿＿＿＿＿＿＿㊞

　　　　　　　　　受託者　　　住　所　＿＿＿＿＿＿＿＿＿＿＿＿

　　　　　　　　　　　　　　　氏　名　＿＿＿＿＿＿＿＿＿＿㊞

事例4 親亡き後の財産管理のための親族間における限定責任信託

税理士法人UAP　コンサルティング事例

1 事案の概要

　障害がある子供を持つ高齢者が，自分の死後の財産管理を考慮して，所有する賃貸不動産を信頼する甥に信託したいと申し出た。甥としてはお世話になった叔母さんの期待に応えたいのではあるが，賃貸不動産がテナント仕様に建築された特殊な建築物であり，現在のテナントが退去した場合における受託者としてのリスクを考えると，受託を躊躇せざるを得ない。なぜなら，信託の受託者は無限責任が原則であり，賃貸不動産の収入で固定資産税等の信託債務を支払えない場合には，自宅などの固有財産によっても，その債務履行の責任を負う必要があるからである。

　このような場合には，平成19年から施行された新信託法において創設された限定責任信託による受託が有効である。限定責任信託における受託者は，信託債務については信託財産のみをもって，その履行責任を負い，固有財産に対して強制執行等をされることはない。

2 スキーム図・スキーム詳細

❶……高齢者（委託者）は，甥（受託者）との間で賃貸不動産を信託財産，第1受益者を高齢者，第2受益者を障害がある子とし，限定責任信託とする旨を定めた不動産管理処分信託契約を締結する。

❷……甥は，受託者として不動産を所有・賃貸し，受取賃料から固定資産税等の経費を控除した残額を第1受益者である高齢者に交付する。

❸……甥は，委託者兼第1受益者である高齢者の死亡後は，第2受益者である障害がある子に交付する。

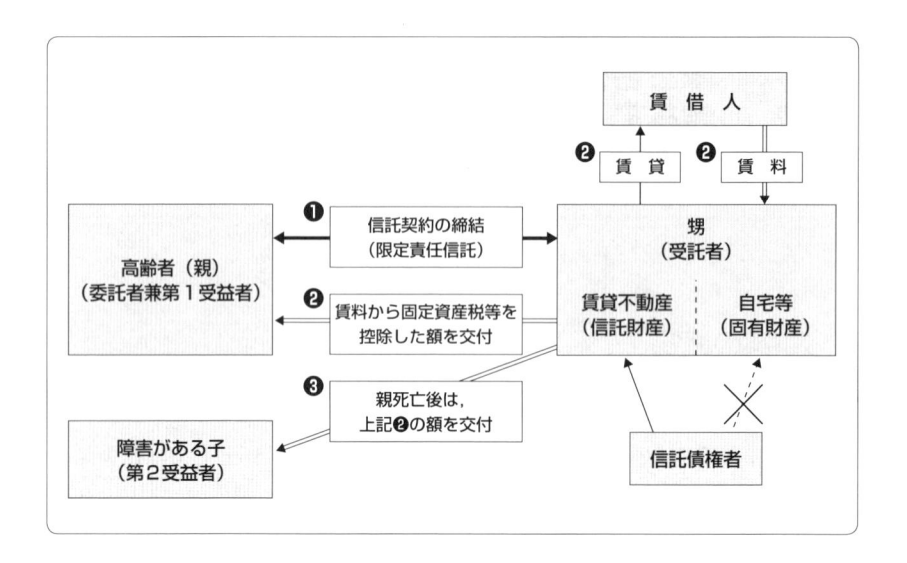

◀ 事例編

[図：信託スキーム図]

- 高齢者（親）（委託者兼第1受益者）
- 甥（受託者）
- 賃借人
- 障害がある子（第2受益者）
- 賃貸不動産（信託財産）
- 自宅等（固有財産）
- 信託債権者

❶ 信託契約の締結（限定責任信託）
❷ 賃料から固定資産税等を控除した額を交付
❷ 賃貸／賃料
❸ 親死亡後は，上記❷の額を交付

3 信託方式を採用した理由やメリット

(1) 取引の相手方と個別に責任財産限定特約を付す必要がない（ただし，限定責任信託では取引の相手方に対する限定責任信託である旨の明示義務はある）。

(2) 租税債務（固定資産税等），工作物の所有者責任（民717条1項ただし書），妨害排除義務，債務不履行責任，瑕疵担保責任に係る債務について，責任が信託財産に限定される。

(3) 限定責任信託による受託のため，信託債権者は，信託財産である賃貸不動産には強制執行等できるが，固有財産である自宅等には強制執行等できない。

(4) 本事例では，高齢の親が死亡した後の障害がある子の財産管理のため，甥が成年後見人となり，障害がある子に代わって所有する不動産を管理することも考えられるが，本スキームのように，甥が当該不動産を限定責任信託により受託することで同様の効果が得られる。また，後見開始申立てにかかる費用や，医師による鑑定費用，審判が下りるまでの時間なども削減できる。

(5) 本スキームの留意点として，①限定責任信託の登記が必要であること，

②企業会計の基準に応じた会計帳簿の作成等が必要となること，③信託財産の給付制限があること，④受託者は第三者責任を負うこと，⑤信託の清算時に債権者保護手続を要することなどが挙げられる。

4 解　説（法律面）

(1)　不動産信託契約は信託財産を不動産として設定する信託契約であるので，信託契約の効力が発生した場合には，信託目的不動産の所有権は受託者に移転することになる。不動産信託は，不動産という性質から，金銭信託に比べて受託者の管理の手間がかかる傾向にあるといわれている。

(2)　信託であることを第三者に対抗するには，所有権移転登記のみならず，信託の登記を経ることも必要となっている（信託14条）。

(3)　本信託は限定責任信託となっているので，受託者は，信託行為から発生した債務については，信託財産から弁済すれば足りることになる。

　　通常の信託においては，受託者が信託事務の処理として行った取引から生じた債務のように，信託に関して負担する債務については，受託者は信託財産のみならず，受託者の固有財産によっても，その履行の責任を負う。しかし，かかる受託者の責任が重いことから，平成18年の新しい信託法（平成18年法律第108号）の制定の際，信託財産責任負担債務について受託者は信託財産に属する財産のみをもって，その履行の責任を負う限定責任信託が規定された（信託21条，216条1項）。

(4)　受託者は委託者の親類であり，委託者から請われて無償で受託者に就任しているのであり，信託を営業で行っていないため，信託業法の適用外と考えられる。

(5)　信託が終了した場合には，信託財産である不動産は残余財産受益者に帰属することになる（信託182条1項1号）。

◀ 事例編

5 解　説（税務面）

(1) 受益者等課税信託と限定責任信託

　本スキームの限定責任信託は，委託者が信託し，第1受益者となるが，この信託に関しては，税法上，受益者等課税信託に分類される。

　受益者等課税信託から生ずる所得につき課せられる法人税・所得税・地方税や，受益権の取得等につき課される相続税・贈与税，信託財産の譲渡等につき課される消費税は，限定責任信託であるか否かにより取り扱いに差異が生ずることはない。なぜならば，限定責任信託は，受託者が負担する債務の限度額が信託財産に限定される信託のことであるが，受益者等課税信託の上記の納税義務者は受託者でなく受益者等だからである。

(2) 第1受益者の所得税の取扱い

　本スキームのように委託者＝第1受益者（1名）の場合は，信託設定時に委託者から不動産が受託者に移転されるが，税法上は譲渡がなかったものとして取り扱われる（所基通13－5(1)，消基通4－2－1(1)）。

　第1受益者の存続中は，信託財産から生ずる所得は，第1受益者に帰属するものとして，所得税の規定が適用されることとなる。

(3) 第2受益者の相続税・所得税の取扱い

　本スキームにおいて，第1受益者は，委託者であるが，第1受益者の死亡により，委託者の子供である障害がある子が第2受益者となる。

　委託者の死亡を起因として受益者が移動することから，第2受益者が受益権を委託者から遺贈により取得したものとみなされる（相法9条の2第3項）。

　この場合，信託財産に属する賃貸不動産を取得したものとみなして相続税の課税価格が計算されることとなる（相法9条の2第6項）。

　また，不動産の賃貸管理業務を実際に行うのは，受託者である甥であるが，税法上は，第1受益者の死亡により，第2受益者が資産，負債を引き継ぎ，損益も第2受益者に帰属されることとなるから，相続開始時に不動産賃貸事業も第2受益者に引き継がれたものと考えられる。したがって，相続税の申告期限まで，その賃貸用不動産での事業継続要件等が満たされている場合に

事例4　親亡き後の財産管理のための親族間における限定責任信託

は，小規模宅地等の特例の適用（200㎡まで50％減額）は可能であるものと考えられる（措法通69の4-2）。

なお，第1受益者の相続後の信託財産から生ずる所得の帰属は第2受益者となる。

(4)　**固定資産税の取扱い**

信託財産である不動産にかかる固定資産税の納税義務者は，受託者である甥である。本スキームは限定責任信託であることから，固定資産税の納付の担保となるものは，当信託財産に限られ，甥の固有財産までも，固定資産税の納付に充当されることはない。

(5)　**不動産取得税・登録免許税の取扱い**

本スキームにおいて，受託者が不動産を取得した時点で不動産取得税は課されない（地法73条の7第1項3号）。

委託者から受託者に不動産が信託された時点での所有権の信託に係る登録免許税の税率は，建物は0.4％であるが，土地に関しては下記の軽減措置が設けられている。

特　　例		
～平成23.3.31	～平成24.3.31	～平成25.3.31
0.20％	0.25％	0.30％

第1受益者から第2受益者に受益者が移動した時点で，受益者変更のために登録免許税が，1個の不動産につき1,000円が課される。

〈ポイント〉

(1)　本スキームは，限定責任信託であることから，受託者に納税義務のある固定資産税に関しては，信託財産のみが納付の担保となる。

(2)　本スキームは，受益者等課税信託であることから，信託財産に係る所得税等の納税義務者は受益者等であり，受託者ではない。したがって，限定責任信託であることが，これらの納税に影響を与えることはない。

(3) 本スキームは，第1受益者の死亡により受益者が，第1受益者の子供に変わることから，第2受益者は，遺贈により受益権を取得したものとみなされるが，信託財産である賃貸用不動産を取得したものとみなして財産評価がなされる。

6 契約書式

本契約書式は，実際の書式とは異なる。

不動産管理処分信託契約書
（○○○○限定責任信託）

　○○○○（以下「委託者」という。）と○○○○（以下「受託者」という。）は，以下の条項により不動産管理処分信託契約（以下「本信託契約」という。）を締結した。

第1条（信託の目的）
　委託者は，信託不動産に係る収益を確実に受益者に収受させることを目的として，信託不動産の管理又は処分をすべきものとして受託者に信託し，受託者はこれを限定責任信託として引き受けた。

第2条（限定責任信託）
1. 本信託は，信託法第9章に定める限定責任信託とし，受託者は，本信託に係るすべての信託財産責任負担債務について，信託財産に属する財産のみをもってその履行の責任を負う。
2. 本信託の名称は，○○○○限定責任信託とする。
3. 本信託の主たる信託事務の処理を行うべき場所は，東京都○○○○とする。
4. 本信託に係る計算事務年度は，計算期間とする。
5. 本信託契約締結日後2週間以内に，信託法第232条に基づき，限定責任信託の定めの登記をする。
6. 前項の登記に係る公租公課その他の費用は，受託者が負担する。

（以下，省略）

事例5 自己信託を活用した不動産譲渡

税理士法人UAP　コンサルティング事例

1 事案の概要

　不動産オーナーが関係会社への不動産譲渡に当ｖたって，譲渡後も不動産オーナーが不動産の管理を継続し，テナントとの関係では，賃貸人であり続けることを希望している。関係会社への譲渡後に，不動産オーナーがマスターリース契約によって賃借する方法や，関係会社から不動産オーナーに不動産を信託する方法も検討したが，登録免許税や不動産取得税の軽減にもなることから，不動産を信託財産とし，委託者兼受託者とする自己信託を設定して，受益権を関係会社に譲渡する方法を採用した。

2 スキーム図・スキーム詳細

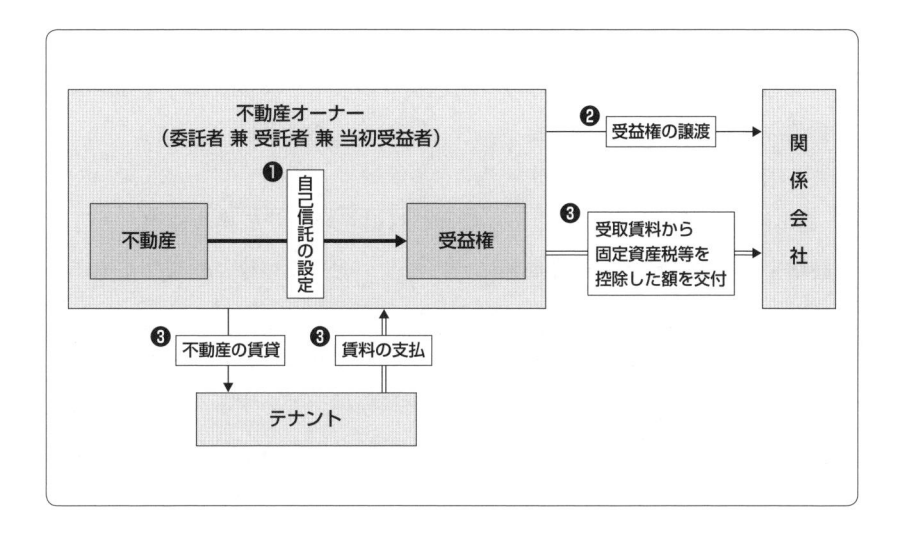

◆事例編

> ❶……不動産オーナー（委託者兼受託者兼当初受益者）は，所有する不動産を自己信託する。
> ❷……不動産オーナーは，自己信託によって取得した信託受益権を関係会社に譲渡する。
> ❸……不動産オーナーは，受託者として不動産を所有し，またテナントへ賃貸し，受取賃料から固定資産税等の経費を控除した残額を受益者である関係会社に交付する。

3 信託方式を採用した理由やメリット

(1) 関係会社が現物不動産を購入すると登録免許税として土地1％，建物2％が課税される。これに対して，自己信託によると信託の登記で登録免許税として土地0.2％，建物0.4％が課税されるが，受益権譲渡時は1筆につき1,000円しか課税されない。

(2) 関係会社が現物不動産を購入すると不動産取得税が課税されるが，自己信託によると不動産取得税が課税されることはない。

(3) 所有者名義が変わらないため，受益権を関係会社に譲渡した後も，不動産オーナーが不動産の管理を継続し，テナントとの関係では賃貸人であり続けることができる。

(4) 自己信託以外の信託と異なり，自己信託の設定を反復継続しても，信託業免許等が必要ない（ただし，一定の場合には信託業法上，自己信託会社としての登録が必要となる。）。

(5) 本事例では採用しなかったが，信託には財産権性状転換機能があり，受益権を優先受益権と劣後受益権に分けたり，元本受益権と収益受益権に分けたりすることができる。

(6) 本事例では関係なかったが，信託財産には独立性があり，不動産のオーナーの固有の債権者は信託された不動産に差押え等をすることはできない。

(7) また，本事例のデメリットとして，①受託者である不動産オーナーで信託帳簿等の作成事務負担が発生すること，②不動産オーナーに受託者とし

ての義務（善管注意義務，忠実義務，公平義務，分別管理義務等）が課せられること，③税務上，信託損失の通算制限があることなどが挙げられる。

4 解　説（法律面）

(1) 自己信託（信託3条）の設定は，外部から信託の設定が明確になるように，公正証書等など一定の書面又は電磁的記録の作成が必要な様式行為として規定され（同条3号），効力発生についても，確定日付のある証書による書面の作成時や受益者への通知が要件となる（信託4条3項）。

(2) 自己信託の設定時点では，不動産オーナーが委託者，受託者，受益者の三者の役割すべて兼ねることになる。これは，本来の信託では，受託者と受益者が同じ人物になることは禁止されている（信託8条）が，現行信託法では，受託者と受益者が同一人物になることが例外的に1年間だけ認められた（信託163条2項）ことから許容されている。

　したがって，仮に不動産オーナーが受益権の全部又は一部を譲渡しないまま1年が経過した場合には，信託は終了することになる点は注意が必要である。

(3) 自己信託も信託である以上，自己信託の効力が発生すると，倒産隔離機能が生じる。

(4) 自己信託の登記を経た場合には，自己信託という権利の変更を第三者に対しても対抗できることになる（信託14条）[1]。

(5) 賃貸人所有の不動産譲渡などの場合には，賃貸人の地位の移転があるが，自己信託の場合には不動産オーナーである委託者と受託者が同一人物であるため，不動産オーナーが変更したかどうかについては議論の余地があるが[2]，賃借人から見た場合に賃貸人は不動産オーナーの委託者であることに

---

[1] 自己信託がなされても，所有者に変更はなく権利の移転は伴わないが，受託者の固有財産から信託財産に属するという帰属の変更があることから，これを「権利の変更」の一類型と捉え，当該権利が信託財産になった旨の権利の変更をすることなる（信託登記実務研究会73頁）

[2] 自己信託を「相手方のない単独行為」と捉えるのか，「相手方のある単独行為」と捉

◀ 事例編

変わりはない。

(6)　賃貸人たる地位が移転した場合に，例えば，新賃貸人が賃料請求を行うなど，賃借人に対して自己が賃貸人であることを対抗するには，所有権移転登記を経ることが必要である（大判昭和8年5月9日民集12巻1123頁，最判昭和25年11月30日民集4巻11号607頁）。

　したがって，自己信託ということで不動産オーナーが賃貸人であることは変わりがないといえども，受託者の地位で，賃貸人であることを賃借人に主張するには自己信託の登記が必要となると思われる。

(7)　受益権は債権であるので，受益権の譲渡は，債権譲渡の手続を経ることになるので，確定日付のある通知又は承諾が必要となる（民467条）。

(8)　受益権の譲渡では，その譲渡を媒介する者がいた場合には，金融商品取引法上のみなし有価証券（金商法2条2項1号）の売買にあたるので，金商法上の第二種金融商品取引業者の登録を行うことが必要である（金商法28条2項2号，29条）。なお，無登録業者が信託受益権売買の媒介を行った場合には，無登録宅建業者の例[3]とパラレルに考えれば，自然債務[4]になると思われる。

(9)　受益権を譲渡する際に，受益権者が50人以上になる場合には，信託業法上の登録が必要となる（信託業50条の2，信託業令15条の2第2項各号）ことは注意が必要である。[5]

えるのかには議論があるが，改正過程において明確な考え方は示されていない（寺本43頁）。
3)　大阪地判平成元年12月22日判時1357号102頁，東京地判平成5年7月27日判時1495号109頁，東京地判平成10年7月16日判タ1009号245頁。
4)　「自然債務」とは，債務者が任意で支払う分には債権者は履行を受領できる（不当利得にならない。）が，裁判手続などで履行を強制できない債務をいう（カフェー丸玉事件（大判昭和10年4月25日新聞3835号5頁））。
5)　自己信託会社の登録を受けるための要件として，①会社法上の会社であること，②最低資本金，純資産が3,000万円以上，営業保証金1,000万円以上を備えること（信託業50条の2，信託業令15条の4，9条3号）。

5 解　説（税務面）

(1) 受益者等課税信託と法人課税信託

　本スキームの自己信託は，一般的には，税法上，受益者等課税信託に分類されるように組成されるものと考えられる。

　受益者等課税信託の場合は，信託財産から生ずる所得は，受益者等に帰属するものとして課税され，受託者段階で課税されることはない。

　法人課税信託の場合は，信託財産自体を1つの法人とみなして，受託者に納税義務が生ずることになることから，受益者等に分配される利益が法人税分少なくなることとなる。したがって，実務上，法人課税信託に該当する信託行為とならないように検討されることとなる。

(2) 信託設定時の取扱い

　本スキームのような自己信託の場合，自己が固有に有していた資産が信託財産になることは，資産の譲渡，取得という概念とは異なるものであると考えられる。したがって，信託設定時に譲渡損益が生ずることはないものと考えられる。

(3) 信託財産から生ずる所得・損失の取扱い

　本スキームにおいて，受益権が関係会社に譲渡されるまでの期間において，信託財産である賃貸用不動産から生ずる信託財産から生ずる所得は，所得の発生時に委託者兼受託者兼当初受益者である個人，又は法人に帰属される（所法13条1項，法法12条1項）。そして，関係会社に受益権が譲渡された後の信託財産から生ずる所得は，受益権を譲り受けた法人に帰属される。

　個人が受益者の場合，信託財産から生ずる不動産所得の損失の金額はないものとされることから，他の不動産所得とも他の所得とも通算することはできない（措法41条の4の2）。法人が受益者の場合，信託財産から生ずる損失の金額がある場合は，調整出資金額を限度として損失が発生時に損金に算入されるが，超える部分は繰り延べられる（措法67条の12）。

(4) 受益権を譲渡した場合の取扱い

　委託者兼受託者兼当初受益者である不動産オーナーが，関係会社に受益権

◀事例編

を譲渡した場合は，その者が，信託財産である不動産を譲渡したものとして所得税法・法人税法・消費税法上取り扱われる（所基通13－6，法基通14－4－6，消基通4－3－3）。

(5) **法人課税信託**

本スキームにおいて，委託者が法人（公共法人及び公益法人等を除く。）である場合は，法人課税信託として課税される可能性がある。法人課税信託となるのは，次の3類型に該当する場合である。

ア 事業の重要部分の信託で，委託者の株主等を受益者とするもの（法法2条29号の2ハ(1)）

これは，委託者である法人が，事業の全部又は重要な一部を信託し，信託の効力が生じた時において，その法人の株主等が取得する受益権がすべての受益権の50％超に該当することが見込まれている場合の信託のことである。

本スキームでは，委託者がその受益権をすべて関係会社に譲渡することとなり，信託の効力時点で関係会社に受益権が譲渡されることが見込まれていると考えられることから，この関係会社が委託者の株主であり，かつ，信託行為が事業の全部又は重要な一部の譲渡に該当する場合には，法人課税信託に該当する可能性がある。

ただし，信託財産が金銭と不動産等（土地及び建物）の場合は，法人課税信託に該当しない（法令14条の5第2項，法規8条の3の2）。

イ 自己信託等で存続期間が20年を超えるもの（法法2条29号の2ハ(2)）

本スキームにあてはめると，信託期間が20年を超えた自己信託を設定した場合，法人課税信託に該当する可能性がある。ただし，信託財産に属する主たる資産の耐用年数が20年を超える減価償却資産であることが見込まれていた場合や，その信託財産に属する主たる資産が減価償却資産以外の固定資産であることが見込まれていた場合は法人課税信託に該当しない（法令14条の5第5項）。

また，信託期間が20年以下であっても，契約の自動更新条項があるなどの理由により結果的に20年を超えてしまったような場合も法人課税信託に

該当しないものと考えられる[6]。

　ウ　自己信託等で損益分配割合が変更可能なもの（法法2条29号の2ハ(3)）

　本スキームにあてはめると，委託者兼受託者兼当初受益者である法人や第2受益者である関係会社等がその裁量により収益分配割合を決めることができる場合で法人課税信託に該当する可能性がある。信託行為において第2受益者である関係会社に対する収益の分配の割合が確定的に定められている場合であっても，信託の効力発生時において，信託行為に受益者，委託者，受託者その他の者のいずれかが信託の変更によりその定めの内容の変更を単独で行う権限を有する旨の別段の定めがあるときも損益分配割合が変更可能として取り扱われる（法基通12の6－1－4）。

(6)　**不動産取得税・登録免許税の取扱い**

　本スキームにおいて，受託者が不動産を取得した時点で不動産取得税は課されない（地法73条の7第1項3号）。

　委託者から受託者に不動産が信託された時点での所有権の信託に係る登録免許税の税率は，建物は0.4％であるが，土地に関しては下記の軽減措置が設けられている。

特　　例		
～平成23.3.31	～平成24.3.31	～平成25.3.31
0.20％	0.25％	0.30％

　また，信託の登記と同時に信託に係る権利の変更登記が必要であり，登録免許税が不動産1個につき1,000円が課される。

　なお，委託者兼受託者兼当初受益者から，関係会社に受益権が譲渡されたことにより，受益者の名義変更が不動産1個につき1,000円が課せられる。

---

[6]　「改正税法のすべて　平成19年度国税・地方税の改正点の詳解」財団法人日本税務協会，311頁

◀事例編

> 〈ポイント〉
> (1) 自己信託の委託者兼受託者兼当初受益者が法人の場合は，信託設定時に，法人課税信託とならないように信託行為の内容を検討する。
> (2) 受益者等課税信託に該当した場合は，自己信託であることから，資産の譲渡損益は生じない。
> (3) 受益者等課税信託に該当した場合は，所得は，発生時に受益者に帰属される。信託財産から生ずる所得の金額の計算上，損失が生じた場合は，受益者が個人・法人のいずれのときも，損失の取り込みに関して規制がある。
> (4) 受益者等課税信託に該当した場合は，受益権の譲渡は，信託財産の譲渡があったものとみなして，税法上，取り扱われる。
> (5) 信託した時点，受益権を第2次受益者が取得した時点で，不動産取得税は課されない。受益者変更による登録免許税は，不動産1個につき1,000円である。

6 契約書式

本契約書式は，実際の書式とは異なる。

自己信託設定証書

当初委託者兼受託者○○○○は，以下の条項に従い自己信託を設定する。

第1条（信託の目的）
　当初委託者兼受託者は，関係会社○○○○に信託不動産に係る受益権を取得させる目的のために，信託不動産の管理又は処分を自ら行う。

第2条（受益者の定め）
　本自己信託の当初受益者は，当初委託者兼受託者とする。

第3条（信託不動産の管理又は処分の方法）
　当初委託者兼受託者は，信託不動産に係る管理の信託事務は自らの裁量により行

うが，信託不動産に係る処分の信託事務は受益者からの指図により行う。
第4条（信託の終了事由）
　本自己信託は，信託法第163条第1号乃至第8号に定める事由によってのみ終了する。
第5条（受益権の分割禁止）
　本自己信託に係る受益権は，分割することができない。

（以下，省略）

事例6 不動産流動化（GK－TKスキーム）

税理士法人UAP　コンサルティング事例

1 事案の概要

　合同会社（GK）として設立した特別目的会社（SPC）に対して，投資家が匿名組合（TK）出資する不動産流動化スキームを，一般的にGK－TKスキームと呼ぶ。スキーム組成上の柔軟性が高いことから，流動化黎明期から現在に至るまで不動産流動化案件の大半を占めるスキームとなっている。このGK－TKスキームにおいて，GKは不動産を信託受益権とした上で取得することが多い。その理由の1つは，現物不動産に対する匿名組合出資によると不動産特定共同事業法が適用されるため，これを回避するためである。また，現物不動産を取得する場合と比較して，流通税（登録免許税，不動産取得税）などの初期費用を軽減できることもその理由の1つである。

2 スキーム図・スキーム詳細

❶……賃貸不動産の所有者は，委託者兼受益者として賃貸不動産を信託財産として，信託会社(受託者)との間で不動産管理処分信託契約を締結する。
❷……所有者（委託者）は，賃貸不動産を信託することによって，受益権を取得する。
❸……所有者（委託者兼受益者）は，SPCに不動産信託受益権を譲渡する。
❹……SPCは銀行からノンリコースローンによりデット資金を調達するとともに，投資家から匿名組合出資によりエクイティ資金を調達する。

❺……アセット・マネージャー (AM)[1]は信託会社に対して信託事務の指図をする。
❻……信託会社は賃貸不動産の管理をプロパティ・マネージャー (PM)[2]に委託する。

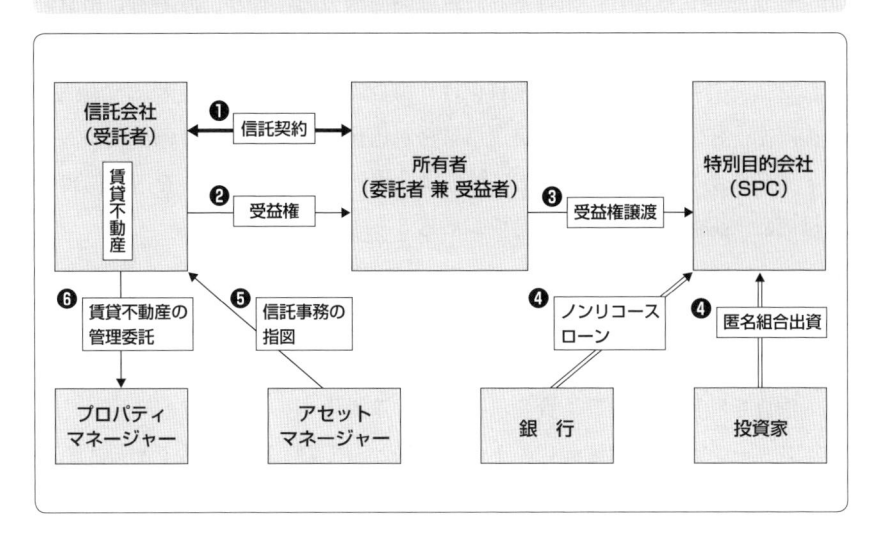

3 信託方式を採用した理由やメリット

(1) 現物不動産を対象とした匿名組合出資は原則として不動産特定共同事業法の規制対象となるところ，信託受益権であれば規制対象外となる。
(2) SPCや受託者である信託会社が倒産しても，これらの債権者から信託不動産が強制執行等をされることはない（信託の倒産隔離機能）。
(3) 不動産取得税，移転に係る登録免許税，担保権設定に係る登録免許税及び譲渡契約書に係る印紙税を軽減することができる。
(4) 受託者となる信託銀行や信託会社は，受託する不動産に係る違法性など

---

1) アセットマネージャーとは，投資家から集めた資金を不動産投資等によって管理・運用する者をいう。
2) プロパティマネージャーとは，賃料・共益費の設定，管理方式の決定，各種契約事務代行など不動産物件を管理する者をいう。

> ◧ 事 例 編

を詳細にチェックするため，投資家は安心して出資することができる。
(5) 銀行は質権設定したことにより，不動産信託受益権の私的実行が可能となる。
(6) 平成19年9月30日に施行された金融商品取引法により，匿名組合出資が集団投資スキーム持分とされたため，SPCがみなし有価証券に定義付けられた信託受益権に投資する業務を行う場合には，投資運用業者に投資運用権限を一任するか，その投資運用業務が適格機関投資家等特例業務に該当する必要がある。また，SPCは匿名組合出資の私募の取扱いを，第二種金融商品取引業者に委託する必要がある。

4 解 説（法律面）

(1) 信託を利用する趣旨：資産（不動産）流動化

本スキームは，資産流動化の1つの方法としての不動産信託である。

資産流動化とは，キャッシュフローを生む資産（不動産や金銭債権等。例えば，テナントビル）の保有者（オリジネーター）が，当該資産の保有を目的とする別の主体（特別目的事業体。Special Purpose Vehicle＝SPV）に移転させ，当該資産が生む将来のキャッシュフローのみを引き当てに資金調達を行う仕組みのことである。

資産流動化の目的は，①オリジネーターのバランスシートから，資産を切り離すこと（オフバランス）と，②切り離された資産のキャッシュフローのみを引き当てとして資金調達を行うこと（アセットファイナンス）[3]である。

①・②によって，資産の保有者は，収益性の高い資産であるならば，保有者自身の信用状態に関係なく，有利な条件で資金調達をすることができるようになる。

また，投資家の側からすれば，例えば，資産が不動産ならば，一般には高

---

[3] アセットファイナンスは「資産金融」と訳されることがある。これに対し，企業の信用力に対して行う与信を「コーポレートファイナンス」（企業金融）という。

額で流動性に乏しいが，不動産が生み出すキャッシュフロー（運用益や売却益）を受け取る権利を証券や出資持分の形にし，また，小口化することにより，投資しやすい金融商品となるので，不動産投資が行われやすくなる。

　資産流動化のスキームとして考えられる形は多種多様であり，流動化の目的，資産の性質，流動化として想定する期間等によって個別に決められ，ビークルとして何が選択されるか等，それぞれのスキームにより，適用される根拠法も異なることになる[4]。

　不動産の流動化スキームでは，不動産信託が活用されることが多い。その理由は，前述3の記載のとおりであるが，敷衍すると，以下の①～③などの理由が考えられる。

① 不動産信託とすることで，流動化には，信託受益権を，民法上の指名債権譲渡（民466条，467条）と同様の方法で譲渡すればよくなり，不動産の所有権移転に伴う登記手続や関係書類の授受等の煩雑な処理が不要となって，流動化手続が簡便になる。

　もっとも，投資家にとっては，債権譲渡にかかる受託者への通知，受託者の承諾の取得，確定日付の取得等も，コストがかかり，また煩雑である。そのため，成立した信託受益権を投資家に直接譲渡せず，特別目的会社（SPC）に譲渡し，SPCは，信託受益権を裏付けとしたCP（ABCP＝Asset-Backed Commercial Paper）[5]を発行の上，発行代わり金を受領して信託受益権の譲渡代金に充当し，信託受益権が償還されたときは，SPCは，当該償還金をもってCPの償還を行うというスキームをとって，流動性の低下

---

[4] 各ビークル（特別目的事業体）の根拠法・規制法は，以下のとおりである。
　① 特定目的会社（TMK）・特定目的信託（TMS）：特定目的会社による特定資産の流動化に関する法律（資産流動化法）
　② 株式会社・有限会社（YK）（会社法施行時に既存のもの）・合同会社（GK）：商法・会社法
　③ 投資法人（J-REIT）：投資信託及び投資法人に関する法律
　④ 事業会社（不動産特定共同事業法許可会社）：不動産特定共同事業法
[5] ある金融資産及びそれから生み出されるキャッシュフローを裏付けとして発行されるコマーシャルペーパー（みずほ信託銀行編「債権流動化の法務と実務」399頁（きんざい，2005））。

を補完することがある[6]。

② 資金提供をする債権者（レンダー）は，信託受益権に質権設定することで，不動産に抵当権を設定することなく，簡便に保全措置をとることができる。

③ 不動産の所有権移転によれば，所有権移転登記の登録免許税，不動産取得税等の流通税がかかるが，信託受益権の譲渡の方法によれば流通税の軽減ができる。

⑵ **本スキームについて**

本スキームは，ビークルを合同会社（GK）（会社法575条以下）とし，投資家が，匿名組合（TK）（商法535条）出資を行うスキームである。

合同会社は，会社法によって新設された会社類型である。

出資者の全員が有限責任社員であり，原則として，社員全員の一致で定款の変更その他会社のあり方の決定が行われ，各社員が自ら会社の業務の執行に当たる会社である。合同会社には，機関設計や社員の権利内容等について強行規定がほとんど存在せず，広く定款自治に委ねられている[7]。

このような合同会社の性質は，本来的に単なる器であり積極的な会社運営等を行うことを予定しないビークルとして使うことにも向いており，会社法施行後，従来の有限会社（YK）に代わって，合同会社をビークルとするスキームが増えてきた[8]。

本スキームの流れは前述2の記載のとおりであるが，敷衍すると以下のとおりである。

① 賃貸不動産の保有者（オリジネーター）は，委託者として，受託者（信託会社）に対し，当該賃貸不動産を信託財産として信託する。

② 信託契約成立により，信託受益権が，オリジネーターに当然に帰属し（信託88条），オリジネーターは委託者兼受益者となる。

---

[6] 前掲・みずほ信託銀行204〜205頁
[7] 相澤哲編著「一問一答 新会社法」183頁（商事法務，2005）
[8] 会社更生法の適用がないことも，合同会社を利用するメリットの一つとされる（田辺信之著・田中俊平監修・日経不動産マーケット情報編「基礎から学ぶ不動産実務と金融商品取引法」98頁（日経BP社，2008））

③　オリジネーターは，SPC（合同会社）に対し，信託受益権を譲渡する。これは，既述のように，投資家に対して信託受益権を直接に譲渡すると，投資家が受益権を譲渡するには債権譲渡の方法によらざるを得ず，流動性が低下してしまうので，投資家からの資金調達を，匿名組合出資の方法によるためである。

④　SPCは，銀行からノンリコースローンにより，投資家から匿名組合出資により，それぞれ資金調達する[9)][10)]。

⑤　アセット・マネージャー（AM）は，指図権者（信託業65条，66条）として，受託者に対して信託事務の指図を行う。指図権者は，法令及び信託の本旨に従い，受益者のため忠実に信託財産の管理又は処分に係る指図を行わなければならないという忠実義務を負い，また，行為規制がある（信託業65条，66条，信託業規68条）[11)]。

⑥　プロパティ・マネージャー（PM）は，不動産の管理をSPCに代わって行う。不動産信託は，信託財産である不動産の生み出すキャッシュフロー

---

9)　ノンリコースローンとは，「非遡及型融資」のことであり，返済原資を限定したローンの総称である。原則として予め定められた特定の資産が生み出す収益と，資産の処分代金のみが元利金支払いの原資となり，当該資産以外に遡及することなく，将来に追加担保を差し出すことがない融資であり，保証も必要としない（前掲・みずほ信託銀行423頁）。

10)　デット資金とは，借入による資金調達，エクイティ資金とは，出資や株による資金調達の方法である。

11)　信託受益権は，金融商品取引法上の「みなし有価証券」であり（金商法2条2項1号），同法の適用を受ける。そのため，SPCが匿名組合出資を受けて信託受益権を取得，保有，売却等する行為は，基本的に，同法に定められる「投資運用業」（同法2条8項15号，28条4項）に該当することになるが（金融庁パブリックコメント76頁No.175参照），SPCが，投資運用業の登録を受けるための要件（最低資本金5,000万円（金商法令15条の7）など）を満たすのは通常難しい。そこで，SPCが当該登録を受けないでもよい方策として，投資運用業（投資一任契約にかかる業務）の登録を得ているAMに対し，運用権限の全部を委託する方法がある（金商法2条8項括弧書，定義府令16条1項10号）。この場合，当然，AMは，投資運用業の登録が必要である。他方，SPCが適格機関投資家等特例業務（金商法63条1項）を行う場合，AMは，業務の内容に応じて，投資運用業の登録が必要か，投資助言・代理業（同法28条3項）の登録でよいかが左右される。AMに必要な登録がいずれになるかは，単に契約上の文言やスキーム等の形式面により判断されるのではなく，個別事例ごとに実態に即して実質的に判断される（金融庁パブリックコメント70頁No.155等参照。三井秀範＝池田唯一監修・松尾直彦編著「改訂版　一問一答　金融商品取引法」224～225頁（商事法務，2008），前掲・田辺＝田中179頁以下）。

を引き当てにするので，物件管理の善し悪しがその質に直結する。そのため，通常は，専門の不動産管理会社をPMとする。[12)13)]

(3) 契約書作成時の留意点

不動産信託契約書作成時の主な留意点は，以下のとおりである。

　ア　倒産隔離の確保（真正売買）

　冒頭記載のとおり，資産流動化は，①オリジネーターのバランスシートから，資産を切り離すこと（オフバランス）と，②切り離された資産のキャッシュフローのみを引き当てとして資金調達を行うことにあるのだから，信託財産は，オリジネーターの倒産の影響から法的に隔離されていなければならない。

　そのため，信託財産たる不動産の所有権が，確実に受託者に移転し，オリジネーターの固有財産から分離されていると認められることが必要であって，通謀虚偽表示（民94条）や詐害信託（信託11条，12条）に該当しない，真正売買（True Sale）であることが契約書上明らかでなければならない。

　具体的には，契約書において，完全な所有権の移転，対抗要件の具備（民177条）が明記され，また，当初委託者（オリジネーター）の表明保証として，債務超過，支払停止その他無資力の状態にないこと，真正な信託による譲渡を意図していること等を明記する。

　イ　当初委託者による権利行使の制限

　また，委託者は，信託法上，受託者に対する様々な権利や信託の変更・終了等に対する権利などを有しており（信託36条，58条，62条，149条，164条等），また，信託法145条2項により，委託者に様々な権利を付与するこ

---

12) 前掲・みずほ信託銀行426頁。
13) PMは，業務内容が，現物たる不動産の管理のみであれば，基本的に，金融商品取引法の適用の問題はない。しかし，PMが，その業務として，信託受益権の取得・売却に関して助言することがあれば，投資助言業（金商法28条3項）に該当するので，その登録が必要となる。また，大規模修繕計画立案及び工事発注事務代行，立替・新規開発に係るSPCによる追加信託の判断及び実施の助言等は，投資助言業務に該当する可能性がある（金融庁パブリックコメント72頁№156参照。前掲・田辺＝田中194～195頁）。

ともできる。

　しかし，本事例のような，信託を利用した資産流動化のスキームにおいては，当初委託者からのSPCの独立確保のため，当初委託者による権利行使を可及的に制限するのが通常である（委託者の権利放棄（信託145条1項））。
ウ　SPC自体の倒産リスクを極小にすること
　さらに，投資家に対しては，SPC自体が倒産することを可及的に避けることが必要である。そのため，SPCに本スキームにかかる行為以外の行為を禁止すること，ビークルの社員等が倒産申立てなど投資家に不利な行為をする議決をしないこと等を規定する。もっとも，このような規定は，一般的には，不動産信託契約書ではなく，別途，当該信託契約書よりも上位に位置付けられる，スキーム全体を規律する契約に定められたり，ビークルの社員が，当該ビークルの倒産申立てをしない旨の誓約書を差し入れることなどによることが多い。
エ　信託業法等で要求されている記載事項の網羅
　信託業法や兼営法（金融機関の信託業務の兼営等に関する法律）には，信託契約締結時に交付する書面の必要的記載事項が定められているので（信託業26条，信託業規33条，30条の23等），この記載事項が契約書にて網羅されているか確認しなければならない。これらのために，契約書はかなり大部なものになることがある。

5　解　説（税務面）

(1)　受益者等課税信託の所得税・法人税法・消費税法上の取扱い

　本スキームの信託は，税法上，受益者等課税信託に分類される。
　委託者が，所有する賃貸不動産を信託し，当初受益者となった時点で，税法上，所得税法，法人税法，消費税法上，委託者においては，譲渡損益は生じない（所基通13－5(1)，法基通14－4－5(1)，消基通4－2－1(1)）。
　不動産の所有者である委託者兼当初受益者が信託受益権を特別目的会社（SPC）に譲渡した時点で，賃貸用不動産が委託者兼当初受益者からSPCに譲

◆ 事例編

渡されたものとして，税法上取り扱われる（所基通13－6，法基通14－4－6，消基通4－3－3）。

信託財産から生ずる所得は，受益者に帰属される（所法13条1項，法法12条1項）。

(2) **印紙税の取扱い**

信託設定の契約書を作成した時点で，印紙税が1通につき200円が課される（印紙税法別表第一・12）。

賃貸用不動産を信託財産とする受益権の譲渡契約書を作成した時点においても，印紙税が1通につき200円が課される（印紙税法別表第一・15）。

賃貸用不動産の譲渡契約の場合の印紙税の額は，契約金額に基づくこととなるが（印紙税法別表第一・1，措法91条），本スキームの信託受益権は債権と考えられることから，債権の譲渡に関する契約書の印紙税が課されることとなる。

(3) **不動産取得税の取扱い**

賃貸用不動産を信託した場合，受託者において，原則として，不動産取得税が課されない（地法73条の7第3号）。

賃貸用不動産を譲渡した場合，譲受人には，原則として，固定資産税評価額の4％の不動産取得税が課されることとなる（地法73条の13，73条の15）。

(4) **登録免許税の取扱い**

賃貸用不動産の信託を設定した時点で，信託の登記が行われることから登録免許税が課される。不動産の固定資産税評価額等に基づき，建物の税率は，0.4％であるが，土地に関しては下記の軽減措置が設けられている。

特 例		
～平成23.3.31	～平成24.3.31	～平成25.3.31
0.20％	0.25％	0.30％

受益権を譲渡した時点で，受益者変更登記が行われることから登録免許税が課される。不動産1個につき1,000円となる。

賃貸用不動産自体を売買した場合の登録免許税の税率は，建物は2％であ

るが，土地に関しては下記の軽減措置が設けられている。

特　　例		
～平成23.3.31	～平成24.3.31	～平成25.3.31
1.0%	1.3%	1.5%

　賃貸用不動産に担保権が設定される場合は，抵当権等の設定登記が行われることから，登録免許税が課される。この場合は，債権金額等に基づき税率は，0.4%である。

　他方，信託受益権に質権を設定する場合は，確定日付のある受託者の承諾，あるいは受託者への通知によって行われ（民364条），不動産の登記は不要される。したがって，登録免許税は課されない。

(5) 匿名組合の課税上の取扱い

　本スキームにおいて，SPCと投資家は匿名組合契約を結び，SPCが営業者，投資家が出資者となる。SPCが匿名組合の出資者に分配すべき利益の額は，営業者であるSPCの所得の計算上，損金とされる（法基通14－1－3）。また，匿名組合の出資者に利益を分配する時点で利益の分配額の20%に相当する所得税が源泉徴収されることとなる（所法210条，211条，161条12号，212条，213条)[14]。

―〈ポイント〉―
(1)　本スキームは，受益者等課税信託に該当し，受益権を譲渡した時点で，所得税法，法人税法，消費税法上，委託者からSPCに賃貸用不動産が譲渡されたものとして取り扱われる。
(2)　直接，不動産が譲渡されるのではなく，信託受益権が譲渡されることから，印紙税，不動産取得税，登録免許税の軽減メリットがある。
(3)　匿名組合契約の利益分配額は，営業者であるSPCの所得の計算上，損金とされ，利益分配額の20%相当額の所得税が源泉徴収される。

---

14) 非居住者の匿名組合出資者に対する源泉所得税は，租税条約により課されない場合もある。ただし，昨今の租税条約の改正により，匿名組合に対する課税の強化が盛り込まれていることから，課税されないと解される租税条約は減少傾向にある。

◀事例編

6 契約書式

　本契約書は，事例を参考に執筆者が作成したもので，実際の書式とは異なる。

不動産管理処分信託契約書[15)16)]

　○○○○株式会社（以下，当初委託者としての○○○○株式会社を「当初委託者」という。）と○○信託会社（以下「受託者」という。）は，以下の条項により不動産管理処分信託契約（以下「本信託契約」という。）を締結した。

第1条（定義）
　本信託契約における用語の意味は，別段の定めのない限り，別紙○の定義集に従う。

第2条（信託の目的）
　当初委託者は，信託不動産の流動化を目的として設立された合同会社○○○○に，信託不動産に係る受益権を取得させることを目的として，信託不動産の管理又は処分（当該信託の目的の達成のために必要な行為を含む。以下同じ。）をすべきものとして受託者に信託し，受託者はこれを引き受けた。

第3条（信託契約の期間）
　本信託契約の期間は，平成○年○月○日から平成○年○月○日までとする。ただし，受益者から信託終了日の6か月前までに信託期間延長の申入れがあり，受託者がこれを承諾した場合には，信託期間は延長される。

第4条（信託不動産の所有権の移転及び対抗要件）
　1．信託不動産の所有権は，信託設定日に，当初委託者から受託者に移転する。
　2．当初委託者及び受託者は，信託不動産の所有権移転の登記及び信託の登記を本信託設定後直ちに行うものとし，その費用は本件受益権売買契約における当初委

---

15) 契約書例は，主な条項の一般的な例示に過ぎないから留意されたい。なお，北浜法律事務所・外国法共同事業編・編者代表中森亘「新信託の理論・実務と書式」（民事法研究会，2008）21〜36頁等を参考にし，適宜，加筆等をした。
16) 実際には，不動産管理処分信託契約書のほか，信託受益権に対する質権設定契約書，信託財産がテナントビルの場合の入居者に対する敷金・保証金返還債務の履行を確保するための流動性補完契約書など，多数の契約書類が作成・締結され，相当に大部の書類群となることが多い。

託者がすべて負担する。

第5条（受益者等の指図による信託事務）
1. 受託者は，信託不動産及びその他の信託財産の管理又は処分に係る信託事務は，本信託契約に別途定める場合を除き，受益者兼委託者又は次項に定める指図権者（以下，合わせて「受益者等」という。）の指図により行う。
2. 受益者兼委託者は，受託者の承諾を得て，自らに代わって受託者に対して信託事務を指図すべき指図権者を選任することができる。
3. 前項により指図権者が選任された場合，受託者は当該指図権者のみの指図に従うものとし，受益者兼委託者は自ら受託者に対して指図することはできない。

第6条（プロパティ・マネージャーへの委託）
受託者は，受益者の指名したプロパティ・マネージャーとプロパティ・マネジメント契約を締結することにより，信託不動産管理業務をプロパティ・マネージャーに委託する。

第7条（金銭の追加信託）
受益者は，本信託契約の信託目的を達成するために，信託財産として金銭の追加信託をすることができる。この場合，受託者は，追加信託された金銭を信託事務の処理に必要な費用等に充当し，又は積立金等に充当することができる。

第8条（当初委託者の表明保証）
1. 当初委託者は，受託者に対し，本契約締結日において，下記の各事項が真実であることを表明し保証する。
  (1) 当初委託者は，債務超過，支払停止，支払不能その他無資力の状態になく，破産手続開始，特別清算開始，再生手続開始その他倒産手続等の申立ての事実又は申立原因事由は存在していない。
  (2) 当初委託者は，本信託契約の締結によって，債務超過，支払停止，支払不能その他無資力の状態に陥るおそれはなく，また，倒産手続等の原因となる事実が発生することはない。
  (3) 本信託契約によりなされる信託の設定，信託不動産の所有権の移転その他の取引が，信託不動産の隠匿，無償の供与その他当初委託者の債権者を害する処分にはならず，また，そのおそれを生じさせず，かつ，当初委託者は，債権者を害する認識・意図を有していない。
  (4) 当初委託者は，本信託の設定にあたり，信託不動産の真正な信託による譲渡を意図している。
2. 前項に定める表明保証事項に違反し，受託者が損害を被った場合には，当初委託者は受託者に対し，その一切を賠償するものとする。

第9条（受託者の表明保証）
（省略）

■ 事例編

第10条（受益権）
1．受益者は，別紙○に従い，本信託の配当金を請求することができる。
2．本受益権は，受託者の事前の書面による承諾を得て，併合又は分割することができる。
3．本受益権は放棄することができない。
4．本信託契約においては，委託者は，信託法の規定による委託者としての権利を有しない。
5．受託者は，本受益権を証するため，受益権証書を受益者に交付する。ただし，当初委託者への受益権証書の交付は省略する。なお，当該受益権証書は，信託法185条に定める受益権証書ではなく，金融商品取引法2条1項14号に定める有価証券ではない。

第11条（受益権の譲渡）
1．本受益権は，受託者の事前の書面による承諾なくして，第三者に対し譲渡又は質入その他の処分をすることができない。
2．受益者による受益権譲渡の承諾請求は，別紙○による承諾書の書式により受益権の譲受人との連名で行うものとする。
3．受益者による質入の承諾請求は，別紙○による承諾書の書式により質権者との連名で行うものとする。
4．本受益権の譲渡を受けた者は，本信託契約上の委託者及び受益者としての地位並びに権利義務の一切（信託行為に基づく権利義務に限定されず，本信託契約において特約として定められた権利義務すべてを含む）を承継するものとする。ただし，第○条，第○条に規定する当初委託者の固有の地位及び義務は，承継されず当初委託者に帰属するものとする。

第12条（信託不動産の管理・運用等）
1．受託者は，本信託契約に別途定められる場合を除き，受益者等の指図に従って，信託不動産の管理及び運用を行う。
2．受託者は，受益者等の指名により，又は自己の責任により，第三者に対し，信託事務の一部を委託することができる。受託者は，当該委託について，遅滞なく受益者に対し報告を行うものとし，以下のすべてを満たす第三者を選任しなければならない。
　(1)　委託する業務について，適用される法律に基づき免許，登録等を受けることを要するときは，これを受けている者
　(2)　信用力等に照らして，委託する業務の継続的な遂行が可能な者
　(3)　委託する業務に係る実績や業務の内容に即した人材確保の状況等に照らして，委託する業務を的確に遂行する能力がある者
　(4)　委託する業務に係る信託財産と自己の固有財産を区分する等の方法により管理を行う体制，及び内部管理に関する業務を適正に遂行するための体制が整備されている者
3．受託者は，本信託契約締結日において，受益者が指名した○○（プロパティ・マネージャー）と別紙○によるプロパティ・マネジメント契約を締結し，信託業

務の一部を委託する。
4．受託者は，以下の場合には受益者等の指図に従わないことができる。
(1) 受託者が本信託契約の目的に照らして著しく不合理であると認めた場合
(2) 受益者等の指図が法令，通達，監督指針又はそれらの解釈に抵触するおそれがあると受託者が認めた場合
(以下略)

第13条（受託者の義務及び免責）

1．受託者は，本信託契約の本旨に従い，受益者のために忠実に，善良な管理者としての注意義務をもって信託事務を処理するものとする。
2．受託者は，受益者等の指図に従い，前項の忠実義務及び善管注意義務を尽くして信託事務を処理する限り，信託事務の処理によって生じた信託財産の価格の下落その他の損害について免責されるものとする。
3．受託者は，信託財産を，受託者の固有財産又は他の信託財産と分別して管理しなければならない。
(以下略)

第14条（信託不動産の処分）

1．受託者は，受益者等の指図があった場合は，当該指図に従い信託不動産を売却するものとする。
2．前項に基づく売却は，売主の瑕疵担保責任の免責その他受託者が適当と認める措置をとる方法により行うものとする。

第15条（信託の元本，信託の収益）

1．本信託契約における信託の元本は，以下のものとする。
(1) 信託不動産
(2) 信託不動産の売却代金
(以下略)
2．本信託契約における信託の収益は，以下のものとする。
(1) 信託不動産の賃貸により得られる賃料及び共益費
(2) 信託財産に属する金銭の運用から得られる収益
(以下略)

第16条（信託の費用等）

以下の各費目は信託財産の負担とし，受託者は，これを信託財産から支出又は収受する。
(1) 信託財産に属する公租公課
(2) 損害保険料
(3) 信託報酬
(4) 敷金・保証金の返還金
(5) 信託不動産の維持管理，修繕，保存又は改良費用
(6) その他信託事務の処理に必要な諸費用

◀ 事 例 編

(7) 受託者が信託事務の処理に際し，過失なく被った損害

第17条（信託の計算）
 1．信託財産に関する計算期日は，○月，○月，○月，○月の各末日又は信託終了の時とし，信託財産に関する計算期間は，初回の計算期日を，本信託契約締結日から○年○月末日までとし，以降の計算期日を，各計算期日の翌日から翌計算期日までとする。
 2．受託者は，各計算期日から○営業日の経過までに，受益者に対し，信託財産状況報告書を提出して報告するものとする。

第18条（信託財産に属する金銭の管理運用）
 受託者は，信託財産に属する金銭を，受益者が指定する口座（○○銀行○○支店○○○○）にて受け入れて管理するものとする。

第19条（積立金）
 （省略）

第20条（信託報酬）
 受託者は，別紙○により定められた信託報酬を，信託財産から収受し，又は受益者に対し請求することができる。

第21条（信託の終了）
 本信託は，信託法163条に定める事由のほか，以下の事由が生じたときに終了する。
 (1) 信託期間の終了。
 (2) 本信託契約に定めるところにより，本信託契約が解除されたとき。
 (3) 本信託契約に定めるところにより，信託不動産の全部が売却処分されたとき。
 （以下略）

第22条（信託終了時の元本の交付等）
 受託者は，本信託が終了したとき，以下の方法により，信託財産を受益者に交付する。
 (1) 信託不動産は，現状有姿にて受益者に引渡し，信託登記の抹消及び受益者への所有権移転登記を行う。
 (2) 信託財産に属する金銭は，未払の費用等をすべて支払った残額を受益者に交付する。なお，信託財産に属する金銭により未払費用等を支弁することができないときは，受託者は，受益者に対し，不足額を追加信託することを求めること，又は信託財産を換価して未払費用等に充当することができる。
 （以下略）

第23条（契約の変更）
 （省略）

第24条(準拠法・管轄裁判所)
　(省略)

第25条(守秘義務)
　(省略)

　本契約の成立を証するため本契約書2通を作成し,委託者及び受託者がそれぞれ記名押印の上,各1通を保有する。

　　　　　　　平成　　　年　　　月　　　日

　　　　　　　　　　委託者

　　　　　　　　　　受託者

事例 7 海外投資管理信託

税理士法人UAP　コンサルティング事例

1 事案の概要

　国内の証券会社では購入できない魅力的な国外の金融商品に投資をしたい，あるいは，国外の有名なプライベートバンクで資産運用したいという個人投資家が，少なからず存在する。ところがネックとなるのが，税制である。個人投資家が，国内の証券会社を経由することなく国外の金融商品へ投資すると，配当などの収益に対する課税が総合課税（最高税率50％）となり，国内の金融商品のような10％や20％の源泉分離課税が適用されることはない。

　一方，個人投資家が信託会社に金銭信託し，信託財産として国外金融商品に投資した場合には，国内の金融商品税制と同様の取扱い（信託会社が源泉徴収義務者）となることから，税制上の不利益が発生しない。信託会社が面倒な口座開設手続を行い，自らが外国語によるコミュニケーションをする必要もないというメリットもある。

　信託の種類としては，単独運用特定包括信託[1]となる。

---

1) 「単独運用」とは，委託者の信託財産を他の委託者の信託財産と分別して，管理又は処分（運用）を行うことをいい，委託者の信託財産を他の委託者の信託財産と合同して，管理又は処分（運用）を行う合同運用と区別される。
　「包括信託」とは，金銭や有価証券など種類の異なる2つ以上の財産を1つの信託行為によって引き受ける信託をいう。
　また，「特定」包括信託とは，委託者等の指図に基づき，受託者が信託財産を管理又は処分（運用）する信託であり，委託者が指定した範囲内で，受託者が裁量を持って信託財産を管理又は処分（運用）する「指定」包括信託と区別される。

238

事例7　海外投資管理信託

2　スキーム図・スキーム詳細

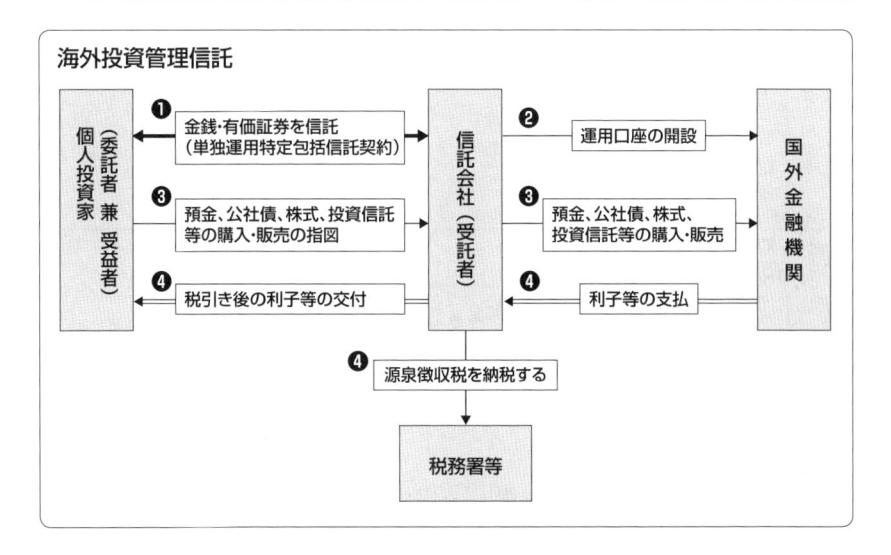

海外投資管理信託

❶ 金銭・有価証券を信託（単独運用特定包括信託契約）
個人投資家兼受益者（委託者）→ 信託会社（受託者）
❷ 運用口座の開設：信託会社 → 国外金融機関
❸ 預金、公社債、株式、投資信託等の購入・販売の指図：個人投資家 → 信託会社
❸ 預金、公社債、株式、投資信託等の購入・販売：信託会社 → 国外金融機関
❹ 税引き後の利子等の交付：信託会社 → 個人投資家
❹ 利子等の支払：国外金融機関 → 信託会社
❹ 源泉徴収税を納税する：信託会社 → 税務署等

- ❶……個人投資家（委託者・受益者）は，金銭や有価証券を信託財産とし，信託会社（受託者）との間で単独運用特定包括信託契約を締結する。
- ❷……信託会社は，国外金融機関に運用口座を開設する。
- ❸……信託会社は，個人投資家の指図に基づき，国外金融機関において預金，公社債，株式，投資信託等の購入・販売を行う。
- ❹……信託会社は，受け取った利子，配当，分配金について10％又は20％の源泉徴収税額を控除し，残額を個人投資家に分配する。

3　信託方式を採用した理由やメリット

(1)　個人が国内の証券会社を経由することなく，国外の預金，公社債，株式，投資信託等に投資した場合に受け取る利子，配当，分配金は総合課税（最高税率50％）となるが，信託会社を経由することにより，図7－1のとおり10％又は20％の源泉分離課税（一部総合課税）の適用を受けることが可能となる。

239

◀事例編

【図7-1】

	種　　類		利子・配当・分配金・償還差益	売却益（為替差益を含む。）
海外投資管理信託（により管理）	外貨預金		20％の源泉分離課税	非課税
	外国公社債・外国公社債投資信託			
	外国株式・外国株式投資信託	上場又は公募	10％の実質源泉分離課税	20％の申告分離課税
		非上場又は私募	20％源泉徴収された上で総合課税	
海外直接投資（比較）	外貨預金		総合課税	非課税
	外国公社債・外国公社債投資信託			
	外国株式・外国株式投資信託	上場又は公募		20％の申告分離課税
		非上場又は私募		

(2) また，信託会社が面倒な口座開設手続を行い，個人投資家自らが外国語によるコミュニケーションをする必要がない。

(3) 本スキームの留意点として，個人投資家が，日本の証券会社に売委託して上場外国株式や公募外国株式投資信託を譲渡した場合における売却益に対しては10％軽減税率が適用されるが，信託を活用した場合にはその適用はないという点が挙げられる。

4　解　説（法律面）

(1) 信託財産が金銭や有価証券の場合には，信託契約が効力を発生させると同時に，金銭や有価証券の所有権が受託者に移転する。信託財産の所有権移転について，対抗要件を経ることができる場合には対抗要件を経なければ第三者に物権変動を対抗できない。また，登記や登録が可能な財産につき信託財産であることについても，対抗要件を経由しなければ，第三者に対し信託であることを対抗することができない（信託14条）。

(2) 委託者は，信託契約中に指図権者として規定され，指図権を行使する。また，委託者とは別に，投資の専門家を指図権者として指定することも可

能であるが，その場合の契約は，民法上の委任契約の性格を持つ契約となる。指図権者は，民法上も善管注意義務を負う（民644条）だけではなく，信託業法では，指図を行う業を営む者を「指図権者」として，忠実義務も負っている（信託業65条）。
(3) 受託者は，指図権者からの指図に従って，信託財産である金銭によって有価証券の購入や，信託財産である有価証券の販売や購入を行う。この場合，当初，信託財産である金銭によって購入された有価証券などの財産は，信託財産となる（信託財産の物上代位性，信託16条）。
(4) 信託が終了した場合には，終了すると残余財産受益者に，信託財産の所有権が帰属する（信託182条1項1号）。

5　解　説（税務面）

(1) 海外投資管理信託の税制上の取扱い

　このスキームは，居住者である個人の委託者から，受託者である信託会社（以下「信託会社」という。）が金銭の信託を受け，信託会社が，委託者の指図により外貨預金，外国公社債，外国公社債投資信託，外国株式，外国株式投資信託を購入し，資産運用するものである。

　この信託は，単独運用特定包括信託であり，税法上，受益者等課税信託に該当する。したがって，信託財産である預貯金や有価証券等から生ずる利子収入や配当収入は，発生時に受益者に帰属される。

(2) 信託設定時の取扱い

　委託者である個人が，一般的には，単独で信託することから，信託設定時に譲渡益課税されることはない（所基通13－5(1)）。

(3) 外貨預金の課税上の取扱い

　ア　利子の取扱い

　　外国の金融機関の外国の本支店に口座を設け，直接，利子の支払いを受取った場合は利子所得として総合課税される（所法22条2項1号）。しかし，本スキームにおいては，信託会社が形式的な所有者であることから，外国

◀事例編

の金融機関から利子を信託会社が受け取る。居住者である個人に対し利子の支払いを行う信託会社は、源泉徴収義務者となって、20％（所得税15％、住民税5％）の税金を徴収することとなると考えられる。委託者兼受益者である個人は、一般的な預金利子と同様に、源泉分離課税となり、源泉徴収されることにより課税関係は完結される（措法3条1項）。

イ　外貨預金を解約した場合の為替差益の取扱い

信託財産となっている外貨預金を解約し、円転したことにより生じた為替差益は、雑所得とされ、確定申告をすることが原則である（所法22条2項1号）。ただし、年収2,000万円以下の給与所得者の人で、給与所得及び退職所得以外の所得が為替差益を含めて、年間20万円以下の場合は申告不要である（所法121条）。

(4) 外国公社債、外国公社債投資信託の課税上の取扱い

ア　利子、収益分配金の課税上の取扱い

外国の公社債や外国の公社債投資信託に個人が直接投資して、利子や分配金を受け取った場合は、総合課税の利子所得として、確定申告を行わなければならない（所法22条2項1号）。

しかし、信託会社が、形式的に外国公社債や外国公社債投資信託を保有していることから、利子や分配金はいったん信託会社が受け取り、居住者である個人に対し配当や分配金を支払うこととなる。

信託会社が、国内における支払いの取扱者で政令で定めるものに該当することから（措法通3の3－8）、支払いの際に信託会社は、源泉徴収義務者として、20％（所得税15％、住民税5％）の税金を徴収し（措法3条の3第3項、地法71条の6）、委託者兼受益者である個人は、受け取った利子や収益の分配に関して、源泉分離課税となり、源泉徴収されることにより課税関係は完結される（措法3条の3第1項、8条の3第1項）。

イ　外国で徴収された外国税額と源泉徴収税額

なお、公社債等の利子につき、外国で課された所得税額があるときの源泉徴収税額は、手取りの利子等の額に外国で課された所得税額を加算した金額に税率を乗じて税額を計算し、外国で課された所得税額を控除して計

算されることとなる（措法3条の3第4項，8条の3第4項1号，地法71条の8）。

【図7−2】 利子等の源泉徴収税額の算定方法

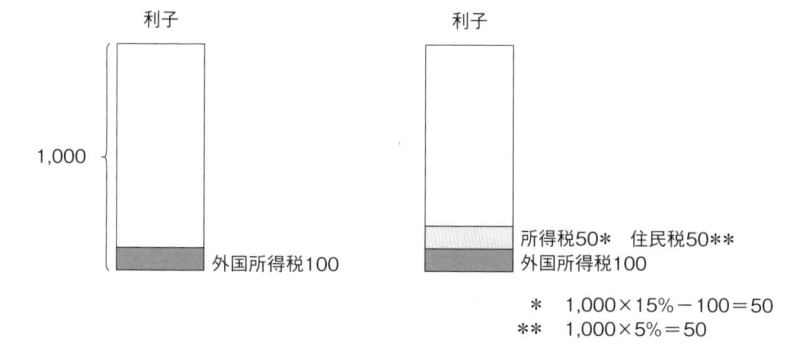

```
利子                    利子

1,000                   所得税50*   住民税50**
        外国所得税100     外国所得税100

         *  1,000×15％−100＝50
        **  1,000×5％＝50
```

ウ　公社債や公社債投資信託の受益権を譲渡した場合の取扱い

　外国の公社債や外国の公社債投資信託を譲渡した場合の譲渡益は，原則的には非課税とされ，譲渡損はなかったものとされる（措法37条の15）。

　しかしながら，割引の方法により発行される公社債で国外で発行されるもの，利子が支払われる公社債で割引の方法により発行される公社債に類する一定のもの，割引債（割引の方法で発行される公社債）以外で利子が支払われない公社債を国内で譲渡したことによる所得は，譲渡所得として総合課税されることとなる（措法37条の16）。

(5)　**外国株式，外国株式投資信託の課税上の取扱い**

ア　配当，収益分配金の課税上の取扱い

　外国の株式や外国の株式投資信託に，個人が直接投資して，配当や分配金を受け取った場合は，総合課税の配当所得として，確定申告を行わなければならない（所法22条2項1号）。しかし，信託会社が，形式的に株式や株式投資信託を保有していることから，配当や分配金はいったん信託会社が受け取り，居住者である個人に対し利子や分配金を支払うこととなる。支払いの取扱者である信託会社は，源泉徴収義務者（措法9条の2第2項，8条の3第2項）となって，所得税等を徴収することとなる。

　この場合の源泉徴収税率であるが，上場された外国株式や公募された外

国株式投資信託（以下「上場外国株式等」という）の場合は，平成23年12月31日までの間に支払いを受けるべき配当等については，10%（所得税7%，住民税3%）となり（措法9条の3，平成21年改正後の平成20年改正法附則33条2項），平成24年1月1日以後支払いを受けるべき上場外国株式等は20%（所得税15%，住民税5%）となる（措法9条の3，地法7条の28）。

　上場外国株式等に係る配当所得の場合は，申告分離課税を選択できるが，申告分離課税を選択した場合は，すべての上場株式等に係る配当所得は申告分離課税となる（措法8条の4）。

　申告分離課税の税率は，平成23年12月31日までに支払いを受けるべき配当等については，10%（所得税7%，住民税3%）となり（措法8条の4，平成21年改正後の平成20年改正法附則32条1項），平成24年1月1日以後に支払いを受けるべき配当等は20%（所得税15%，住民税5%）となる（措法8条の4第1項，地法71条の28）。

　上場外国株式等につき，申告分離課税を選択しなかった場合は，他の所得と合算して，確定申告を行うこととなる（所法22条2項1号）。ただし，上場外国株式等に係る配当所得について，確定申告不要を選択することができる。

　なお，上場外国株式等については，大口株主[2]の源泉徴収税率の軽減・申告不要・申告分離課税の不適用はないものと考えられる（措法8条の4第1項1号，8条の5第1項1号，9条の3第1項1号）。

　非上場の外国株式又は外国私募株式投資信託の場合は，配当等につき20%の税率で所得税が源泉徴収される（措法8条の3第2項2号，9条の2第2項）。

　非上場の外国株式又は外国私募株式投資信託の場合は，原則的には，他の所得と合算して確定申告を行わなければならず（所法22条2項1号），申告分離課税を選択することができない。ただし，1回につき支払いを受け

---

[2] 大口株主は，配当等の支払基準日において，その内国法人の発行済株式又は出資の総数又は総額の5%以上有する個人と定義されていることから（措法8条の4第1項1号），外国法人の個人株主は大口株主については該当しないことと考えられる。

るべき配当等の金額が次により計算した金額以下である場合には，確定申告不要制度を選択できる（措法8条の5）が，地方税は申告不要制度がないことから確定申告が必要である。

10万円 × 配当等計算期間の月数 ÷ 12

イ　外国で徴収された外国税額の取扱い

配当や分配金につき，外国で徴収された所得税がある場合の源泉徴収金額は，配当等の金額から外国税額が差し引かれた残額に税率を乗じて算定されることとなる（措法9条の2第3項，8条の3第4項2号）。

【図7－3】　配当等の源泉徴収税額の算定方法

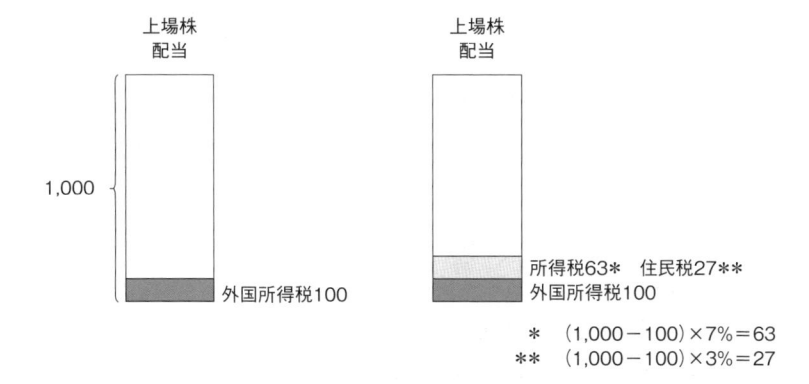

```
上場株                    上場株
配当                      配当

                                    所得税63*   住民税27**
1,000                               外国所得税100
        外国所得税100
                          *  (1,000－100)×7％＝63
                          ** (1,000－100)×3％＝27
```

外国で徴収された外国税額がある場合は，利子等のように源泉徴収される税額を調整するのではなく，確定申告書を提出し，外国税額控除を受けることにより調整されることとなる。したがって，総合課税の申告不要制度を選択した場合は，外国税額控除の適用を受けることはできない。

ウ　外国株式や外国株式投資信託を売却した場合の取扱い

外国株式等を信託会社が売却した場合は，売却損益の帰属は受益者となる。個人が受益者の場合，申告分離課税となり，原則的には，税率は20％（所得税15％，住民税5％）となる（措法37条の10）。なお，平成23年12月31日までに証券会社等への売委託により行う上場株式の譲渡の場合等は，10％の軽減税率（所得税7％，住民税3％）の適用は可能であるものと考えられる（平成21年改正後の平成20年改正法附則43条2項・措法37条の12の2第

2項)。

エ　配当控除の取扱い

　外国株式や外国株式投資信託から生ずる配当や収益分配金を受け取った場合においては，配当控除の適用はない。

〈ポイント〉

(1)　本スキームは，受益者等課税信託に該当する。

(2)　個人が外国の金融機関の外国の本支店において有する預金口座から生ずる利子収入は，確定申告により総合課税されるが，海外投資管理信託を利用することにより20％の税率による源泉分離課税となる。

(3)　個人が外国の公社債や公社債投資信託（以下「公社債等」）を直接保有した場合の利子・分配金収入は，確定申告により総合課税されるが，海外投資管理信託を利用することにより20％の税率による源泉分離課税となる。

　個人が外国の公社債等を譲渡したことによる譲渡益は，原則的には，非課税である。

(4)　個人が外国株式や，外国株式等投資信託を直接保有した場合の配当・分配金収入は，確定申告により総合課税される。上場外国株式・公募外国株式等投資信託（以下「上場外国株式等」）に関しては，海外投資管理信託を利用することにより保有している場合は，配当等につき10％の税率で所得税等が源泉徴収される。個人は，これらの配当につき申告不要を選択することもできるし，すべての上場株式等の配当等につき申告分離課税を選択することもできる。

　なお，個人が，上場外国株式等を譲渡した場合の譲渡益に対する税率は，原則的には20％である。

6 契約書式

本契約書式は，実際の書式とは異なる。

単独運用特定包括信託契約書

　○○○○（以下「委託者」又は「受益者」という。）と株式会社□□信託（以下「受託者」という。）は，以下の条項により単独運用特定包括信託契約（以下「本信託契約」という。）を締結した。

第1条（信託の目的）
　委託者は，国外金融機関における資産運用を目的として，信託財産の管理又は処分をすべきものとして受託者に信託し，受託者はこれを引き受けた。

第2条（信託契約の期間）
　本信託契約の期間は，信託設定日から同年12月31日までとする。ただし，期間満了の1か月前までに委託者又は受託者のいずれからの書面による意思表示がないときは，信託期間は自動的に1年延長される。

第3条（委託者の指図による信託事務）
　受託者は，信託財産の管理又は処分に係る信託事務を，本信託契約に別途定める場合を除き，委託者の指図により行う。

第4条（金銭の追加信託）
　委託者は，本信託契約の信託目的を達成するために，信託財産として金銭の追加信託をすることができる。この場合，受託者は，追加信託された金銭を信託事務の処理に必要な費用に充当することができる。

第5条（信託元本の減額）
　委託者は，信託元本を減額し，当該減額に係る金銭を自己に交付する旨の指図をすることができる。

第6条（受益権の種類及び委託者）
　1．本受益権は，1種類とする。
　2．本信託の受益者は，委託者とする。
　3．本受益権は，分割することができない。
　4．受託者は，本受益権を証するための受益権証書を作成しない。

第7条（受益権の譲渡及び質入）
　受益者は，受託者の事前の承諾を得なければ，受益権を譲渡（贈与を含む。）又は質入することができない。

第8条（契約の変更）
　本信託契約は，委託者及び受託者の合意がなされた場合に限り変更することができる。

（以下，省略）

事例 8 賃貸物件の家賃等管理信託

株式会社日本エスクロー信託　提供事例

1 事案の概要

　賃貸物件オーナー（賃貸人）が家賃回収も含めた不動産管理を，第三者に委託している場合は多いが，管理会社が倒産する可能性に不安を覚える場合もある。実際に，平成20年9月24日には株式会社リプラスが破産しており，多くのオーナーが損害を被っている。そこで，賃借人から支払われる家賃等を信託することで，管理会社の固有財産から分別管理し，オーナーへの家賃等の支払いを確実にすると同時に，管理会社の信用を保管し，信頼性を高めることを目的とした信託である。

2 スキーム図・スキーム詳細

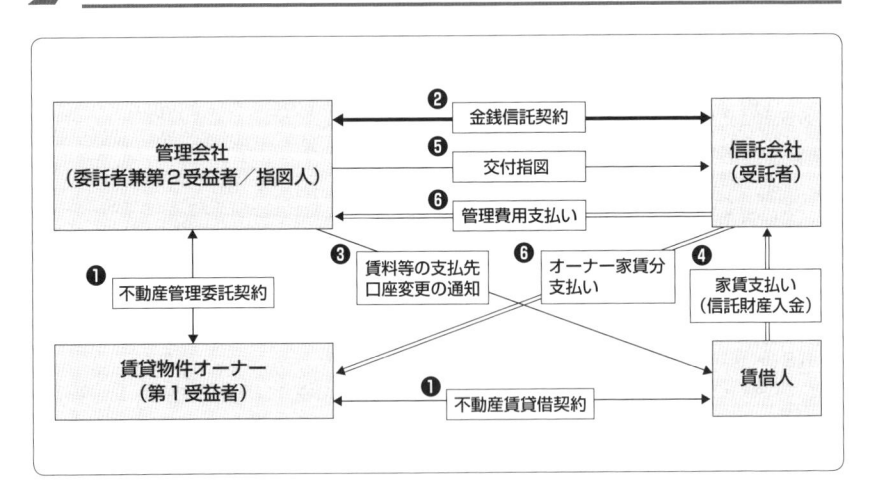

```
┌─────────────────────────────────────────────────────────┐
│  ┌──────────────┐   ❷ 金銭信託契約   ┌──────────┐  │
│  │   管理会社    │←─────────────────→│ 信託会社 │  │
│  │(委託者兼第2  │   ❺ 交付指図       │ (受託者) │  │
│  │受益者/指図人)│─────────────────→ │          │  │
│  │              │   ❻ 管理費用支払い │          │  │
│  │              │←─────────────────  │          │  │
│  └──────┬───────┘                    └────┬─────┘  │
│         │        ❸賃料等の支払先  ❻オーナー家賃分      │
│    ❶   │         口座変更の通知    支払い    ❹家賃支払い │
│ 不動産管理│                                  (信託財産入金)│
│ 委託契約 │                                              │
│         │                                              │
│  ┌──────┴───────┐                    ┌──────────┐  │
│  │ 賃貸物件オーナー│                   │  賃借人  │  │
│  │  (第1受益者)   │←─❶ 不動産賃貸借契約→│          │  │
│  └──────────────┘                    └──────────┘  │
└─────────────────────────────────────────────────────────┘
```

248

❶……賃貸物件オーナー（賃貸人）と管理会社間で，賃料債権の回収を含む不動産管理委託契約を締結する。委託業務の中には，賃料等の受領権限を規定しておく。

❷……管理会社（委託者）は，信託会社（受託者）との間で，賃借人から支払われる家賃（金銭）を信託財産とする金銭信託契約を締結する。同時に，管理会社は，信託会社が賃貸物件オーナー（賃貸人）及び管理会社に代わり，賃料を受領する権限を与えておく。

❸……管理会社から賃借人に対し，賃料等の支払先口座を，信託会社の信託口座に変更する通知を行う。

❹……賃借人（借家人）は，月々の家賃を信託口座に入金する（信託財産入金）。

❺……管理会社は，賃借人からの支払いがあったことを確認したら，信託会社に対して，受益者である賃貸人と管理会社に対し財産の交付を行うよう指図をする。

❻……信託会社は，管理会社の指図に基づき，管理費用を管理会社に，残額をオーナーに支払う。

3 信託方式を採用した理由やメリット

(1) オーナーにとって，家賃の回収を含む物件の管理を管理会社に委託することは便利であるが，その反面，①賃借人から管理会社に支払われる家賃が自らに支払われないリスク，②管理会社が倒産した場合に管理会社が預っていた家賃が回収不能になる，というリスクを負うことになる。そこで，信託を活用することにより，これらのオーナーのリスクを回避（移転）し，管理会社の信頼性を高めることを目的としたスキームを構築した。

(2) このスキームでは，賃借人から支払われる家賃を信託財産とすることで，管理会社の固有財産からは隔離されることとなり賃貸人としては安心することができ，一方の管理会社にとっても自社財産と分別管理された商品を作ることで，オーナーの信頼を勝ち得ることができ，新規顧客開拓や顧客離れ防止のための有力な営業ツールとなり得る。

(3) このスキームでは，毎月継続して発生する家賃を信託財産としているが，

●事例編

賃貸借契約終了後に賃借人に返還することとなる敷金などにも応用することが可能である。この場合，敷金の預り期間が数年以上の長期にわたることが多いため，それを管理会社の財産から隔離する信託スキームの効果は大きいものと思われる。このように，敷金を賃貸物件オーナー（賃貸人）及び管理会社の倒産から隔離する機能は，賃借人にとっても大きなメリットがあり，賃貸物件オーナー（賃貸人）及び管理会社には，賃借人の募集が容易になるというメリットもある。

4 解　説（法律面）

(1)　賃貸物件オーナー（賃貸人）が管理会社との間で締結する不動産管理委託契約は，賃貸物件オーナーを委任者，管理会社を受任者とする民法上の委任契約の一種である。賃貸物件オーナー（賃貸人）は，賃料債権の回収を管理会社に委任し，管理会社は賃借人から賃料を受領する権限を有することとなる。

(2)　管理会社及び信託会社は，管理会社を委託者兼第２受益者（兼指図人），信託会社を受託者，賃貸物件オーナー（賃貸人）を第１受益者とする信託を設定する。信託財産は，賃借人から信託口座に入金される家賃（金銭。管理会社に支払われる管理費を含む。以下同じ。）である。敷金が賃借人から支払われる前から本件家賃信託を設定する場合には，信託会社が賃貸物件オーナー（賃貸人）及び管理会社に代わり敷金も受領することとし，賃料だけでなく，受領した敷金も信託財産とするスキームも考えられる（賃貸物件オーナー（賃貸人）及び管理会社間の不動産管理委託契約で管理会社が敷金を受領し管理する旨を定め，管理会社及び信託会社間の信託契約で敷金を信託財産とし，信託会社が敷金を受領し管理することとする。）。このように敷金を信託財産とすると，管理会社の倒産リスクから賃借人の敷金返還請求権も保護されることとなり，賃貸物件オーナー（賃貸人）にとっては，賃借人探しが容易になる。特に，オフィスビルの賃貸借では，敷金が多額にのぼることが多いから，賃貸借契約終了後の敷金返還の確実な実行に関心の

ある賃借人にとって，敷金返還請求権の対象となる金銭が賃貸人・管理会社の倒産リスクから隔離されることは，大きなメリットといえよう（詳細❷）。

(3) 継続中の賃貸借契約に本件家賃信託スキームを利用する場合において，賃借人からの賃料の支払先口座を管理会社の口座としている場合には，管理会社（委託者）から賃借人に，賃料の支払先口座を受託者である信託会社の信託口座に変更する旨を通知する。賃貸借契約締結時から本件家賃信託スキームを利用する場合には，賃貸借開始の当初から，賃料（及び敷金）の支払先口座を信託会社の信託口座としておけば足りる（詳細❸）。

(4) 賃借人が指定された信託口座に賃料を入金することにより，賃貸物件オーナー（賃貸人）に対する賃料債務が弁済されたこととなる。入金された賃料は信託財産となり，信託会社が管理する（詳細❹）。

(5) 信託会社は，信託契約に基づき，委託者兼第2受益者である管理会社に対して，賃料の支払いがあったことを通知する。通知を受けた管理会社は，信託契約に定められた指図権に基づき，信託会社に対して，第1受益者である賃貸物件オーナー（賃貸人）に対する金銭（賃料。ただし，管理費を除く。）の交付及び第2受益者である管理会社に対する金銭（管理費）の交付を指図する（詳細❺）。

(6) 信託会社は，管理会社への管理費及び賃貸物件オーナー（賃貸人）への賃料（ただし，管理費を除く。）の支払いを行う。本スキームにおいて，管理会社は，第2受益者であるとともに，指図人でもある。信託法には，指図人についての規定はなく，指図人の権限は信託契約（又は信託契約とは別に締結する委任契約）によって定められる（詳細❻）[1]。

---

1) 信託業法では，「信託財産の管理又は処分の方法について指図を行う業を営む者」を指図権者と定義し，指図権者は，信託の本旨に従い，受益者のため忠実に当該信託財産の管理又は処分に係る指図を行わなければならないと定めている（信託業65条）。

事例編

5 解　説（税務面）

家賃信託の税法上の取扱い

　家賃信託は，管理会社が委託者兼第2受益者，賃貸物件オーナーが第1受益者の受益者等課税信託である。

　賃借人からの家賃が信託会社の口座に振り込まれた時点で，第1受益者の賃貸物件オーナーと第2受益者の管理会社に家賃，管理委託報酬の入金が各受益者にあったものとして取り扱われるものと考えられる。つまり，管理会社の指図により第1受益者，第2受益者の口座に振り込まれた時点で，各々の受益者に入金があったものとして取り扱わない。

6 苦　労　話

　管理会社にとっては，信託スキームを採用することにより，信託報酬の負担と信託会社への指図をしなければならないという事務負担が増える。さらに管理会社が，家賃（預り金）を既に自らの運転資金に流用している場合（使い込んでいる場合）は，スキームを理解できても，信託スキームを採用することは，資金繰り上不可能となる。

　この点，信託スキームを実際採用できれば，①使い込みリスクがなくなるというオーナーへの営業ツールだけでなく，②信託スキームに移行できるという良好な財務体質を持っているという強いメッセージを発信することができる。

7 契約書式

　本契約書式は，事例を参考に執筆者が作成したもので，実際の書式とは異なる。

信託契約書

　○○○○（管理会社。以下「委託者」という。）と□□□□株式会社（信託会社。以下「受託者」という。）は、賃貸借契約（以下「賃貸借契約」という。）について委託者（管理会社）が行う不動産管理業務に関し、金銭信託契約（以下「本契約」という。）を締結する。

第1条（信託の目的）
　　委託者は、委託者が管理業務を行う不動産の賃貸人との不動産管理委託契約に基づいて賃借人から受領する賃料・管理費・敷金等（以下「賃料等」という。）の金銭を受託者が委託者及び賃貸人のために管理することを目的として、賃料等の金銭を信託し、受託者はこれを引き受ける。

第2条（信託財産）
1　本契約における信託財産は、委託者が管理業務を行う不動産の賃借人が賃貸人に賃料等として支払う金銭とする。
2　不動産管理委託契約及び本契約の定めに従い、委託者は、賃借人に賃料等を下記口座に入金させる方法により、金銭を信託する。
　　金融機関名及び本支店名：
　　口座種別及び口座番号：
　　口座名義：
3　委託者は、賃借人に対し、賃料等の入金先が前項の口座となることを通知する。受託者は、賃借人から信託財産となる賃料等の入金がなされた場合、速やかに委託者に通知する。
4　信託財産から生じる運用益その他の果実は信託財産に帰属する。

第3条（受益権）
1　本契約に係る受益権は、賃貸人を受益者とする第1受益権及び委託者を受益者とする第2受益権の2種類とする。委託者及び受託者のいずれも、第1及び第2受益者を変更することはできない。
2　第1受益権は、賃借人から信託財産として入金された金銭のうち、賃貸人及び賃借人間の賃貸借契約における賃料相当額（管理費を含まない。以下同じ。）の支払いを、第1受益者（賃貸人）が受託者から受ける権利とする。
3　第2受益権は、賃借人が信託財産として入金した金銭のうち、不動産管理委託契約に基づく管理費相当額の支払いを、第2受益者（委託者）が受託者から受ける権利とする。
4　本契約に基づく信託受益権について、受益権証書は発行しない。
5　受益者は、委託者及び受託者の書面による事前の承諾なく、受益権の分割、放棄、譲渡又は質入れその他の担保設定等の処分をすることができない。

■事例編

第4条（指図人）
　委託者は，指図人として，賃借人との賃貸借契約に基づく賃貸人への賃料相当額の支払い及び賃貸人との不動産管理委託契約に基づく委託者への管理費相当額の支払いを受託者に対して指図する。委託者は，敷金が信託財産として入金されている場合に，賃貸借契約が終了したときには，賃貸借契約に基づき，賃借人への敷金相当額の返還を受託者に対して指図する。

第5条（信託財産の管理）
1　受託者は，善良なる管理者の注意をもって信託財産を管理するものとする。
2　受託者は，信託財産を自己の固有財産及び他の信託財産と分別して管理する。

第6条（信託期間）
　本契約の期間は，本契約締結日から平成○年○月○日までとする。ただし，委託者及び受託者の書面による解約の合意がない限り，期間満了から1年間自動更新するものとし，その後も同様とする。

第7条（残余財産の帰属権利者）
　本契約終了時において残存する信託財産（信託財産の運用益その他の果実を含む。以下「残余財産」という。）は，受託者から，委託者へ交付されるものとする。

第8条（本契約の終了）
1　本契約は，第6条に定める信託期間の満了の他，次に掲げる事由に該当する場合は終了する。
　①　信託法第163条各号に定める事由が生じた場合
　②　本契約第9条に基づき解除された場合
2　委託者及び第1受益者は，両当事者のみの合意により本契約を終了することはできないものとする。
3　本契約が終了した場合，受託者は遅滞なく本件信託についての清算事務を行い，信託財産状況報告書を作成し，残余財産があるときは，本契約第7条に従い信託財産を交付するものとする。

第9条（本契約の解除）
1　本契約は，本契約に別途定めがある場合を除き，解除できない。ただし，委託者，受託者及び賃貸人の書面による合意により解除することができる。
2　委託者又は賃貸人が，本契約又は不動産管理委託契約に基づく義務を履行せず，受託者が信託事務を処理することが著しく困難であると合理的に認めた場合，受託者は，委託者及び受益者に対して契約の解除を書面により通知することにより（かかる書面には信託事務を処理することが著しく困難であると判断した合理的理由を示すものとする。），本契約を解除することができる。

第10条（本契約の変更）
　本契約は，委託者，受託者及び賃貸人の書面による合意により，変更することが

できる。

第11条（委託者の権利の制限）
　委託者は，受託者の承諾を得た場合でなければ，次の各号に該当することを行うことができない。
① 本契約を取消し又は変更すること
② 受益者又は受益権の内容を変更すること
③ 本契約の終了前に，受益者以外の者に信託財産の払い出しを請求すること
④ 委託者の地位を放棄又は他人に譲渡すること

第12条（信託報酬）
1　信託報酬は，月額〇円とする。本契約の期間のうち1か月に満たない端数については，1か月に繰り上げて報酬を算定する。
2　受託者が信託事務を処理するにつき特別の役務を要することが見込まれることとなったときは，受託者は，その信託事務の着手前に，委託者に算定根拠と金額を示し，その信託事務に関する指図を求めることができる。受託者が当該信託事務を遂行する場合における信託報酬の追加については，委託者及び受託者の協議により定める。

第13条（受託者の解任）
　委託者は，受託者に義務違反，管理の失当又は任務の懈怠その他不誠実若しくは不適切な行為があると認められる場合は，受託者を解任できる。

第14条（受託者の辞任）
　受託者は，委託者の同意を得て辞任できる。

第15条（新受託者の選任）
　受託者の任務が終了したときは，受託者は受益者へ任務終了の通知を行わなければならない。委託者及び第1受益者は，合意により新受託者を選任するものとし，新受託者を選任できないときは，委託者，第1受益者，又は受託者が裁判所へ新受託者選任の申立てを行うものとする。

　本契約の締結を証するため，契約書正本を2通作成し，委託者及び受託者が各1通を保有し，賃貸人は写しを保有する。

　　　　　　　　　平成　　　年　　　月　　　日

　　　　　　　　委託者　住　所_____
　　　　　　　　　　　　氏　名_____㊞

　　　　　　　　受託者　住　所_____
　　　　　　　　　　　　氏　名_____㊞

事例9 タイムシェア型住宅の賃貸借契約にかかる賃料の金銭信託

株式会社日本エスクロー信託　提供事例
株式会社リプロジェクト・パートナーズ及び
シェアグループ株式会社との提携事業

1　事案の概要

タイムシェア型住宅とは，単独で購入した場合，その購入代金や維持費が比較的高額となる別荘等の居住施設について，その1住戸について，所定の期間のうち，毎年特定の期間に利用することができる権利（例えば，10年間にわたって，毎年8月第2週に利用することができる権利）を販売する方式である。

タイムシェア型住宅の賃貸借契約では，特定の期間の賃料等の複数年分を一括して支払うため，当該住宅を賃貸管理する事業者の経営破綻等により，未経過賃料等が保全されずに不安定な状態になるおそれがある。

そのため，本事例では，信託の倒産隔離機能を活用し，特定の期間の賃料等を信託することで，その賃料を保全することとした。

2　スキーム図・スキーム詳細

❶……物件所有者は，特別目的会社（SPC）である賃借人／転貸人との間で，あらかじめ賃貸借転貸の承諾を付して賃貸借契約を締結する。同時に賃貸借設定登記を行う。

❷……賃借人／転貸人は，複数の顧客との間で，1年のうちの期間を特定して転貸する内容を規定した賃貸借転貸契約を締結する。同時に賃貸借転貸の準共有登記を行う。

❸……賃借人／転貸人（委託者）は，信託会社（受託者）との間で，当該物件

事例9　タイムシェア型住宅の賃貸借契約にかかる賃料の金銭信託

　　の賃貸借転貸の契約代金を信託財産とする金銭信託契約を締結する。なお，顧客からクーリングオフされ，契約代金を全額返還する場合に備えて，❷の契約締結から8日間のクーリングオフ期間は，顧客を第1受益者とする旨を規定する。

❹……❸の契約内容に基づき，顧客が賃借人／転貸人へ支払う契約代金（賃料その他の費用を含む。）は，顧客が直接信託口座へ振り込む。

❺……クーリングオフ期間が経過したら，❹で信託された金銭のうち，販売企画料等を賃借人／転貸人（第2-1受益者）へ支払う。

❻……クーリングオフ期間が経過したら，❷の契約における転貸借開始日から1年経過するごとに賃料相当額を物件所有者（第2-2受益者）に交付する。

❼……❷の契約の解除等により，契約代金の一部（未経過部分の賃料相当額）について顧客への返還事由が生じた場合は，第3受益者となる顧客へ返還する。なお，信託契約の規定により，顧客は契約代金について返還事由が生じるまで本契約上の受益権を取得しない。

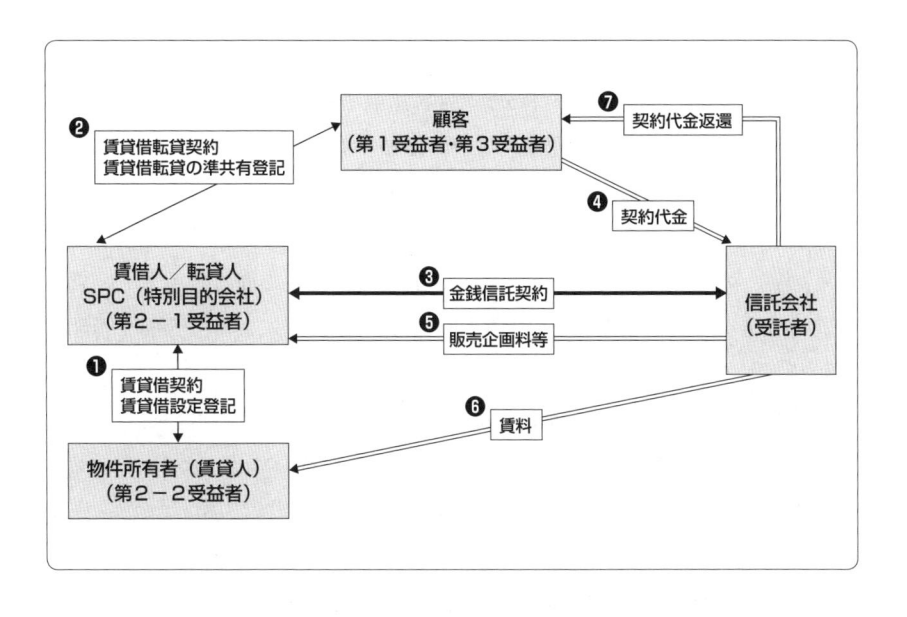

```
                    ❼ 契約代金返還
         顧客 ←─────────────────
    ❷ (第1受益者・第3受益者)
 賃貸借転貸契約    │
 賃貸借転貸の準共有登記  │ ❹ 契約代金
         ↓     ↓
    賃借人／転貸人   ❸ 金銭信託契約   信託会社
    SPC(特別目的会社) ←──────────→ (受託者)
    (第2-1受益者)   ❺ 販売企画料等
         ↑
    ❶ 賃貸借契約
       賃貸借設定登記    ❻ 賃料
         │     ←────
    物件所有者(賃貸人)
    (第2-2受益者)
```

257

◀事例編

3 信託方式を採用した理由やメリット

(1) タイムシェア型住宅は，欧米においては，リゾート地等においての居住施設で広く普及している利用形態である。別荘等を単独で保有するのに比べて，コスト面が割安であり，管理の手間もかからないタイムシェア型住宅の需要は，我が国においても，拡大していくと思われる。また，国内外からリゾート地へ長期滞在を希望する旅行者の受け皿としても有力な商品であるといえる。

(2) タイムシェア型住宅においては，その賃貸借契約にかかる特定の期間の賃料等の複数年分を一括して支払うため，当該住宅を賃貸管理する事業者の経営破綻等により，前払い賃料等が保全されずに不安定な状態になるおそれがある。そのため，前払い賃料等を信託財産とし，事業者から隔離させることで，経営破綻等による投下資本回収リスクを回避し，その賃料等を保全することができる。

(3) タイムシェア型住宅においては，区分所有権の枠組みを利用する方法も考えられる。例えば，区分所有建物の専有部分の共有持分権の売買契約（例：101号室の1／50の共有持分）＋付属施設の利用権契約という方法も考えられる。この場合，販売事業者が倒産しても，共有持分権は失わないというメリットがある。しかし，所有建物の利用に関して，別途，利用権契約を定めなければならない点や，共有者間での管理・運営が煩雑になる。その点，本スキームの場合は，物件所有者と顧客との間に賃借人・転貸人を介在させる賃貸借とすることで，賃借人・転貸人による一元的な管理を可能としている。

(4) 本事例では，賃貸借転貸契約の中に権利の譲渡ができる旨の定めを置いているため，顧客は，解約についての自由度が得られる（ただし，解約につき，一定の制約はある。）。顧客が当該権利を他の者に円滑に譲渡できるものとすることで，顧客のニーズの変化等に応じる柔軟性と，その譲渡性により市場原理による価値が付加されることとなり，顧客・物件所有者ともに利点がある。

また，顧客は転借権を取得することになり，所有権の場合のように所得税や固定資産税等の租税負担が顧客に直接かかることがない。
(5) また，本事例では，物件所有者と顧客との間に特別目的会社（SPC・本件賃借人／転貸人）を介在させている。これは，以下のような方策で，顧客の保護を図るためである。
　ア　SPCが物件所有者から建物の一棟借りをし，その賃借権を登記しておくことによって，物件所有者が倒産状態に陥ったときにも，所有者の破産管財人等に対抗することができる。
　イ　既に金融機関などによる担保権が設定されている物件については，それの後れる賃借権登記をもってしても当該担保権に対抗できない。そこで，当該担保権者との協議によって先順位担保権者の同意の登記という措置を採ることで，リスクを排除する。そのため，あらかじめ物件所有者とSPCとの間の賃貸借契約において，先順位担保権者からの同意の登記又は担保権の抹消を得なければならない旨を定めておく。
(6) また，SPCは顧客のための転借権の準共有登記を行う。本事例では，1年を52週に分けて，50人の顧客に対して賃貸借転貸契約を締結する（残り2週間分は，メンテナンス期間としてSPCに留保される。）。この場合，1つの転借権を50名で共有する「賃貸借転貸の準共有」とみることができる。このような転借権の準共有関係を登記することとした理由は，タイムシェアされる物件が50名以上の者に販売されないことを，登記簿上も公示することを顧客に対して保証するためである。
(7) 以上のような理由から，本事例では，タイムシェア型住宅において「賃貸借転貸方式」による信託スキームを構築した。

4　解　説　（法律面）

(1) 本スキームにおける法的権利義務関係の骨子は，次のようなものである。
　(i) まず，物件所有者は，本スキームのために準備されたいわゆる特別目的会社（Special Purpose Company。以下「SPC」という。）との間で，物件

◀事例編

　全体をSPCが一括借受けする内容の原賃貸借契約を締結する。(ⅱ) 同契約中，あらかじめ，物件所有者（原賃貸人）において，転貸の承諾を付しておく。また，SPC（原賃借人）の賃借権について，賃借権設定登記を行う。(ⅲ) SPCが，顧客である各転借人との間で，各々，転貸借契約を締結する。(ⅳ) 転借人がSPCに対して支払う契約金（一括前払賃料等）の保全のため，信託を設定する。

(2)　本スキームにおいて，個々の顧客と物件所有者との間で各々直接に賃貸借契約を締結するのではなく，SPCを一括借受人／転貸人として介在させる理由は，前述3に記載されているが，法的な側面から敷衍すると，次のアとイにおいて述べるとおりである。アとイのいずれも，個々の顧客との間で各々賃貸借契約を締結したとしても実現不可能ではないと思われるが，実際には賃借人が多数となるため煩雑となり，実務的には実施困難であろう。その点で，SPCにおける一括借受け・転貸という処理が有効であると考えられる。

ア　第1に，物件所有者につき倒産手続が開始された場合において，賃借権を保護することが意図されている。すなわち，倒産法制においては，賃貸人につき倒産手続が開始した場合，管財人等に契約を履行するか解除するかの選択権が与えられることが原則であるが（破産法53条1項，民事再生法49条1項，会社更生法61条1項），賃借権につき登記が備えられている場合，その例外として，管財人等に上記の選択権を付与する規定は適用しないものとされている（破産法56条1項，民事再生法51条，会社更生法63条）。したがって，SPCが物件所有者から建物を一括して借り受け，これにより設定された賃借権を登記しておくことによって，物件所有者につき倒産手続が開始された場合にも，解除権行使のリスクにさらされる事態を回避できる。

イ　第2に，賃借権に優先する抵当権との調整が意図されている。すなわち，民法上，既に金融機関などによる抵当権設定登記がなされている不動産については，これに後れて賃借権の設定登記を行ったとしても，当該抵当権者に対抗できないのが原則である。しかしながら，かかる原則

に対する例外として，平成15年の民法改正によって，登記をした賃貸借は，その登記前に登記をした抵当権を有するすべての者が同意をし，かつ，その同意の登記があるときは，同意した抵当権者に対抗できるものとする仕組みが導入されている（民387条1項）。本スキームにおいては，この仕組みを活用し，賃借権登記に先立つ登記を有する抵当権者の同意の登記を行うこととしている。これによって，SPCの賃借権（ひいては各顧客の転借権）が，抵当権実行のリスクにさらされることを回避している。

(3) SPCは，複数（具体的には，下記のとおり50名）の顧客との間で，1年のうち一定の期間（具体的には，1週間）を特定して転貸する内容の転貸借契約を締結する。かかる転借権は，複数の転借人による準共有（所有権以外の財産権を数人で有する場合。民264条）となり，その旨の登記を行う。このような準共有の登記を行う理由は，前述3に記載のとおり，ビジネス上，登記による公示機能を活用しようとするものである。すなわち，本スキームでは，1年を52週に分けて，50名の顧客との間で転貸借契約を締結することが想定されているところ（残り2週間分は，メンテナンス期間としてSPCに留保される。），転借権の準共有登記を行うことにより，転借人が1年の間にローテーション可能な50名以内であることが登記簿上も公示され，各顧客は，1年のうちの1週間が確実に自己の使用期間として確保されるとの安心感を得ることができるわけである。

(4) 本スキームにおいては，顧客に対し，転貸借契約締結日から起算して8日間を行使期間とするクーリング・オフ権を付与する。クーリング・オフ権というと，法令の規定に基づく権利を想像するのが通常と思われるが，宅地建物取引業法（同法37条の2）は，クーリング・オフを，不動産の「売買」に限って認めており，不動産の「賃貸借」については，その他の法令も含め，クーリング・オフに関する法令上の規制は存在しないものと見られる。しかしながら，本スキームにおいては，顧客保護のため，法令の規定の存否にかかわらず，契約における任意の定めとして，消費者保護法制が一般に定めるクーリング・オフ権と同等の解約権を顧客（転借人）に付

与するものであり，そのような契約に基づく解約権をもって，クーリング・オフ権と称している。信託による契約金保全という点とあいまって，消費者保護に手厚いものといえよう。

(5) 契約金の決済に関して，SPCは，自らが委託者となり，信託会社（受託者）との間で，当該物件の転貸借契約に基づいて各顧客（転借人）から支払いを受ける契約金相当額の金銭を信託財産とする金銭信託契約を締結する。顧客は，契約金を，信託会社の管理する銀行口座へ振り込む。本スキームでは，こうして信託会社に対して支払われた契約金相当額の金銭は，信託契約において委託者から信託会社に付与された代理受領権限に基づき，信託会社がSPCに代理して受領したものとして，信託契約に基づく信託財産となる，との考え方を採用しているようである（契約書式例・2条参照）。

(6) 本スキーム中の信託においては，受益権につき，第一次的には，委託者であるSPCが受益者となって，転貸借期間が1年経過するごとに賃料相当額を受領することを基本としつつ，期間満了前におけるクーリング・オフ権や解除権の行使等による転貸借終了の場面も想定して，受益権を，第1受益権，第2－1受益権，第2－2受益権，第3受益権の4種とする。その概要は，以下のとおりである（詳細は，契約書式例・4条を参照）。

　ア　第1受益権の受益者は，各顧客（転借人）とし，受益権の内容は，各顧客が転貸借契約所定のクーリング・オフ期間内にクーリング・オフを行った場合に，契約金相当額の金銭の返還を受ける権利とする。

　イ　第2－1受益権の受益者は，SPCとし，受益権の内容は，クーリング・オフ期間経過時点において，販売企画料等相当額の金銭を受領する権利とする。

　ウ　第2－2受益者は，物件所有者とし，受益権の内容は，転貸借開始日から起算して1年経過するごとに，当該1年分に対応する賃料相当額につき信託財産から支払いを受ける権利とする。

　エ　第3受益権の受益者は，顧客（転借人）とし，受益権の内容は，転貸借契約が，クーリング・オフ期間経過後に，期間内解約，解除等により期間満了を待たずして終了した場合に，未経過賃貸期間に対応する前払

賃料相当額の返還を受ける権利とする。

5 解　説（税務面）

本事例の税法上の取扱い

　本事例は，委託者が賃借人／転貸人であり，第1受益者が顧客，第2受益者が賃借人／転貸人，並びに，賃貸人，第3受益者が顧客となる受益者等課税信託である。

　委託者が信託会社と信託契約を結び，顧客から信託会社に契約代金が支払われるが，税法上，クーリング・オフ期間の受益者は顧客であることから，顧客が現預金を有しているものとして取り扱われる。

　クーリング・オフ期間を経過した時点で，受益者が賃借人／転貸人，並びに，賃貸人となり，二者が顧客から販売企画料等の代金並びに前払い家賃に相当する預金を預かったものとして取り扱われる。

　賃貸人（法人）には，信託会社の口座から，使用期間経過ごとに賃料相当額が支払われるが，賃貸人において，賃料収入を，期間の経過とともに発生させるためには，契約書において，契約代金は前払い賃料に相当するものであり，期間中途で契約が解約された場合には，顧客に未経過賃料相当額が払い戻される旨を記載する必要があるものと考えられる。

　顧客が期間の途中で契約を解除した時点で，受益者は，顧客となる。この時点で，顧客の有する残存利用権が消滅し，信託口座で預かっていた預金が賃貸人から，顧客に移ったものとして，税法上，取り扱われる。

6 苦労話

　国交省による平成21年度長期優良住宅等推進環境整備事業「タイムシェア型住宅供給の促進」についてモデル契約書を報告した株式会社リプロジェクト・パートナーズ及びその子会社であるタイムシェア住宅開発会社シェアグループ株式会社から，下記消費者保護につながる信託設定をしたいとお話を

◀ 事 例 編

いただいた。日本で初めての賃借権方式前払賃借料の信託保全ということで、前例のないスキーム作りに、時間と知恵を使った。委託者の意向に沿う信託スキーム開発ができたと考えている。

① 賃貸借転貸の準共有登記し、その権利関係を登記・公示することにより、乱売の可能性をなくすとともに購入者に安心を与えたいこと
② 前払いによる未経過部分に対する家賃部分を信託保全し、お客様へ返還を要する時に支払原資を常時備えるようにすること。
③ クーリング・オフに備え、契約後8日間は、入金された契約金を事業者に交付しないで信託保全し、消費者保護に徹すること。

7 契約書式

本契約書式は、事例を参考に執筆者が作成したもので、実際の書式とは異なる。

金銭信託契約書

○○株式会社（以下「委託者」という。）と株式会社□□（以下「受託者」という。）は、下記により、本日、金銭信託契約（以下「本契約」という。）を締結する。

第1条（信託の目的）
　本契約による信託（以下「本件信託」という。）は、いわゆるタイムシェア型賃貸住居に係る別紙1物件目録記載の不動産をその所有者（以下「物件所有者」という。）から賃借した委託者から同不動産を転借した別紙2転借人一覧表記載の各転借人（以下「各転借人」という。）が、委託者と各転借人との間の各転貸借契約（以下「本件各転貸借契約」という。）に基づき委託者に対して契約金（一括前払賃料を含むが、これに限られない。）として納付する金銭を保全することを目的とする。

第2条（信託財産）
　1．委託者は、受託者に対し、本件各転貸借契約に基づく契約金債権（以下「本件各契約金債権」という。）につき、弁済金を委託者に代理して受領する権限を付与する。
　2．前項に基づき、受託者が委託者を代理して本件各契約金債権の弁済として転借

事例9　タイムシェア型住宅の賃貸借契約にかかる賃料の金銭信託

人から受領した金銭は，本件信託の信託財産を構成するものとする。

第3条（信託の期間）
本件信託の期間は，本契約締結日から，第1条所定の信託の目的を達成した時又は当該目的を達成することができなくなった時までとする。

第4条（受益権及び受益者）
1. 本件信託については，第1受益権，第2-1受益権，第2-2受益権及び第3受益権を設定する。
2. 第1受益権は，各転借人が有するものとし，その内容は，本件各転貸借契約所定のクーリング・オフ権（以下「本件各クーリング・オフ権」という。）の行使期間として本件各転貸借契約が定める一定の期間（以下「本件各クーリング・オフ期間」という。）の終了前に各転借人が本件各クーリング・オフ権を行使した場合において，本件各契約金債権の額面相当額の金銭につき信託財産から支払いを受ける権利とする。
3. 第2-1受益権は，委託者が有するものとし，その内容は，本件各クーリング・オフ期間経過後において，販売企画料等相当額である〇〇円につき信託財産から支払いを受ける権利とする。
4. 第2-2受益権は，物件所有者が有するものとし，その内容は，本件各転貸借契約締結日から起算して1年経過するごとに，当該1年分に対応する賃料相当額につき信託財産から支払いを受ける権利とする。
5. 第3受益権は，各転借人が有するものとし，その内容は，本件各転貸借契約が，本件各クーリング・オフ期間経過後転貸借期間満了前に期間内解約，解除その他の事由によって終了した場合において，当該契約終了時における本件各転貸借契約の未経過賃貸期間に対応する前払賃料相当額の金銭につき信託財産から支払いを受ける権利とする。
6. 各受益者は，前各項所定の事由が生じたときは，当該各事由が生じたことを確認し得るものとして受託者が合理的に指定する内容の書面を提出して，受益の意思表示を行うものとする。
7. 各受益者は，本契約締結日に，前項所定の受益の意思表示を停止条件として，各受益権を取得するものとする。
8. 受託者は，第6項所定の書面により各受益権に対応する支払事由が生じたことを確認したときは，当該受益権の内容に応じた金銭を，信託財産から支払うものとする。
9. 各転借人が，本件各転貸借契約の定めに基づき各転借権を譲渡したときは，第1受益権及び第3受益権は，各転借権の譲受人に承継されるものとする。

第5条（残余財産の交付）
本件信託が終了した場合において，残余財産があるときは，受託者は，委託者にこれを交付するものとする。

第6条（信託報酬）
  1．委託者は，受託者に対し，○○円を，信託報酬として支払うものとする。
  2．委託者は，前項所定の○○円のうち，△△円については，本契約締結日に，□□円については，第3条所定の信託の期間終了時に支払うものとする。

第7条（租税公課及び信託事務処理費用）
  信託財産に関する租税公課及び受託者が信託事務を処理するために要する費用は，委託者の負担とする。委託者は，かかる費用の前払いとして，受託者から請求のあった金額を，本契約締結後○日以内に信託するものとする。

第8条（信託の終了の制限）
  委託者及び受託者は，第3条所定の信託の期間満了前に，本契約を終了させることはできないものとする。

第9条（受益権の譲渡及び質入れの禁止）
  本件信託の受益権は，第4条第9項の規定により承継される場合を除き，譲渡又は質入れをすることができないものとする。

第10条（受託者の解任）
  委託者及び受益者は，全員の書面による合意に基づき，受託者を解任できるものとする。

第11条（受託者の辞任）
  受託者は，委託者及び受益者全員の書面による同意を得て，辞任できるものとする。

第12条（新受託者の選任）
  受託者の解任，辞任等により受託者の任務が終了したときは，受託者は，受益者に対し，任務終了の通知を行わなければならない。この場合，委託者及び受益者は，合意により新受託者を選任するものとし，新受託者を選任できないときは，委託者，受益者又は受託者が，裁判所に対し，新受託者選任の申立てを行うものとする。

第13条（受託者の任務の継続）
  受託者の辞任によりその任務が終了した場合，新受託者又は信託財産管理者が信託事務を処理することができるに至るまで，受託者は，信託法59条4項の規定に従い，引き続き本契約に基づく信託財産の保管をし，かつ，信託事務の引継ぎに必要な行為をしなければならない。これに要する費用については，委託者の負担とする。

第14条（印鑑の届出等）
  1．委託者及び受益者は，受託者の求めに応じ，印鑑を受託者に届け出るものとする。
  2．受託者が，本件信託に関連する書面に押捺された印影が，前項により委託者又

は受益者が届け出た印鑑の印影に相違ないものと認めて信託財産の交付その他の事務処理を行ったときは，印鑑の盗用等により委託者又は受益者が損害を被ったとしても，受託者は，その損害につき責めを負わないものとする。

第15条（準拠法及び裁判管轄）
　本契約は，日本法に準拠するものとし，本契約に関連して生じた一切の紛争に係る第一審の専属的管轄裁判所は，東京地方裁判所とする。

第16条（誠実協議）
　本契約の解釈につき疑義を生じた場合又は本契約に定めのない事項については，各当事者が誠実に協議して解決するものとする。

　以上のとおり本契約を締結したことを証するため，本書2通を作成し，委託者及び受託者が各1通を保有するものとする。

　　　　　平成　　　年　　　月　　　日

　　　　　　　　委託者　　住　所
　　　　　　　　　　　　　＿＿＿＿○○株式会社＿＿＿＿㊞

　　　　　　　　受託者　　住　所
　　　　　　　　　　　　　＿＿＿＿株式会社□□＿＿＿＿㊞

（別紙1）　　　　　物件目録（略）
（別紙2）　　　　　転借人一覧表（略）

[参考文献]

○国土交通省HP　報道資料　平成21年度長期優良住宅等推進環境整備事業の報告書等について（タイムシェア型住宅供給の促進）（平成22年4月28日付）「消費者保護に配慮したタイムシェア型住宅の供給に関わる事業スキームおよびモデル契約書の策定調査」（平成22年2月23日，株式会社リプロジェクト・パートナーズ）

http://www.mlit.go.jp/report/press/house03_hh_000037.html

○国土交通省HP　報道資料　タイムシェア型住宅供給研究会の報告書のとりまとめについて（平成20年9月1日付）「タイムシェア型住宅供給研究会報告書」（平

◀事例編

成20年8月，タイムシェア型住宅供給研究会）
http://www.mlit.go.jp/report/press/house03_hh_000004.html

事例10 不動産決済に関する手付金保全信託（売主委託者の場合）

株式会社日本エスクロー信託　提供事例

1 事案の概要

手付金は，不動産売買において広く利用されているが，売主側の経営状況が芳しくない場合や，未完成物件のため契約締結から物件引渡しまでの期間が長い場合など，決済日まで手付金を保全する必要のあるケースも少なくない。信託により手付金を保全することで，買主・売主ともに安心して取引を進めることができる。

2 スキーム図・スキーム詳細

❶……売主と買主との間で，不動産売買契約を締結する。その際，手付金については，残代金支払いの際に売買代金の一部に充当する旨の条項を規定しておく。

❷……買主は，売主が手付金を信託することを約した上で，売主に手付金を支払う。

❸……売主（委託者兼受益者）は，信託会社（受託者）及び買主との間で，手付金相当額○○万円を信託財産として，手付金保全管理信託契約を締結する。売主は，信託会社に，❷で買主から受け取った手付金相当額○○万円を信託する。

❹……信託会社は，受益権が成立したことを，売主（委託者兼受益者）と買主に通知する。

❺……売主と買主は，❺-1，❺-2の状況に応じて，手付金支払指図を共同して行う。

❺-1……取引決済時には，買主は不動産売買代金総額○○万円から手付金

■事例編

相当額○○万円を差し引いた残代金を売主に支払う。同時に信託会社は売主に手付金を交付する。売主は，売買代金全額受領と同時に，登記識別情報を含む所有権移転関係書類一式を買主に受け渡す。

❺-2……買主違約による契約破棄があった場合，信託会社は，手付金相当額は売主へ交付し，売主違約による契約破棄があった場合には，信託会社は，手付金相当額を買主に返還する。

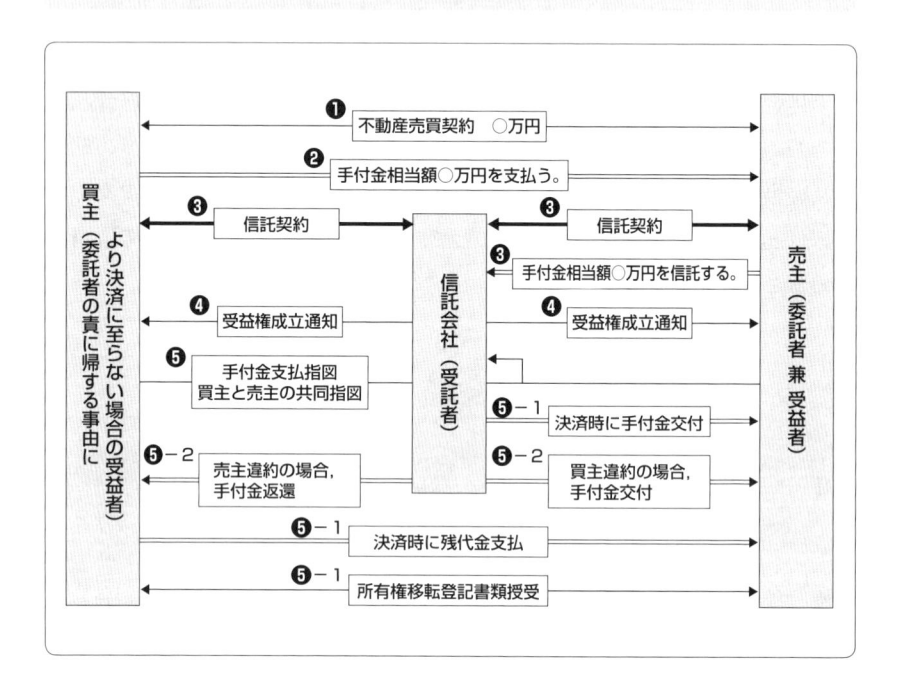

```
買主（委託者 兼 受益者（より決済に至らない場合の受益者（委託者の責に帰する事由に）））

❶ 不動産売買契約 ○万円
❷ 手付金相当額○万円を支払う。
❸ 信託契約 — 信託会社（受託者） — ❸ 信託契約
❸ 手付金相当額○万円を信託する。
❹ 受益権成立通知 / ❹ 受益権成立通知
❺ 手付金支払指図 買主と売主の共同指図
❺-1 決済時に手付金交付
❺-2 売主違約の場合，手付金返還 / ❺-2 買主違約の場合，手付金交付
❺-1 決済時に残代金支払
❺-1 所有権移転登記書類授受

売主（委託者 兼 受益者）
```

3 信託方式を採用した理由やメリット

(1) 通常，不動産売買において，売買契約の成立後に，買主から売主へ手付金を支払い，期間を空けてから残代金と登記関係書類の交付を後日に行う方法が一般的であるが，売買契約によっては，手付金が億単位になることもあり，売主側が手付金の受領した後，①物件の引渡し前に倒産したような場合や，②未完成物件の建設のための資金調達が困難になった場合，

③建設計画そのものが中止となった場合など，売主側の事情で契約が破棄された場合に，手付金が無事に戻ってくるかどうかについては，非常に重要な関心事である。
(2) そのため，買主は，売主が受け取った手付金を信託することを約した上で，売主に手付金を支払い，売主側が手付金相当額を信託することで，売主側の倒産した場合などであっても，買主は手付金の返還を受けることが容易となる。売主としても，手付金は信託財産として隔離されていることで，買主側の安心を得ることができ，不動産売買契約の成立がしやすくなる。このスキームは，買主側が手付金を売主に渡さず，信託会社に買主委託者方式で手付金保全する場合でも，同様に活用できる。

4 解　説（法律面）

(1) 信託を利用する趣旨：倒産隔離機能

ア　本スキームの目的

　本スキームは，信託を利用することで，不動産売買の売主と買主双方の安心のもと，手付金の保全を図るものであり，信託の倒産隔離機能を活かしたスキームである。

　信託の倒産隔離機能とは，信託財産が，委託者や受託者の倒産の脅威から隔離されていることをいう（信託23条1項，25条1項）。

　不動産売買契約を締結した後（又は同時）に，信託契約により，手付金が受託者（信託会社）に信託されると，手付金は，委託者（売主・買主いずれかになる。）及び受託者の固有財産から隔離されて保全されるので，当事者は，最終決済まで，取引を安心して進めることができる[1]。

---

1) エスクローについて
　　契約当事者間に，信頼のおける第三者を介在させ，その第三者を介して物の引渡しと代金の支払い等の決済を行うことにより，安全な取引を保証する取引形態を，エスクロー（escrow）という。「第三者寄託」と訳されるようである。
　　本スキームは，エスクローの一手法と位置付けることができる。
　　エスクローは，最近は，ネット上の取引において，詐欺などの被害があるために，イ

例えば，信託を使わずに不動産の売主である不動産販売会社が手付金受領後に破産したとき，破産管財人は，当該不動産の売買契約について履行か解除かを選択できる（破産法53条1項）[2]。管財人が，不動産売買契約について，そのまま売却した方が破産財団の増殖が大きいと判断し，履行を選択すれば，決済まで進むことができよう。しかし，管財人が，売買価額が相場より低いと判断するなど，何らかの理由で解除を選択したときは，買主の有する手付金返還請求権は財団債権となるものの（破産法54条2項），弁済原資が財団債権総額に満たなければ，比例按分でしか弁済を受けられない（破産法152条1項）。

　しかし，信託の場合，信託財産の所有権は委託者から受託者に移転するので信託財産に属する財産に対しては，委託者の債権者から強制執行されることはなく，また，委託者が倒産した場合でも破産（倒産）財団に組み込まれない。他方，信託財産は受託者の固有財産から区別されるので，受託者の債権者が強制執行することはできず，また，受託者が倒産した場合でも破産（倒産）財団に組み込まれない（信託25条1項・4項・7項）。そのため，倒産リスクを回避できる。

　そして，売主と買主は，双方が指図権者となり，取引決済時，又は売主・買主のいずれかによる契約破棄時に，手付金支払指図を共同して行う。

　「共同による指図」とすることにより，当事者のいずれか一方の意図により手付金が受託者から払い出されてしまうことを防止できる。

イ　信託の倒産隔離機能が認められるための条件

　信託の倒産隔離機能が認められるためには，以下の①・②の要件を満たす必要があるので，スキーム構築時には，これらの要件を満たすように信託契約書等を作成する[3]。

ンターネットオークションなどでよく使われている模様である（経済産業省商務情報政策局「平成16年度我が国のＩＴ利活用に関する調査研究（エスクロー及び決済代行サービスに関する実態調査）」（平成17年経済産業省ホームページ）。
2)　再生型倒産手続の場合の双方未履行契約の解除につき，民事再生法49条1項，会社更生法61条1項。
3)　永石一郎＝赤沼康博＝髙野角司編集代表「信託の実務　Q&A」（青林書院，2010）

① 委託者の倒産リスクからの保護[4]
　a　信託財産が特定されていること
　信託財産は，委託者の固有財産から区別され，特定されていることが必要である。手付金を信託財産とする場合には，例えば「甲（委託者）は，甲（売主）乙（買主）間の○年○月○日付不動産売買契約に基づく手付金相当額としての金○○円を丙（信託会社）に信託する。」等とすればよい。
　b　詐害信託に該当しないこと（信託11条，12条）
　委託者が債権者を害することを知って信託をした場合，詐害信託として，詐害行為取消（民424条1項）や否認（破産法160条1項，民事再生法127条1項，会社更生法86条1項）の対象となるので，かかる場合に当たらないことが必要である。
② 受託者の倒産リスクからの保護[5]
　信託財産の分別管理がなされていること（信託34条1項2号ロ）。
　信託財産については，受託者の固有財産から分別されて管理されなければならず，分別管理がなされていないと，受託者の債権者の強制執行や管財人による財団組入を排除できない。金銭の場合には，計算を明らかにする方法で分別管理する。
　ウ　他の法制度との比較
　金銭を第三者に預けて保管しようとするならば，消費寄託（民666条）も考えられる。
　消費寄託契約の場合，所有権が受寄者に移転するので（ただし，金銭の

224〜239頁の整理を参考にした。
[4]　前掲・永石226頁によると，委託者の倒産リスクから保護される信託の要件の一つとして「受託者への移転について（物権変動や債権譲渡の）対抗要件（民177条，178条，467条2項など）」もあげられている。手付金信託は，金銭の信託であり対抗要件の具備は特段問題とならない。
[5]　前掲・永石229頁によると，受託者の倒産リスクから保護される信託の要件の一つとして「信託財産に属する財産の（信託の登記又は登録としての）対抗要件（信託14条）」もあげられている。手付金信託は，金銭の信託であり登記又は登録が第三者対抗要件とされていないから，分別管理（計算を明らかにする方法）で受託者の倒産からの隔離機能が認められることになる。

場合は所有と占有が一致するので当然である。)、目的物の所有権の帰属が寄託者から離れるという効果は同じと思われる。

　しかし、消費寄託契約の場合には、寄託者は、受寄者に対する寄託物返還請求権を有し、これは寄託者の財産であって、例えば、寄託者が破産したときには破産財団に帰属することになるから、寄託者が倒産した場合のリスクは遮断できない。また、寄託された金銭は、受寄者の固有財産と区別されることがないから、受寄者が倒産した場合のリスクはやはり遮断できないことになる。

　ここに、信託の倒産隔離機能に着目した本スキームの意義があるわけである。信託のスキームを使うことにより、信託財産が倒産隔離されるし、さらに、信託契約の内容として、委託者の責に帰する事由により決済に至らない場合には買主が受益者となる旨を定めることによって、売主（委託者兼当初受益者）が倒産したときに、売主の保有している信託受益権が破産財団に組み込まれるリスクを防止することで、売主の倒産から手付金を保全することが可能となる。

　また、倒産の場面のほか、建設計画そのものが何らかの理由で中止になったときなど、倒産以外の事情で契約が破棄されるリスクに備えることができるのは、前述3記載のとおりである。

エ　管理型信託

　本スキームにおいては、専ら信託の倒産隔離機能が重視されており、受託者がその裁量のもと信託財産の管理処分を行うのではなく、委託者・受益者の指図のみに従って管理処分を行うことが想定されている。手付金をそのまま保全するのが目的であるから、受託者の裁量により処分等が行われるのでは、信託目的を達成できない。

　このように、信託を引き受けた受託者には信託財産の管理・処分についての裁量がない信託を「管理型信託」という。

　信託会社（信託業2条2項）は、引き受ける信託の種類によって、信託財産の管理処分について裁量権を持つ「運用型信託会社」と、裁量権を持たない「管理型信託会社」（同条3項）に分けられる。

管理型信託会社は，委託者等の指図のみに従って信託財産の管理処分を行い（信託業2条3項1号），信託財産の保存行為，性質を変えない範囲での利用行為・改良行為（同項2号）のみを行う。管理型信託会社が，信託業を開始した後に，信託財産の管理処分につき裁量権を有するかのような行為をすることは，運用型信託会社の免許制（信託業3条）の潜脱になり，違法となる。

(2) **本スキームの詳細について**

手付金信託契約を考えるとき，以下の2つの構成がある。

a 売主が委託者となる構成

売主と買主が不動産売買契約を締結し，売主は，買主から手付金を受領する。売主は，それを受託者である信託会社に信託し，かつ，受益権を取得する。売主と買主は共同で指図権者となり指図権の行使（具体的には手付金の払い出し）を共同で行う。

b 買主が委託者となる構成

売主と買主が不動産売買契約を締結する。買主は，売主に手付金を交付することなく，直接，手付金を，信託会社に信託し，他方，売主は受益権を取得する。売主と買主は共同で指図権者となり指図権の行使を共同で行うことは同様である。

a，bいずれの構成がよいかは，売主・買主の関係，当該不動産売買契約の内容等により個別に判断することになると思われる。

例えば，売主が不動産業者（宅建業者），買主が個人であるならば，買主が委託者となることで，売主たる宅建業者は，手付金を受領せず，信託受益権のみを取得するので，宅建業法上定められている手付金の保全措置義務を回避することができると考えられる[6]。

---

6) 宅地建物取引業者の手付金等の保全義務について

　宅建業者は，自ら売主となる宅地又は建物の売買に関しては，原則として，宅建業法上定められる保全措置をとらなければ，手付金等を受領することができない（宅建業法41条，41条の2）。

　手付金等の保全措置としては，①当該不動産の工事が完了する前の売買（いわゆる「青田売り」）については，銀行等による保証委託契約又は保険事業者による保証保険契

◀事例編

　本スキームは,「a　売主が委託者」となるものである。
　本スキームを,流れに沿って説明すると,以下のとおりである。
① 　売主は,買主と不動産売買契約を締結して,買主から手付金を受領し,直ちに（又は売買契約締結と同時に）,委託者として,手付金保全管理信託契約により,受託者である信託会社に対し,手付金相当額を信託する。
　　信託にあたり,売主（委託者）は,信託する金銭の内容を特定して信託し,信託会社は,自らの固有財産と区別して当該信託財産を管理する。これにより,信託財産にかかる倒産隔離機能が認められる。
② 　受託者は,売主及び買主双方に対し,受益権が成立したことの通知をする。受益権は,受益の意思表示なくして,受益者に取得されるが（信託88条1項）,受託者には,受益者として指定された者に対する通知義務があるので（同条2項）,受託者はこの通知を行わなければならない。
　　売主及び買主は,指図権者として手付金支払指図を行うこととなる。これにより,不動産売買が,最終決済まで達したと双方が了解して初めて,手付金の払出しが可能になるという効果を得られることになる。
③ 　受託者は,善管注意義務を負う（信託29条2項,信託業28条2項）。そして,本件スキームは,手付金払出しの可否の見極めを行うことが肝要であるから,信託契約において,受託者に対し,不動産売買の取引推移について,この善管注意義務に基づき,監視する義務を負う旨を定めることが考えられる。
　　もっとも,本スキームは,あくまで管理型信託を前提としているもので

約が（宅建業法41条1項1号・2号）,②工事が完了した後で物件の引渡前の売買については,上記各契約のほか,指定保管機関による保管措置（手付金等寄託契約又は質権設定契約）がそれぞれ定められている（宅建業法41条の2第1項1号・2号）。
　例外として,①工事完了前の不動産の売買については,手付金の額が売買代金の5％以下で,かつ,1,000万円を超えないとき（宅建業法41条1項ただし書,同法施行令3条の3）,②工事完了後の不動産の売買については,手付金の額が売買代金の10％以下で,かつ,1,000万円を超えないとき（宅建業法41条の2第1項ただし書,同法施行令3条の3）には,これらの保全措置を講ずる必要がない。
　そのため,宅建業者が売主である場合,高額な取引を行うときには,保全措置の必要を避けるため,手付金の授受を伴わない,1回での決済を余儀なくされる場合が多い。
　しかし,買主が委託者となる方式の信託スキームを活用することで,保全措置をとることなく,手付金の確保が可能になる。

あり，受託者に裁量の余地はない。そのため，指図権者である買主及び売主が共同で払出しの指図を行った場合には，受託者は，取引推移に照らして事実上の意見を述べることはできようが，法的に，払出しを拒絶する抗弁を持つわけではない。

④　決済まで進んだときは，受託者は，指図権者である買主及び売主の共同の指図に従い，買主が売主に残代金を支払うのと同時に，手付金を払い出して売主に交付する。

⑤　決済まで進まず，買主の都合（又は違約）により手付金放棄によって売買契約解除がなされる場合や，売主の都合（又は違約）により売買契約解除がなされる場合がある。

　かかる場合も，受託者は，指図権者による共同の指図を得て，手付金を売主又は買主に対し交付する[7]。

　このようなときは売買契約の解除事由があるのか，また，帰責性が売主・買主いずれにあるのかなど，紛争が生じて，指図権者による共同の指図が得られない可能性がある。

　共同の指図が得られないときには，受託者は，信託財産を払い出すことはできず，そのまま管理を継続し，信託報酬を収受し続けることになる。

　売主・買主双方の指図を必要とする信託のスキームをとるのは，一方当事者の意思によって，信託財産の帰趨が決められてしまうことを防止するためであるから，売主・買主双方の意思が合致せず，デッドロックの状態になったときに，信託財産が動かせなくなるというのは，本スキームにおいて当初から想定されていることである。

　手付金は受託者にあるので，売主・買主双方が折り合って連名で指図をしない限り，いずれにも手付金が交付されない状態が続く。信託というスキームをとらず，手付金が一方の側に渡っているのであれば，相手方は損害を被ってしまう場合が多いが，信託されていれば，金員を回収するには，

---

[7]　なお，売主の都合による解除の場合，民法上は，売主は手付倍返しの義務があるが（民557条2項），信託された手付金相当額を超える部分の償還義務は，信託契約とは別個に，支払義務を負うということになろう。

277

▎事例編

双方が協議の上，信託会社に対し，連名で指図するしかない。デッドロックのまま放置すれば，時間の経過とともに信託報酬が嵩む可能性があるので，当事者双方の背中を押して早期解決につながることになる。むしろ，トラブル時こそ，信託の真価が発揮される場面であるといえる。

5 解　説（税務面）

手付金信託の税法上の取扱い

　本事例の手付金信託は，原則的には，売主が委託者兼受益者である受益者等課税信託である。

　手付金として売主に直接支払われた時点で，売主は，手付金を受け取ったものとして認識する。

　売主が，手付金相当額を信託する行為は，税法上は，売主自身の内部取引とみなされることから，取引は生じなかったものとして取り扱われる。

　買主違約により契約が解除された場合は，売主において収益が発生し，手付金部分は信託口座から売主に支払われる。

　売主違約により契約を解除した場合は，買主が受益者となることから契約が解除された時点において，売主が手付金を買主に返還したものとして取り扱われる。

　取引が成立した場合は，手付金部分は信託口座から売主に支払われ，不動産譲渡代金の一部として取り扱われる。原則的には，資産の引渡しがあった時点で譲渡収入があったものとして取り扱われる（所基通36－12，法基通2－1－14）。

6 苦　労　話

　最近の売買例として，決済リスクを抑えるべく，手付金なし・売買契約・物件引渡しを同時に行う「いわゆる一発決済」事案が増えてきている。

　一方，この同時決済手法の場合，売主側の事情により売買を中止した場合，

売買契約を結んでいない以上，違約金を受け取ることもできない。

買主にしてみると，時間や手間を掛けて購入する段階まで詰めておいて，売主の一方的な理由により売買契約中止されてしまうのは避けたいところである。

このような懸念を未然に防止するために，売買契約を締結し，手付金を保全する信託手法は有用なものとなる。手付金を入れることにより，売主側の安易な売買契約キャンセルを事前に抑止することができるし，最悪，売買が成立しない場合は，手付金「倍返し」を売主側に請求することが可能となる。

また，手付金信託は，買主の購入意欲の本気度，買主の資金力を誇示することができるので，売買契約の前に委託者兼受益者を自社（買主）とした信託契約をしたいという相談もある。

7　契約書式

本契約書式は，事例を参考に執筆者が作成したもので，実際の書式とは異なる。

信託契約書

△△株式会社と〇〇株式会社は，△△株式会社を売主，〇〇株式会社を買主として締結された平成〇年〇月〇日付不動産売買契約（以下「原契約」という。）に基づく手付金の保全のため，△△株式会社を委託者兼受益者（以下単に「委託者」という。），〇〇〇〇信託会社（以下「受託者」という。）を受託者として，以下のとおり，信託契約（以下「本信託契約」という。）を締結する。

第1条（信託の目的）
　委託者は，受託者に対し，原契約に基づき買主が委託者に対して平成〇年〇月〇日に交付した手付金を，原契約に基づく不動産売買の残代金支払時まで保全することを目的として信託し，受託者はこれを引き受けるものとする。

第2条（信託契約の成立）
　委託者は，原契約に基づく手付金相当額である金〇〇〇〇円を受託者に対し信託し，受託者はこれを引き受ける。

279

第3条（信託財産）
1. 本件信託契約における信託財産は，金銭〇〇〇〇円とする。
2. 委託者は，前項に定める金額を，受託者の口座（〇〇銀行〇〇支店〇〇預金〇〇〇〇〇〇）に入金する方法で信託する。
3. 上記口座に，信託財産が信託されることをもって，本件信託の効力発生日とする。
4. 受託者は，委託者及び買主に対し，本件信託契約の効力が発生したことを通知する。

第4条（受益権）
1. 受益者は委託者とする。
2. 委託者の責に帰する事由により，原契約が決済に至らない場合は，委託者の受益権が消滅し，買主が受益権を取得する。
3. 本信託契約に基づく信託受益権について，受益権証書は発行しないものとする。
4. 委託者及び買主は，他方受益者及び受託者の書面による事前の承諾なく受益権の分割，放棄，譲渡又は質入れその他の担保設定等の処分をすることができない。

第5条（受託者の職務及び義務）
受託者は，本信託契約の規定に従い，善良なる管理者の注意をもって，原契約の取引推移を監視し，委託者及び買主に対して忠実に信託事務を遂行するものとし，善管注意義務を履行している限り，原因の如何にかかわらず，本件信託財産に生じた一切の損害についてその責任を負わないものとする。

第6条（信託財産の管理）
1. 受託者は，信託設定日以降，信託財産である金銭を，委託者が指図する方法により管理するものとする。
2. 前項において，委託者が管理方法を指図しない場合は，受託者は本件信託財産たる金銭を受託者名義の信託口座に預け入れ，管理する。
3. 受託者は，信託設定日以降，信託財産を自己の固有財産及び他の信託財産と分別して管理するものとする。

第7条（信託財産の払出指図と交付）
信託財産の払出指図は，委託者が買主の同意を得た払出指図書を受託者に送付することにより効力が発生するものとし，受託者は，信託財産を，指定された金融機関の口座に入金して交付する。

第8条（信託期間）
本件信託契約の期間は，信託設定日から受託者が信託された手付金の全額を委託者又は買主に交付したときまでとする。

第9条（信託財産の計算期間）
計算期間は信託契約成立から信託契約の終了のときまでとし，信託契約の終了ま

でに1年を経過するときは，信託契約締結日をもって，毎年の計算日とする。

第10条（信託契約の解除）
　本件信託契約は，次の各号の一に該当する事由があるときに限り解除することができる。
　① 原契約について，第三者からの提訴その他の事由により，履行が不可能又は著しく困難となり，受託者が任務を遂行することができないと合理的に判断し，委託者及び買主に対し解除の意思表示をするとき。
　② 委託者が，破産，会社更生，民事再生，特別清算の申立てをし又はされたとき。

第11条（信託契約の変更）
　本信託契約は，委託者，買主及び受託者の書面による同意により，変更することができる。

第12条（委託者の権利の制限）
　委託者は，買主及び受託者の承諾を得た場合でなければ，次の各号に該当することを行うことができない。
　① 本件信託契約を取消し又は変更すること
　② 受益者又は受益権の内容を変更すること
　③ この信託契約の終了前に，受益者以外の者に信託財産の払出しを請求すること
　④ 委託者の地位を放棄又は他人に譲渡すること

第13条（信託報酬）
　1 信託報酬は，〇円とする。
　2 受託者は，信託報酬及び信託事務処理のために要した費用を，信託財産から控除して受領することができる。

第14条（受託者の解任）
　委託者及び買主は，受託者に義務違反，管理の失当又は任務の懈怠その他不誠実若しくは不適切な行為があると認められる場合は，受託者に対してその行為の差止め，又は信託事務の処理の状況若しくは信託財産の状況につき説明を求め，受託者が正当な理由がないのにこれに応じないときは，受託者を解任できる。

第15条（受託者の辞任）
　受託者は，やむを得ない事由があるときには，委託者及び買主の同意を得て辞任できる。

第16条（裁判管轄）
　この信託契約に関して生じた紛争の第一審の専属的管轄裁判所は東京地方裁判所とする。

　　　　　　　　　　　　　　　　　　　　　　　　　　　　　　以　上

本件信託契約を証するため，契約書正本を3通作成して，委託者，買主及び受託者が本紙各1通を保有する。

　　　　平成　　　　年　　　　月　　　　日

　　　　委託者

　　　　住　所 _____

　　　　氏　名 _____ ㊞

　　　　買　主

　　　　住　所 _____

　　　　氏　名 _____ ㊞

　　　　受託者

　　　　住　所 _____

　　　　氏　名 _____ ㊞

事例11 不動産瑕疵担保留保金信託（土壌汚染対応）(売主委託者)

株式会社日本エスクロー信託　提供事例

1 事案の概要

土壌汚染調査等の実施が済んでいない用地を売買するにあたり，不動産売買代金の一部を瑕疵担保留保金として信託することによって，売買契約成立後に調査等を行い土壌汚染等があった場合に，買主は，その損害額を瑕疵担保留保金から受け取ることができる。また，既に土壌汚染がわかっているが，回復工事費用が確定していない土地の売買においても，同じように留保金を信託することで，後の工事費用の受け取りが可能になる。

2 スキーム図・スキーム詳細

❶……売主（不動産譲渡人）と買主（不動産譲受人）との間で，土壌汚染調査が未実施又は土壌汚染が見つかったが回復工事の費用が未確定の土地の不動産売買契約（売買代金a万円）を締結する。

❷……買主は，売主に売買代金の一部を瑕疵担保留保金として信託することを約した上で，売買代金を売主に支払う。

❸……売主（委託者兼受益者）は，信託会社（受託者）との間で，瑕疵担保留保金相当額であるb万円を信託財産とする金銭管理信託契約を締結する。売主は，信託会社に，買主から受け取った売買代金の一部に含まれる瑕疵担保留保金b万円を信託する。

❹……買主は，土壌汚染調査によって汚染が発見されて工事費用が確定した場合や，土壌汚染が既に見つかっていて売買契約後に工事費用が確定した場合には，確定した瑕疵損害額（工事費用額）c万円を売主に報告する。

● 事例編

❺……売主は，❹の工事費用額c万円について，買主に同意を与える。
❻……買主及び売主は，信託会社に対して，瑕疵担保留保金の精算を指図する。
❼……信託会社は，売主に対して，瑕疵担保留保金から確定した瑕疵損害額を控除した額（不動産売買の残余額b－c万円）を交付する。また，信託会社は，買主に対して瑕疵損害額c万円を交付する。

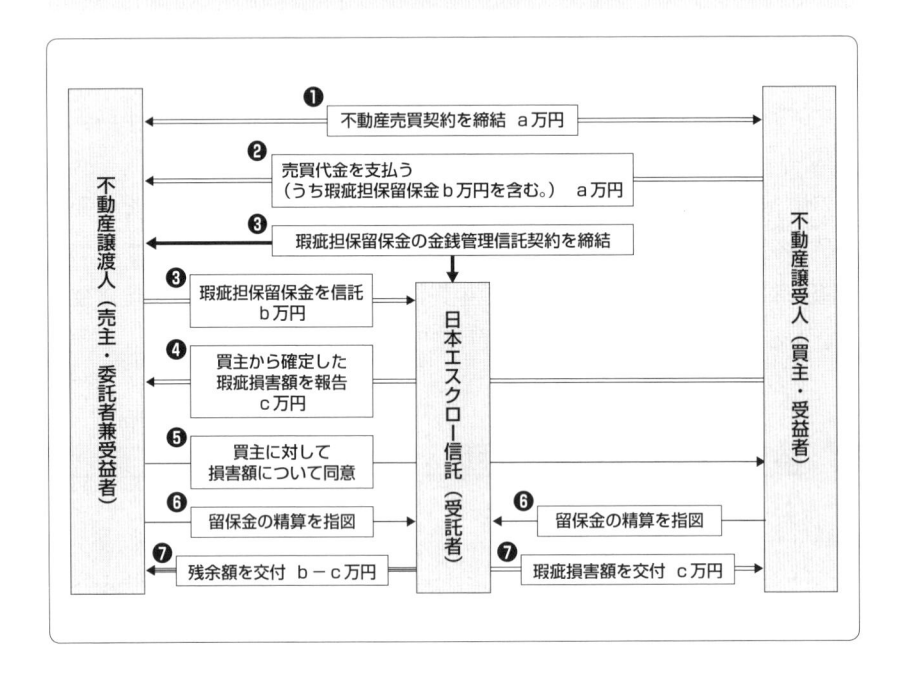

```
不動産譲渡人                                              不動産譲受人
（売主・委託者兼受益者）                                   （買主・受益者）

         ❶  不動産売買契約を締結 a万円
    ←─────────────────────────────────→
         ❷  売買代金を支払う
            （うち瑕疵担保留保金b万円を含む。） a万円
    ←─────────────────
         ❸  瑕疵担保留保金の金銭管理信託契約を締結
    ←─────────────                    日
         ❸                            本
    ──→ 瑕疵担保留保金を信託         エ
         b万円                       ス
         ❹                           ク
    ←── 買主から確定した              ロ
         瑕疵損害額を報告             ー
         c万円                       信
         ❺                           託
    ──→ 買主に対して                  （受託者）
         損害額について同意
         ❻                           ❻
    ──→ 留保金の精算を指図     ←── 留保金の精算を指図
         ❼                           ❼
    ←── 残余額を交付 b－c万円   ──→ 瑕疵損害額を交付 c万円
```

3 信託方式を採用した理由やメリット

(1) 通常の土地売買契約では，売買契約後土壌汚染が判明した場合には，売主は瑕疵担保責任を負うことが通常であるが，その処理費用や賠償金額も多くなることが多く，買主としては支払いを受けられるのか不安である。また，金額が確定するまで長期にわたる場合もあることから，売買契約締結の支障になる場合がある。

(2) そこで，土壌汚染の調査等が済んでいない土地を売買するにあたり，不

動産売買代金の一部を瑕疵担保留保金として信託することで，万が一，土壌汚染があった場合でも買主は，売買契約成立後に判明した損害額を受け取ることができる。反対に，土壌汚染がない場合には，留保金は売主に対して返還することができるという確実性が高まる。

(3) このスキームでは，不動産売買契約時において，既に調査等によって土壌汚染が判明しているが，その処理にかかる洗浄工事費用が確定していない場合などにも活用できる。他にも，土地上に既存建物が存在していて，土地売主が建物を解体する義務を負っている場合に，解体費用の見積もり額の120％を信託するなどすれば，万が一売主が解体工事を行わない事態に備えることができるので，信託を活用する場面は大きいといえる。

(4) 不動産売買の際の売主・買主には様々な事情が伴うことがある。例えば，決算日前に売買する必要があったり，急な資金需要に対応する必要があったりと，「今売りたい」，「今買いたい」という取引も多い。このような場合に，取引をしたいが「土壌汚染があるかもしれない。」，「土壌汚染があることはわかっているが回復工事代金額がいくらになるかわからない。」といった事情が障害となって取引に踏み出せない場合などがあり得るが，そのようなときに信託を活用することで取引を進めることが可能となるメリットは大きい。

4 解　説（法律面）

(1) **本スキームの法的メリット**

本スキームにおいて，主たる取引とされているのは，土地の売買である（民555条）。

売買契約の締結後に，目的物である土地について土壌汚染が判明した場合，民法のルールに従えば，当該土壌汚染は土地についての「隠れた瑕疵」となるため，売主は当該土壌汚染について瑕疵担保責任を負うこととなり，買主は契約の解除又は損害賠償の請求をすることができる（民法570条，566条）。この場合の損害賠償の責任額としては，当該土壌汚染を除去するのに要する

◀事例編

費用が損害額となる場合が多いものと思われる。

　また，土壌汚染対策法においては，土地の所有者等は，都道府県知事から汚染の除去等の措置を命ぜられる場合があり，この措置等に要した費用は，当該汚染を生ぜしめた者に請求できる場合があるとされている（土壌汚染対策法8条）。

　また，不動産の取引実務においては，売買契約締結の交渉時に土壌汚染の存在することが明らかとなった場合には，当該土壌汚染の処理に要する費用を見込んで，その分，売買代金が下げられることが通常であると思われる。

　しかしながら，これらのルールに従って売主側の負担とされるべき土壌汚染除去に要する費用は，多額に上る場合も少なくないにもかかわらず，土地の汚染の有無・程度について調査に時間を要する場合も多く，これらの結論が出るのを待たずに，土地の売買自体及び決済は完了させてしまいたいというニーズがあろう。

　本スキームはこういったニーズに応えつつ，売主・買主の双方のリスクを軽減するものといえる。

　すなわち，買主側には，いったん土壌汚染を考慮せずに売買代金を支払った場合，その後売主側に汚染除去費用を瑕疵担保責任に基づく損害賠償として請求したとしても，売主に倒産等の事情が発生していれば，支払いを受けることができないというリスクが存在する。本スキームでは，信託の倒産隔離機能によって，かかるリスクが軽減されている。

　他方，売主側には，土壌汚染の処理費用が不明でありながらかかる費用を考慮して売買代金を決定する場合，不明であることを理由として実際に要する費用分以上に売買代金を低く設定することを要求されるというリスク，及び，処理費用が確定した後に差額について返還を請求することは実際上困難である[1]というリスクが存在する。本スキームでは，売主が指図権者として，

---

1) 売主としては，売買完了後に買主が汚染除去に要した費用を知ることは困難であるという事情，売買契約において売買代金を定めるに当たって土壌汚染に要する費用を見込んだことと当該代金との間の条件関係を事後的に論理付けることは困難であるという事情，等が考えられる。

瑕疵担保留保金の精算について，買主とともに共同指図権を持つことによって，かかるリスクが軽減されている。

(2) **スキーム詳細の法的意味**

まず，売主・買主間において，本スキームにおける主たる取引である土地の売買契約を締結する（詳細❶）。この売買契約における売買代金は，土壌汚染に要する処理費用を控除しない金額が設定されることになる。

また，当該売買契約においては，土壌汚染に基づく瑕疵担保責任について，売主はb万円を上限として責任を負うものとして，売主の瑕疵担保責任について制限する条項[2]，及び，買主は売買代金受領後にb万円を瑕疵担保留保金として信託することを約す条項をそれぞれ設けることになろう。

次に，買主は売主に対し，b万円を含む売買代金a万円を支払う（詳細❷）。

この点，買主が売主に対してb万円の支払いを留保して信託し，a－b万円を支払うことも考え得るが，その場合，b万円について土地の売買代金の支払いが未了（一部債務不履行状態が継続する。）ということになってしまうため，買主としては売買代金としてa万円全額について売主にいったん支払い，売主が瑕疵担保留保金b万円を信託することとなる。

売主は，買主からa万円を受領後直ちに，売買契約及び信託契約に従って信託会社に瑕疵担保留保金b万円を信託する（詳細❸）。

その後，買主側において当該土地の土壌汚染の除去等に要する費用を算出し，金額について売主・買主間において合意が行われる（詳細❹・❺）。かかる合意に基づいて，売主，買主のそれぞれから，信託会社に支払い指図が行われ，信託会社は売主，買主の双方からの支払い指図が揃ったところで，指図に従って，買主に瑕疵損害額c万円を，売主に残余額b－c万円を支払う（詳細❼）。

(3) **各当事者の信託契約上の地位**

各当事者の信託契約における地位としては，売主は委託者兼受益者，買主

---

[2] 民法上，一般的に瑕疵担保責任は特約による排除が可能であると解されているため，責任金額の上限を定める特約も有効であると考えられるが，宅建業者が売主となる場合の規制（宅建業法40条）等，一定の配慮が求められる場合はある。

は受益者，信託会社が受託者となる。

　一般に，受益者とは「委託者が信託の利益を与えようと意図した人たち，または，かれらの権利を承継した人たち」とされ[3]，「信託当事者の中で，信託から生じる経済的利益の直接的な享受主体となる」者[4] であって，受益債権及びこれを確保するために受託者その他の者に対し一定の行為を求めることができる権利を有する者（信託2条6項・7項）である。本スキームにおいては，まず，瑕疵担保留保金から瑕疵担保責任に基づく損害賠償の支払いという経済的利益を享受する買主が受益者となる。加えて，売主についても，留保金と損害賠償金との差額の返還が担保されるという経済的利益を受ける者であり，かつ，受託者に対しての監督を行う必要性の高い立場であることから受益者となる。したがって，売主，買主の双方が受益者であることとなる。

(4) 処理費用について合意に至らない場合

　買主が調査を行った結果として通知された瑕疵損害額について，売主・買主間において合意に至ることができない場合には，損害額をめぐって紛争が生じることとなる。この場合，最終的には買主が売主に対し瑕疵担保責任に基づく損害賠償請求を追及する訴訟を提起することとなり，判決において瑕疵担保責任の対象たる損害額が決定されることとなる。

　このような場面を想定して，信託契約において，払戻しの条件として，売主・買主からの共同指図のほかに，売主に対して瑕疵担保責任に基づく損害賠償を命ずる判決の提示があったとき，という条件を定めておくことが有用であろう。

5　解　説（税務面）

　不動産瑕疵担保留保金信託は，売主が委託者兼受益者並びに買主が受益者

---

[3]　四宮［新版］307頁
[4]　新井214頁

である受益者等課税信託である。

不動産の売買契約の場合，原則として，資産の引渡しがあった時点で譲渡収入 a 万円（瑕疵担保留保金 b 万円含む。）があったものとして取り扱われる（所基通36-12, 法基通 2－1－14）。

瑕疵担保留保金の金銭信託を売主が行う行為は，税法上，売主自身の内部取引であることから，取引は生じなかったものとして取り扱われる。買主も受益者であるが，信託時点では損害額が確定していないことから買主に収益は発生しない。

損害賠償額が c 万円と確定した時点で，原則的には，売主において損害賠償金 c 万円の損失が発生し，買主において収益が発生する（法基通 2－1－43）。

残額（b 万円 - c 万円）が売主に支払われる行為は，税法上，売主自身の内部取引であることから，取引は生じなかったものとして取り扱われる。

6 苦労話

信託契約上「委託者を売主にするか，買主にすべきか。」で悩んだ。最終的には売買代金を受け取ったとされる売主委託者方式としたが，売主には瑕疵担保留保金部分の入金がないにもかかわらず，税金が課税されキャッシュ上の負担が発生する。もちろん，買主の言い値で売却せず，売主の意向を反映した相対的に高い金額で売却することができたわけなので，信託スキームを活用したメリットを売主に実感してもらえたと考えている。また，買主にも土地汚染除去工事資金の手当てができて，買主の言い値であれば，売買金額に折り合いがつかず取引が流れる懸念があったわけであるから，本スキーム利用によりリスクを抑え，取引を成立させることができ，買主にもメリットがあったと考える。

瑕疵担保留保金信託は，不動産売買案件だけでなく，会社のM&Aにおける「売買対象物の会社」の瑕疵担保対応にも応用が利く。例えば，「簿外債務」のリスクが認められるとき，あるいは思わぬ「労働債務」を背負ってい

る場合など，デューデリジェンスで解明しきれないものに対し，買主側・売主側が納得する売買金額を，その売買交渉時点で導き出すのは実際は困難である。不動産売買でも会社のM&Aでも，売買対象物が持っている売買「後」の収益力・価値を売買価格に反映させ，その実績に合わせた後付けの価格で売買価格を決定したほうが，売主・買主とも「恨みっこなし」の正確な売買金額を算出できると考える。そのためには売買代金の一部を第三者に信託し，保全するのは大変有用なスキームであると自負している。

7　契約書式

本契約書式は，事例を参考に執筆者が作成したもので，実際の書式とは異なる。

信託契約書

　〇〇株式会社（以下「委託者」という。(売主)）と□□信託会社（以下「受託者」という。）は，委託者と買主との間で締結された平成〇年〇月〇日付土地売買契約（以下「原契約」という。）に基づく瑕疵担保留保金の保全のため，信託契約（以下「本信託契約」という。）を締結した。

第1条（信託の目的）
　委託者は，原契約に基づく委託者の買主に対する瑕疵担保責任に基づく損害賠償債務（以下「瑕疵担保損害賠償金」という。）の原資，及びこの契約に要する信託報酬，租税・事務処理費用に相当する金銭を受託者が受益者のために管理することを目的として信託し，受託者はこれを引き受けるものとする。

第2条（信託契約の成立）
　1　委託者は，原契約に定める瑕疵担保留保金である金ｂ万円を受託者に対し信託し，受託者はこれを引き受ける。
　2　受益者は委託者及び買主とする。

第3条（信託財産）
　1　本件信託契約における信託財産は，金銭ｂ万円とする。
　2　下記口座に，入金する方法で信託する。

記
○○銀行　○○支店　△△名義　普通口座　□□□□
3　上記口座に，信託財産が信託されることをもって，本件信託の効力発生日とする。
4　受託者は，本件信託契約の効力が発生したことを買主に対し，通知する。

第4条（受益権）
1　本件信託契約に係る受益権は以下のとおり第一受益権及び第二受益権の2種類とし，買主を第一受益権の受益者，委託者を第二受益権の受益者とする。
　第一受益権：原契約第○条に基づき，委託者が買主に対して負担する瑕疵担保損害賠償金の金額が，委託者と買主の合意によって確定し，委託者と買主の共同の指図により信託財産交付の通知があった場合，信託財産の交付を請求することができる。
　第二受益権：第一受益権に基づく信託財産の交付が完了し，信託報酬等を控除した信託財産残額について，信託財産の交付を請求することができる。
2　本信託契約に基づく信託受益権について，受益権証書は発行しないものとする。
3　委託者又は買主は，他の本信託契約の当事者全員の書面による事前の承諾なく受益権の分割，放棄，譲渡又は質入れその他の担保設定等の処分をすることができない。

第5条（指図人）
本契約における指図人は，委託者及び買主とし，委託者と買主が共同してのみ指図権を行使し得るものとする。

第6条（信託財産の払出し）
受託者は以下の各号の定めに従って，信託財産の払出しを行うものとする。
　①　委託者及び買主の共同によって，買主に対し払い出すべき瑕疵担保損害賠償金の金額の指図があった場合，受託者は，信託財産の範囲において，当該損害賠償金を買主に対し払い出すものとする。この場合，委託者及び買主からの払出指図は書面によるものとする。
　②　委託者に対して買主に対する原契約の瑕疵担保責任に基づく損害賠償の支払いを命ずる確定判決が提示された場合，受託者は，委託者の指図を不要とし，当該損害賠償額を買主に対して払い出すものとする。

第7条（信託財産の管理）
1　受託者は，信託設定日以降，信託財産である金銭を受託者が認める方法のうち，指図人が指図する方法のみにより管理するものとする。
2　前項において，指図人が管理方法を指図しない場合は，受託者は本件信託財産たる金銭を，預金保険制度の対象金融機関の決済性預金である受託者名義の信託口座に預け入れ，管理する。
3　受託者は，信託設定日以降，信託財産を自己の固有財産及び他の信託財産と分別して管理するものとする。

事例編

第8条（受託者の責務）
　受託者は，本信託契約の規定に従い，善良なる管理者の注意をもって委託者及び買主に対して忠実に信託事務を遂行するものとし，善管注意義務を履行している限り，原因の如何にかかわらず，本件信託財産に生じた一切の損害についてその責任を負わないものとする。

第9条（信託期間）
　本件信託契約の期間は，信託設定日から第1条所定の信託の目的が達成された時又は当該目的の達成が不能となった時までとする。

第10条（残余信託財産の帰属権者）
　本件信託契約終了時において残存する信託財産は，受託者から，委託者へ交付されるものとする。

第11条（信託契約の終了）
1　本信託契約は，第9条に定める信託期間の満了時の他，次に掲げる場合に該当することとなったときは終了する。
　① 本件信託財産の残高が0円となったときは当該日をもって終了する。
　② 信託法第163条各号（第9号を除く）に定める事由が生じたときは当該日をもって終了する。
　③ 原契約が，委託者又は買主の解除権の行使等によって，第6条第1号の指図の前に解除された場合，本信託契約は信託の目的の達成が不能となったものとして終了する。
2　前項の定めにより本信託契約が終了したときは，受託者は遅滞なく残余信託財産を委託者に交付するものとする。

第12条（信託契約の解除）
1　本信託契約は，本信託契約に別途定めがある場合を除き，解除できない。ただし，委託者，買主及び受託者の書面による合意により解除することができる。
2　委託者又は買主が，この契約に基づく義務を履行せず，受託者が信託事務を処理することが著しく困難であると合理的に認めた場合，受託者は，委託者及び買主に対して契約の解除を書面により通知することにより（かかる書面には信託事務を処理することが著しく困難であると判断した合理的理由を示すものとする），本信託契約を解除することができる。

第13条（委託者の権利の制限）
　委託者は，買主の承諾を得た場合でなければ，次の各号に該当することを行うことができない。
　① 本信託契約を取消し又は変更すること
　② 受益者又は受益権の内容を変更すること
　③ 本信託契約の終了前に，委託者及び買主以外の者に信託財産の払出しを請求すること

④　委託者たる地位を放棄又は他人に譲渡すること

第14条（信託報酬）
 1　信託報酬は，○円とする。
 2　信託報酬の支払時期は，第９条及び第11条に定める本信託契約の終了時とする。

第15条（受託者の解任）
　　委託者は，受託者に義務違反，管理の失当又は任務の懈怠その他不誠実若しくは不適切な行為があると認められる場合は，受託者に対してその行為の差止め，又は信託事務の処理の状況若しくは信託財産の状況につき説明を求め，受託者が正当な理由がないのにこれに応じないときは，受託者を解任できる。

第16条（受託者の辞任）
　　受託者は，委託者及び買主の同意を得て辞任できる。

第17条（新受託者の選任）
　　前２条に基づき受託者の任務が終了したときは，受託者は委託者及び買主へ任務終了の通知を行わなければならない。この場合，委託者及び買主は，合意により新受託者を選任するものとし，新受託者を選任できないときは，委託者，買主，又は受託者が裁判所へ新受託者選任の申立てを行うものとする。

第18条（準拠法及び裁判管轄の合意）
　　本信託契約は，日本法に準拠するものとし，本信託契約に関連して生じた一切の紛争については，東京地方裁判所を第一審の専属的管轄裁判所とする。

以　上

本件信託契約を証するため，契約書正本を３通作成して，委託者，買主及び受託者が本紙各１通を保有する。

平成　　　年　　　月　　　日

　　　　委託者（委託者兼受益者）

　　　　　住　所＿＿＿＿＿＿＿＿＿＿＿＿＿＿＿＿＿

　　　　　氏　名＿＿＿＿＿＿＿＿＿＿＿＿＿＿㊞

　　　　買主（受益者）

　　　　　住　所＿＿＿＿＿＿＿＿＿＿＿＿＿＿＿＿＿

　　　　　氏　名＿＿＿＿＿＿＿＿＿＿＿＿＿＿㊞

◀ 事 例 編

受託者(受託者)

住　所＿＿＿＿＿＿＿＿＿＿＿＿＿＿

氏　名＿＿＿＿＿＿＿＿＿＿＿＿㊞

事例12 工事代金進捗管理分割支払信託

株式会社日本エスクロー信託　提供事例

1　事案の概要

　住宅や高層ビルなどの建築工事，建設工事，あるいは土地の造成工事といった土木工事など，高額な金銭がやり取りされる取引において，工事の進捗段階に合わせて工事代金を交付することにより，代金の決済と完成物件の引渡しを確実なものとし，施主と工事業者の双方のリスクを軽減ないし回避させることを目的とした信託である。現実的な同時履行の難しい双務契約において問題となる決済の信頼性を高め，より円滑な取引を実現させるものとして，従来的なエスクロー（決済保証）の典型とも言えるものであり，欠陥住宅問題や建築工事請負業者の倒産などが取りざたされる昨今，注目を集めるスキームである。なお，本事例では住宅等の建築工事を扱っているが，それ以外の建設工事や土木工事にも応用が可能である。

2　スキーム図・スキーム詳細

❶……施主（物件の買主あるいは施工主たる不動産業者）と建築業者との間で，物件の建築工事及び完成物件の引渡しを内容とする工事請負契約を締結する。その際，請負代金の支払いについては，工事の進捗に合わせて段階的に支払う旨の契約内容とする。

❷……施主は，❶の請負契約に従い建築業者に支払うべき請負代金（工事代金）を信託財産として，自らを委託者，建築業者を受益者とする金銭管理信託契約を信託会社と締結し，受託者たる信託会社に工事代金の全額を信託する。

295

◀事例編

❸……建築業者は請負契約の内容に従い，工事を進め，契約に定めた代金の交付段階に至ったら，その旨を施主に報告する。
❹……施主は，代金の交付段階まで工事の進んでいることを確認したら，信託会社に代金の交付を指図する。
❺……信託会社は，施主からの指図があったら，信託契約の定めに従い，工事代金の一部を建築業者に交付する。
❻……❸～❺の流れを，工事が完成するまでの間，請負契約に定めた回数行う。
❼……工事が完了したら，建築業者は登記に必要となる書類の一式を信託会社に渡し，信託会社はそれをもって，双方の委任を受けた司法書士に施主（あるいは買主）を所有権者とする登記申請を依頼する。
❽……登記が完了したら，登記識別情報を含む登記完了書類一式を施主に引き渡し，同時に物件の引渡しも確認した上で，施主は信託会社に最終の工事代金の交付を指図し，信託会社は指図に従い最終代金を建築業者に交付する。

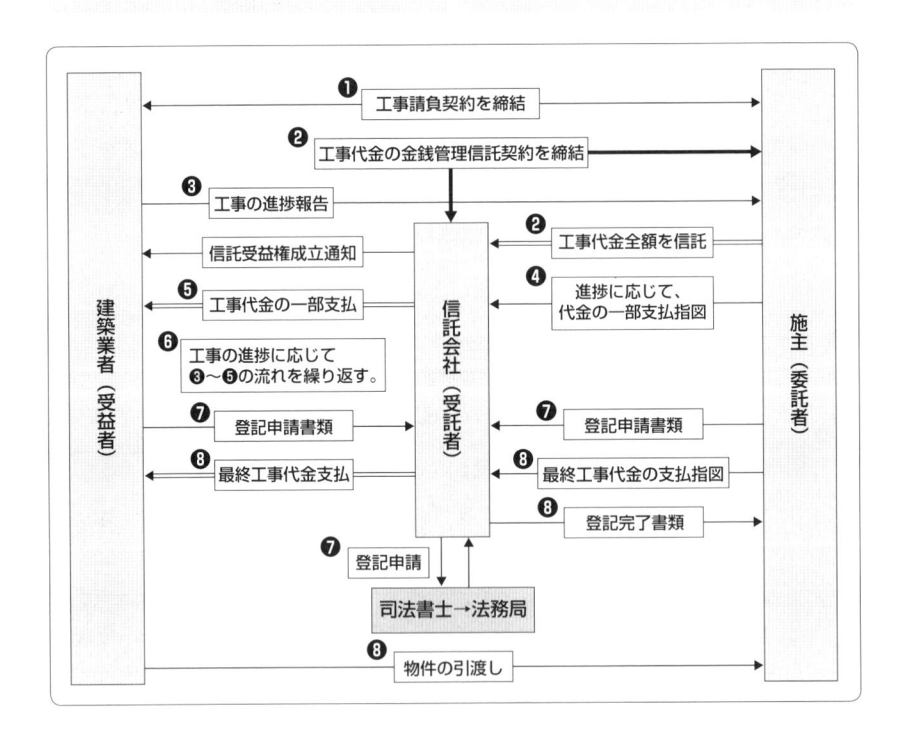

```
建築業者（受益者） ─❶工事請負契約を締結─ 施主（委託者）
                  ─❷工事代金の金銭管理信託契約を締結─
  ❸工事の進捗報告 → 信託会社（受託者） ← ❷工事代金全額を信託
  ← 信託受益権成立通知
  ← ❺工事代金の一部支払    ← ❹進捗に応じて，代金の一部支払指図
  ❻工事の進捗に応じて❸～❺の流れを繰り返す。
  ❼登記申請書類 →         ← ❼登記申請書類
  ❽最終工事代金支払 ←      ← ❽最終工事代金の支払指図
                         → ❽登記完了書類
           ❼登記申請 → 司法書士→法務局
  ❽物件の引渡し
```

事例12 工事代金進捗管理分割支払信託

3 信託方式を採用した理由やメリット

(1) 住宅や高層ビルなどの建築工事においては、やり取りされる金員が高額になるため、物件の引渡し前に工事代金を前払いすると、代金を払ったのに工事が完了せず、希望する物件が手に入らない（前払い金を持ち逃げされる。）というリスクを施主（工事発注者）が負うこととなる。逆に、物件の引渡しをもって代金を交付するとの後払いにすると、工事費用を一時的に自らが負担したのにも関わらず、工事が完了しても代金が支払われないというリスクを建設業者（工事受注者）が負うこととなり、決済のタイミングと取引の安全性の確保が難しい問題となる。これは、その他の建設工事や土地の造成工事などでも同じように発生する問題であり、その工事規模と金額が大きくなるほど、重大なリスクとなってくる。

(2) そうした双方のリスクを軽減あるいは回避するため、工事代金の一部を前払い金として交付し、工事の完了と物件の引渡しをもって残額を交付するという方式が採られることも多い。しかし、2009年4月に、埼玉県の建設会社である株式会社アーバンエステートが、前払い金を受け取りながら工事を終えることなく破産するなど、前払い金をめぐる事件が多発しており、より信頼性の高い決済のシステムに対する需要は高まっているといえる。そこで、工事代金を信託し、工事の進捗に合わせて段階的に交付することで、双方の履行に関して確実性を高め、取引の安全性を高めるスキームを構築した。

(3) 当スキームでは、最初に工事代金の全額が信託財産として施主から隔離されるため、施主の支払い能力は担保されることとなる。また、工事代金の交付を、工事の進捗に合わせて出来高後払いで段階的に支払う旨の合意をしておくことで、請負債務の履行の担保と工事業者への過払いを防止することができる。かつ、それら代金の交付を含む金銭の管理を受託者たる信託会社に委託することにより、双方の負担を軽減することも可能である。工事が大規模となり、やり取りされる金員が高額に、その支払い期間も長期間にわたるほど、効果の期待できるスキームである。

297

■事例編

4 解　説（法律面）

(1) 本スキームの目的及び効果

　建物の建築工事契約は，仕事の完成を目的とし仕事の結果に対する対価を支払う契約として請負契約（民632条）に該当する。請負契約に関する民法のルールに従えば，建物の引渡しと代金の支払いが同時履行の関係に立つ（民633条）ため，建物が完成して引渡しが完了するまで代金は支払われないこととなる[1]。そして，工事途中において注文者が破産した場合には，建築業者は契約を解除した上，既にした工事の出来高に応じた報酬を破産債権として届け出ることができることとなる（民642条1項）。しかし，これはあくまでも配当を受けることができるに過ぎず，現実的には建築業者の報酬は，ほとんど保護されない場合もある。

　このリスクは，工事の規模が大きくなればなるほど，工事の期間は長くなり，契約当事者それぞれに倒産をはじめとする種々の予測不能な事情の発生する可能性が高まる。

　このように，建築業者としては，長期の期間と莫大な費用を費やして工事を行う以上，工事代金の決済を確保したい。

　他方で，注文者としては，工事代金を先払いしたにもかかわらず，工事途中で建築業者が倒産してしまい，工事は完成されず先払いの代金も返還されないという事態に陥ることは避けたい。

　そこで，実務においては工事代金の一部を工事着手時期に支払い，残金を上棟時及び工事完了後引渡しの時期に分けて支払うという方法も採用されている。しかし，最初の金銭支払いの時点では注文者にとっては前払い（先履行）であって建築業者倒産のリスクがなお存在し，他方，工事が進捗した完成間近の時点では，建築業者は代金が注文者から支払われないかもしれないという注文者倒産のリスクを抱えることになる。

---

1) 実務上は，請負契約において，着工時，上棟時，引渡し時など複数回に分けて工事代金を支払う旨定められることも多い。

本スキームは，信託の倒産隔離機能を利用して，これらの注文者・建築業者それぞれのリスクを回避又は軽減するスキームである。

なお，建築業者倒産の場面において，工事請負代金について，建築業者側に直接先払いした場合であっても，信託の擬制の考え方により信託財産として独立性が認められ注文者による残工事代金の返還請求が認められた例も存在する[2]が，擬制による信託の成立の要件はいまだ明確ではなく，あくまでも救済的判断であるため，信託の擬制の考え方による救済には限界がある。

(2) **スキーム詳細の法的意味**

まず，建築業者及び施主の間で建築工事請負契約を締結する（詳細❶）。この請負契約において報酬の支払い時期について，上述の民法のルールと異なるため，工事の進捗に応じて複数回に分けて支払う旨を定めておく必要がある。また，工事着手前に工事代金全額について金銭管理信託を行う旨も定めておく。さらに，建築途中の出来形部分については，進捗に応じて随時代金が支払われるものである以上，注文者の所有に帰属するものと定めておく

---

[2] 公共工事の請負者が「公共工事の前払金保証事業に関する法律」に基づく保証事業会社の保証のもとに，注文者である地方公共団体等から受領した前払金について，地方公共団体等を委託者とし，請負者を受託者とする信託契約が成立するとした判例（最判平成14年1月17日民集56巻1号20頁）

本判例においては，「本件預金は，A建設の一般財産から分別管理され，特定性をもって保管されており，これにつき登記，登録の方法がないから，委託者である愛知県は第三者にたいしても，本件預金が信託財産であることを対抗することができる」とされ，第三者である破産管財人に対し，前払金について取戻権を行使することが認められた。

これに派生して，前払金の預け入れ先である銀行が同時に当該請負者に対する債権者でもあった場合，銀行からの預金に対する相殺は許容されるか，という問題もある。これに関しては，2つの裁判例が存在し（福岡高判平成21年4月10日金法1906号104頁，名古屋高裁金沢支判平成21年7月22日金法1892号45頁），いずれの裁判例においても，信託財産に属する前払金預金は請負者が破産開始決定を受けた場合であっても当然には破産財団には属しないが，建築途中建物についての出来高確認によって注文者に返還すべき前払金の金額が確定することにより即時に信託が終了し，これと同時に破産財団に帰属すべき残余財産が確定して，破産財団に権利移転するものとされた。しかし，かかる基準によると，請負会社の破たん前に出来高確認が行われている場合には相殺が可能となる一方で，破たん後に出来高確認が行われた場合には，銀行による相殺の余地はないということとなり，請負会社の破たん時と，出来高確認による権利移転時との先後関係によって，預金先金融機関による相殺の可否の結論に相違が生じることとなる。現に二つの裁判例においても結論が分かれている。このように，ある種偶然的な事情によって相殺の可否が分かれることは法的安定性を欠くとも批判されており，今後の理論的課題となっている（以上につき，畠山新「前払保証金の信託終了による破産財団への復帰と相殺禁止」金法1906号43頁ほか）。

299

ことが合理的であると思われる。建築請負工事における建物の所有権の帰属に関する一般論は，判例法理によって，①注文者が材料の全部または主要部分を提供した場合は注文者に帰属する（大判昭和7年5月9日民集11巻824頁），②請負人が材料の全部または主要部分を提供した場合には，請負人が所有権を取得し，引渡しによって注文者に移転する（大判大正3年12月26日民録20輯1208頁）と整理されているが，特約があればこれに従うものとされている。

同時に，工事代金の金銭管理信託契約を締結し施主は工事代金全額を信託会社に信託する（詳細❷）。

建築業者は，工事に着手し，契約に定められた各段階まで工事が進捗したら，注文者に通知する（詳細❸）。注文者はこの通知を受けて，建築業者の通知のとおりに工事が進捗していることを確認したら，信託会社に対し，代金一部支払いの指図を行い（詳細❹），信託会社は指図に従って建築業者に対して一部の代金を支払う（詳細❺）。この通知，確認，支払指図，支払いを，契約に従って繰り返す。

建物の完成時においては，注文者は，建物の完成・引渡し，注文者名義での登記の完了と引き換えに，最終代金の支払指図を行い（詳細❽），信託会社はこの指図に従って最終代金を建築業者に支払う。

(3) **各当事者の信託契約法上の地位**

本スキームにおいては，信託財産である工事代金を信託する主体である注文者が委託者，管理信託事務を受託する信託会社が受託者，信託財産の払戻しを受ける建築業者が受益者となる。本信託契約においては，信託財産である金銭の払戻しを受けることが受益権の内容となるため，建築業者が受益者となる。他方，契約が途中で解除される等の事情のない限り注文者が信託財産の払戻しを受けることは想定されていないことから，注文者は受益者とはならず，残余財産の帰属権利者（信託182条1項2号）となる。また，工事代金の支払いは注文者の意思によって行われるものであるから，支払指図権は，委託者である注文者が有することとなる。

(4) **注文者がローンによって工事代金を拠出する場合**

注文者が金融機関からの金銭借入れによって工事代金を支払う場合，敷地

及び完成した建物に抵当権を設定することが多い。本スキームにおいては，工事着手の契約締結段階において注文者は工事代金の全額を信託することが予定されているが，請負契約において建築途中の建物についての所有権を注文者に帰属するものと定めたとしても，建物完成までは不動産登記を行うことができないから，同様に抵当権も対抗要件を備えることが困難である。そこで，注文者が工事代金をローンによって賄いたい場合には，工事着手から建物登記を行うまでの期間におけるローン債務の担保設定に若干の工夫が必要となる。

　工事期間において委託者が建築工事請負契約及び本信託契約に基づいて有している権利は，①建築途中の建物の所有権，②建築業者に対する建築途中建物の引渡請求権，及び，③信託会社に対する（契約が途中で解除された場合の）残余信託財産の返還請求権の3つである。このうち①を担保することについては，上述の通り建物が完成しない限り対抗要件を備えることができないという問題が存在する。そこで，金融機関としては②の建築途中建物の引渡し請求権及び③の残余信託財産返還請求権の2つの債権について債権譲渡担保権又は質権等を設定することが考えられる。

　建築工事請負契約及び金銭管理信託契約の締結と同時に，金融機関と注文者との間で，金銭消費貸借契約及び債権譲渡担保契約等を締結した上，第三者対抗要件として確定日付のある通知又は承諾（民467条）を備えることとなろう。

　このように，本スキームにおいては借入れ後の金銭が直ちに信託されるため，注文者及び建築業者の固有財産から隔離された残余信託財産の返還請求権を担保目的とすることができる。したがって，ローンの出し手となる金融機関にとっても，建物完成までの間における担保の安定性が高まるというメリットがあるものである。

◀事例編

5 解　説（税務面）

工事代金進捗管理分割支払信託の税法上の取扱い

　工事代金進捗管理分割支払信託は，委託者が工事契約の施主であり，受益者が建築事業者である他益信託の受益者等課税信託である。

　信託設定により，工事代金全額が，委託者から信託会社に支払われた時点で，委託者である施主側では，前払金等の支払いがあったものとされ，受益者である建築業者側では，前受金等を受け取ったものとして取り扱われる。

　受益者側で，前受金が減少し，収益が発生する時点は，通常は，請負工事の目的物が施主に引き渡された時点であるが，長期大規模工事に該当する場合で，一定の要件に該当するときは，原則的には，工事進行基準の方法により収益が発生していくこととなる（所法66条1項，法法64条1項）。

　なお，委託者側で，前払金が減少し，固定資産が取得された時点となるのは，工事が完成し，引渡しを受けた時点である。

6 苦労話

　本スキームは，「正月までに，工期を短縮して良い建物を建築してほしい，無理を言うので全額，前金で支払ってもよいが，リスクは軽減したい」と願う施主と，「工期短縮の要望に応えたいが，施主の信用度がわからず，決済リスクは軽減したい」という請負業者様との間での事案である。

　施主・業者との話し合いで，以下の手法を取ることになった。

- ・「工事の進捗に合わせた出来高後払い」
- ・施主は工事発注時に「工事代金全額を信託会社に信託し，工事代金支払い原資があることを証明する。」
- ・工事進捗検査は3回（工事着手時，中間時，竣工時）とし，その検査はお互いが信用する検査者がその出来高を査定する。

　この手法により，3回の検査を受けて，資金が決済された。

7　契約書式

本契約書式は，事例を参考に執筆者が作成したもので，実際の書式とは異なる。

信託契約書

　○○○○（以下「委託者」という。）と□□□□信託会社（以下「受託者」という。）は，委託者と請負人の間で締結された平成○年○月○日付建築工事請負契約（以下「原契約」という。）に基づく工事代金の管理保全のため，信託契約（以下「本信託契約」という。）を締結した。

第1条（信託の目的）
　　委託者は，原契約に基づき委託者が請負人に対して負担する工事代金を，受託者が請負人のために管理することを目的として信託し，受託者はこれを引き受けるものとする。

第2条（信託契約の成立）
　1　委託者は，金○○○円を受託者に対し信託し，受託者はこれを引き受ける。
　2　受益者は請負人とする。

第3条（信託財産）
　1　本件信託契約における信託財産は，金銭○○○円とする。
　2　下記口座に，入金する方法で信託する。
　　　　　　　　　　　　　　　記
　　　　　○○銀行　○○支店　△△名義　普通口座　○○○○
　3　上記口座に，信託財産が信託されることをもって，本件信託の効力発生日とする。
　4　受託者は，本件信託契約の効力が発生したことを委託者及び請負人に対し，通知する。

第4条（受益権）
　1　本件信託契約に係る受益権は，原契約に基づく建築工事が原契約○条に定める各進捗段階に達した場合に，信託財産の交付を請求することができることを内容とする。
　2　本信託契約に基づく信託受益権について，受益権証書は発行しないものとする。
　3　受益者は受託者の書面による事前の承諾なく受益権の分割，放棄，譲渡又は質入れその他の担保設定等の処分をすることができない。
　4　委託者は，払出指図を，原契約の定めに従い委託者が工事代金分割金を支払う

べき時期に行うものとする。

第5条（信託財産の払出し）
　本契約における指図人は委託者とする。

第6条（信託財産の管理）
　1　受託者は、信託設定日以降、信託財産である金銭を受託者が認める方法のうち、委託者が指図する方法のみにより管理するものとする。
　2　前項において、委託者が管理方法を指図しない場合は、受託者は本件信託財産たる金銭を、預金保険制度の対象金融機関の決済性預金に、受託者名義の信託口座に預け入れ、管理する旨、委託者は本信託契約をもって受託者に指図する。
　3　受託者は、信託設定日以降、信託財産を自己の固有財産及び他の信託財産と分別して管理するものとする。

第7条（受託者の任務）
　1　受託者は、本信託契約の規定に従い、善良なる管理者の注意をもって委託者及び請負人に対して忠実に信託事務を遂行するものとし、善管注意義務を履行している限り、原因の如何にかかわらず、本件信託財産に生じた一切の損害についてその責任を負わないものとする。
　2　委託者の指図について、受託者が、法令に抵触する等合理的な理由で不適切と認めた場合、受託者は、委託者又は請負人に対し通知の上、その指図に従わないことができ、また指図の撤回を求めることができる。この場合、受託者に故意又は重過失がない限り、受託者の指図に従わなかったことにより本件信託財産に損害が生じても、受託者はその責を負わない。受託者は、いかなる場合においても、受託者の管理型信託会社としての性質に反するような指図に従う義務を負わないものとする。

第8条（信託期間）
　本件信託契約の期間は、信託設定日から第1条所定の信託の目的が達成された時又は当該目的の達成が不能となった時までとする。

第9条（残余信託財産の帰属権者）
　本件信託契約終了時において残存する信託財産（信託財産の運用益その他の果実を含む）は、受託者から委託者へ交付されるものとする。

第10条（信託契約の終了）
　本件信託契約は、第8条に定める信託期間の満了時の他、次に掲げる場合に該当することとなったときは終了する。
　①　本件信託財産の残高が0円となったときは当該日をもって終了する。
　②　信託法第163条各号（第9号を除く）に定める事由が生じたときは当該日をもって終了する。
　③　本信託契約が本信託契約に基づき解除された場合は当該解除日をもって終了

する。

第11条（信託契約の解除）
1　本件信託契約は，本件信託契約に別途定めがある場合を除き，解除できない。ただし，委託者，請負人及び受託者の書面による合意により解除することができる。
2　委託者又は請負人が，この契約に基づく義務を履行せず，受託者が信託事務を処理することが著しく困難であると合理的に認めた場合，受託者は，委託者及び請負人に対して契約の解除を書面により通知することにより（かかる書面には信託事務を処理することが著しく困難であると判断した合理的理由を示すものとする），本件信託契約を解除することができる。

第12条（信託契約の変更）
　　本信託契約は，委託者，請負人及び受託者の書面による同意により，変更することができる。

第13条（委託者の権利の制限）
　　委託者は，請負人の承諾を得た場合でなければ，次の各号に該当することを行うことができない。
① 本信託契約を取消し又は変更すること
② 受益者又は受益権の内容を変更すること
③ この信託契約の終了前に，受益者以外の者に信託財産の払い出しを請求すること
④ 委託者の地位を放棄又は他人に譲渡すること

第14条（信託報酬）
1　信託報酬は，○円とする。
2　受託者が信託事務を処理するにつき特別の役務を要することが見込まれることとなったときは，受託者は，その信託事務の着手前に，委託者に算定根拠と金額を示し，その信託事務に関する指図を求めることができ，その信託事務を執行する場合には，信託報酬の追加を請求できる。
3　信託報酬の支払時期は，第8条及び第10条に定める本信託契約の終了時とする。

第15条（受託者の解任）
　　委託者は，受託者に義務違反，管理の失当又は任務の懈怠その他不誠実若しくは不適切な行為があると認められる場合は，受託者に対してその行為の差止め，又は信託財産の状況につき説明を求め，受託者が正当な理由がないのにこれに応じないときは，受託者を解任できる。

第16条（準拠法及び裁判管轄の合意）
　　本信託契約は，日本法に準拠するものとし，本信託契約に関連して生じた一切の紛争については，東京地方裁判所を第一審の専属的管轄裁判所とする。

以　上

■ 事 例 編

　本件信託契約を証するため，契約書正本を2通作成して，委託者，受託者が本書各1通を保有する。

　　　　平成　　　年　　　月　　　日

　　　　　　委託者
　　　　　　　住　所　_____

　　　　　　　氏　名　_____　㊞

　　　　　　受託者
　　　　　　　住　所　_____

　　　　　　　氏　名　_____　㊞

事例13 信託スキームを活用した後払い式出来高払い住宅完成保証

株式会社日本エスクロー信託　提供事例
株式会社GIRとの共同開発商品「住まいるガード®」

1 事案の概要

　住宅の建築工事請負契約においては，施主が工事代金の一部を前払いすることが一般的であるが，工事請負業者へ出来高以上の過払い・前払いがあると，工事請負業者が倒産し，別の業者へ工事の続行を依頼するような場合，工事代金の二重払いが生じるリスクがある。また，工事を続行する場合には，施主の資金面や他の工事業者の選定など様々な要因から住宅を完成させるには，困難な場合も多い。

　そこで，建築工事請負代金相当額を信託することで，施主・工事請負業者双方から資金を隔離させ，保全を図るとともに，工事代金の交付を，住宅検査実施後の出来高払いにすることにより，構造的な施主の「過払い・前払い」を解消できる信託スキームを構築した。

　また，万一，工事請負業者の倒産などで工事が中断した場合に備えて，工事着工前に，あらかじめ別の業者と，工事を承継する旨のバックアップビルダー契約を締結しておくことで，不測の事態が生じた場合でも，速やかに工事の再開，完成物件の引渡しができることとした。

2 スキーム図・スキーム詳細

❶……住宅完成保証会社（以下「保証会社」という。）は，不測の事態が生じたときの未完成部分工事追加代金等の増嵩費用に備えて，あらかじめ損害保険会社と損害保険契約を締結しておく。

❷……保証会社は，あらかじめ，ビルダーに不測の事態が生じた場合に備え

て，他のビルダーとの間で，工事を承継し，完成させることを内容とするバックアップビルダー契約を締結しておく。
❸……施主（住宅建築工事請負契約の発注者）とビルダー（工務店等の建築工事請負業者）との間で，住宅の建築工事及び完成物件の引渡しを内容とする工事請負契約を締結する。
❹……❸の契約内容に基づいて，ビルダー・施主は，保証会社との間で，住宅建築工事の完成を保証する委託契約を締結する。

　また，ビルダーは，保証会社に❸の契約書など請負契約の内容が確認できる書類を提出し，保証料を払い込む。
❺……ビルダーは，保証会社との間で，保証会社が施主に対して直接，請負代金支払請求権を保有できるよう（信託契約上の委託者となるため）譲渡契約をする。同時に，保証会社に代わり，ビルダーが引き続き施主に対して請負代金請求に付随する事務ができるよう請負代金回収に付随する事務に関する業務委託契約を締結する。
❻……保証会社は，信託会社との間で，工事請負代金の金銭管理信託契約をあらかじめ締結しておき，❺で譲渡された代金支払請求権に基づいて，施主に対して，請負代金相当額を信託口座に直接支払うようビルダーを通じて通知する。
❼……施主は，請負代金相当額にあたる自己資金と金融機関からの融資金等を信託口座に預け入れる（信託財産預入れ）。信託会社は，施主に対し，工事請負代金を保証会社との間の信託契約における信託財産として受領した旨を通知する。
❽……ビルダーは，請負契約の内容に従い，工事を進め，出来高に応じて保証会社の作成した支払計画に定めた代金交付段階に至ったら，検査機関に検査を依頼する。
❾……ビルダーは，検査機関からの検査結果を受領したら，保証会社に検査結果を送付するとともに，段階に応じた代金の支払いを依頼する。同時に，❺の請負代金回収に付随する事務に関する業務委託契約に基づき，❸の工事請負契約内容に従ってビルダーは施主へ請負代金の請求額の通知等を行う。
❿……保証会社は，ビルダーから受領した検査結果の内容に基づき，❸の契約内容に合致した工事が行われたかを確認する。
⓫……❿の確認が取れたら，保証会社は，信託会社に代金の交付を指図する。

事例13　信託スキームを活用した後払い式出来高払い住宅完成保証

❶……信託会社は，ビルダーに出来高に応じた金額を支払い，保証会社は，施主に，ビルダーへ出来高に応じた支払いを行った旨の通知を行う。
❸……❽～❿の流れを，工事が完成するまでの間，保証契約に定めた回数を行う。
⓮……保証会社は，❽～❿の工事進捗中，建物の完成前に，ビルダーが倒産するなど工事を継続できない事態に陥った場合，❷のバックアップビルダー契約に基づいて，他のビルダーに工事を承継させ，住宅を完成させる。
⓯……⓮の場合に未完成部分の工事追加代金等が生じた場合には，保証会社は保険金から支払う。

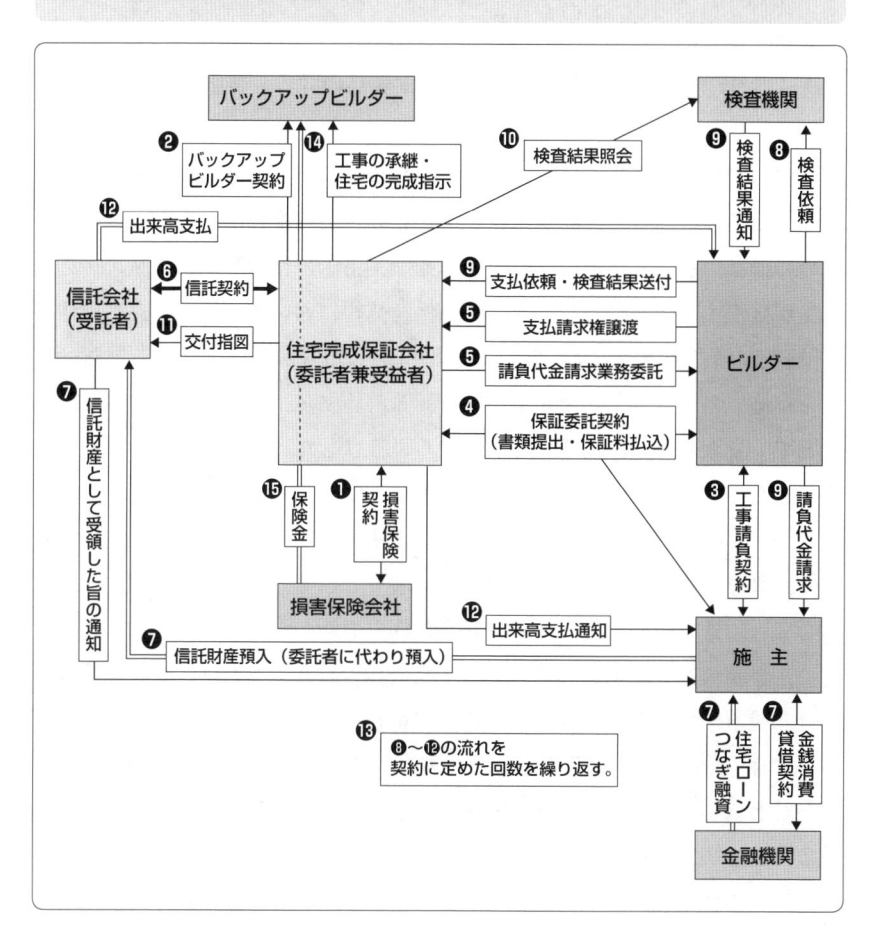

◆事例編

3 信託方式を採用した理由やメリット

(1) 工務店・住宅メーカーの倒産により，金融機関から融資を受けた多額のローンが残り，また，住宅の工事現場が野ざらしになったまま放置されるといった事件が後を絶たない。その原因として，①一般的に建築工事請負契約においては，施主の前払いが条件となっていること，②工務店倒産時に，工事を引き継ぐ工務店がすぐ見つからないことが挙げられる。

そこで，このような施主のリスクを解消すべく信託スキームを用いた出来高払いによる住宅完成保証を内容とする商品（商品名：「住まいるガード®」）を，株式会社日本エスクロー信託と，保証サービスを専門とする株式会社GIRとで共同開発を行った。本商品の内容・特徴は以下の(2)～(5)のとおりである。

(2) 建築工事請負契約では，例えば，契約時3割・上棟時3割・竣工時4割の支払条件の場合，建物が支払金額に見合った程度に出来上がっていないのに前払いをする契約が一般的であり，工務店の倒産等によるリスクを施主が負担することになる。そこで，保証契約において，施主の支払条件を，「複数回の住宅検査による出来高基準に応じた複数回の後払い」とし，さらに施主の工事請負代金相当額を信託し，施主・工務店から隔離させることで，資金の保全を図ることができるようにした。

(3) また，工事請負業者の倒産などで工事が中断した場合に備えて，保証会社が，工事着工前に，あらかじめ同じ工法，同じ部材を使用する別の業者と工事を承継する旨の契約を締結しておくことで，不測の事態が生じた場合でも，速やかに工事の再開，完成物件の引渡しができるようにした。仮に工事請負業者が倒産しても，出来高後払い方式であれば，資金は信託会社に残っているため，施主に追加負担を強いることは少なくなる。追加工事代金（増嵩費用）が発生したとしても，その場合は保証会社が損害保険会社と締結した損害保険契約の保険金から支払われるため，施主にとっては，追加の工事代金を負担する必要がない。

従来の住宅完成保証制度には，様々な形態のものがあるが，その内容は

「金銭保証又は労務保証」としているところがほとんどである。この場合，金銭保証が一般的であり，施主は，その保証金で損害部分をカバーできることになる。しかし，中断された工事を再開する場合，同じ工法・同じ部材で工事を承継できる業者を探し出すのは困難な場合も多い。そのため，労務保証を原則とし，工事着工前に別の業者とバックアップ契約を締結しておくことは，スムーズな工事再開・確実な完成住宅の引渡しができる点は大きな利点である。

(4) 工事請負業者は，一般的に前払いの工事代金から，人件費等の工事にかかる固定費を支払うため，本スキームのように出来高に応じた後払いとなると資金繰りが一時的に悪化することになる。しかし，請負工事代金が信託され，資金が保全されていることを確認して工事が着工できるため，施主に対する信用リスクを解消することができる。また，資金繰りの厳しい業者は工事を請け負うことができないため，結果として出来高支払い信託方式を採用する工務店は，そうでない業者と差別化することができ，その信用を高め，健全な経営促進に寄与することにもなり得る。

また，施主へ融資を行う金融機関としても，工事請負業者が倒産しても，残存工事費用分の資金は信託され，保全されることとなるので，安心して貸出をすることができる。また，保証会社が金融機関に代わって，担保予定物件の工事進捗管理を行うため，担保物管理にコストをかけている金融機関にとっては，合理化できることとなる。特に店舗網の少ないネット銀行や全国展開の住宅ローンつなぎ融資金融機関などにとっては，実際に審査部員が担保実施をすることを不要にすることができる可能性もある。

4 解　説（法律面）

(1) 本スキームでは，信託契約は，保証会社と信託会社との二者間で締結される。保証会社は，住宅の完成を保証するためにバックアップビルダー（請負業者）とバックアップビルダー契約を締結する。信託会社は，請負代金を信託財産として管理する。保証会社が委託者兼受益者，信託会社が

事 例 編

受託者となり，施主（注文者）が委託者である保証会社に代わって信託会社に預け入れる金銭（請負代金）が信託財産となる。請負契約の注文者である施主及び請負人であるビルダーは信託契約における委託者・受託者・受益者にはならない。

　保証会社が損害保険会社との間で締結する損害保険契約は，請負代金の著しい増加による保証会社のリスクを回避するためのものであり，かかる契約を締結するか否かは，法的には信託契約に関連するものではない。しかし，保証会社が請負代金増加リスクを回避するためには，バックアップビルダー契約に先立ち，損害保険契約を締結することになる（詳細❶）。

　本スキームでは，①保証会社及び信託会社の間の信託契約のほかに，②施主とビルダーの間の請負契約，③バックアップビルダーと保証会社の間のバックアップビルダー契約，④ビルダーと保証会社の間の請負代金債権（支払請求権）譲渡契約，及び⑤請負代金回収に付随する事務に関する業務委託契約，⑥施主・ビルダーと保証会社の三者間の保証契約，並びに⑦施主と金融機関の間の金銭消費貸借契約の各契約が締結されることが想定されている。

(2)　保証会社がバックアップビルダー（請負業者）との間で締結するバックアップビルダー契約は，住宅建設工事の完成の保証を目的とする本スキームの中心をなす契約である。保証会社は，信託契約とは別個に，バックアップビルダーとなる請負業者との間で，工事の承継及び住宅の完成を目的とするバックアップビルダー契約を締結する（詳細❷）。

(3)　施主とビルダーとの間で締結される住宅の建築工事請負契約は，民法上の請負契約である（民632条以下）。民法上，請負人であるビルダーは，工事完了後，目的物の引渡しと同時に請負代金（報酬）の支払を受ける旨規定されている（民632条，633条本文）。ただし，この請負代金支払時期についての民法の規定は，当事者の合意により排除することができ，住宅建築工事の実務では，契約締結時，着工時の代金の一部支払や，出来高部分に応じた段階的な支払などの合意がなされることが通常である。本スキームでも，実務上行われている代金の段階的な支払に対応し，受託者

である信託会社がビルダーに出来高部分に応じた段階的な支払いを行うことができるものとなっている（詳細❸）。

(4) 施主・ビルダー・保証会社の三者で，保証会社が住宅建築工事の完成を保証する保証契約を締結する。この保証契約に基づき，保証会社は住宅建築工事を完成させることを保証し，バックアップビルダーとの間で工事の承継及び住宅の完成を目的とするバックアップビルダー契約を締結する。ビルダーは，保証契約に基づいて保証会社に保証料を支払うとともに，請負契約の内容を確認できる書類・資料を提出する。保証会社は，保証契約に基づく義務の履行に必要な書類・資料を受領することにより，ビルダーが住宅建築工事を完成することができない場合に備えることができる（詳細❹）。

(5) ビルダーと保証会社の間では，ビルダーが請負代金債権を保証会社に譲渡し，ビルダーが請負代金の回収に付随する事務を行う旨の業務委託契約を締結する。これにより，保証会社が施主に対する請負代金債権の債権者となり，請負代金の受領権限を有することとなる。請負代金債務を負っている施主は，債権者である保証会社に代わって，請負代金（金銭）を信託会社に預け入れることとなる。ビルダーは，保証会社との業務委託契約に基づき，請負代金の回収に付随する事務（検査機関への検査依頼や，施主に対する工事代金の信託口座への預入れ・代金請求額の通知）を行うこととなる（詳細❺）。

(6) 保証会社は，請負代金債権の債権者として，施主に対して，請負代金を信託会社の信託口座に入金するよう通知する。施主に対する通知について，保証会社は，ビルダーとの間の上記業務委託契約によりビルダーに委託しており，ビルダーが施主に対する通知事務を行う（詳細❻・❾）。

(7) ビルダーから通知を受けた施主は，信託会社の信託口座に工事請負代金を入金する。この入金により，保証会社の有する請負代金債権は入金があった金額について弁済済みとなり，施主の請負代金債務は消滅するものと考えられる。施主から信託会社の信託口座に入金された金銭（請負代金）が，保証会社と信託会社との間の信託契約における信託財産となる。信託

● 事例編

会社は，施主に対して，入金された請負代金を保証会社との間の信託契約に基づく信託財産として受領した旨を通知する（詳細❼）。

(8) ビルダーは，施主との請負契約及び保証会社との保証契約及び請負代金回収に付随する事務に関する業務委託契約の一方又は双方に基づき，出来高に応じた請負代金の支払いを受けるため，検査機関に検査を依頼する。ビルダーは，保証契約及び請負代金回収に付随する事務に関する業務委託契約の一方又は双方に基づき，検査結果を保証会社に送付して，出来高に応じた請負代金の支払いを求める。

保証会社は，検査結果を確認の上で，信託契約に基づき，信託会社に対し，ビルダーへの請負代金の支払いを指図する。信託会社は，信託契約に基づき，保証会社の指図に従い，出来高に応じた工事代金をビルダーに支払う。本スキームでは，受益者は保証会社であり，また，請負代金債権はビルダーから保証会社に債権譲渡により移転し，信託会社の信託口座への金銭（請負代金）の入金は保証会社への債務の弁済としてなされたものであるが，信託会社は，受益者である保証会社の指図により，ビルダーの銀行預金口座に出来高に応じた請負代金を入金することとしている。

保証会社は，検査機関の検査によって確認された出来高に応じて代金を支払うから，請負代金を支払ったにもかかわらず工事がなされないというリスクは生じない。ビルダーとしては，信託会社の信託口座に施主からの請負代金が入金されているから，工事を実施したにもかかわらず施主から代金が支払われないというリスクを避けることができる。

なお，本スキームにおいて，ビルダーは，保証契約及び請負代金回収に付随する事務に関する業務委託契約の一方又は双方に基づき，施主に対して請負代金の請求額の通知を行うこととされる。施主が請負代金を分割払いする場合には，各分割支払額を通知する。また，保証会社は，保証契約に基づき，施主に対して，ビルダーの銀行預金口座に出来高に応じた入金を行った旨を通知することとされている。

また，ビルダーの銀行預金口座に入金された金銭については，ビルダーは保証会社に対して支払う金銭債務を負っている。これに対し，保証会社

は，ビルダーに対し，請負代金債権を譲渡した対価を支払う金銭債務を負っている。この両債務は，対当額で相殺されることによって消滅する。したがって，ビルダーの銀行預金口座に信託会社から入金された金銭は，債権譲渡によって代金債権の債権者となった保証会社に送金されることはなく，そのままビルダーが保持することとなる（詳細❽から❽）。

(9) 工事の進捗中にビルダーが倒産するなどして工事を継続することができない事態に陥った場合，保証会社は，保証契約に基づき，工事を完成させるようバックアップビルダーへの指示などを行わなければならない。バックアップビルダーは，保証会社とのバックアップビルダー契約に基づき，工事を承継し，完成させる義務を負う（詳細❽）。

(10) 保証会社は，バックアップビルダーの工事により追加代金を支払った場合には，損害保険契約に基づき，損害保険会社に保険金を請求する（詳細❽）。

5 解 説（税務面）

本事例は，保証会社が委託者兼受益者である受益者等課税信託である。

施主から請負代金が信託会社の口座に支払われた時点で，保証会社が，その資金を預り金として受け取ったものとして取り扱われる。

保証会社の指示でビルダーに信託口座から請負代金を出来高払いをした場合，ビルダーが倒産したことによりバックアップにビルダーに請負代金を出来高払いした場合，保証会社が倒産して，施主に残金が支払われた場合は，保証会社の預り金から支払われたものとして取り扱われる。

このように本事例の信託における主たる取引は，預り金の増減取引である。

6 苦労話

中堅建築業者が倒産して，野ざらしの工事現場を背景に，前払いをしてし

◀事例編

まった施主がTVのインタビューに答えている光景を見て，「このようなことが今後あってはならない」という想いを強くして　株式会社GIRと共同で開発した信託商品である。信託契約上，委託者を施主にすると委託者の数だけ信託契約が増えてしまい，それは当然信託コストに反映することから，GIR（保証会社）を委託者にする方向で開発に着手したが，保証会社が施主のお金を信託するのに法的な権利関係を構築できず，最終的に請負業者からの工事請負代金支払請求権の譲渡という形を取ることにより，委託者が保証会社となり得る信託手法を開発した。

　本信託スキームは請負代金がキャッシュとして工事着工時に存在しないと，信託契約が成立しない仕組みだが，自己資金がある施主は別にして施主が金融機関から建物完成後に有担保で貸せる住宅ローン（保存登記できる状態の完成した建物が存在する。）の前段階にある「つなぎ融資」の保全に本スキームは，有用な商品と考えている。

7　契約書式

　本契約書式は，事例を参考に執筆者が作成したもので，実際の書式とは異なる。

信託契約書

　○○○○（保証会社。以下「委託者」という。）と□□□□株式会社（信託会社。以下「受託者」という。）は，注文者（施主）及び請負人（ビルダー）間の各工事請負契約（以下「請負契約」という。）における工事の完成について，委託者（保証会社），注文者及び請負人の三者間で締結される各保証契約に関し，信託契約（以下「本契約」という。）を締結する。

第1条（信託の目的）
　　委託者は，請負契約に基づいて注文者から受領する請負代金（金銭）を受託者が委託者のために管理することを目的として，請負代金（金銭）を信託し，受託者はこれを引き受ける。

第2条（信託財産）
1 本契約における信託財産は，請負契約に基づき注文者から請負代金として支払われる金銭とする。委託者は，請負人との間で別途締結する債権譲渡契約に基づき，請負人から，請負契約に基づく注文者に対する請負代金債権を譲り受けるものとする。
2 請負契約及び本契約の定めに従い，委託者は，注文者から請負代金を下記口座に入金させる方法により，金銭を信託する。
　金融機関名及び本支店名：
　口座種別及び口座番号：
　口座名義：
3 委託者は，委託者自ら又は請負人に委託して，注文者に対し，請負代金の入金先が前項の口座となることを通知する。受託者は，注文者から信託財産となる金銭（請負代金）が入金された場合，速やかに委託者に通知する。また，受託者は，注文者に対し，注文者からの入金を，本契約に基づく信託財産として受領した旨を通知する。
4 信託財産から生じる運用益その他の果実は信託財産に帰属する。

第3条（受益権）
1 本契約に係る受益権は，請負契約に基づく工事の出来高に応じて委託者が信託財産から金銭の支払いを受ける権利とする。受託者は，請負契約に基づく工事の出来高に応じ，委託者の指図に従い，委託者の指定する金融機関の口座に信託財産から金銭を支払う。委託者及び受託者のいずれも，受益者を変更することはできない。
2 本契約に基づく信託受益権について，受益権証書は発行しない。
3 受益者は，受託者の書面による事前の承諾なく，受益権の分割，放棄，譲渡又は質入れその他の担保設定等の処分をすることができない。

第4条（指図人）
　委託者は，指図人として，請負契約に基づく工事の出来高部分に応じた委託者に対する金銭（請負代金）の支払いを，委託者の指定する金融機関の口座に対して行うよう受託者に対して指図する。委託者は，受託者からの入金を確認した場合，注文者に対して，工事の出来高に応じた金銭（請負代金）の支払が行われた旨を通知する。

第5条（信託財産の管理）
1 受託者は，善良なる管理者の注意をもって信託財産を管理するものとする。
2 受託者は，信託財産を自己の固有財産及び他の信託財産と分別して管理する。

第6条（信託期間）
1 本契約の期間は，本契約締結日から平成○年○月○日までとする。ただし，上記期間経過後も委託者又は受託者の相手方に対する書面による解約通知がない限り，期間満了から1年間自動更新するものとし，その後も同様とする。

2　本契約の期間満了は，委託者，受託者及び請負人の書面による別段の合意がない限り，期間満了時に請負代金が完済されていない請負契約に影響を及ぼさないこととし，本契約は上記請負契約に関しては，上記請負契約の代金完済に至るまで，存続するものとする。

第7条（残余財産の帰属権利者）
　本契約終了時において残存する信託財産（信託財産の運用益その他の果実を含む。以下「残余財産」という。）は，受託者から，委託者へ交付されるものとする。

第8条（本契約の終了）
　1　本契約は，第6条に定める信託期間の満了の他，次に掲げる事由に該当する場合は終了する。
　　①　信託法第163条各号に定める事由が生じた場合
　　②　本契約に基づき解除された場合
　2　本契約が終了した場合，受託者は遅滞なく本件信託についての清算事務を行い，信託財産状況報告書を作成し，残余財産があるときは，本契約第7条に従い信託財産を交付するものとする。

第9条（本契約の解除）
　1　本契約は，本契約に別途定めがある場合を除き，解除できない。ただし，委託者及び受託者の書面による合意により解除することができる。上記合意解除の場合，委託者，受託者及び請負人の書面による別段の合意がない限り，請負代金が完済されていない請負契約に影響を及ぼさないこととし，本契約は上記請負契約に関しては上記請負契約の代金完済に至るまで存続するものとする。
　2　委託者が，本契約，請負契約，又は委託者と請負人間の契約に基づく義務を履行せず，受託者が信託事務を処理することが著しく困難であると合理的に認めた場合，受託者は，委託者に対して契約の解除を書面により通知することにより（かかる書面には信託事務を処理することが著しく困難であると判断した合理的理由を示すものとする），本契約を解除することができる。

第10条（本契約の変更）
　本契約は，委託者及び受託者の書面による合意により，変更することができる。

第11条（委託者の権利の制限）
　委託者は，受託者の承諾を得た場合でなければ，次の各号に該当することを行うことができない。
　　①　本契約を取消し又は変更すること
　　②　受益者又は受益権の内容を変更すること
　　③　本契約の終了前に，受益者以外の者に信託財産の払い出しを請求すること
　　④　委託者の地位を放棄又は他人に譲渡すること

第12条（信託報酬）
1　信託報酬は，月額○円とする。本契約の期間のうち1か月に満たない端数については，1か月に繰り上げて報酬を算定する。
2　受託者が信託事務を処理するにつき特別の役務を要することが見込まれることとなったときは，受託者は，その信託事務の着手前に，委託者に算定根拠と金額を示し，その信託事務に関する指図を求めることができる。受託者が当該信託事務を遂行する場合における信託報酬の追加については，委託者及び受託者の協議により定める。

第13条（受託者の解任）
　委託者は，受託者に義務違反，管理の失当又は任務の懈怠その他不誠実若しくは不適切な行為があると認められる場合は，受託者を解任できる。

第14条（受託者の辞任）
　受託者は，委託者の同意を得て辞任できる。

第15条（受託者の任意終了の通知）
　受託者の任務が終了したときは，受託者は受益者へ任務終了の通知を行わなければならない。

　本契約の締結を証するため，契約書正本を2通作成し，委託者及び受託者が各1通を保有する。

　　　　　　　平成　　　年　　　月　　　日

　　　　　　委託者　住　所＿＿＿＿＿＿＿＿＿＿＿＿＿＿＿

　　　　　　　　　　氏　名＿＿＿＿＿＿＿＿＿＿＿＿　㊞

　　　　　　受託者　住　所＿＿＿＿＿＿＿＿＿＿＿＿＿＿＿

　　　　　　　　　　氏　名＿＿＿＿＿＿＿＿＿＿＿＿　㊞

事例14 死後事務委任契約にかかる葬儀代金等金銭信託

株式会社日本エスクロー信託・TRS株式会社　提供事例

1 事案の概要

　第三者に，自己の死後の葬儀や埋葬に関する事務についての代理権を付与して，自己の死後事務を委任する委任契約を締結した場合，受任者の報酬を含めた葬儀資金を信託することによって，その資金は生前予約をする葬儀会社と受任者から隔離され，葬儀代金は確保されることになり，死後事務委任契約の受任者は安心して，委任者の葬儀・埋葬等の死後事務を行うことができる。

2 スキーム図・スキーム詳細

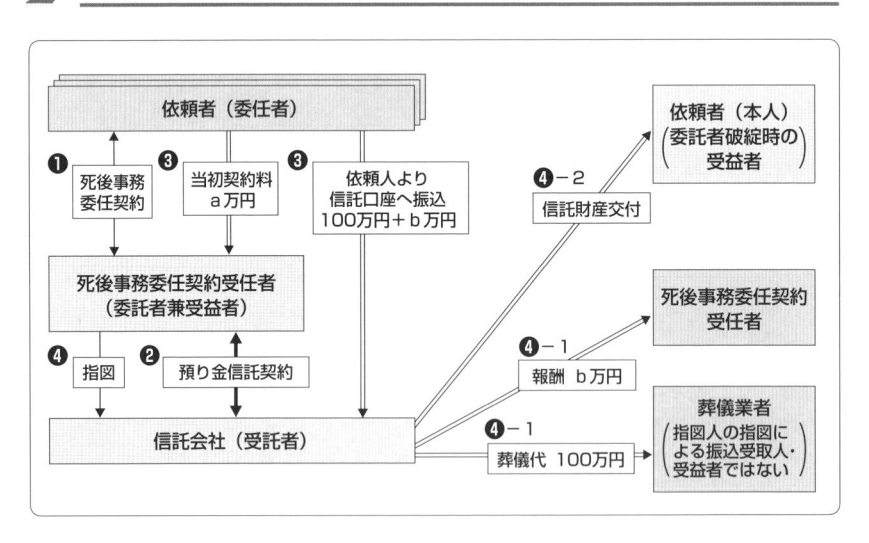

320

❶……死後事務委任契約の依頼者（委任者）と受任者との間で，死後事務委任契約を締結する。例えば，葬儀代金は100万円を予定し，受任者の報酬は，契約時ａ万円，委任契約終了後にｂ万円とする。

❷……死後事務委任契約の受任者は，死後事務にかかる葬儀代金等の預り金を信託財産として，信託会社との間で預り金信託契約を締結する。

❸……受任者は，当初契約時報酬ａ万円を受け取り，依頼者に葬儀代と❶の委任契約終了時の報酬を加えた預り金100＋ｂ万円を信託口座へ振り込むよう通知し，依頼者は，預り金相当額を信託口座へ振り込む。

❹－１……依頼者が死亡した際，死後事務委任契約の内容に従って，受任者は葬儀等の死後事務を行う。また，受任者は，信託会社に対して，葬儀業者に葬儀代金を振り込むように指図するとともに，死後事務委任契約の報酬を信託会社から受け取る。

❹－２……依頼者の生存中に，受任者が破綻した場合や死後事務委任契約が解除された場合には，信託財産である預り金は，依頼者本人に交付される。

3 信託方式を採用した理由やメリット

(1) 倒産隔離機能の活用

　自己の死後事務を委任する委任契約を締結する際，その葬儀資金の拠出について，委任者は２つの信用リスクに直面する。

　１つは葬儀会社に対して「果たして約束どおりの葬式をあげてくれるか（自分は死亡しているからチェックはできない。）。葬式をあげる前に倒産されて預けた資金が返ってこないと困る」と考えるリスク。

　もう１つは事務受任者に対して「葬儀会社が生前契約どおり葬儀を執り行うかどうかのチェックしてくれるので上記の葬儀会社に対する履行リスクは軽減されたが，受任者が今は大丈夫でも私が死亡するまで健全な財政（信用）状態とは限らない。資金を使い込まれたらどうしよう」と，考えるリスクがある。

　そこで，死後事務委任契約の受任者が委任者から預かり受けた葬儀資金等

を信託するスキームを構築することによって，その資金は葬儀会社からも受任者からも隔離され，葬儀資金は受託者が管理することとなります。信託方式を採用したため，委任者・受託者・葬儀会社の三者とも安心して，契約内容どおりの葬儀・埋葬等の死後事務を行うことができるようになる。

(2) 意思凍結機能の活用

また，信託を利用するメリットとして，信託設定時の委託者の意思を，委託者の意思喪失等の様々な事情にかかわらず，長期間にわたって維持し，信託設定時の委託者の信託目的に基づく持続的な財産管理を実現できることが挙げられる（意思凍結機能）。

本事例では，死後事務委任契約の委任者が，受任者にその葬儀資金を信託させることによって，受任者に信託させた葬儀資金は，委任者の希望する葬儀・埋葬等といった信託目的の達成のために管理されることになる。

(3) 簡易な信託手法の活用

信託の受託を業として行う受託者が，信託契約による信託の行うときは，委託者に対してあらかじめ信託契約の内容の説明を行い，書面を交付する必要がある。

本事例の場合，死後事務委任契約の委任者が，信託契約の委託者となって，葬儀資金等を信託することも考えられる。しかし，信託制度は，まだ一般に広く普及しているものではなく，死後事務委任者にとって，受託者から信託契約の内容の説明と書面を交付されたとしても，その内容を正確に理解することは難しいと考えられる。そのため，本事例の場合，複数の依頼者と死後事務委任契約を結ぶことを業としている受任者が，信託契約の委託者となることで，死後事務委任者は，間接的に信託を利用することができ，信託のメリットを大いに活用できることに繋がっている。

4 解　説（法律面）

(1) 本スキームの目的及び効果

　本スキームは信託のいわゆる意思凍結機能[1]を利用したものといえる。すなわち，葬儀によって見送られる依頼者の自らの葬儀に対する希望を，受任者に信託の仕組みを利用させることによって，依頼者の死後に実現させるものである。

　また，死後事務委任契約の受任者に対して，報酬金を預け金として直接支払わず信託することによって受任者倒産時に依頼者に預け金が返還されやすいようなスキームを構築することで信託の倒産隔離機能を活用している。

　実務において，依頼者の希望に沿った葬儀を行うため，葬儀業者との間で生前予約契約を締結する例も見られるが，葬儀代金については葬儀実施後に喪主が支払うこととなり，本スキームのように代金の準備には配慮しきれていない。

　また，公正証書遺言を用いて，死後事務受任者の報酬を負担付遺贈（民1002条）とする手法も採用されているようであるが，この手法のみでは意思凍結機能は有するといえるものの，倒産隔離機能は望めない。

(2) スキーム詳細の法的意味

ア　死後事務委任契約

　まず，依頼者と受任者との間で，依頼者の希望に沿った葬儀を執り行うことを委任事務の内容とする死後事務委任契約を締結する（詳細❶）。死後事務委任契約の有効性については，民法653条1号において，委任者の死亡が委任契約の終了事由として挙げられていることから，論点となり得るものの，判例によれば「自己の死後の事務を含めた法律行為等の委任契約が」成立した場合には「当然に委任者の死亡によっても右契約を終了させない旨の合意を包含する趣旨のものというべき」であり，民法653条は「かかる合意の効力を否定するものではない」とされている（最判平成4年

---

[1]　新井誠「信託法」第三版　85頁

9月22日金法1358号55頁)。したがって，本スキームにおける依頼者と受任者との間の死後事務委任契約についても，依頼者の死亡後も契約を終了させない合意を含むものとして，契約が有効に継続するものと考えられる。

当該委任契約においては，受任者の報酬として当初報酬 a 万円，死後の葬儀を執り行った後の報酬として b 万円，委任事務にかかる費用（葬儀費用）として100万円，とそれぞれについて金額を定め，a 万円については委任契約締結直後に支払う旨，b 万円＋100万円については契約締結後に預託金として受任者に預託する旨，これらの預託金について受任者は信託会社に信託する旨を定める。

イ　預り金信託契約

上述の死後事務委任契約に従って，受任者は信託契約上の委託者として信託会社との間で預り金信託契約を締結する（詳細❷）。信託財産の払い込みは，事実上，依頼者から直接信託会社に行われるが，法的にみれば，依頼者が受任者に預託した金銭を，受任者が信託会社に信託したこととなる。

その後，依頼者が死亡した際には，受任者が委任契約の内容に従って，葬儀業者に葬儀を依頼し，葬儀業者は葬儀を執り行う。そして，葬儀が完了すると受任者としては委任契約に基づく委任事務を完了したこととなるため，信託会社に対して支払指図を行い（詳細❹），受任者自身は信託財産から報酬の支払いを受け（詳細❹－1），また，葬儀業者に対しては委任事務に要した費用の支払い（民法650条1項）として葬儀代が支払われる（詳細❹－1）。この死後事務報酬及び費用の支払いを受ける権利が受益権となり，受任者が受益者となる。

他方，依頼者が死亡して葬儀を執り行うよりも前に，死後事務受任者が破綻した場合には，委託者破綻時の受益者として，依頼者（本人）が受益者となる。

(3)　各当事者の信託契約法上の地位

本スキームにおいては，死後事務受任者が信託契約における委託者であり，依頼者は委託者破綻時の受益者となる。

この点，依頼者が委託者となり，受任者が受託者となる信託の設定も考え得るところであるが，業として信託を引き受けることができる者は信託業免許又は登録を受けた者に限られ（信託業3条，7条），通常，葬儀に関する死後事務受任者は信託業免許又は登録を有する信託業者ではないため，死後事務受任者が依頼者より預かった預託金を，信託会社に信託することとなる。
　次に，本スキームにおいては，葬儀業者も信託財産から葬儀代金を受領するが，受益者ではない。一般に，受益者とは「委託者が信託の利益を与えようと意図した人たち，または，かれらの権利を承継した人たち」とされ[2]，「信託当事者の中で，信託から生じる経済的利益の直接的な享受主体となる」者とされる[3]。本スキームにおいては，受任者が依頼者から預かった預託金を管理することが信託の目的である。そして，この預託金は，依頼者と受任者との間の委任契約の報酬，委任事務に要する費用に用いるための預託金である。とすると，葬儀業者は受任者が自らの委任事務を遂行するに当たって，事務を依頼する相手であって，信託の当事者となる者ではない。葬儀業者の受ける支払いの法的性質は，上述のように委任契約に基づく受任者の費用償還（民650条1項）であり，金銭の動きとしては信託会社から直接葬儀社に支払われるが，法的にみれば受任者が死後事務委任契約に基づいて受領する権限ある金銭を，委託者兼受益者である受任者の指図権行使により直接葬儀業者に支払わせるものということになろう。

5　解　説（税務面）

葬儀資金信託の税法上の取扱い

　葬儀資金信託は，死後事務委任契約の受任者が委託者兼受益者であり，委託者破綻時の受益者は，依頼者本人である受益者等課税信託である。
　依頼者から，100万円＋b万円の資金が信託口座へ払い込まれた時点で，

---

2) 　四宮［新版］307頁
3) 　新井214頁

死後事務委任契約の受任者が100万円＋ b 万円の資金を預かったものとして税法上，取り扱われる。つまり，この時点で課税関係は生じない。また，受任者が直接受け取った a 万円は，受任者の収益として認識される報酬の支払があったものとして取り扱われる。

依頼者に相続が発生し，葬儀業者に葬儀代100万円，受任者に b 万円が，信託口座から支払われた時点で，預り金100万円＋ b 万円は精算されたものとして取り扱われ，受任者が受け取った b 万円は，受任者の収益として認識される報酬の支払があったものとして取り扱われる。

信託期間中において委託者が破綻した場合は受益者が依頼者に変更されることから，受益者が変更された時点で，税法上，受任者が預かっていた預金が依頼者に返還されたものとして取り扱われる。つまり，この時点で課税関係は生じない。

6 苦労話

前例のない信託契約スタイルであったので，誰を委託者として，誰を受益者とするのか，葬儀会社の信託契約での位置付けをどうしたらよいのか，ある意味で預り金として期限のない（わからない）信託契約をどうしたら信託事務としてクリアできるのか死後事務受任者の方と相談を繰り返した。結果として死後事務委任者，受任者，葬儀会社の三者が安心できる仕組みが作れたと自負している。

7 契約書式

本契約書式は，事例を参考に執筆者が作成したもので，実際の書式とは異なる。

事例14　死後事務委任契約にかかる葬儀代金等金銭信託

信託契約書

　○○○○（以下委託者という。）と□□□□信託会社（以下受託者という。）は，委託者とその顧客（以下，「原契約委任者」）との間で締結する死後事務委任契約（以下「原契約」という。）に基づき原契約委任者から預かる預り金の管理保全のため，信託契約（以下「本信託契約」という。）を締結した。

第1条（信託の目的）
　委託者は，原契約に基づく委託者の委任事務遂行に要する葬儀費用，委託者の委任報酬の原資，及びこの契約に要する信託報酬に相当する金銭を受託者が委託者のために管理することを目的として信託し，受託者はこれを引き受けるものとする。

第2条（信託契約の成立）
　1　委託者は，金銭を受託者に対し信託し，受託者はこれを引き受ける。
　2　受益者は委託者とする。

第3条（信託財産）
　1　本件信託契約における信託財産は，金銭とする。
　2　下記口座に，前項に定める金銭を入金する方法で信託する。
記
○○銀行　○○支店　△△名義　普通口座　○○○○
　3　上記口座に，信託財産が信託されることをもって，本件信託の効力発生日とする。
　4　受託者は，本件信託契約の効力が発生したことを委託者及び原契約委任者に対し，通知する。
　5　信託財産から生じる運用益その他の果実は信託財産に帰属するものとする。

第4条（受益権）
　1　本件信託契約に係る受益者は委託者とする。ただし，委託者について原契約に定める委任事務遂行不能事由が発生した場合，若しくは，破産手続開始の決定，再生手続開始の決定又は更正手続開始の決定を受けた場合には，受益権は原契約委任者に移転し，原契約委任者が受益者となるものとする。
　2　本信託契約に基づく信託受益権について，受益権証書は発行しないものとする。
　3　受益者は受託者の書面による事前の承諾なく受益権の分割，放棄，譲渡又は質入れその他の担保設定等の処分をすることができない。

第5条（指図人）
　1　本契約における指図人は委託者とする。
　2　委託者は，払出指図を，原契約に基づき原契約委任者が委託者に対し死後事務委任報酬を支払うべき時期に行うものとする。

327

第6条（信託財産の払出）
受託者は以下の各号の定めに従って，信託財産の払出しを行うものとする。
① 委託者から受託者に対し，原契約に定める葬儀社に対して支払うべき葬儀代金相当の金額の払出しの指図があった場合，受託者は，信託財産の範囲において，当該葬儀代金相当の金銭を同葬儀社に対して払い出すものとする。この場合，委託者から受託者への払出指図は書面によるものとする。
② 委託者から受託者に対し，原契約に定める委託者の死後事務委任報酬金相当の金額の払出しの指図があった場合，受託者は，信託財産の範囲において，当該報酬金相当の金銭を，委託者に対して払い出すものとする。ただし，委託者は本号に基づく指図を，前号に基づく払出指図よりも前に行うことはできないものとし，この場合，委託者から受託者への払出指図は書面によるものとする。

第7条（信託財産の管理）
1 受託者は，信託設定日以降，信託財産である金銭を受託者が認める方法のうち，委託者が指図する方法のみにより管理するものとする。
2 前項において，委託者が管理方法を指図しない場合は，受託者は本件信託財産たる金銭を，預金保険制度の対象金融機関の決済性預金に，受託者名義の信託口座に預け入れ，管理する旨，委託者は本信託契約をもって原契約委任者に指図する。
3 受託者は，信託設定日以降，信託財産を自己の固有財産及び他の信託財産と分別して管理するものとする。

第8条（受託者の任務）
1 受託者は，本信託契約の規定に従い，善良なる管理者の注意をもって委託者に対して忠実に信託事務を遂行するものとし，善管注意義務を履行している限り，原因の如何にかかわらず，本件信託財産に生じた一切の損害についてその責任を負わないものとする。
2 指図人たる委託者の通知等が遅滞し，又は行われなかった場合には，受託者は責任を負わないものとする。
3 委託者の指図について，受託者が，法令に抵触する等合理的な理由で不適切と認めた場合，受託者は，委託者に対し通知の上，その指図に従わないことができ，また指図の撤回を求めることができる。この場合，受託者に故意又は重過失がない限り，委託者の指図に従わなかったことにより本件信託財産に損害が生じても，受託者はその責を負わない。

第9条（信託期間）
本件信託契約の期間は，信託設定日から第1条所定の信託の目的が達成された時又は当該目的の達成が不能となった時までとする。

第10条（残余信託財産の帰属権者）
本件信託契約終了時において残存する信託財産（信託財産の運用益その他の果実を含む）は，受託者から，委託者へ交付されるものとする。ただし，信託法第168

条第8号に定める事由によって終了した場合には，原契約委任者に交付されるものとする。

第11条（信託契約の終了）
1　本件信託契約は，第9条に定める信託期間の満了時の他，次に掲げる場合に該当することとなったときは終了する。
　①　本件信託財産の残高が0円となったときは当該日をもって終了する。
　②　信託法第163条各号（第9号を除く）に定める事由が生じたときは当該日をもって終了する。
　③　本信託契約に基づき本信託契約が解除された場合は当該解除日をもって終了する。
2　本件信託が終了したときは，受託者は遅滞なく本件信託についての清算事務を行い，信託財産状況報告書を作成するものとする。

第12条（信託契約の解除）
1　本信託契約は，本信託契約に別途定めがある場合を除き，解除できない。ただし，委託者及び受託者書面による合意により解除することができる。
2　委託者が，この契約に基づく義務を履行せず，受託者が信託事務を処理することが著しく困難であると合理的に認めた場合，受託者は，委託者に対して契約の解除を書面により通知することにより（かかる書面には信託事務を処理することが著しく困難であると判断した合理的理由を示すものとする），本件信託契約を解除することができる。

第13条（信託契約の変更）
　本信託契約は，委託者及び受託者の書面による同意により，変更することができる。

第14条（委託者の権利の制限）
　委託者は，受託者及び原契約委任者の承諾を得た場合でなければ，次の各号に該当することを行うことができない。
　①　本件信託契約を取消し又は変更すること
　②　受益者又は受益権の内容を変更すること
　③　第6条各号に定める払出先以外の者に信託財産の払出しを請求すること
　④　委託者の地位を放棄又は他人に譲渡すること

第15条（信託財産の計算期日及び計算期間）
　計算期日は信託契約成立から1年間とする。

第16条（信託報酬）
1　信託報酬は，○円とする。
2　受託者が信託事務を処理するにつき特別の役務を要することが見込まれることとなったときは，受託者は，その信託事務の着手前に，委託者に算定根拠と金額

◆事例編

を示し、その信託事務に関する指図を求めることができ、その信託事務を執行する場合には、信託報酬の追加を請求できる。

第17条（受託者の解任）
　委託者は、受託者に義務違反、管理の失当又は任務の懈怠その他不誠実若しくは不適切な行為があると認められる場合は、受託者に対してその行為の差止め、又は信託事務の処理の状況若しくは信託財産の状況につき説明を求め、受託者が正当な理由がないのにこれに応じないときは、受託者を解任できる。

第18条（受託者の辞任）
　受託者は、委託者の同意を得て辞任できる。

第19条（新受託者の選任）
　前2条に基づき受託者の任務が終了したときは、受託者は委託者へ任務終了の通知を行わなければならない。この場合、委託者は、新受託者を選任するものとし、新受託者を選任できないときは、委託者又は、受託者が裁判所へ新受託者選任の申立てを行うものとする。

第20条（裁判管轄の合意）
　本信託契約に関連して生じた一切の紛争については、東京地方裁判所を第一審の専属的管轄裁判所とする。

以　上

本件信託契約を証するため、契約書正本を2通作成して、委託者、受託者が本紙各1通を保有する。

　　　　　　　　平成　　　年　　　月　　　日

　　　委託者兼受益者
　　　　　住　所　_____

　　　　　氏　名　_____㊞

　　　受託者
　　　　　住　所　_____

　　　　　氏　名　_____㊞

事例 15 株式会社の減資に対する債権者異議申述に対応する信託

株式会社日本エスクロー信託　提供事例

1 事案の概要

　株式会社が資本金又は準備金の額を減少する場合で，債権者が当該資本金等の額の減少について異議を述べた場合に，会社法449条5項に従い，相当の財産を当該会社が信託し，債権者に対する当該会社の弁済義務の存在等が確定した場合に，信託された財産から債権者に弁済を受けさせることを目的とする信託である。

2 スキーム図・スキーム詳細

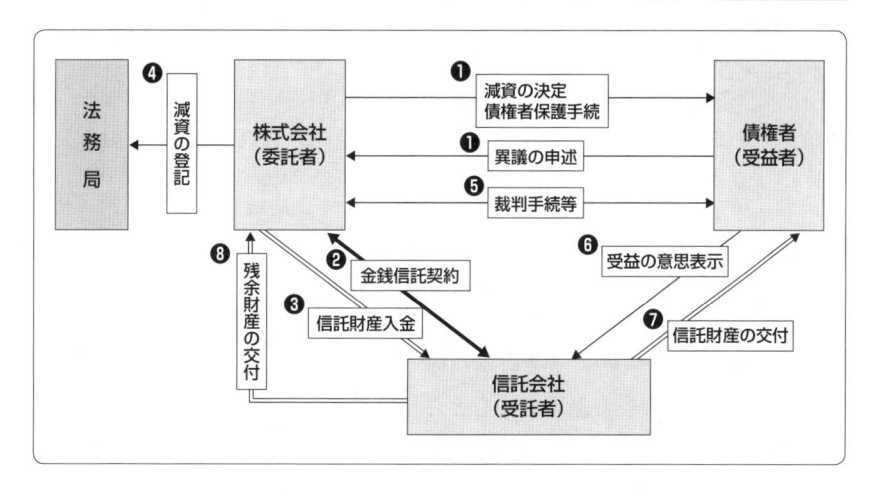

```
法務局 ←④減資の登記― 株式会社（委託者） ―❶減資の決定 債権者保護手続→ 債権者（受益者）
                                    ←❶異議の申述―
                                    ←❺裁判手続等→
                    ❽残余財産の交付  ❷金銭信託契約    ❻受益の意思表示
                                    ❸信託財産入金    ❼信託財産の交付
                            信託会社（受託者）
```

331

● 事例編

❶……株式会社において、株主総会等により資本金又は準備金の減少が決定されたら、会社法449条2項に定める当該会社の債権者にあてた公告及び各別の催告を行い、債権者から異議が述べられる場合に備え、一定の期間を置く。
❷……債権者からの異議申述があった場合には、減資を行う会社は信託会社との間で金銭信託契約を締結する。その際、受益者については、弁済義務の存在や弁済金額等が確定した際に債権者が受益の意思表示をすることを停止条件として、受益権を取得する旨の定めをする。
❸……減資を行う会社は、信託財産として相当の金額を信託する。
❹……減資を行う会社は、管轄法務局に減資の登記を申請する。その際、商業登記法70条に定める書面として、金銭信託契約書の写しを添付する。
❺……減資を行った会社と債権者との間で、争いのある債権について、弁済義務の存在、弁済期及び弁済金額について、裁判手続又は合意に向けた協議を行う。
❻……争いのある債権につき、確定判決や裁判上の和解若しくは両者の合意により、弁済義務の存在、弁済金額等が確定した場合、債権者は、判決書の謄本及び判決確定証明書原本、和解調書謄本など、その旨を証する書面を信託会社に提出し、受益の意思表示をする。
❼……信託会社は、判決書や和解調書などの確定書面の内容に従い、信託財産から金銭を受益者たる債権者に対して交付し、本件信託は終了する。
❽……清算の手続を開始して残余財産があるときは、これを委託者である株式会社に交付して、信託は結了する。

3 信託方式を採用した理由やメリット

(1) 株式会社が資本金又は準備金の額の減少（減資）を行う場合、会社法449条に定める債権者保護手続をとらなければならず、その際に債権者から異議の申述があった場合には、当該債権者に対し、①弁済、②相当の担保の提供、③当該債権者に弁済を受けさせることを目的とした相当の財産の信託のいずれかをしなければならない（会社法449条5項）。そのような信託の活用のニーズに応えるためのスキームである。

(2) 弁済義務の存在や弁済金額等に争いがあり，速やかな解決が不可能な場合で，かつ早期の減資を実現させたい場合に，信託を利用した債権者保護手続が有効である。弁済に相当する額を信託財産として隔離することで，減資を実行する会社の弁済能力は担保されることとなり，債権者を害するおそれがなくなる。また，当該信託契約書は，商業登記法70条に定める資本金の額の減少による変更の登記の添付書面に当たるため，これをもって減資の登記をすることが可能となる。

4 解 説（法律面）

(1) 株式会社が資本金の額の減少を行うためには，原則として，株主総会の特別決議によって（会社法309条2項9号柱書），（i）減少する資本金の額，（ii）減少する資本金の額の全部又は一部を準備金とするときは，その旨及び準備金とする額，（iii）資本金の額の減少の効力発生日を定めなければならない（会社法447条1項）[1]。

準備金の額の減少を行う場合についても，上記とほぼ同様に，株主総会の決議（普通決議）によって，（i）減少する準備金の額，（ii）減少する準備金の額の全部又は一部を資本金とするときは，その旨及び資本金とする額，（iii）準備金の額の減少の効力発生日を定めなければならない（会社法448条1項）[2]。

また，株主が有限責任しか負わない株式会社においては，会社債権者は，剰余金の分配の限度を画する資本金・準備金の額の減少について，大きな利害関係を有する。そこで，資本金・準備金の額の減少を行うに際しては，債権者保護のため，原則として，（i）資本金・準備金の額の減少の内容，（ii）計算書類に関する事項として法務省令（会社計算規則152条）で定めるもの（具体的には，最終事業年度に係る貸借対照表に関する一定の事項），

---

[1] 江頭憲治郎『株式会社法』629頁（有斐閣，第3版，2009）
[2] 江頭・前掲（注1）636頁

(iii) 債権者が一定の期間内（1か月を下ることはできない）に資本金・準備金の額の減少について異議を述べることができる旨を，官報に公告し，かつ，知れている債権者には，各別に催告しなければならない（会社法449条2項）。ただし，最後の個別催告については，公告を，官報に加えて，定款に定めた時事に関する事項を掲載する日刊新聞紙又は電子公告によってするときは，行うことを要しない（会社法449条3項）[3]。

　同様の債権者異議手続は，会社法上，合併等の一定の組織再編行為の場合にも置かれている（会社法779条，789条，799条，810条）[4]ほか，一般社団法人及び一般財団法人に関する法律248条（一般社団法人又は一般財団法人の合併に関する規定），弁護士法30条の28（弁護士法人の合併に関する規定）など，他の法令にも類似の例が見られる（337頁掲載の別表を参照）。

(2) 債権者が，上記の債権者異議手続に対応して一定の期間内に異議を述べなかったときは，当該債権者は，資本金・準備金の額の減少を承認したものとみなされる（会社法449条4項）。他方で，債権者が異議を述べたときは，資本金・準備金の額の減少を行う会社は，かかる減少を行ってもその債権者を害するおそれがない場合を除き，弁済するか，相当の担保の提供をするか，当該債権者に弁済を受けさせることを目的として，信託会社等に相当の財産を信託しなければならない（同条5項）[5]。

　本スキームにおいては，異議を述べた債権者への対応として，上記の最後に記載した，信託の方法によることとしている。そこで，資本金・準備金の額の減少に異議を述べる債権者があった場合，会社は，信託会社との間で，自身を委託者，信託会社を受託者，異議を述べた債権者を受益者とする，金銭信託契約を締結し，債権者に対する弁済に要する金銭を，信託することになる。

　もっとも，資本金・準備金の額の減少を行う時点では，債権者の債権がそもそも存在するか否かや，存在するとしてもその内容（金額等）につい

---

3) 江頭・前掲（注1）638頁
4) 江頭・前掲（注1）638頁
5) 江頭・前掲（注1）640頁

て，争いがあることがある。むしろ，そのように争いがある場合にこそ，直ちに弁済し又は担保提供を行うのではなく，信託の方法によることにメリットがあるといえよう。そこで，信託契約において，受益者（上記のとおり，債権者が受益者となる。）については，信託契約締結時に直ちに受益権を取得するのではなく，債権の存在やその内容が判決等により確定した際に，債権者が受益の意思表示を行うことを停止条件として，受益権を取得する旨の定めを行うことになる（後述7　契約書式例・4条1項参照）。この点，信託法は，受益権の取得には何らの意思表示も要せず，信託行為の定めによって当然に受益権が取得されることを原則としているが（信託88条1項本文），他方で，信託行為に別段の定めがあるときは，その定めによるものとしている（同項ただし書）。そのような定めの一種として，受益権の取得につき受益の意思表示を要求することも可能と解されている。[6]

(3)　資本金・準備金の額の減少を行う会社は，上記の金銭信託契約に基づき，信託における委託者として，信託会社に対し，債権を弁済するに足る金額の金銭を信託する。この点，会社法449条5項は，単に「相当の財産」との文言を用いているが，同項の「弁済を受けさせることを目的として」との文言と併せて読めば，「相当の財産」とは，債権を弁済するに足る財産を意味するものと解される。[7]

(4)　資本金・準備金の額の減少は，株主総会決議所定の効力発生日（会社法447条1項3号・448条1項3号）において効力を生ずる。そして，資本金の額の減少の場合，資本金の額は登記事項の一つであり（会社法911条3項5号），その減少は，登記事項の変更であるから，会社は，資本金の額の減少の効力発生後2週間以内に，管轄法務局に資本金の額の減少の登記を申

---

[6]　寺本252頁，新井215～216頁
[7]　平成17年改正前商法において会社法449条5項に相当する規定であった，改正前商法376条2項・100条につき，結論的に本文と同様の趣旨を述べるものとして，上柳克郎＝鴻常夫＝竹内昭夫編『新版　注釈会社法(12)株式会社の定款変更・資本減少・整理』（有斐閣，1990年）97頁〔神崎克郎〕，須藤修＝太田誠「合併・減資における信託の活用（下）」旬刊商事法務1069号（1986年）35頁，田淵智久＝濱田清人『減資ハンドブック』（商事法務研究会，1998年）98頁がある。

335

請しなければならない（会社法915条1項）[8]。登記申請に際し，債権者異議手続において異議を述べた債権者がある場合には，その者に対し，弁済し，相当の担保を供し，若しくは弁済を受けさせることを目的として相当の財産を信託したこと，又は資本金の額の減少をしてもその者を害するおそれがないことを証する書面を添付しなければならない（商業登記法70条）。異議申述への対応を信託によって行う本スキームにおいては，上記の添付書類として，金銭信託契約書の写しを添付することとなろう。

なお，準備金の額の減少については，登記手続は行われない[9]。

(5) 資本金・準備金の額の減少手続の終了後も，会社と債権者との間で，債権の存在やその内容（金額等）について争いが解決しない場合，裁判上又は裁判外で引き続き交渉を行うことになる。そして，判決等により債権の存在及びその内容（金額等）が確定した場合には，債権者は，判決書，和解調書，あるいは訴訟外における和解合意書等の，確定した弁済義務の内容を証するものとして受託者が指定する書面を提出し，受益の意思表示を行う。これによって，債権者は，受益権を取得することとなる（契約書式例・4条1項参照）。信託会社は，債権者（受益者）が提出した書面内容を確認の上，信託財産から，金銭を債権者（受益者）に対して交付する（契約書式例・4条2項参照）。

(6) 信託法上，原則として，委託者及び受益者は，いつでも，その合意により信託を終了することができるものとされている（信託164条1項）。しかしながら，本スキームにおける信託は，債権者に対する弁済を目的とするものであるから，その目的を達する前に委託者及び受託者が勝手に信託を終了させることができないようにしておく必要がある。そこで，上記信託法の規定に対する「別段の定め」（同条3項参照）として，信託契約書に，契約終了を制限する旨の定めを置くべきであろう（契約書式例・8条参照）。

---

[8] 江頭・前掲（注1）633頁
[9] 江頭・前掲（注1）635頁，相澤哲＝葉玉匡美＝郡谷大輔編著『論点解説新・会社法〜千問の道標』（商事法務，2006）546頁

事例15　株式会社の減資に対する債権者異議申述に対応する信託

債権者異議手続が規定されている主な法令

法　令　名	条　　数	条文見出し
一般社団法人及び一般財団法人に関する法律	248条5項	（債権者の異議）
医療法	59条3項	
銀行法	34条5項	（事業の譲渡又は譲受けの場合の債権者の異議の催告等）
金融機関の合併及び転換に関する法律	26条5項	（債権者の異議）
公認会計士法	34条の20	（債権者の異議等）
資産の流動化に関する法律	111条4項	（債権者の異議）
社会福祉法	51条2項	
社会保険労務士法	25条の23の2	（債権者の異議等）
宗教法人法	34条4項	
商工会議所法	60条の4第2項	
商店街振興組合法	67条2項	
消費生活協同組合法	49条の2第2項	
商品取引所法	124条5項	（債権者の異議）
私立学校法	54条2項	
信用保証協会法	25条4項	（合併の手続）
森林組合法	67条2項	
船主相互保険組合法	45条の4第5項	（債権者の異議）
中小企業等協同組合法	56条の2第5項	（債権者の異議）
投資信託及び投資法人に関する法律	142条5項	（最低純資産額を減少させることを内容とする規約の変更）
	149条の4第5項	（債権者の異議）
特定非営利活動促進法	36条2項	
農林中央金庫法	53条2項	
弁護士法	30条の28第5項	（債権者の異議等）
弁理士法	53条の2第5項	（債権者の異議等）
保険業法	17条4項・70条4項・88条4項	（債権者の異議）
	165条の24第4項	（債権者の異議に関する特則）
	173条の4第4項	（債権者の異議）
預金保険法	131条8項	（事業譲渡等における債権者保護手続の特例）

5 解　説（税務面）

株式会社の減資に対する債権者異議申述に対応する信託の税法上の取扱い

　株式会社の減資に対する債権者異議申述に対応する信託は、委託者である株式会社が、税法上、みなし受益者として取り扱われ、弁済金額等が確定した際に債権者が受益の意思表示をすることを停止条件として、その債権者が受益者として取り扱われる受益者等課税信託である。

　委託者が当初、金銭を信託した時点では、受益者が存在していない。受益者が存在していなくとも、みなし受益者が存在する信託は、法人課税信託ではなく受益者等課税信託とされる。

　みなし受益者とは、信託を変更する権利を有し、かつ、信託財産の給付を受けることとされている者である（法法12条2項）。停止条件が付された信託財産の給付を受ける権利を有する者も含まれる（法令15条3項）。

　本スキームでは、契約書（「後述7　契約書式」の内容に基づいたもの）において信託の変更に関する条項が設けられていないことから信託法の原則に基づくものと考えられる（信託149条）。したがって、委託者は、信託を変更する権利を有し、かつ、受益者に対する交付を行った後に残余財産があるときは、委託者である株式会社に交付されることから、みなし受益者に該当する。

　債権者が意思表示をするまでは、みなし受益者のみが存在し、債権者が意思表示をした時以後は、みなし受益者と受益者の両者が存在するか、受益者が単独で存在するかのいずれかとなる。

　委託者が金銭を信託した時点では、税法上は、会社内部の取引と考えられるため、取引が生じなかったものとして取り扱われる。債務が確定し、債権者が受益の意思表示をした時点で委託者である株式会社の債務の弁済が行われたものとして取り扱われ、受益者である債権者の債権の回収が行われたものとして取り扱われる。

　残余財産がみなし受益者である株式会社に交付される取引も、税法上は、会社内部の取引と考えられるため、取引が生じなかったものとして取り扱われる。

6 苦労話

　本件スキームは減資だけでなく，会社法789条に対応する消滅株式会社に対し吸収合併等について異議を述べられたときの債権者保護等に対応することも可能である。

　会社法が定めるこの種の債権者保護手続には，信託への手当てのほかに①弁済，②担保提供がある。しかしながら，一般的にこの種の異議がある場合には，当事者間で紛争があり，債権債務の存在自体の認否，存在を認めたとしてもその金額について争いがある場合が多く，相手に対価を渡す「弁済」や「担保提供」は実務的に困難であると考えられ，信託による債権者保護が適切であると考える。

　案件内容によっては，期限が長い信託になり，裁判が終結するまで信託が終了できない可能性があり，また，利息相当分を追加信託する必要が出てくるので，注意が必要である。

7 契約書式

　本契約書式は，事例を参考に執筆者が作成したもので，実際の書式とは異なる。

金銭信託契約書

　○○株式会社（以下「委託者」という。）と株式会社□□（以下「受託者」という。）とは，本日，下記により，金銭信託契約（以下「本契約」という）を締結する。

第1条（信託の目的）
1. 本契約による信託（以下「本件信託」という。）は，委託者が平成○年○月○日付け株主総会において決議した資本金の額の減少に対して，別紙債権者一覧表記載の各債権者（以下「各債権者」という。）より異議が述べられたことに対応し，会社法第449条第5項の規定に基づき，各債権者に弁済を受けさせることを目的とする。

2．本件信託の受益者は，各債権者とする。

第2条（金銭の信託）
1．委託者は，本契約締結日に，各債権者の有する債権の額面金額の合計額と同額の金○○円を，受益者のために，前条第1項に定める目的により信託し，受託者は，これを引き受けた。
2．委託者は，本契約締結後，受益者のために必要と認めるときは，追加して金銭を信託しなければならない。

第3条（信託の期間）
本件信託の期間は，本契約締結日から，第1条第1項所定の信託の目的を達成した時又は受益者全員の債権の不存在の確定その他の事由により当該目的を達成することができなくなった時までとする。

第4条（受益権の取得等）
1．各受益者は，以下の各号所定の事項が満たされることを停止条件として，受益権を取得するものとする。
① 各受益者の有する債権につき，確定判決，訴訟上の和解，調停，訴訟外における合意の成立その他の事由により，各受益者と委託者の間で，委託者の弁済義務の内容が確定すること
② 各受益者が，前号により確定した弁済義務の内容を証するに足るものとして受託者が合理的に指定する書面を受託者に提出して，受益の意思表示を行うこと
2．受託者は，各受益者が前項所定の受益の意思表示を行ったときは，各受益者の求めに応じ，信託財産の範囲内において，かつ，前項第2号により提出を受けた書面によって受託者において合理的に認定し得る弁済義務の内容に基づき，金銭を支払うものとする。

第5条（残余財産の交付）
本件信託の終了後，残余財産があるときは，受託者は，委託者にこれを交付するものとする。

第6条（信託報酬）
1．委託者は，受託者に対し，第2条第1項に基づき信託された金銭の額の○％に相当する○○円を，信託報酬として支払うものとする。
2．委託者は，前項所定の○○円のうち，△△円については，本契約締結日に，□□円については，第3条所定の信託の期間終了時に，各々支払うものとする。

第7条（租税公課及び信託事務処理費用）
信託財産に関する租税公課及び受託者が信託事務を処理するために要する費用は，委託者の負担とする。委託者は，かかる費用の前払いとして，受託者から請求のあった金額を，本契約締結後○日以内に信託するものとする。

事例15　株式会社の減資に対する債権者異議申述に対応する信託

第8条（信託の終了の制限）
　委託者及び受託者は，第3条所定の信託の期間終了前に，本契約を終了させることはできないものとする。

第9条（受益権の譲渡及び質入れの禁止）
　本件信託の受益権は，譲渡又は質入れをすることができないものとする。

第10条（受託者の解任）
　委託者及び各受益者は，全員の書面による合意に基づき，受託者を解任できるものとする。

第11条（受託者の辞任）
　受託者は，委託者及び受益者全員の書面による同意を得て，辞任できるものとする。

第12条（新受託者の選任）
　受託者の解任，辞任等により受託者の任務が終了したときは，受託者は，各受益者に対し，任務終了の通知を行わなければならない。この場合，委託者及び各受益者は，全員の合意により新受託者を選任するものとし，新受託者を選任できないときは，委託者，各受益者又は受託者が，裁判所に対し，新受託者選任の申立てを行うものとする。

第13条（受託者の任務の継続）
　受託者の辞任によりその任務が終了した場合，新受託者又は信託財産管理者が信託事務を処理することができるに至るまで，受託者は，信託法59条4項の規定に従い，引き続き本契約に基づく信託財産の保管をし，かつ，信託事務の引継ぎに必要な行為をしなければならない。これに要する費用については，委託者の負担とする。

第14条（印鑑の届出等）
1．委託者及び各受益者は，受託者の求めに応じ，印鑑を受託者に届け出るものとする。
2．受託者が，本件信託に関連する書面に押捺された印影が，前項により委託者又は各受益者が届け出た印鑑の印影に相違ないものと認めて信託財産の交付その他の事務処理を行ったときは，印鑑の盗用等により委託者又は各受益者が損害を被ったとしても，受託者は，その損害につき責めを負わないものとする。

第15条（準拠法及び裁判管轄）
　本契約は，日本法に準拠するものとし，本契約に関連して生じた一切の紛争に係る第一審の専属的管轄裁判所は，東京地方裁判所とする。

第16条（誠実協議）
　本契約の解釈につき疑義を生じた場合又は本契約に定めのない事項については，

341

各当事者が誠実に協議して解決するものとする。

以上のとおり本契約を締結したことを証するため，本書2通を作成し，委託者及び受託者が各1通を保有するものとする。

　　　　　　　平成　　　年　　　月　　　日

　　　　　　委託者　　住　所　_____

　　　　　　　　　　　社　名　　〇〇株式会社　　　　㊞

　　　　　　受託者　　住　所　_____

　　　　　　　　　　　社　名　　株式会社□□　　　　㊞

(別紙）債権者一覧表
1　株式会社△△（本店：東京都千代田区〇〇三丁目〇番〇号）
2　（略）

事例16 弁護士預り金（株式売買代金）信託

株式会社日本エスクロー信託　提供事例

1 事案の概要

　弁護士が代理人として金銭を預かる場合に，その預り金を信託することで，預り金の健全性と弁護士の信頼性の向上を目的とする信託である。本事例では，株式売買代金の預り金の場合を扱う。

2 スキーム図・スキーム詳細

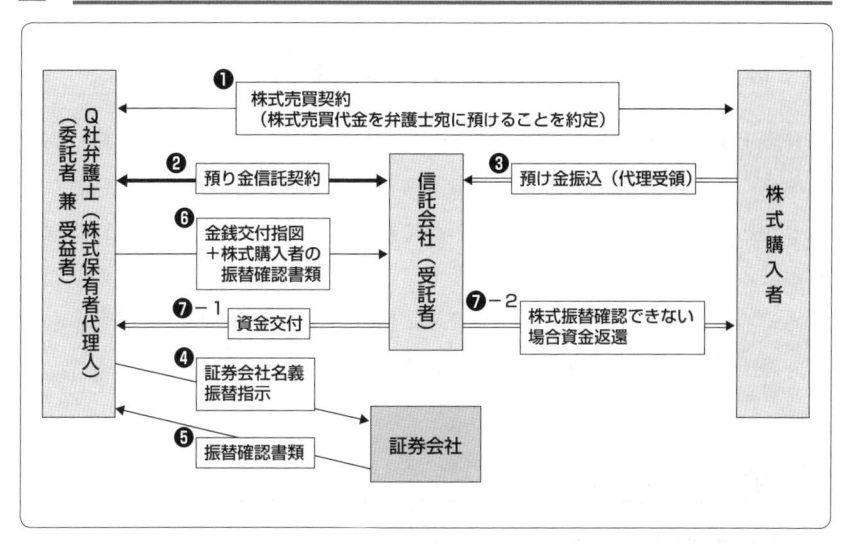

```
┌─────────────────────────────────────────────────────────────┐
│ Q社弁護士           ❶ 株式売買契約                          │
│ （株式保有者代理人） ←──────────────────────→  株式購入者   │
│ （委託者兼受益者）     （株式売買代金を弁護士宛に預けることを約定） │
│                                                              │
│        ❷ 預り金信託契約        ❸ 預け金振込（代理受領）    │
│          ←──────────→  信託会社  ←──────────────           │
│        ❻ 金銭交付指図         （受託者）                    │
│          ＋株式購入者の                                      │
│          振替確認書類                                        │
│                                                              │
│        ❼-1 資金交付            ❼-2 株式振替確認できない    │
│          ←──────────                 場合資金返還           │
│                                      ──────────→           │
│        ❹ 証券会社名義                                       │
│          振替指示 ────→ 証券会社                            │
│        ❺ 振替確認書類 ←──                                   │
└─────────────────────────────────────────────────────────────┘
```

❶……株式保有者の代理人としての弁護士と株式購入者との間で株式売買契約を締結する。その際，株式売買代金を弁護士に預けることを約定する。

343

◀事例編

❷……弁護士（委託者兼受益者）は，信託会社（受託者）との間で，預り金を信託財産とする信託契約を締結する。その際，預り金の振込先として信託口座を指定する。
❸……株式購入者は，購入代金を信託口座に振り込む。
❹……弁護士は預り金の振込みを確認したら，証券会社に株式名義を購入者に振り替えるよう指示をする。
❺……弁護士は，証券会社から振替確認書類を受領の上，名義が振り替えられているか確認する。
❻……❹の確認をした上，弁護士は信託会社に株式購入者の振替確認書類を提示した上で，信託会社に購入代金の交付を指図する。
❼－1……信託会社は，振替確認書類を確認の上，弁護士あるいは弁護士の指定する株式売却者（依頼人）の銀行口座宛信託財産を交付する。
❼－2……株式振替の確認ができず，株式売買契約が解約ないし破棄された場合には，信託会社に預け入れられていた預り金は，購入者に返還される。

3 信託方式を採用した理由やメリット

　弁護士が一方当事者を代理してなされる契約では，取引される金額も高額となることが多く，また紛争性がある場合などで，取引期間も長期にわたることがある。その場合，預り金をいかに健全に保管し，適宜のときに適宜の相手に預り金を交付するかは，弁護士にとって自らの信頼に係る重要な問題である。そこで，弁護士の預り金管理に係る事務処理の負担を軽減し，もって弁護士の信頼性を高めるスキームを構築した。

4 解　説（法律面）

(1)　**信託を利用する趣旨**
　　ア　本スキームの目的
　　　弁護士が依頼者から受任をした事件について預り金を預かることは多い。
　　　弁護士は，依頼者から訴訟費用等の実費見込額を受領して預かり，その

中から，適宜，必要費用を拠出する。

　例えば，弁護士が破産申立てを行うにあたり，申立人の行う取引につき，弁護士による受任通知後から申立てまでの取引に係る出入金を，弁護士名義の口座で管理し，申立て時点の予納金・弁護士の手数料・破産財団の形成原資を確保することもある。

　また，例えば，弁護士が代理人となった取引等において，依頼者又は相手方から支払われる金員を預かること等，弁護士の業務において金員を預かることは日常的に行われ，その内容も多種多様である。

　そして，預り金について，弁護士職務基本規程38条は，「弁護士は，事件に関して依頼者，相手方その他利害関係人から金員を預かったときは，自己の金員と区別し，預り金であることを明確にする方法で保管し，その状況を記録しなければならない。」と定めている。

　また，東京弁護士会の「業務上の預り金の取扱に関する会規」2条2項では，「会員は，1事件又は1依頼者につき預り金の合計額が50万円以上で，かつ，銀行，郵便局その他の金融機関の14営業日以上保管するときは，預り金の保管のみを目的とする口座に入金し，保管しなければならない。」とされている。

　これらの規定に従い，弁護士は，例えば，「□□預り金　弁護士○○」という名義で口座を開設して，当該口座に預り金を保管するというやり方をとっているのが通常と思われる。

　しかし，預り金が多額である場合もあるため，弁護士の名義口座において管理することに不安を覚える依頼者もいるだろう。

　また，弁護士が死亡して相続が発生したとき，弁護士の固有財産（遺産）との区別がつかなくなって，弁護士の相続人との協議が必要になるとか，払出しまでに煩雑な手続を要する等の事態もあり得る[1]。

---

[1]　弁護士法人の形態をとっているのであれば，弁護士の死亡という問題は起きないが，我が国の現状では，弁護士法人は割合としてはいまだ少ない。日本弁護士連合会編著「弁護士白書2010年版」によると，2010年3月末日時点で，我が国の弁護士数は28,789人であるが，弁護士法人数は421法人，法人所属の弁護士数は2,209人とのことである。

◀事例編

　場合によっては，弁護士が破産して預り金が戻らなくなってしまうことや，弁護士による預り金の横領などの不祥事も考えられる[2]。

　本スキームは，弁護士の預り金について，財産として独立させて隔離し，依頼者の安心のもと，預り金の保全を図るものであり，信託による倒産隔離機能を活かしたスキームである。

　本来，倒産隔離機能は，信託財産が，委託者や受託者の倒産の脅威から隔離されていることをいう（信託23条1項，25条1項）。

　しかし，本スキームの場合，依頼者又は弁護士の倒産という事態に備えるという目的もあるが，それのみではなく，弁護士側の様々な事情により預り金が影響を被ること全般を遮断して，依頼者の安心を図るということが目的である。

イ　弁護士の預り金口座に関する最高裁判例（最判平成15年6月12日民集57巻6号563頁）

　弁護士の預り金口座の法的性質については，信託法理の適用に言及している最高裁判例（補足意見）があり，信託法理を適用することによって，預り金の法律関係が明確になるとしている（詳細は第2章3「信託行為の外延——信託意思の擬制」参照）。

　上記最高裁判例の補足意見に従って，信託法理の適用を主張立証することによって弁護士の預り金を説明すれば，依頼者である会社が委託者兼受益者，弁護士が受託者となる，自益信託としての金銭信託ということになると考えられる[3][4]。

　本稿にて紹介するスキームは，弁護士による預り金の保管という形式で

---

[2]　弁護士の破産は，まれではあるが実際にあるし，また，弁護士による預り金の横領事件も残念ながら現実に時折みられる。
[3]　永石一郎＝赤沼康弘＝髙野角司編者代表「信託の実務　Q&A」542頁（青林書院，2010）
[4]　この最高裁の補足意見により，当事者の予期しない形で信託の成立が認められる場合があるということから，平成18年の信託業法改正で，「弁護士又は弁護士法人がその行う弁護士業務に必要な費用に充てる目的で依頼者から金銭の預託を受ける行為その他委任契約における受任者がその行う委任契約に必要な費用に充てる目的で委任者から金銭の預託を受ける行為」は信託業法の適用から除外されることが確認的に定められた（信託2条1項，信託業令1条の2）。

はなく，弁護士を委託者兼受益者，信託会社を受託者とするものであって，弁護士の預り金の法的性質について信託法理をもって主張立証するということが実際上可能なのかという，法適用の可否の問題も解決し，信託財産としての預り金の性質を完全に明確にするスキームと位置付けることができる。

(2) **本スキームの詳細について**

① 株式保有者であるQ社は，株式購入者との間で株式売買契約を締結する。その際，Q社の代理人弁護士に対し，株式購入者が，株式の売買代金を預けることを約定する。

② ①で預り金の受取人となった弁護士は，委託者兼受益者として，受託者（信託会社）との間で信託契約を締結し，預り金である売買代金を，株式購入者から受託者に代理受領させる形で受託者に信託する。代理受領の形をとることによって，株式購入者は，弁護士の手元に売買代金が一時保管される場合に生じるリスクを回避できる。

③ 受託者は，信託財産が確保されたこと（指定口座への入金）を確認し，弁護士に対し，信託契約の効力が発生して，受益権が成立したことを通知をする。受益権は，受益の意思表示なくして，受益者に取得されるが（信託88条1項），受託者には，受益者として指定された者に対する通知義務があるので（同条2項），受託者はこの通知を行わなければならない。

④ 受託者は，信託財産を固有財産と分別管理しなければならず（信託34条），また，信託事務を遂行するにあたり，善管注意義務を負う（信託29条2項，信託業28条2項）。

⑤ 弁護士は，証券会社での名義振替を確認したら，信託会社に対し，購入代金の交付を指図する。ここにいう「指図（指図権）」とは，信託財産の管理又は処分の方法について指図する権利である。「指図権」について法文上の定めはない[5]が，実務上，よく規定される。

---

[5] 信託業法上，「信託財産の管理又は処分の方法について指図を行う者を営む者」（指図権者）に対しては，同法65条により忠実義務が課せられ，66条により行為準則が定められている。

⬛事例編

⑥ 本スキームにかかる信託は，受託者に信託財産の管理処分に関する裁量権が認められない管理型信託（信託業2条3項）を想定している。預り金について，受託者の裁量によって処分等がされるのであれば，預り金の保全という信託目的は達成できないからである。

5 解　説（税務面）

弁護士預り金信託の税法上の取扱い

弁護士預り金信託は，弁護士が委託者兼受益者である受益者等課税信託である。

株式購入者から株式購入代金が信託会社の口座に支払われた時点で，弁護士が，その資金を預り金として受け取ったものとして取り扱われる。

信託会社から弁護士の個人口座に株式購入代金が支払われた時点では，税務上，内部取引であることから，取引が生じなかったものとされる。

株式を購入し，購入者に引き渡した時点で，預り金が減少するものとして取り扱われる。また，株式が購入できなかった場合は，信託会社から株式購入者に資金が返還されるが，これも税務上は，預り金が減少したものとして取り扱われる。

このように，弁護士預り金信託における主たる取引は，預り金が増減する取引である。

6 苦　労　話

取引の安全性を補完するという意味で弁護士預り金を信託する手法は，その有用性について疑いのないところだが，実際の案件として個人としての弁護士が死亡された事案が発生している。弁護士が預り金を保持したまま死亡した場合，業務上の預り金まで相続財産に組み入れられ，遺産整理が終了するまでは，その預り金を処理できないことがある。

信託財産であれば，弁護士個人固有資産と分別管理された資産であるため，

遺産分割協議を待たず，弁護士相続人全員の合意のもとに，速やかに信託財産を交付することが可能となる。

7　契約書式

　本契約書式は，事例を参考に執筆者が作成したもので，実際の書式とは異なる。

信託契約書

　弁護士○○（以下「委託者」という。）と○○信託会社（以下「受託者」という。）は，○○株式会社と株式購入者の間で締結された平成○年○月○日付株式売買契約（以下「原契約」という。）に基づく株式売買代金の保全のため，以下のとおり，信託契約（以下「本信託契約」という。）を締結する。

第1条（信託の目的）
　　委託者は，受託者に対し，原契約に基づき株式購入者が委託者に対して交付する株式売買代金を，原契約に基づく株式売買の株式名義振替時まで保全することを目的として信託し，受託者はこれを引き受けるものとする。

第2条（信託契約の成立）
　　委託者は，原契約に基づく株式売買代金相当額である金○○○○円を受託者に対し信託し，受託者はこれを引き受ける。

第3条（信託財産）
　1　本件信託契約における信託財産は，金○○○○円とする。
　2　委託者は，受託者に対し，原契約に基づく株式売買代金を，委託者を代理して受領する権限を付与し，前項に定める金額を，株式購入者をして受託者の口座（○○銀行○○支店○○預金○○○○○○）に入金させる方法で信託する。
　3　上記口座に，信託財産が信託されることをもって，本件信託の効力発生日とする。
　4　受託者は，委託者に対し，本件信託契約の効力が発生したことを通知する。

第4条（受益権）
　1　本件信託契約に係る受益者は委託者とする。委託者及び受託者のいずれも，受益者を変更できないものとする。
　2　本信託契約に基づく信託受益権について，受益権証書は発行しないものとす

る。
　3　委託者は，株式購入者及び受託者の書面による事前の承諾なく受益権の分割，放棄，譲渡又は質入れその他の担保設定等の処分をすることができない。

第5条（受託者の職務及び義務）
　受託者は，本信託契約の規定に従い，善良なる管理者の注意をもって，原契約の取引推移を監視し，委託者及び株式購入者に対して忠実に信託事務を遂行するものとし，善管注意義務を履行している限り，原因の如何にかかわらず，本件信託財産に生じた一切の損害についてその責任を負わないものとする。

第6条（信託財産の管理）
　1　受託者は，信託設定日以降，信託財産である金銭を，委託者が指図する方法により管理するものとする。
　2　前項において，委託者が管理方法を指図しない場合は，受託者は本件信託財産たる金銭を受託者名義の信託口座に預け入れ，管理する。
　3　受託者は，信託設定日以降，信託財産を自己の固有財産及び他の信託財産と分別して管理するものとする。

第7条（信託財産の払出指図と交付）
　信託財産の払出指図は，委託者が払出指図書を受託者に送付することにより効力が発生するものとする。

第8条（信託期間）
　本件信託契約の期間は，信託設定日から受託者が信託された株式売買代金全額を委託者又は株式購入者に交付したときまでとする。

第9条（信託財産の計算期間）
　計算期間は信託契約成立から信託契約の終了のときまでとし，信託契約の終了までに1年を経過するときは，信託契約締結日をもって，毎年の計算日とする。

第10条（信託契約の終了）
　本件信託契約は，第8条に定める信託期間の満了時の他，次に掲げる場合に該当することとなったときは終了する。
　①　原契約が解除その他の事由により効力を失い，その旨の通知が委託者又は株式購入者から受託者に到達したとき。
　②　原契約の履行が不可能又は著しく困難になり，その旨の通知が委託者又は株式購入者から受託者に到達したとき。
　③　委託者及び受託者の合意により，本信託契約が解除されたとき。

第11条（信託契約の解除）
　本件信託契約は，第10条第3号に定める他，次の各号の一に該当する事由があるときに限り解除することができる。

①　原契約について，第三者からの提訴その他の事由により，履行が不可能又は著しく困難となり，受託者が任務を遂行することができないと合理的に判断し，委託者に対し解除の意思表示をするとき。
　②　委託者が，破産，会社更生，民事再生，特別清算の申立をし又はされたとき。

第12条（信託契約の変更）
　本信託契約は，委託者及び受託者の書面による同意により，変更することができる。

第13条（委託者の権利の制限）
　委託者は，受託者の承諾を得た場合でなければ，次の各号に該当することを行うことができない。
　①　本件信託契約を取消し又は変更すること
　②　受益者又は受益権の内容を変更すること
　③　この信託契約の終了前に，受益者以外の者に信託財産の払い出しを請求すること
　④　委託者の地位を放棄又は他人に譲渡すること

第14条（信託報酬）
　1　信託報酬は，○円とする。
　2　受託者は，信託報酬及び信託事務処理のために要した費用を，信託財産から控除して受領することができる。

第15条（受託者の解任）
　委託者は，受託者に義務違反，管理の失当又は任務の懈怠その他不誠実若しくは不適切な行為があると認められる場合は，受託者に対してその行為の差止め，又は信託事務の処理の状況若しくは信託財産の状況につき説明を求め，受託者が正当な理由がないのにこれに応じないときは，受託者を解任できる。

第16条（受託者の辞任）
　受託者は，やむを得ない事由があるときには，委託者の同意を得て辞任できる。

第17条（裁判管轄）
　この信託契約に関して生じた紛争の第一審の専属的管轄裁判所は東京地方裁判所とする。

　　　　　　　　　　　　　　　　　　　　　　　　　　　　以　上

　本件信託契約を証するため，契約書正本を2通作成して，委託者兼受益者及び受託者が本紙各1通を保有する。

　　　　　　　平成　　　　年　　　　月　　　　日

■ 事 例 編

委託者（委託者兼受益者）
　住　所 _____

　氏　名 _____ ㊞

受託者
　住　所 _____

　氏　名 _____ ㊞

事例17 排出権の売買代金保全のための信託

株式会社日本エスクロー信託
ナットソース・ジャパン株式会社　提供事例

1 事案の概要

　排出権取引とは，二酸化炭素（CO_2）などの温室効果ガス[1]の排出を減らすため，各国家や各企業ごとに定められた排出枠の超過分や不足分を取引するものである。欧米においては，排出権の取引市場があり，企業間で売買が行われている。

　日本においても，企業の社会的責任（CSR）として，経済活動から発生する排出量分の排出権を購入する企業や，企業の温室効果ガス削減に対する自主的な目標達成のため，排出権を購入する企業なども増えている。

　排出権の取引においては，排出権購入の代金支払いと排出権の移転に時間差が生じることによる与信リスクが生じる。そのため，本事案では，信託のスキームを活用することによって，上記のような排出権売買の代金を保全することができることとなった。

2 スキーム図・スキーム詳細

❶……温室効果ガス排出量取引の仲介及びコンサルティングを行うA会社（委託者）は，信託会社（受託者）との間で，信託契約を締結する。
❷……A会社は，排出権購入者との間で，排出権売買契約を締結する。

---

[1]　温室効果ガスとは，大気圏において太陽光線を通過させ，反対に地表から放射される赤外線の一部を吸収し，地球から熱が逃げるのを防ぐ性質のある大気中のガスのことをいい，二酸化炭素のほかにメタン，一酸化二窒素，代替フロン等の6種類が京都議定書における排出量削減対象となっている。

事例編

❸……購入者は，排出権売買契約に基づいて，購入した排出権の代金を信託会社に振り込む。
❹……信託会社は，A会社と購入者に対し，入金があったことの通知を行う。
❺……A会社は，購入者から入金があったという信託会社からの通知を受け，排出権を購入者に移転させる。
❻……信託会社は，A会社から購入者へ排出権の移転が完了したか確認を行い，A会社から信託財産交付の指図を受ける。
❼-1……❻の確認ができた場合，信託会社は，A会社の指図によって，排出権の購入代金をA会社に支払う。
❼-2……❻の確認ができなかった場合，信託会社は，購入者に排出権代金を返還する。

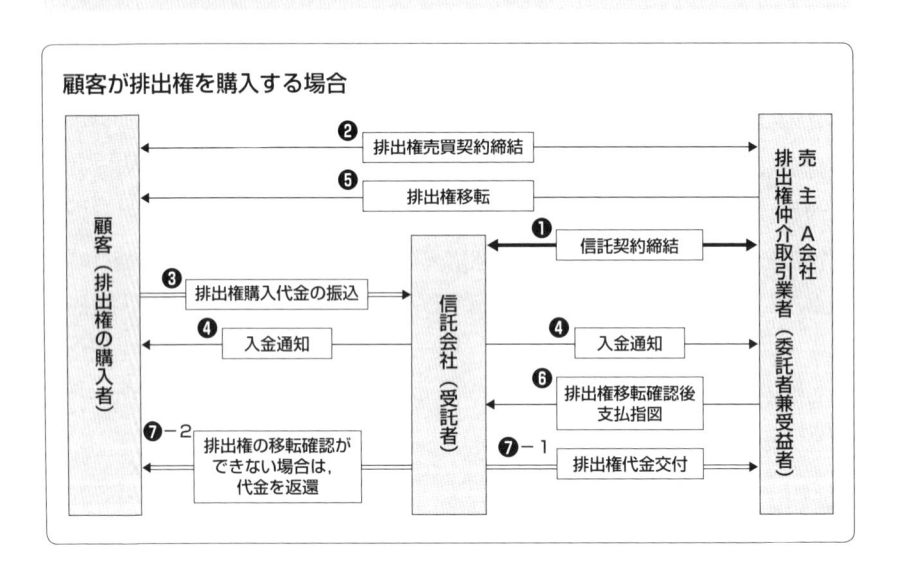

3 信託方式を採用した理由やメリット

(1) 1997年に開催されたCOP3[2]（地球温暖化防止京都会議）において，温室効果ガスの排出削減に関する数値目標と基本ルールを盛り込んだ法的文書で

---

2) 気候変動枠組条約第3回締約国会議

事例17　排出権の売買代金保全のための信託

ある「京都議定書」が採択された。京都議定書では，1990年当時の温室効果ガス排出量を基準として，2008年から2012年の5年間で，日本は6％[3]削減することが数値目標として定められている[4]。しかし，日本においては，2008年度の排出量は，基準年に対して1.9％上回っており，国内における排出削減だけでは，2012年までに数値目標を達成することは難しいと思われる。

(2)　国内の排出削減のみでは，この数値目標の達成が困難である場合の対策として，京都議定書では，①排出権取引，②クリーン開発メカニズム[5]，③共同実施[6]といった他国での削減分を自国の削減分として認める3つの仕組み（京都メカニズム）が設けられている。

(3)　また，京都議定書の約束の期限である2012年末が迫るにつれて，企業にも手元の排出権の量を調整する需要が今後見込まれている。

　　日本国内の企業においては，1990年以前から省エネや環境保護のための技術を開発し，温暖化防止などに努めていたこともあり，自国のみでの排出量削減は困難な場合が多い。

(4)　しかし，排出権取引を行うに当たっては，国内には排出権を売買する取引所が整備されておらず，ほとんど相対取引がなされているのが現状である。また，日本の法人口座間で排出枠の移転をする場合，環境省と経済産業省の別々の承認手続が必要であり，手続に時間がかかる。加えて国内の排出枠の売買では，顧客先の決済日まで代金の支払いに時間を要することも少なくない。

(5)　そこで，排出権の代金支払いと排出権の移転に時間差が生じることによる与信リスクを軽減するため，本事例では，代金の振込先を信託会社に設

---

3)　EUは8％，アメリカは7％の削減数値目標。
4)　達成できなかった場合，2013年以降の削減目標にペナルティが上乗せされるなどの罰則の適用を受けることになる。
5)　先進国が投資国となり，途上国において温室効果ガス削減プロジェクトを実施し，その削減分を第三者機関による認証を受けた後，当該先進国の排出枠として移転することが可能となる制度。
6)　先進国同士が共同で排出削減や吸収のプロジェクトを実施し，投資国が自国の数値目標の達成のために，その削減分を排出枠として獲得できる仕組み。

◀事例編

定し，排出権の移転が確認できれば代金を支払う，という信託スキームを構築することによって，売買代金の保全と取引の安全を図ることができることとなった。

(6) 現在，排出権の購入者は大手企業が多くを占めているものの，政府が検討している国内排出量取引制度などが導入されれば，排出権の購入者は中堅企業にまで広がると予想され，排出権取引の安全性の確保の観点から，本事例のような信託スキームが活用されることが大いに期待される。

(7) なお，本事例の排出権取引仲介業者（A会社）は，排出権をスイスの口座で所有している。なぜなら，スイスでは，排出権の移転は，国際取引ログ（ITL）を通り，数十秒あれば完了するため，排出権売買におけるセトルメントの時間差というリスクをかなり減少させることができるからである。また，このスイスの口座を利用した場合，口座簿管理者（政府機関）から，信託会社に移転された排出権の数量と内容を記載した確認書が，自動的に配信される仕組みとしている。これらは本事例の信託スキーム自体には，大きな影響はないが，A会社の特色の1つであるため，付記する。

4 解 説（法律面）

(1) まず，A会社は，自らが売主となって，排出権購入者らとの間で，排出権売買契約を締結する。売買対象が排出権であるというだけで，契約の法的性質は，不動産や動産に関する一般的な売買契約と基本的に異ならないものと考えられる。

(2) (1)の売買契約に関する決済の同時履行を実現するため，A会社は，自らを委託者兼受益者として（すなわち，自益信託として），信託会社（受託者）との間で，金銭信託契約を締結する。

(3) 各購入者は，排出権売買契約に基づき，購入した排出権の代金を，信託会社の指定する銀行口座に振り込んで支払う。事前に，排出権売買契約において，各購入者による代金支払方法は，このような信託会社管理銀行口座への振込みによる旨を規定しておくべきである。こうして信託会社に対

して支払われた代金相当額の金銭と信託との関係については，本スキームでは，金銭信託契約において委託者から信託会社に付与された弁済金の代理受領権限に基づいて，信託会社がＡ会社に代理して受領したものとして，信託契約に基づく信託財産となる，との考え方を採用しているようである（契約書式例・2条参照）。

(4) 信託会社は，(3)の入金が完了したことを確認したときは，売主であるＡ会社及び入金を行った各購入者に対し，入金完了の旨の通知を行う。Ａ会社は，この入金完了の通知を受け，各購入者への排出権移転債務の履行のために必要な手続をとる。

(5) 信託会社は，Ａ会社が各購入者への排出権移転債務を履行したかにつき確認を行う。その上で，確認ができた場合，信託会社は，排出権購入代金相当額の金銭を，Ａ会社に支払う。かかる手順の実現のため，金銭信託契約において，Ａ会社が排出権売買契約に基づく排出権移転債務を履行したときは，その旨を証するに足るものとして受託者が合理的に指定する書面を受託者に提出すべき旨などを規定すべきであろう（契約書式例・4条2項参照）。

(6) 信託法上，原則として，委託者及び受益者は，いつでも，その合意により，信託を終了することができるものとされている（信託164条1項）。しかしながら，本スキームにおける信託は，排出権売買契約に係る決済の同時履行確保を目的とするものであるから，その目的を達する前に勝手に信託を終了させることができないようにしておく必要がある。そこで，上記信託法の規定に対する「別段の定め」（同条3項参照）として，信託契約書に，契約終了を制限する旨の定めを置くべきであろう（契約書式例・7条参照）。

5　解　説（税務面）

排出権売買のための信託の税法上の取扱い

　排出権売買のための信託は，排出権仲介取引業者が委託者兼受益者である

◀事例編

受益者等課税信託である。

　信託会社に買主から排出権の購入代金が支払われた時点で，税法上，排出権仲介取引業者の預金口座に預り金が振り込まれたものとして取り扱われる。

　排出権仲介業者が，排出権の取引を棚卸資産の販売として取り扱う場合は，排出権の引渡しが買主に行われた時点において，預り金が減少し，収益が発生したものとして取り扱われる。

　また，排出権の移転が確認できない場合には，排出権仲介取引業者が信託会社に指図して，預り金を排出権の購入者に返還した時点で，預り金が減少するものとして取り扱われる。

　このように，排出権取引のため信託における主たる取引は，預り金が増減する取引である。

6 契約書式

　本契約書式は，事例を参考に執筆者が作成したもので，実際の書式とは異なる。

金銭信託契約書

　○○株式会社（以下「委託者」という。）と株式会社□□（以下「受託者」という。）は，下記により，本日，金銭信託契約（以下「本契約」という。）を締結する。

第1条（信託の目的）
　本契約による信託（以下「本件信託」という。）は，委託者が委託者の売却先である各購入者（以下「各購入者」という。）との間で締結する各排出権売買契約（以下「本件各売買契約」という。）に基づく決済の同時履行確保を目的とする。

第2条（信託財産）
　1．委託者は，受託者に対し，本件各売買契約に基づく各購入者に対する各売買代金債権（以下「本件各売買代金債権」という。）につき，弁済金を委託者に代理して受領する権限を付与する。
　2．前項に基づき，受託者が委託者を代理して本件売買代金債権の弁済として購入

者から受領した金銭は，本件信託の信託財産を構成するものとする。

第3条（信託の期間）
本件信託の期間は，本契約締結日から，第1条所定の信託の目的が達成された時又は当該目的の達成が不能となった時までとする。

第4条（受益者）
1. 本件信託の受益者は，委託者がこれを兼ねるものとする（以下，委託者及び受益者を「委託者兼受益者」という。）。
2. 委託者兼受益者は，本件売買契約に基づく各購入者への排出権移転債務を履行したときは，その旨を証するに足るものとして受託者が合理的に指定する書面を，受託者に提出するものとする。
3. 受託者は，委託者兼受益者が前項に基づき提出した書面により，前項所定の排出権移転債務の履行を確認したときは，委託者兼受益者に対し，信託財産の範囲内において，本件各売買代金債権の額面金額に至るまでの金銭を支払うものとする。

第5条（残余財産の交付）
本件信託の終了後，残余財産があるときは，第6条に定める場合を除くほか，受託者は，委託者兼受益者にこれを交付するものとする。

第6条（信託報酬）
1. 委託者は，受託者に対し，○○円を，信託報酬として支払うものとする。
2. 委託者は，前項所定の○○円のうち，△△円については，本契約締結日に，□□円については，第3条所定の信託の期間終了時に支払うものとする。
3. 前条に定める事由その他の事由に基づき本件信託が第1条所定の信託の目的が達成されずに終了したときは，信託報酬は，前項所定の△△円のみとするものとする。

第7条（信託の終了の制限）
委託者兼受益者及び受託者は，第3条所定の信託の期間終了前に，本契約を終了させることはできないものとする。

第8条（受益権の譲渡及び質入れの禁止）
本信託の受益権は，譲渡又は質入れをすることができないものとする。

第9条（受託者の解任）
委託者兼受益者は，書面による意思表示によって，受託者を解任できるものとする。

第10条（受託者の辞任）
受託者は，委託者兼受益者の書面による同意を得て，辞任できるものとする。

第11条（新受託者の選任）

　受託者の解任，辞任等により受託者の任務が終了したときは，受託者は，委託者兼受益者に対し，任務終了の通知を行わなければならない。この場合，委託者兼受益者は，新受託者を選任するものとし，新受託者を選任できないときは，委託者兼受益者又は受託者が，裁判所に対し，新受託者選任の申立てを行うものとする。

第12条（受託者の任務の継続）

　受託者の辞任によりその任務が終了した場合，新受託者又は信託財産管理者が信託事務を処理することができるに至るまで，受託者は，信託法第59条第4項の規定に従い，引き続き本契約に基づく信託財産の保管をし，かつ，信託事務の引継ぎに必要な行為をしなければならない。これに要する費用については，委託者兼受益者の負担とする。

第13条（印鑑の届出等）

1．委託者兼受益者は，受託者の求めに応じ，印鑑を受託者に届け出るものとする。
2．受託者が，本件信託に関連する書面に押捺された印影が，前項により委託者兼受益者が届け出た印鑑の印影に相違ないものと認めて信託財産の交付その他の事務処理を行ったときは，印鑑の盗用等により委託者兼受益者が損害を被ったとしても，受託者は，その損害につき責めを負わないものとする。

第14条（準拠法及び裁判管轄）

　本契約は，日本法に準拠するものとし，本契約に関連して生じた一切の紛争に係る第一審の専属的管轄裁判所は，東京地方裁判所とする。

第15条（誠実協議）

　本契約の解釈につき疑義を生じた場合又は本契約に定めのない事項については，各当事者が誠実に協議して解決するものとする。

　以上のとおり本契約を締結したことを証するため，本書2通を作成し，委託者兼受益者及び受託者が各1通を保有するものとする。

　　　　　　　平成　　　年　　　月　　　日

　　　　　　　　　委託者兼受益者　　住　所_____
　　　　　　　　　　　　　　　　　　　　　　　〇〇株式会社　　　㊞

　　　　　　　　　受託者　　　　　　住　所_____
　　　　　　　　　　　　　　　　　　　　　　　株式会社□□　　　㊞

会 社 紹 介

株式会社日本エスクロー信託（現：株式会社山田エスクロー信託）

Japan Escrow and Trust Co.,Ltd（Yamada Escrow and Trust Co., Ltd）

- ■所　在　地：〒220-0004
　　　　　　　神奈川県横浜市西区北幸1丁目11番15号横浜STビル15階
　　　　　　　ＴＥＬ　045-325-5081　　　ＦＡＸ　045-325-5085
- ■設　　　立：2005年2月21日
- ■資　本　金：2億円（2016年3月1日現在）
- ■主な事業内容：管理型信託業（金銭信託，金銭債権信託，有価証券信託，不動産信託），不動産代理・仲介業，不動産鑑定業，遺言信託

株式会社日本エスクロー信託（現：株式会社山田エスクロー信託）は株式会社山田債権回収管理総合事務所（JASDAQ上場）が100％出資し，2007年1月から営業を開始した管理型信託業を営む信託会社です。不動産取引等お金が動くときに，売買当事者の間に入って，決済資金等を信託勘定で分別管理し，安全確実な取引成立をサポートする日本で初めて本格的なエスクロー業務を標榜して事業化した会社です。現在では，不動産決済業務に限らず，取扱業務は提案事例にもあるとおり，多岐に渡っています。詳しくは弊社ＨＰをご参照下さい。
http://www.y-escrow-trust.co.jp/

「お金とモノが同時に決済できないときにエスクロー信託あり。」との考えから，お金とモノの流れの歪みを埋めることにより，わが国の商取引を安全確実かつ円滑なものとし，ひいては社会に役立つ信託会社を目指しております。

　弊社の特色は，①小型案件や個別案件に対しても，②ご商売のスタイルに合わせたオーダーメードの信託保全決済方式を提案し，③素早い対応と，④信託契約当事者に満足いただける良質なサービス，⑤コストパフォーマンスの高い良心的な信託報酬で対応するところにあります。

会社紹介

きりう不動産信託株式会社

- ■ 所　在　地：大阪市北区中之島三丁目1番8号　リバーサイドビルディング内
  - ＴＥＬ　06-6441-3559　　ＦＡＸ　06-6445-8740
  - ＵＲＬ　http://www.kiriu-trust.co.jp
- ■ 創　　　業：1965年
- ■ 設　　　立：1986年
- ■ 資　本　金：5,000万円
- ■ 免許・登録：信託業登録　近畿財務局長（信2）第1号
  - 宅地建物取引業免許　大阪府知事(7)第28101号
  - マンション管理業登録　国土交通大臣(2)第60979号

　1965年にオフィス賃貸業として開業して以来，様々な賃貸不動産の運営管理を行うことによって培われたプロパティマネジメントのノウハウと共に，卓越した専門家集団をブレーンに携え，2006年に「不動産の信託」に特化した管理型信託会社として誕生しました。

　証券化に対応するディーデリジェンスはもとより，煩雑に行われる法令・基準等の改正にすばやく対応できる体制を整え，コーポレートガバナンスが求められる管理型信託会社としての業務態勢を確保しています。

　同時に，これまで信託の活用が困難と思われてきた小規模不動産の受託を可能にし，賃貸管理・資産承継・有効活用・高齢化対策・相続対策など，不動産に関係する諸問題を解決するための新たな選択肢として，幅広い信託の利活用を手がけています。

　また，信託の持つ財産管理機能，意思凍結機能などを活用した「賃貸不動産管理信託」「共有不動産管理信託」「遺言代用不動産信託」「受益者連続型不動産信託」など個人資産の不動産管理信託，信託財産に不動産を含む「成年後見制度支援信託」「特定贈与信託」など高齢者や障害者に対する福祉目的の不動産管理処分信託，歴史的建築物やまちづくりに資する不動産管理信託，高齢者の資金調達のための不動産管理信託，賃貸不動産や高齢者専用賃貸住宅・有料老人ホーム等の「前払い家賃・預り金等保全信託」など，新たな信託利用の拡大に努めています。

　不動産の買収を伴わない信託による土地集約化は，不動産の所有権を「財産権」と「利用権」に分割し，規模の経済を享受し得る「地方の活性化」につながります。また，地方に眠る個人金融資産を地元の再開発事業等に投資する「金融の地産・地消」を実現にも，不動産信託は大きな役割を果たすことでしょう。

　当社は「個人資産に対応できる信託会社」として，このような事案に果敢に挑戦し続ける企業です。

2011年3月

代表取締役　桐生　幸之介

大阪不動産コンサルティング事業協同組合

- ■設　　　立：平成11年3月23日
- ■事 業 内 容：不動産コンサルティング業，不動産管理業，
宅地建物取引業＜免許番号：大阪府知事(2)第49234号＞

　不動産をとりまく金融市場・経済情勢・税制・法規制などの環境は刻々と変化しています。また，生産人口の減少，少子高齢化，地域間格差などの社会問題も今後の不動産市場の動向に大きな影響を及ぼします。このような時代に，不動産に関連する諸問題や課題に対処していく上で，専門的で幅広く，柔軟な提案ができるサービスが求められています。

　私たち，大阪不動産コンサルティング事業協同組合は，不動産コンサルティング技能登録者や専門事業者として組合員が培ってきた実績とノウハウを駆使すると共に，必要に応じて弁護士・税理士・建築士など他の有資格者と連携して，お客様のご要望にお応えする不動産コンサルティングを心がけています。

　不動産の売却・購入・賃貸のご相談はもとより，「土地建物の有効活用」「相続対策と相続処理」「借地借家等の権利調整」「高齢者の住まいやまちづくり」「町家・古民家等の保全・再生」「分譲マンションの管理支援」「不良債権の処理」「賃貸マンションの経営診断や経営改善」など，不動産に関係する諸問題を，複数の組合員からなるプロジェクトチームが解決に当たる体制を整えています。

　今回紹介した3件の不動産信託事例は，従来のコンサルティング手法に信託という新たな選択肢を加えて相談者に提案する企画・提案型コンサルティングによって誕生した「不動産信託コンサルティング」で，コンサルティングならではの「オーダーメイド信託」です。

　このような新たな手法の採用や，税制・法規制の改正，各種政策などに対応しつつ，クライアントの利益の最大化やご相談の円滑な解決に努めています。

　2011年3月

理事長　菅野　勲

◀ 会社紹介

税理士法人UAP

- ■所　在　地：〒100-0005
  東京都千代田区丸の内2-1-1　明治生命館4階
  ＴＥＬ　03-6212-2555（代表）　　ＦＡＸ　03-6212-2420
  ＵＲＬ　http://www.u-ap.com/
- ■設　　　立：平成18年7月
- ■沿　　　革：平成15年5月ユナイテッド　アカウンティング　パートナーズとして創業

業務の内容

　税理士法人UAPは，企業組織再編，事業承継，信託，流動化等の分野における最先端のコンサルティング部門と，これらの業務の基礎となる経理全般の実務を受託できるアウトソーシング部門を有しております。

　コンサルティング部門では，税法，会計，会社法，金融商品取引法，民法等までカバーする総合的なコンサルティング能力をベースに，既成の観念にとらわれない創造的な問題解決を心がけております。

　また，アウトソーシング部門では，業務効率化のためのIT化およびIT化に合わせた業務フローの定型化を徹底しており，正確な業務処理をリーズナブルな料金体系で提供しております。

コンサルティング

企業組織再編・事業承継・信託・流動化・証券化・富裕層税務・M&A・法人税顧問

アウトソーシング

経理アウトソーシング・SPC事務アウトソーシング・税務申告書作成・非居住者向け納税出納管理業務

事 項 索 引

アルファベット

DCF方式 ………………………………… 145
GK-TKスキーム ………………………… 222
SPC ……………………… 113, 179, 222～225,
　　　　　　　227～229, 231, 259～262
TMK ……………………………………… 225

あ 行

アセット・マネージャー ………………… 227
後継ぎ遺贈型受益者連続信託
　………………………… 67～69, 138～141
遺言執行 ……………………………… 11～12
遺言執行者 ……………………………… 114
遺言代用信託 …………………………… 65
　――の特例 …………………………… 200
遺言による信託 ………………………… 16
意思凍結機能 …………………………… 10
委託者 ……………………………………… 39
　――の権利 ……………………………… 39
　――の地位の移転 ……………………… 40
　――の地位の相続 ……………………… 41
委託者適格 ……………………………… 40
委任 ………………………………… 11～12
違法行為等差止請求権 ………………… 55
遺留分減殺請求
　………………… 67, 69, 143～144, 153～154, 200
　――の対象となる財産 ………………… 143
運用型信託会社 …………………… 274～275
営業信託（商事信託） …………………… 7
エスクロー（決済保証） ………………… 295

か 行

元本受益者 ……………………………… 60
管理型信託 ………………………… 274, 348
管理型信託会社 …………………… 274～275
擬制信託 ………………………………… 20
帰属権利者 ……………………………… 61
寄託 ………………………………… 11～12
競合行為の禁止 ………………………… 50
金融商品取引法上のみなし有価証券 … 160, 216
金融の地産地消 ………………………… 179
組合 ………………………………… 11～12
兼営法 …………………………………… 2
減価償却の耐用年数 …………………… 184
検査役 …………………………………… 107

原状回復責任 …………………………… 54
限定責任信託 ………………… 8, 108, 209
公益信託 ………………………………… 6
公示 ……………………………………… 38
合同運用信託 …………………………… 123
公平義務 ………………………………… 51
個別信託 ………………………………… 7
混同 ……………………………………… 36

さ 行

債権者異議手続 …………………… 334～338
財産管理機能 …………………………… 9
財産の集団的管理機能 ………………… 10
財産の長期的管理機能 ………………… 10
詐害信託 ………………………………… 19
指図権者・指図者・指図人 ……… 85, 181,
　198～199, 227, 240～241, 251, 272, 275～278,
　286～287, 347
残余財産受益者 ………………………… 61
残余財産の帰属 ………………………… 98
私益信託 ………………………………… 6
自益信託 ………………………………… 5
事業信託 …………………………… 8, 28
自己執行義務の否定 …………………… 53
死後事務委任契約 ………………… 323～325
自己信託 ………………… 8, 16～17, 215
資産流動化 ………………………… 224～225
自然債務 ………………………………… 216
収益受益者 ……………………………… 60
集団信託 …………………………… 7～8
集団投資信託 …………………………… 122
受益権 …………………………………… 70
　――への質権設定 ……… 73, 161, 181, 226
　――の取得 …………………………… 62
　――の譲渡 …………………………… 72
　――の複層化 ………………………… 134
　――の法的性質 ……………………… 70
受益権原簿 ……………………………… 102
受益権取得請求権 ……………………… 77
受益債権 …………………… 59, 70, 75, 76～77
　――と信託債権の優劣 ………………… 75
　――の消滅時効 ………………………… 76
　――の物的有限責任 …………………… 75
受益者 …………………………………… 59
　――が複数いる場合 …………………… 198
　――の権利 ……………………… 69～70

365

事項索引

――の権利行使の制限の禁止……………69
――の定めのない信託（目的信託）…… 8, 113
――の定義……………………………59
――の分類……………………………60
――の放棄……………………………74
税法上の――………………………133
複数――の意思決定…………………78
受益者指定権………………………………64
受益者代理人………………………………83
受益者適格…………………………………61
受益者等課税信託………………………117
――の課税上の取扱い……………123, 133
受益者連続機能……………………………10
受益証券……………………………………104
受益証券発行信託………………………8, 101
――における受益権の譲渡………………103
――の受益者の権利行使…………………103
受託可能財産………………………………3
受託者………………………………………43
――が複数の場合………………………57, 58
――の解任……………………………57
――の義務……………………………46
――の権限……………………………46
――の抗弁……………………………72
――の辞任……………………………57
――の死亡又は能力喪失……………56
――の責任……………………………54
――の任務終了………………………56
――の破産……………………………56
――の費用・報酬…………………55～56
――の利益享受の禁止………………17
受託者裁量機能……………………………10
受託者適格…………………………………43
譲渡担保……………………………………18
消費寄託…………………………12, 273～274
信託
――の意義……………………………3
――の機能……………………………8
――の終了……………………………95
――の種類……………………………4
――の清算…………………………95, 98
――の転換機能………………………9
――の特例……………………………101
――の分割……………………………92
――の併合……………………………90
――の変更……………………………89
信託監督人…………………………………80, 82
信託契約……………………………………15
信託行為…………………………………4, 15

――の外延……………………………20
信託財産……………………………………27
――の対抗要件………………………38
――の独立性…………………………34
――の付合……………………………181
信託財産管理者………………………12, 13
信託財産責任負担債務…………………28
信託事務遂行義務…………………………46
信託宣言………………………………5, 97
信託の登記…………………………38, 46, 52
成年後見……………………………56, 156～157
セキュリティ・トラスト…………………30
善管注意義務………………………………46
相殺禁止………………………………35～36
訴訟信託の禁止……………………………19
損失てん補責任……………………………54

た　行

対抗要件……………………72～73, 103～104
退職年金等信託……………………………117
タイムシェア型住宅………………………258
代理……………………………………11～12
他益信託……………………………………5
諾成契約………………………………15, 30
脱法信託の禁止……………………………18
単独運用特定包括信託…………………238
担保付社債信託法…………………………2
忠実義務……………………………………47
帳簿作成義務………………………………53
出来高後払い方式…………………………310
手付金の保全………………………………271
転借権の準共有登記……………………261
倒産隔離機能………………………………9
特定受益証券発行信託…………………123
匿名組合…………………………………11, 13
問屋…………………………………………11, 13

は　行

排出権取引………………………………355～356
破産者………………………………………44, 56
非営業信託（民事信託）…………………7
物上代位性…………………………………37
不動産管理信託……………………159, 196～197
プロパティ・マネージャー…………………227
分別管理義務………………………………52
弁護士の預り金口座……………………21, 346
報告義務……………………………………53
法人課税信託………………………………119

ま 行

みなし受益者 …………………………133, 338
目的信託 …………………………………8, 113

や 行

ユース ……………………………………………1
要物契約 …………………………………………15

ら 行

利益相反行為の制限 ……………………………47
利益分配機能 ……………………………………10

執筆者紹介

編集代表

髙垣　勲

　第二東京弁護士会（2005年登録）。松田綜合法律事務所所属。主な著書として，『よくわかる　新信託法の実務—信託業法・登記・税務のすべて』（財経詳報社，2007年），日本弁護士連合会法的サービス企画推進センター　遺言信託プロジェクトチーム編『高齢者・障害者の財産管理と福祉信託』（編集，共著　三協法規出版）がある。2011年4月からインド共和国デリー市内のKNM&PARTNERSにて勤務。

　執筆担当〈総論編：第2章／事例編：解説（法律面）事例1〜事例5・事例7，契約書式　事例3〉

菅野　真美

　東京税理士会芝支部所属税理士。主な著作として，『実践LLPの法務・会計・税務』（共著，新日本法規，2007年），『徹底解明　会社法の法務・会計・税務』（共著，清文社，2006年），「読み解く　経済トレンドニュース」（税務弘報，2010年〜），「デリバなんか怖くない　〜やさしいデリバの税金〜」（税務弘報，2009年），「白金家のパーソナル・トラスト」（税務弘報　2008年），「Q&A新信託法の実務AtoZ」（旬刊　速報税理，2007年〜2010年）がある。

　執筆担当〈総論編：第11章・第12章／事例編：解説（税務面）事例1〜事例17〉

執筆

舘　彰男

　1996年東京大学法学部卒業。東京弁護士会（1998年登録）。荒井総合法律事務所所属。東京弁護士会税務特別委員会副委員長（2000年4月〜2001年3月，2008年4月〜現在）。主な著書として，『すぐわかる執行役員制度−21世紀の会社の機関』（共著，一橋出版，2001年），『家事事件処理の税務』（共著，新日本法規，2005年），『遺言書作成・遺言執行実務マニュアル』（一部執筆担当，新日本法規，2008年），『隣り近所の法律相談』（一部執筆担当，法学書院，2009年）がある。

　執筆担当〈総論編：第6章／事例編：解説（法律面）・契約書式　事例6・事例10・事例16〉

佐藤　修二

第一東京弁護士会（2000年登録）。西村あさひ法律事務所所属。主な著書・論文等として，『移転価格税制のフロンティア』（共著，有斐閣，近刊），『国際租税訴訟の最前線』（共著，有斐閣，2010年），「ヨーロッパにおけるM&A法制・税制の概要」租税研究735号（2011年）等

1997年東京大学法学部卒業。2005年ハーバード・ロースクール卒業（LL.M., Tax Concentration）。2005年～2006年デイビス・ポーク・アンド・ウォードウェル法律事務所（ニューヨーク）勤務。2008年～中央大学ビジネススクール兼任講師（「租税戦略と法実務」担当）。

執筆担当〈総論編：第4章・第5章・第7章／事例編：解説（法律面）・契約書式　事例9・事例15・事例17〉

戸田　智彦

東京弁護士会（2002年登録）。阿部・和田・渡辺法律事務所所属。東京弁護士会税務特別委員会副委員長（2005年～2006年，2008年～現在）。『法律家のための税法』（東京弁護士会編，共著，第一法規）の改訂作業委員会（新訂第5版（2006年）以降）に参加。

1994年早稲田大学法学部卒業。1996年～2001年三鷹市役所勤務。2007年アメリカン大学ワシントン・カレッジ・オブ・ロー卒業（LL.M.）。同年バーン・メナード・アンド・パーソンズ法律事務所（米国テキサス州ヒュースン）で研修。

執筆担当〈総論編：第1章・第3章／事例編：解説（法律面）・契約書式　事例8・事例13〉

岡本　明子

東京弁護士会（2008年登録）。松田綜合法律事務所所属。主な著書として「都市計画・まちづくり紛争事例解説　法律学と都市工学の双方から」（共著，ぎょうせい，2010年）。

2003年早稲田大学法学部卒業。2007年東京大学大学院法学政治学研究科法曹養成専攻修了。

執筆担当〈総論編：第8章～第10章／事例編：解説（法律面）・契約書式　事例11・事例12・事例14〉

（所属・略歴・著作等は刊行当時）

NPO法人（特定非営利活動法人） 遺言・相続リーガルネットワークとは

　遺言・相続問題，死後事務問題などの解決を求める市民に対して，遺言の作成や遺言の執行をサポートする弁護士などの専門家を紹介することによって，問題解決の支援を行うとともに，遺言，相続，遺言信託，福祉信託，事業承継，渉外相続といった分野に関する研究・普及活動を行うことを目的として設立された団体です。

　高齢社会が急速に進行するわが国における，遺言・相続，死後事務問題等の紛争解決に対する社会的ニーズの増大に応えるべく，日本弁護士連合会に設置された弁護士業務総合推進センター遺言信託プロジェクトチームにおける研究の結果，そのメンバーである弁護士有志によって平成20年に設立されました。

　現在，27の弁護士会と協定を締結するとともに，全国で約450名の弁護士が設立趣旨に賛同して，その活動に参加し，また活動のサポートを行っています。

　遺言・相続問題，死後事務問題などの解決を希望する市民に対して，無償で弁護士を紹介するシステムを採用しています。

　　主たる事務所：〒100-0004
　　　　　　　　東京都千代田区大手町二丁目6番1号
　　　　　　　　朝日生命大手町ビル7階
　　電話番号：03-3272-7271
　　　　　　　（受付時間：平日9:30～17:30）
　　ホームページ：http://yuigonsozoku.org/
　　　E-mail：info@yuigonsozoku.org

実例にみる信託の法務・税務と契約書式

定価:本体 3,700円(税別)

平成23年6月1日　初版発行
平成29年5月23日　第3刷発行

編　者　　NPO法人　遺言・相続
　　　　　　リーガルネットワーク
発行者　　尾　中　哲　夫

発行所　　日本加除出版株式会社
本　　社　郵便番号 171-8516
　　　　　東京都豊島区南長崎3丁目16番6号
　　　　　TEL（03）3953-5757（代表）
　　　　　　　（03）3952-5759（編集）
　　　　　FAX（03）3953-5772
　　　　　URL http://www.kajo.co.jp/

営業部　　郵便番号 171-8516
　　　　　東京都豊島区南長崎3丁目16番6号
　　　　　TEL（03）3953-5642
　　　　　FAX（03）3953-2061

組版・印刷　(株)郁 文 ／ 製本　牧製本印刷(株)

落丁本・乱丁本は本社でお取替えいたします。
Ⓒ 2011
Printed in Japan
ISBN978-4-8178-3916-9 C2032 ¥3700E

〈JCOPY〉〈出版者著作権管理機構　委託出版物〉
本書を無断で複写複製（電子化を含む）することは、著作権法上の例外を除き、禁じられています。複写される場合は、そのつど事前に出版者著作権管理機構（JCOPY）の許諾を得てください。
また本書を代行業者等の第三者に依頼してスキャンやデジタル化することは、たとえ個人や家庭内での利用であっても一切認められておりません。

〈JCOPY〉HP：http://www.jcopy.or.jp/，e-mail：info@jcopy.or.jp
　　　　 電話：03-3513-6969，FAX：03-3513-6979

改訂 遺言条項例300&ケース別文例集

NPO法人 遺言・相続リーガルネットワーク 編著
2017年1月刊 A5判 364頁 本体3,100円＋税 978-4-8178-4370-8

商品番号：40456
略　号：遺言条項

- ●「多種多様な事情や要望に対応できる条項例」を網羅的に収録。代表的なモデル文例も収録。関連する条項例を参照できるので、依頼者の要望に応じた遺言書にカスタマイズ可能。改訂版では、さらに条項例が充実したほか、遺言書作成時に配慮すべきポイントが一目でわかる総論を新たに収録。

お墓にまつわる法律実務
埋葬／法律／契約／管理／相続

NPO法人 遺言・相続リーガルネットワーク 編著
2016年10月刊 A5判 224頁 本体2,200円＋税 978-4-8178-4344-9

商品番号：40648
略　号：墓法

- ●弁護士が法令・裁判例など、根拠を掲げながら丁寧に解説する64問。「人が亡くなったときにどのような手続をとるのか」というところから葬儀も含め、納骨までの一連の流れをわかりやすく解説した上で、墓地の管理、遺言や祭祀承継など相続に関する問題について取り上げ、お墓にまつわる様々な問題や疑問について広く収録。

改訂 実務解説　遺言執行

NPO法人 遺言・相続リーガルネットワーク 編著
2012年12月刊 A5判 332頁 本体2,800円＋税 978-4-8178-4039-4

商品番号：40386
略　号：遺執

- ●書式と判例を多数収録。
- ●身に付けるべき知識と実務を網羅した手引書。
- ●書式やフローチャートを用いながら、わかりやすく解説。

第2版　願いを想いをかたちにする 遺言の書き方・相続のしかた
安心・納得の遺言書作成レシピ

NPO法人 遺言・相続リーガルネットワーク 編著
2012年6月刊 A5判 196頁 本体1,600円＋税 978-4-8178-3994-7

商品番号：40383
略　号：願遺

- ●「家族のために遺言を遺したい」「大事な財産を承継させたい」「家族以外の者に財産を遺したい」の3つの目的別に、文例を掲げて具体的な遺言書作成方法を解説。
- ●「死後に必要となる手続き一覧」「記入式 相続財産リスト一覧表」「チェック式 遺言書作成に必要な書類リスト」等、便利な資料を巻末に収録。

日本加除出版

〒171-8516　東京都豊島区南長崎3丁目16番6号
TEL (03)3953-5642　FAX (03)3953-2061（営業部）
http://www.kajo.co.jp/